Healthy Development of the Sharing Economy: Theoretical and Empirical Research

共享经济健康发展：
理论与实证研究

<<<<<<<<<<<<<< 周 勤 赵 驰 侯赟慧 吴伟巍 蒋 玮 ◎著

东南大学出版社
SOUTHEAST UNIVERSITY PRESS
·南京·

图书在版编目(CIP)数据

共享经济健康发展：理论与实证研究 ／ 周勤等著
. — 南京：东南大学出版社，2023.11
　ISBN 978-7-5766-0940-0

Ⅰ.①共… Ⅱ.①周… Ⅲ.①商业模式-研究-中国 Ⅳ.①F72

中国国家版本馆 CIP 数据核字(2023)第 209646 号

责任编辑：史　静　　责任校对：周　菊　　封面设计：顾晓阳　　责任印制：周荣虎

共享经济健康发展：理论与实证研究
Gongxiang Jingji Jiankang Fazhan: Lilun Yu Shizheng Yanjiu

著　　者	周　勤　赵　驰　侯赟慧　吴伟巍　蒋　玮
出版发行	东南大学出版社
社　　址	南京市四牌楼2号　邮编:210096
出 版 人	白云飞
网　　址	http://www.seupress.com
电子邮箱	press@seupress.com
经　　销	全国各地新华书店
印　　刷	广东虎彩云印刷有限公司
开　　本	700mm×1000mm　1/16
印　　张	22.25
字　　数	352 千字
版　　次	2023 年 11 月第 1 版
印　　次	2023 年 11 月第 1 次印刷
书　　号	ISBN 978-7-5766-0940-0
定　　价	88.00 元

本社图书若有印装质量问题，请直接与营销部联系，电话：025-83791830。

前言

共享经济是社会资源生产和使用发生错位下的历史需求,也是打造"人类命运共同体"的现实呼唤。随着互联网技术和实体经济的深度融合,互联网平台作为一种新兴经济发展模式正迅猛扩张。基于平台的商业模式创新一方面改变着需求侧的消费习惯,另一方面打破原有的产业结构和行业界限,影响着供给侧的平台经营者与平台内经营者的竞争行为。共享经济作为一种新型业态,为江苏省的经济创新驱动、转型发展注入新的活力。数据共享是共享经济发展的基本前提,大数据技术是共享经济发展的技术驱动。本书沿循"理论概念分析→机制机理分析→实证经验研究→政策启示分析"的基本研究思路,结合共享经济的特征及其构成要素,研究共享经济条件下平台型企业的演化轨迹与平台商业运行机制,寻求破解共享经济时代企业成长"新悖论"的解决方案;通过对共享经济、价值创造、价值链和价值生态的传导机制分析,研究共享经济环境下价值驱动因素以及价值生态的形成机理;在社会福利最大化视角下分析共享经济中的平台商业模式;结合平台驱动共享经济价值创造生态的应用场景分析,对基于平台的公共治理与共享经济生态系统的合规问题，提出促进我国共享经济健康发展的政策建议。

本书是江苏省社科基金重大项目的主要成果之一，同时也得到了国家社科基金（20BGL021）以及国家自然科学基金（72271052）的支持。本书由江苏省社科基金重大项目的子课题负责人及其研究生共同编撰完成。具体分工如下：第一章至第四章即共享经济的文献综述及其经济学理论基础，以及第六和第七章即范围经济视角下的共享制造、居民幸福感研究等内容，由赵驰副教授编撰完成。第五章和第十三章关于共享经济的产业生态系统演化的研究由经管学院金融系侯赟慧副教授整理完成。第八和第九章的分布式能源与共享云储能服务机制相关研究由电气工程学院蒋玮教授主持完成。第十、十一、十二章的共享经济中的工程监管平台及其运作机理研究由土木学院吴伟巍副教授主持完成。书稿编撰过程中，经管学院2021级硕士研究生陈琪钰、王淑豪两位同学投入了大量时间和精力，从结构排版到后期校对，均付出了努力，在此一并致谢。

目 录

1 绪论 001
　1.1 研究背景 001
　1.2 研究意义 001
　　1.2.1 关系人假设 002
　　1.2.2 共享的确权 002
　　1.2.3 平台的信任 002
　　1.2.4 中国的实践 002
　1.3 研究方法 003
　1.4 解决的关键问题 003
　　1.4.1 平台信用问题 003
　　1.4.2 组织成长的"悖论" 004
　　1.4.3 共享型平台的规制困境 004

2 文献综述 005
　2.1 共享经济的内涵与外延研究 005
　　2.1.1 共享经济的内涵与评价 005
　　2.1.2 共享经济的成因 006
　2.2 共享经济的理论基础 006
　　2.2.1 产权相关理论 006
　　2.2.2 协同消费相关理论 007
　　2.2.3 平台相关理论 007
　　2.2.4 商业模式 008
　2.3 共享经济的相关研究 008
　　2.3.1 案例分析 008
　　2.3.2 实证分析 009

2.4 共享经济的规制政策 009
    2.4.1 政策建议 009
    2.4.2 前景评估 009
2.5 简要评述 010

理论探讨篇

3 基于关系强度的共享经济一般均衡分析框架 013
3.1 引言 013
    3.1.1 研究背景 013
    3.1.2 研究意义 014
    3.1.3 研究内容 015
3.2 文献综述 015
    3.2.1 基本假设 015
    3.2.2 相关文献回顾 016
3.3 理论模型构建 021
    3.3.1 信任的边际价值 021
    3.3.2 信任程度与关系强度分析 022
    3.3.3 关系经济学的理论解读 023
    3.3.4 决定关系和关系强度的因素 023
    3.3.5 关系强度的简易理论对数模型搭建 024
    3.3.6 关系强度的理论模型优化——运用Sigmoid函数模型 026
    3.3.7 关系强度与产品市场消费效用函数 027
    3.3.8 关系强度与产品市场厂商行为 029
    3.3.9 关系强度在要素市场和组织市场中 030
3.4 经济市场中的两个实例验证 031
    3.4.1 两个实例的选取 031
    3.4.2 实例验证的解释 031
    3.4.3 两个实例 032
3.5 本章小结 037
    3.5.1 研究结论 037

3.5.2 研究展望 038

4 共享经济的合作博弈理论的分析 040
4.1 引言 040
4.1.1 研究背景 040
4.1.2 研究意义 041
4.1.3 研究内容与思路 042
4.1.4 研究方法及创新点 044
4.2 文献综述 045
4.2.1 共享经济研究的文献综述 045
4.2.2 合作博弈研究的文献综述 047
4.3 共享经济合作博弈与非合作博弈的模型构建 050
4.3.1 共享经济的不同商业模式 050
4.3.2 共享经济平台买卖双方不完全信息博弈模型 051
4.3.3 共享经济平台买卖双方达成合作均衡的条件 053
4.3.4 Shapley值法——平台参与下的共享经济合作博弈的收益分配 056
4.4 共享经济联盟的实例分析——以Airbnb为例 058
4.4.1 Airbnb运行机制简介 058
4.4.2 Airbnb与传统酒店的竞争策略差异 059
4.4.3 Airbnb的定价策略 060
4.4.4 Airbnb发展过程中出现的问题及不同的观点 061
4.4.5 Airbnb未来发展讨论 062
4.5 本章小结 062
4.5.1 研究结论 062
4.5.2 研究展望 063

5 共享经济的产业生态系统演化 064
5.1 引言 064
5.1.1 研究背景 064
5.1.2 研究意义 064
5.1.3 研究内容与思路 065

5.1.4　可能的创新之处　066
5.2　文献综述　066
　　5.2.1　平台型智能制造产业生态系统研究　066
　　5.2.2　平台型产业生态系统主体研究　067
　　5.2.3　产业生态系统共生成长影响因素研究　069
　　5.2.4　平台型智能制造产业生态系统的概念界定　070
　　5.2.5　平台型企业社会责任治理研究　073
　　5.2.6　总结与展望　075
5.3　理论分析　076
　　5.3.1　共生理论　076
　　5.3.2　平台型产业生态系统在治理方面的优势和存在的问题　077
　　5.3.3　共赢价值观与平台型智能制造产业生态系统治理　080
　　5.3.4　社会责任与平台型智能制造产业生态系统共生成长　081
5.4　模拟分析　084
　　5.4.1　研究方法　084
　　5.4.2　行为规则和模型构建　085
　　5.4.3　仿真分析　088
　　5.4.4　小结　093
5.5　海尔集团案例分析　094
　　5.5.1　海尔集团产业生态系统的结构　094
　　5.5.2　海尔集团的组织形态　096
　　5.5.3　海尔集团的企业文化　097
　　5.5.4　海尔集团基于企业文化提升社会责任的具体措施　097
　　5.5.5　小结　101
5.6　本章小结　102
　　5.6.1　研究结论　102
　　5.6.2　对策与建议　103

6　范围经济视角下的共享制造研究　105

6.1　引言　105
6.2　文献综述　106

6.2.1 共享制造的发展及研究现状　106
6.2.2 范围经济与共享制造　108

6.3 理论分析　109
6.3.1 企业发展范围经济的激励　109
6.3.2 共享制造实现范围经济的机理分析　111
6.3.3 拓展分析　113

6.4 案例研究　115
6.4.1 研究方法和案例选择　115
6.4.2 案例介绍　116
6.4.3 案例分析　117

6.5 本章小结　119
6.5.1 研究结论　119
6.5.2 启示　119

7 共享经济对居民幸福感的影响研究　121

7.1 引言　121
7.1.1 研究背景　121
7.1.2 研究意义　122
7.1.3 国内外研究文献综述　122
7.1.4 研究内容与思路　125

7.2 共享经济与居民幸福感发展现状分析　127
7.2.1 我国共享经济发展概况　127
7.2.2 我国居民幸福感现状分析　130
7.2.3 小结　132

7.3 共享经济影响居民幸福感的理论诠释　132
7.3.1 共享经济影响居民幸福感的理论依据　132
7.3.2 共享经济影响居民幸福感的传导机制　133
7.3.3 本章研究假设　135

7.4 共享经济影响居民幸福感的实证研究　135
7.4.1 数据来源与变量定义　136
7.4.2 实证结果分析　139

        7.4.3 内生性讨论 148
        7.4.4 稳健性检验 151
        7.4.5 小结 152
    7.5 本章小结 152
        7.5.1 研究结论 152
        7.5.2 研究展望 155

应用研究篇

8 **分布式能源共享服务机制研究** 159
    8.1 引言 159
        8.1.1 研究背景 159
        8.1.2 文献综述 160
        8.1.3 研究内容 163
    8.2 分布式能源现状研究 164
        8.2.1 分布式能源的定义与分类 164
        8.2.2 分布式能源的发展 165
        8.2.3 分布式能源的交易模式 168
    8.3 分布式能源共享服务机制的设计 169
        8.3.1 分布式能源共享服务机制架构 169
        8.3.2 分布式能源共享服务机制业务流程 172
        8.3.3 分布式能源共享服务机制特征 174
    8.4 分布式能源共享服务的定价策略分析 176
        8.4.1 模型的建立 176
        8.4.2 模型求解算法 178
        8.4.3 算例分析 181
    8.5 本章小结 183
        8.5.1 研究结论 183
        8.5.2 研究展望 183

9 **共享云储能服务机制研究** 185
    9.1 引言 185

9.1.1 研究背景 185
9.1.2 文献综述 186
9.1.3 研究内容 188

9.2 位置共享云储能机制研究 189
9.2.1 位置共享云储能的概念 189
9.2.2 运行机制 191
9.2.3 商业模式 192

9.3 两阶段潜在用户辨识策略研究 195
9.3.1 长期动态增容需求用户辨识策略 195
9.3.2 短期峰谷套利潜力评估方法 196

9.4 区域共享云储能优化配置和多时间尺度调度研究 201
9.4.1 共享云储能的优化配置技术 201
9.4.2 多时间尺度调度技术 203

9.5 算例分析 204
9.5.1 多时间尺度用户辨识 204
9.5.2 系统优化规划 205
9.5.3 共享云储能的经济效益评估 208

9.6 本章小结 209
9.6.1 研究结论 209
9.6.2 研究展望 210

10 共享经济中的智慧工地监管平台 211

10.1 引言 211
10.1.1 研究背景 211
10.1.2 概念与研究评述 212
10.1.3 研究意义 214
10.1.4 研究内容 214

10.2 建设项目环境污染监管平台模式分析 215
10.2.1 平台结构基础 215
10.2.2 平台特征与运行机制 216
10.2.3 平台发展历程 218

10.3 价值链视角下的建设项目环境污染监管数据基本价值活动 220
　　10.3.1 数据生成与采集 220
　　10.3.2 数据预处理与存储 223
　　10.3.3 数据分析与可视化 224
　　10.3.4 数据分享 224

10.4 平台使用场景下的建设项目环境污染监管数据增值价值创造 225
　　10.4.1 平台使用场景下的数据价值 225
　　10.4.2 建设项目环境污染监管平台数据共享框架 226

10.5 案例分析——以南京市智慧工地监管平台为例 230
　　10.5.1 案例平台简介 230
　　10.5.2 平台试点阶段的数据价值挖掘 230
　　10.5.3 平台推广阶段的数据价值整合 231
　　10.5.4 平台共创阶段的数据价值增值 232

10.6 本章小结 234
　　10.6.1 研究结论 234
　　10.6.2 研究展望 235

11 空置房共享平台运作机制研究 236

11.1 引言 236
　　11.1.1 研究背景 236
　　11.1.2 研究意义 237
　　11.1.3 研究内容 238

11.2 概念与研究评述 239
　　11.2.1 空置房的相关研究 239
　　11.2.2 共享经济的相关研究 240

11.3 空置房现状分析 242
　　11.3.1 我国空置房的现状 242
　　11.3.2 我国空置房的特点 244
　　11.3.3 我国空置房的成因 244
　　11.3.4 大量空置房的弊端 245
　　11.3.5 小结 246

11.4 空置房共享的可行性及运作机制 246
　11.4.1 空置房共享的可行性 246
　11.4.2 空置房共享平台的运作机制 248
　11.4.3 小结 249
11.5 空置房短租共享平台的定价研究 250
　11.5.1 数据搜集 251
　11.5.2 变量描述 251
　11.5.3 模型的选取与建立 252
　11.5.4 实证分析 253
　11.5.5 小结 262
11.6 本章小结 262
　11.6.1 研究结论 262
　11.6.2 研究展望 264

12 制药企业共享研发平台的绩效研究 265

12.1 引言 265
　12.1.1 研究背景 265
　12.1.2 研究意义 266
　12.1.3 研究内容与方法 266
　12.1.4 研究内容与思路 267
12.2 文献综述 268
　12.2.1 共享经济 268
　12.2.2 平台理论 269
　12.2.3 绩效研究 270
12.3 医药制造行业与研发模式概述 271
　12.3.1 行业发展现状 271
　12.3.2 制药企业研发模式的转变 273
　12.3.3 共享研发模式分析 274
12.4 实证研究 275
　12.4.1 样本选取与数据来源 275
　12.4.2 变量设计 275

12.4.3 回归模型构建 277
12.4.4 实证分析 277
12.5 案例研究——以药明康德为例 282
12.5.1 案例公司简介 282
12.5.2 商业模式分析 284
12.5.3 共享研发案例 285
12.6 本章小结 285
12.6.1 研究结论 285
12.6.2 政策建议 286

13 数字经济与制造业共享融合的路径与策略研究 288

13.1 引言 288
13.1.1 研究背景 288
13.1.2 研究意义 289
13.1.3 文献评述 289
13.2 数字经济与制造业深度融合的路径分析 291
13.2.1 基础设施助力数字经济建设 291
13.2.2 创新能力推动数字经济发展 292
13.2.3 数字经济通过增强创新能力促进制造业升级 292
13.2.4 数字经济通过数字应用促进制造业升级 293
13.3 数字经济与制造业发展水平测度 294
13.3.1 数据来源 294
13.3.2 模型建构 297
13.4 实证分析 301
13.4.1 面板回归模型构建 301
13.4.2 中介效应模型构建 303
13.4.3 基本回归结果分析 305
13.4.4 中介效应检验结果分析 305
13.4.5 自回归检验与过度识别检验结果分析 308
13.5 本章小结 308

主要参考文献 310

1 绪 论

1.1 研究背景

共享经济作为一种新兴业态,为江苏经济创新驱动、转型发展注入新的活力。数据共享是共享经济发展的基本前提,大数据技术是共享经济发展的技术驱动。江苏发展共享经济拥有良好的经济环境、技术条件,在取得较快发展的同时,也存在公共数据获取困难、大数据核心技术瓶颈、用户隐私和信息安全保护不足以及共享平台监管缺位等现实问题亟须解决。

与此同时,随着互联网和移动智能设备在全球的推广和普及,以支付宝为代表的便捷支付方式的成熟为共享经济的出现和蓬勃发展提供了技术土壤。从 2000 年美国出现第一家共享经济企业 Zipcar 到现在,短短二十多年间全球已经拥有数万家各类共享经济公司,它们正从不同方面影响着人们的生活和消费方式。2019 年,中国共享经济规模高达 32 828 亿元,共享经济参与人数约 8 亿人,其中服务提供者约 7 800 万人。共享经济最具代表性的形式当属共享出行和共享住宿。因此,对共享经济及相关理论展开研究,完善新时代社会治理体系,基于平台推进江苏共享经济发展,需要进一步推动数据共享和开放,加快引导大数据重点技术突破,进一步严格制度,保障大数据安全隐私,同时利用大数据技术,不断规范共享经济市场发展。

1.2 研究意义

本研究独有的学术价值、应用价值和社会意义表现为以下几个方面:

1.2.1 关系人假设

该假设将个体之间的关系纳入考虑,不同个人团体间关系强度的不同,即亲疏、远近会显著影响其行为。而目前"关系"的研究多见于社会学领域,其在经济学领域更多作为计量回归的变量存在,并未内生于新古典经济学原有研究范式与分析框架中。将理性人转化为关系人假设是本课题研究的基础。

1.2.2 共享的确权

"区块链+共享经济"的核心是把原先所有权明确的、闲置的、非标准化的闲置资源,通过区块链的分布式账本、共识机制、通证系统以及智能合约等技术将整个市场去中心化,利用区块链技术来交易任何形式的数字资产,从而实现资产的高效流通。所以资产的上链确权是基础。

1.2.3 平台的信任

共享经济下个人与个人之间可以实时交互和确认,供需双方可以即时沟通,改变了传统的交易模式和雇佣模式,使个人的价值得到更充分的发挥,有助于实现资产价值和自身价值的最大化。区块链技术的核心功能之一是分布式记账,它能记录每一个参与数据交易的节点且存储下所有数据信息,并通过P2P(Peer-to-Peer,点对点)网络通信技术、去中心化安全协议、加密技术等来保证数据的完备性。区块链系统中的每笔信息交互皆可以由单个节点对全网所有节点进行广播,并能验证其他节点记录的结果,从而保证信息的安全性和正确性。

1.2.4 中国的实践

在当前中国经济新常态的背景下,经济结构面临调整、转型、升级,共享经济对供给侧改革的支撑作用尤其显著。通过网络平台整合过剩产能,将之转换为可以进行交易的商品或服务,随后去中介化并重组中介,减少中间流通环节,提高生产效率;与此同时,吸引大众参与,创造更多就业机会,这些性质可以有效缓解金融危机之后全球面临的各种经济和社会问题。

1.3 研究方法

研究方法包含大数据分析、文献计量分析、数理分析、案例研究、量子力学分析，以及综合运用系统分析、计量分析和数值模拟等方法。

（1）大数据分析。借助开源大数据平台研究关联方数据，将网络平台类化为"关系强度"的描述标量，实现关系人实证研究具体化和规范化。

（2）文献计量分析。利用国内外期刊、图书以及文献数据库，检索关系经济学、共享经济学的相关文献，对相关理论、实证及应用对策研究的历史成果、典型案例及最新研究进展进行可视化分析。

（3）数理分析。利用博弈均衡分析构建包含政府规制、平台企业、各类经济行为主体的理论模型。借助动态博弈分析平台企业进入的策略性行为与社会福利水平变化，以及政府规制对垄断平台及潜在进入者行为的影响及其社会福利水平。

（4）案例研究。基于理论分析框架，运用实际案例分析关系强度对平台企业行为的影响，包括平台企业的定价、进入退出等策略性行为。

（5）量子力学分析。以量子力学的范式为基础的规范研究，采用薛定谔方程描述关系人波动力学规律，试图构建具有经济哲学意义的经济学范式。

（6）综合运用系统分析、计量分析和数值模拟等方法。综合运用包括回归匹配分析、工具变量法、面板数据模型以及在线实验等因果推断方法，来检验驱动共享经济发展的内、外部关键变量的影响。在规制与对策部分将采用机制设计和预测分析方法来比较不同的平台治理和规制政策措施的福利效应。

1.4 解决的关键问题

1.4.1 平台信用问题

从身份经济到关系经济，概念的延伸都是围绕着"信任"的问题展开研究。共享经济打破了传统的消费习惯与生产关系，使社会资源得到了充分的利用。然而，随着共享型平台的井喷式增长，平台的信用问题成为亟待解决的现实问题。区块链技术的核心功能之一是记录每一个参与数据交易的节点且存储下所有数据信息,并通过P2P网络通信技术、去中心化安全协议、加密技术等来保证数据的完备性。通过"区块链＋共享经济",尝试利用资产的上链确权,即借助区块链技术来交易任何形式的数字资产,一方面实现资产的高效流通,另一方面解决共享经济中双方的信任危机。

1.4.2 组织成长的"悖论"

在大数据、云计算等网络技术和金融创新的推动下,产业链分工重组,快速配置整合全球资源,重塑市场格局的商业生态系统架构。在平台驱动背景下,企业成长的瓶颈从彭罗斯约束转变为有界企业与无界市场。传统企业如何实现协同发展？共享型平台企业如何突破生产可能性边界实现跨界成长？本课题借助案例分析、数值模拟、Python语言等方法,在产业生态系统环境中分析企业成长路径选择,尝试回答上述问题。

1.4.3 共享型平台的规制困境

传统的规制理论中,垄断企业通过市场的界定、市场势力操纵价格以及并购及排他行为降低社会福利或消费者剩余,这是政府规制与反垄断的理论基础。而在共享经济环境下,对于平台企业市场力量的评估变得复杂而困难。平台企业由于存在交叉网络外部性,产品价格与成本存在不对称结构,那么,垄断性平台企业是否同样遵循垄断企业定价行为的勒纳指数特征,通过市场势力制定价格,从而实现利润最大化呢？如果市场势力不一定造成垄断,那么以此为研究前提,测算无谓损失效应(Deadweight Loss,DWL),需要重新界定垄断的内涵。本课题融合基于区块链技术的可信数据与可信AI,得出可信的用户画像,尝试解决共享经济的垄断规制与多边市场治理问题。

2 文献综述

2.1 共享经济的内涵与外延研究

2.1.1 共享经济的内涵与评价

国家信息中心在《中国共享经济发展年度报告(2020)》中将共享经济定义为信息革命发展到一定阶段后出现的新型经济形态,是整合各类资源、准确发现多样化需求、实现供需双方快速匹配的最优化资源配置方式,是信息社会发展趋势下强调以人为本和可持续发展、崇尚最佳体验与物尽其用的新的消费观和发展观。目前,学术界对共享经济尚无统一的标准定义。Koehn认为,共享经济是个体之间进行直接交换商品与服务的系统,涵盖了闲置物品、闲置房间、闲置车位等物品或服务的共享。部分学者将平台驱动视角融入共享经济的研究中,提出共享经济是去中介化和再中介化的过程,即供需双方不再依附传统商业组织,而是转向依附共享经济平台。因此,共享经济借助网络等第三方平台,将供给方闲置资源使用权暂时性转移,促进社会经济的可持续发展。在此基础上,刘根荣指出信任在共享经济中的重要作用,认为共享经济是以互联网技术为支撑,以网络平台为基础,以信任为纽带,以所有者生活不受影响为前提,所形成的个人闲置物品或资源使用权共享的开放性交换系统。

基于对共享经济内涵的不同解读,学术研究中关于共享经济评价指标的选择也不尽相同,大体分为两类:一部分学者基于商品交换的视角,用共享平台上商品使用数量,例如Uber平台共享产品使用数量等作为共享经济的评价指标;另一部分学者认为共享平台商品定价在一定程度上反映了共享经济的发展程度,用共享平台上商品的定价变化,例如Lyft平台出行定价等来表征共享经济。

2.1.2 共享经济的成因

共享经济是经济、社会、技术等多方面共同作用的结果。共享经济具有三个基本要素：一是闲置资源和产能，网络平台通过技术整合过剩产能并将其转化为可以交易的产品或服务；二是共同享有网络平台的理念，这是共享经济的核心，网络平台通过网络技术对闲置资源进行分销和推广；三是众多参与者，基于 APP 的社会群体及陌生人之间的信任，每个参与者都各取所需地对共享经济进行创新，从而实现定制化和个性化。基于共享经济的要素，现有研究对共享经济成因展开丰富的讨论，主要分为四点：首先，互联网等信息技术降低了共享行为的交易成本，为共享经济发展提供了技术土壤。低交易成本是共享经济规模快速扩张的主要成因。共享经济平台极大地减少信息沟通的成本，以更高效率实现供需双方的匹配，加速规模效应的形成。其次，产能过剩促使共享经济拥有坚实的物质基础。在物质产品极大丰富的条件下，人们不再以取得产品所有权作为实现个人福利的终极目标，因而愿意与人分享自己所拥有的产品，为共享行为提供了可以分享的物质基础。再次，共享经济借助平台为供需双方提供更加透明的信息，缓解了因信息不对称产生的信任问题。共享经济通过平台上的互动式信息交流，消除了传统商业的发展中消费者对商家提供的商品或服务不信任的状态，促进消费者与供给者之间的信任构建。最后，共享经济促进消费者和供给者双方福利水平的提升。在共享经济模式中，供给者通过提供产品或服务取得收益，而消费者也可以以更低的价格获取商品或服务，从而使得双方的福利水平得以改善。

2.2 共享经济的理论基础

2.2.1 产权相关理论

市场机制本身存在着缺陷而产生"外部性问题"是现实经济普遍存在的问题。科斯最早提出了交易费用的概念，将交易费用定义成运用市场价格机制的成本。威廉姆森进一步发展了科斯的交易费用理论。现代产权理论认为外部性的产生是由于私人成本与社会成本的不相等，即社会成本大于私人成本，从而导致了社会福利的损失或低效。产权是一种通过社会强制实现的对某种经济物品的多种用途进行选择的权利。共享经济模式下,商品所有权与使用权发生分离,消费者以低于商品所有权的价格购买商品一段时间内的使用权,而商品所有者在商品闲置时,将其租赁出去,获得一定收益。共享经济的价值在于拥有某项资源的所有者与需要这种资源的消费者之间创建的有效匹配。在共享模式下,消费者以较低成本享受商品的使用权,产品供给者可以灵活配置闲置资源。

2.2.2 协同消费相关理论

"协同消费"(Collaborative Consumption)较早诠释了共享经济的思想。相对于所有权消费而言,协同消费更加关注使用权,物品的所有权不再是消费者的最终需求。传统研究将协同消费定义为日常消费中的协同行动,忽略对共享的描述。事实上,协同消费更为宽泛的定义应在于描述合作消费行为,即人们相互协同以获得或分配资源的消费模式。从物品的所有权转移到使用权,共享经济围绕着个人展开商品和服务的交换业务,这将重新定义传统买方和卖方,扩展交易和消费模型,影响商业模式和生态系统。从产权角度分析,持有人将物品或服务的使用价值让出以牟利,在所有权中分离了支配权和使用权,由此导致产权的裂变。

2.2.3 平台相关理论

共享经济平台形成了最初的双边市场,一方面通过价格决策服务于需求端,另一方面通过工资决策服务于供给端。共享平台作为双边参与者的服务中介,帮助提高资源配置效率、提升社会福利。在共享平台中,较为突出的是道德风险问题。产品承租者在产品使用或交还过程中可能导致产品出现磨损,而产品所有者又往往难以观测到承租者的使用行为,这便导致道德风险的出现。Weber认为平台可采取两方面措施解决道德风险问题,从而实现共享市场的帕累托改进:一是为出租者设定最优保险,二是为承租者提供最佳优先激励以确保产品的规范使用。此外,有学者研究发现,以利润为导向的共享平台不用完全消除道德风险,因为适度的道德风险成本可降低消费者购买产品的意愿,使得消费者更愿意去使用产品共享服务。

2.2.4 商业模式

共享经济是一种通过互联网平台将商品、服务、数据或技能等在不同主体间进行共享的经济模式。共享平台是共享经济的核心，共享经济可视为协调市场供需的双边平台。由上述分析可知，有相当一部分共享经济的研究从双边平台理论切入。共享平台区别于传统经济业态的特征在于其拥有强大的搜索、匹配、评价及定价系统，核心竞争力在于如何优化内部系统以更好地匹配作为需求一边的消费者与作为供给一边的闲置资源提供商。有学者通过分析现有发展较好的公司或平台，总结出共享平台的一般商业模式，认为其核心基础是"闲置＋价值＋回报"。

2.3 共享经济的相关研究

2.3.1 案例分析

目前，学术界关于共享经济的案例研究较为丰富，主要分为以下三类：第一，关于共享出行平台的案例分析。大多数学者以 Uber 为例，研究共享经济对交通拥堵、交通事故等社会现象的影响。也有学者将研究聚焦于滴滴出行平台，研究政府三种不同的监管政策，即基本监管、放任式发展、完全禁止，对滴滴出行平台信任建立的影响。第二，关于共享住宿平台的案例分析。一些学者以 Airbnb 为例，研究发现 Airbnb 提供了更加低廉的价格，同时，游客也更容易与当地居民交流获得新的住宿体验。此外，资源丰富度、关系强度、网络密度能够有效促进共享经济网络成员间的资源共享和知识流动，从而提升创新发展水平。第三，关于共享电商平台的案例分析。多数学者以淘宝电商平台作为研究对象，提出了在创业、成长、成熟三个不同时期下的价值共创框架，并研究共享经济模式下的网络交易市场治理，发现政府规制外生秩序、网络平台内部规则秩序和交易自组织内生秩序等"多圈层、差异化"的治理结构，促进了市场交易域的扩展，带动网购规模的快速增长。可见，Uber、Airbnb 和淘宝平台作为新型商业模式为当地经济发展做出了重要的贡献，同时，平台存在的信任问题、交易成本问题等依旧是制约平台发展的潜在风险。

2.3.2 实证分析

共享经济的实证定量类文献依托大数据方法及计量经济模型围绕共享平台展开研究。就共享平台而言,一部分学者聚焦于平台的机制设计及系统优化,如定价机制、声誉机制(信任与评价机制)、匹配机制及搜索机制等;另一部分学者将平台进入作为外生政策冲击,探讨平台对于传统经济的影响,研究发现共享平台对传统行业产生了侵蚀和挤压的负面影响。就共享平台上的参与主体而言,一部分学者集中在异质性消费者的购买决策,发现性别、年龄、收入等均导致消费者产生不同的消费行为;另一部分学者着重探讨平台上参与主体的福利变化,并得出了一致的结论,即共享经济导致消费者剩余增加。

2.4 共享经济的规制政策

2.4.1 政策建议

目前,学术界对共享经济的政策建议主要分为以下两类:首先,部分学者对共享经济的发展持鼓励态度。就共享平台商品定价而言,政府应制定基于市场需求和符合相关政策的共享价格,鼓励建立数据共享生态系统;此外,政府应在安全信用、利益保障机制、平台监管等方面做好制度安排以保障共享经济平台健康平稳运行。其次,另一部分学者认为共享经济的发展需实施更多限制。考虑到共享平台对传统行业的侵蚀以及引发的歧视问题,有学者认为政府应对平台实施更多监管。共享经济规制牵涉主体多、涉及领域广、影响范围大,应建立全新的法律结构,借助体系性回应方式,更加科学地权衡共享经济对社会经济福利的提升和所引发的相关后果。

2.4.2 前景评估

针对共享经济的发展前景,学术界持不同态度:一部分学者对共享经济的发展持乐观态度。就单个经济主体而言,共享经济改变了经济主体的行为方式,重构了传统经济中价值创造者的角色,经济主体在享受服务资源的同时也能够提供服务资源。就整个社会而言,共享经济提高了信息匹配效率和经济发展质量,培育出经济和社会发展的新动能,提升了社会整体福利。另一部分学者对共享经济的发展表现出了一定程度的担心。共享经济的快速增长不仅存在巨大的资源浪费和信息失真问题,也给传统行业带来负面的挤压影响。此外,共享经济会引发单边社会歧视,不利于平台实现有效的供需匹配,造成服务提供商的收入损失。

2.5 简要评述

关于共享经济问题,国内外学者展开了多维研究,形成了丰富的研究成果,并在较多方面达成初步共识,例如:从降低交易成本、缓解信息不对称、提高社会福利等方面分析共享经济的兴起;从产权、协同消费、平台等相关理论分析共享经济的发展;等等。但是,目前尚未发现有学者从平台驱动的视角,探讨如何推进共享经济健康发展,特别是如何解决共享经济背后的信任问题。共享经济是人类社会发展到特定阶段,借用互联网平台、以共享使用权为目的的消费模式。随着人工智能、区块链、云技术和大数据等技术的兴起,传统经济理论面临挑战,共享经济这种新的商业模式逐渐成为推动社会经济发展的重要方式。在面对着内部经济转型和外部市场不确定的双重压力的今天,深入研究平台驱动视角下共享经济的健康发展显得尤为重要和迫切。

理论探讨篇

Theoretical Discussion

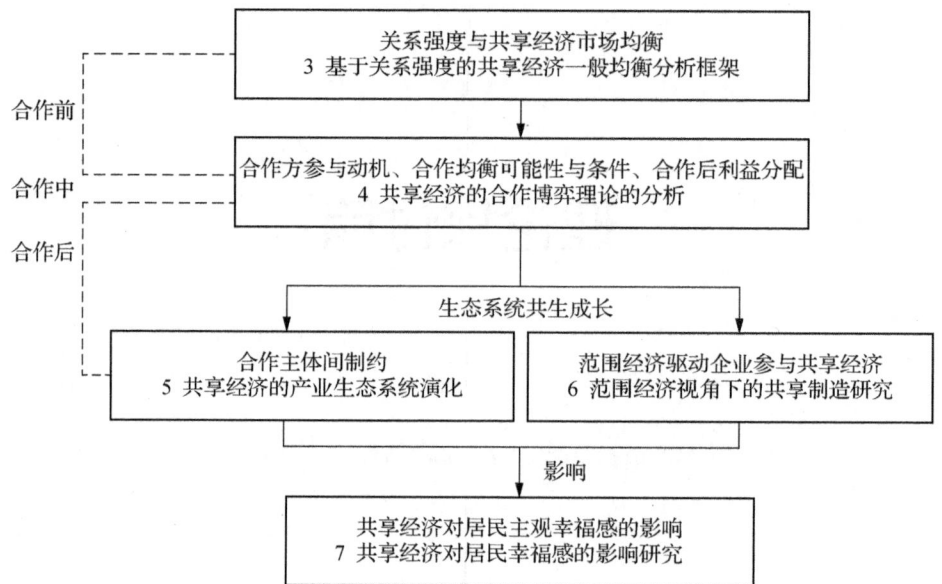

3 基于关系强度的共享经济一般均衡分析框架

3.1 引言

3.1.1 研究背景

中国自20世纪70年代末开始市场化改革以来,经济发展取得巨大的进步。但是,人们的经济行为与西方发达国家存在明显的差异。个人、企业和政府的行为与西方成熟的市场经济国家经济主体的行为迥异,一般将其定义为"中国特色",而"中国特色"缺乏规范经济理论的解释。东西方普通人的人性不存在差异,在现实中面对相同问题时却表现出完全不同的行为选择,现有的理论分析认为影响东西方人经济行为的社会基础完全不同。这一点没有异议,而决定社会基础中人的特征缺乏符合"中国特色"的研究框架。

在中国市场改革开放背景下,随着中国市场一步一步与西方兼容并包,东西双方都形成了较为成熟和完备的市场体系并且能够相互融洽。正如产业经济学理论中提到的关于经济市场组织架构方面的论述,主要的东方国家在企业的组织架构中更加在意人际关系,有着大量的"关系往来",典型代表是东方的家族企业,而西方人相比较来说更为关注关系双方之间的法律联系,两者的差异构成在经济市场中行为的基础。不同于传统西方的"科层制""塔状结构",本文从"差序格局"入手,认为关系人之间的逻辑是阶梯状、涟漪散射状的。

根据费孝通的差序格局(the pattern of difference sequence)理论,人与人之间的关系并非直线,而是呈现出涟漪状的差序关系"圈",并且人与人、人与社会之间彼此交错,以此为基础,以关系人假设为前提,将经济行为主体按照血缘—社会—法律先赋差异分解为非线性递进关系,以关系强度(relational intensity)为内生变量,建立关系场(relational field)作为值域空间,初步建立关系人经济行为中个人、组织和社会福利的关系经济学一般均衡框架。

在本文的假设中,由于关系在不同的文化和市场环境中发挥的效应不同,运用的逻辑也不同,所以就会产生不同的市场均衡解。但是关系本身如何被定义?在经济学假设下,经济行为中蕴含的关系又由哪些因素来进行规范?规范之后又应当如何量化?量化的模型如何选取?纳入了关系作为新变量后,新的经济行为如何求得均衡解?这些问题将成为关系经济学需要解决的核心问题。

3.1.2 研究意义

1) 理论意义

实际上,在经济社会中,人与人之间的关系对经济学行为的影响是显然的,但是缺乏标准性和系统性,并且目前经济学中尚未对其做出均衡性探索,在此基础上,构建关系经济学较为直观的均衡理论模型具有较重要的理论意义。

2) 延展意义

关系在经济社会中的运用可以指导和丰富包括但不限于:平台经济学、网络经济学、共享经济等课题;同时,关系可以直接与经济行为中的信任问题挂钩,可以在关系强度与信任程度之间找到均衡关系,从而从独特的关系经济学角度丰富信任问题的理论研究。在平台设计、平台管理和共享经济中都能找到运用思路。另一方面,这是对有限理性理论的丰富和完善,将经济中的个体的理性人建立在关系人之上。一个人首先必须是关系人,在关系的定义下去实现理性人的要求。

3) 现实意义

普遍认为,关系在中国文化中是作为独特点出现的,似乎西方的关系人之间的组织要更为科学和先进,而中国的"家族""亲信""熟人",作为自然主义经济学行为在现代化工业和服务业经济体系中显得落后且腐朽。实际上,关系作为经济学中的要素,一直影响和规范着市场的发展,从一定程度上来说,对关系经济学的研究能够表明,关系无论是在产品市场还是在要素市场中都能发挥其作用,对新古典理论中的均衡点有着影响,而对这类问题的分析能够建立更有效的市场机制以及企业组织架构。

3.1.3 研究内容

本课题的总体研究框架分为四个层面,包括关系与关系强度的基本解释及假设、经济主体行为与关系强度均衡形成机制、信任与关系强度演化以及其中的一般均衡分析。

实际上,对于经济社会来说,人们一直在追求如何尽量发挥市场的有效性,其中一个重要方面在于如何高效且低成本地解决信任问题,当前较为热门的平台经济学和区块链经济学都在逐步尝试去降低交易成本(即解决信任问题)。然而正如经济学的本质是社会科学那样,信任程度不可能都是按照理性人逻辑进行假设,人们之间的信任程度和关系强度之间存在直接关系,以产品市场角度来看,信任是存在价值的,也就是说,消费者会为信任买单,基本的例子就是,对于同样的商品,消费者更愿意为正规品牌店里的付出更高的价格,而在非官方授权的店铺中,商品的价格会显著地更低,两者之间的差价,抛开店铺之间运营成本的差异,消费者为了可靠的产品质量(例如产品是否为正品),也就是信任,付出了额外的费用。

3.2 文献综述

3.2.1 基本假设

中国社会中的关系(relationship)在英文文献中用"Guanxi"作为具有中国特色的专有名词,以理性人假设为前提,此假设表明:一、每个人在经济市场中严格追求自身利益最大化,即规定性动因;二、理性人的选择是可以预测的,由于受制于经济利益,存在着严格的规则,即行为预测性。在此假设下,人与人之间完全独立、绝对平等,不会受自身所处的关系"圈"的约束。而实际上,西蒙认为,由于人们知识的局限性,在实际的操作中不可能完全理性地进行经济行为,经济行为会偏离通常认为的理性人的均衡点。人们在进行选择时,以实现最优的个体利益为目标,即使存在集体性的行为,也将其假设为内部行为可以形成"一致的计算"。

在新古典经济理论中,人们之间的关系是线性的。但是,按照《乡土中国》中的差序格局理论,人与人之间的关系有着初始的设定:地缘、血缘、文化程度、相应的地位,会形成先天的关系禀赋,从而一开始就会形成差别,即以每个人为原点,向外辐射扩散出去的疏密不同的差序格局,由于先天的禀赋不同,就会构成不同性质的关系,而不同的关系性质伴随着因人而异的交流次数或交流频率也就会形成不同的关系强度。

3.2.2 相关文献回顾

如图3-1所示,有关"关系"的文献的出版数量从1990年至2010年整体呈现上升趋势。由于中文本身具有丰富性和灵活性以及复杂性,关于关系有着各种含蓄的定义。例如,在Bian、Tsui和Farh看来,关系是互相关联的实体及其之间的联系,或者是利用、建立个人关系从而实现生活或工作的社会行为实践,或者是可以使组织获取竞争优势之战略,或者是达成合同或交易的机制。

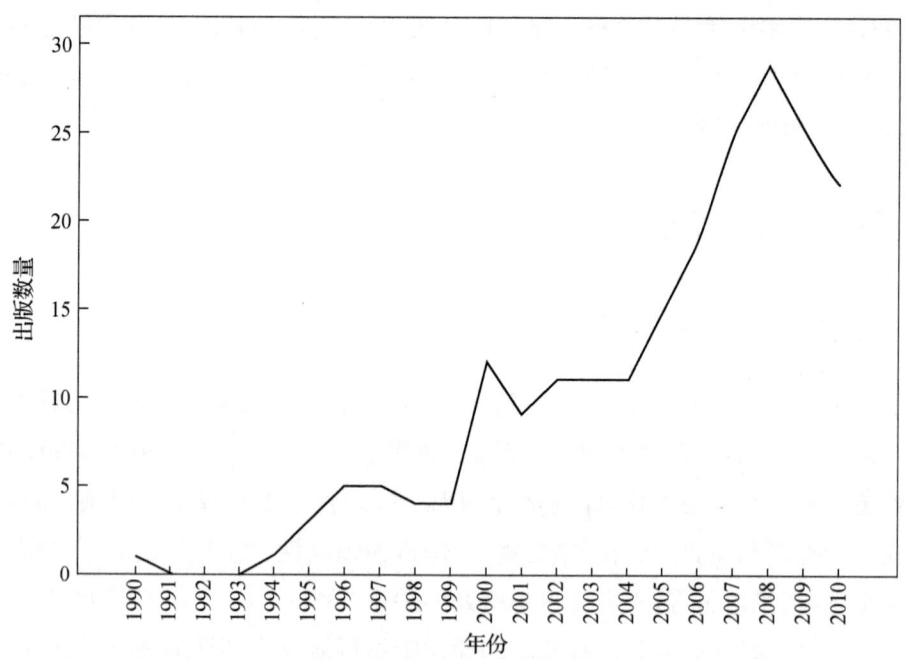

图3-1 有关"关系"的文献的出版数量(1990—2010年)

1) 关系的定义、人类学、社会学和社会网络研究

一般的研究认为,"关系"一词是人们在与其有上述初始禀赋的前提下,加之后天不断地交流和维护,建立出的行为准则。其中基本逻辑就是不同的关系亲密程度会影响到相应关系人之间的信任程度,也就影响了社会性、经济性的交换行为中的互惠性以及牢固程度。现有研究认为关系有大致六种类型:同处于某集体;有中间联系人或介绍人;高频交流产生的关系;在某关系背景中的低频交流;纯粹的朋友关系;相同的品质。

研究认为关系和关系情感基础的心理因素会影响关系的质量和价值。关系的测度分为一维整体关系的质量;二维关系的测量模型包括通过"信任"(trust)与"感知"(feeling);而三维认定关系的三种要素分别是互惠、感情和面子。除此以外还有绩效以及运行机理:在知识共享、相互信任及行为决策之间的互动关系表现了关系运行,交易关系中成本收益比可以简单地表达绩效。

社会网络研究之路径是对西方的社会交往网络的研究成果之查验和修正。在此类研究中,关系被建立于"强、弱关系"假设之上,关系被视为具有工具性的特殊之纽带。

2) 关系的类型

现有的研究将关系分为四种基本类型:

(1) 家庭与非家庭关系

儒家教义强调了家庭同非家庭关系之间的共同性,即家族的集体主义本质。而家庭与非家庭关系则是约束了先天和后天取得的不同关系的差异,前者指家庭、亲属或同乡等,后者指自发性组织,例如校友、同学或同事等。

(2) 情感与工具关系

关于非家庭关系和家庭关系,社会学家认为前者是工具性的,而后者是表意性的。Blau 在社会交换理论中提出,交换关系受到获得外在奖励目标的激励,而家庭式关系是以这类关系本身内涵的情感维系和情感性质作为激励的。同样,Hwang 明确认为家庭或家族的关系是社会情感性的,而非家庭关系或部分或全部,均属于工具性关系。

(3) 个人/非正式关系与非个人/合约关系

个人关系或非正式关系通常为具有情感要求、相应的义务或责任的,以及

具备不正式的性质的人与人之间关系。而与之相对应的合约关系往往为客观的、有法律保障的，以及具备相关的正式性质的个体之间或团体之间的关系。区分个人/非正式关系与非个人/合约关系类型是有用的，因为在商业与工作关系中，家庭、社交和友谊的关系与正式、组织和职业的关系是不同的。

3) 关系基础与关系质量（关系强度）

（1）关系基础（关系禀赋）

关系基础是指关系的双方在产生后期的交互之前先行有着特殊的关系性质作为基础，例如性别、年龄和种族，而此关系基础的存在及其类型之间的差异都会影响后续的关系质量，表明了先有关系禀赋之重要性，而这样的性质有可能不由关系双方本身产生，例如，在排除社会共同身份之后，其关系的先有基础可能为一个共同认识的第三方，这个第三方在两边都了解无关联的两方，从而从中联系起原本无关联的两个关系方，这样一来，这个中介人便成为这段关系的先行基础。

（2）关系质量（关系强度）

关系的质量往往通过关系的类型和基础进行衡量。因为受到情感性因素驱动，家庭关系被认为是强大且紧密的，而与之相对的，非情感性因素驱动的关系被认为是弱小的或者说疏远的，因为它们是仅受工具性因素驱动的。

还有的研究认为，双方之间有无关系，抑或是相对较强的关系与相对较弱的关系之间，存在着的信任程度、相互依赖程度和义务性程度也是不同的。

（3）微观层面的实证研究

大部分关系研究使用两种调查方法：一种是自我中心网络指定法，即在个人社会网络中，自我指定另一方，并提供关于网络关键要素的信息；另一种是普通的调查问卷法，包含关于关系结构的问题，而不必指明每个核心个体的社会网络。网络指定法的一个优点是，当数据生成于同一来源时，同源偏差问题就被认为不那么严重。但网络指定非常烦琐耗时，Chua等人使用了网络指定法并采取对不同类型的信任的完善但短期的衡量来比较中美两国管理者在人际关系上的不同。

尽管不如调查问卷法用得频繁，准实验法也被用于关系研究。举例来说，人际交往的行为事件，涉及不同角色的道德困境，公司人力资本管理决策中使用的不同的关系基础，以及关系实践对不同层次群体的影响都被系统性地用于观察其对关系质量、态度、认知和伦理决策制定的影响。

使用不同方法的组合，可以提高概念精确性和实证结果稳定性，例子包括网络指定法和调查问卷法的组合，准实验法和调查问卷法的组合，以及通过二手数据建立关系作为政治联系。

4）关系质量（关系强度）的衡量

Bian 和他的同事认为关系强度即亲密度和信任度，而以熟悉程度来表示关系以使其可操作，即关系方彼此之间的相互了解程度。关系强度也可以用以自我为中心的社交网络中的个人与关系的另一方的距离程度来进行衡量。除此以外，关系质量也可以采用社会活动质量作为衡量标准，如以上下级之间的个人性质的社交作为标准。类似的还有例如工作关系被转化成一种类似家庭性质的社区性共享关系，工作内容之外的社交就可被认为是这种转化的一种指标来对关系质量进行衡量。

鉴于关系质量是一个重要概念，值得进一步探讨关系质量的四种度量方法：

第一种度量方法由 Law 等人在 2000 年提出，用来区分领导—成员关系（Leader-member guanxi, LMG）和美国的领导—成员交换关系（Leader-member exchange, LMX）。Law 和 Wong 等人把 LMG 定义为人际关系的关系质量程度，为了提升可行性，用工作内容以外的社交行为程度表示。

第二种上下级关系质量的度量方法由 Chen 等人在 2009 年提出，包含三个方面：情感的依赖程度，在个人生活中所体现出的职场关系程度，以及下级对上级人员的遵从程度。

第三种是由 Chen 和 Peng 提出的职场中同事关系质量的度量方法。

最后一种，与关系不同，在西方发展起来的领导—成员交换关系（LMX）度量方法被中国学者用于度量中国上下级之间的工作关系。LMX 度量方法包含多个方面和一个一般维度。

中国人的关系质量的度量与 LMX 度量之间的主要区别在于，前者包括工作以外的社会交换，而 LMX 仅限于工作中的个人关系。纳入与工作无关的社会交换具有刻画中国关系的情感性和工具性混合特点的优势。尽管如此，由 Liden 和 Maslyn 提出的多方面测度，在 LMX 中纳入情感性因素，可以弥补单一维度测量的不足。介于中国上下级关系质量的两种度量方法之间，Chen 等人的方法具有兼顾工作和非工作关系的优势，并且在概念上与 LMX 度量更加接近。

5) 强关系和弱关系的影响

西方研究强调在求职和升职中弱关系的优势和社会网络的结构性漏洞,相比之下,对中国关系网络的研究发现,中国人依靠与他们有强关系而非弱关系的帮助者(直接或间接)来找工作或换工作。Giles 等人对非本地的城市工人的研究发现,男性和女性的再就业与同一城市中同辈亲属的人数正相关。研究还表明建立包含强关系的专业网络的管理者,比建立那些弱关系网络(他们承担经纪人的角色)的管理者,在事业上更加成功。在解释中国组织中强关系密集网络相对于存在结构性漏洞的弱关系疏松网络的优势时,Xiao 和 Tsui 提倡中国组织崇尚承诺的文化以及中华民族文化的集体主义价值观。Bian 和 Ang 提出了相同的文化主张,他们指出虽然新加坡拥有完善的劳动力市场和现代人力资源管理系统,但社会和组织的关系导向导致求职者仍然寻求强关系而不是弱关系。

6) 关系与经济发展的研究成果

Granovetter 在 1973 年的《弱关系的力量》中重点提出,相对于较强的关系,较弱的弱关系更有利于人们之间构建经济关系——例如寻找工作或者在社会中寻求市场方面的帮助。弱关系的真正意义是在不同的社交环境中创建连接,从而丰富这一关系网络的多样性,在强关系网络之外的更广阔的关系圈中获取更多的资源。根据 Granovetter 的理论,人脉的关键之处就是社交结构的多元化和多样性,主要在于一个人能接触到的社交网络能有多丰富、多全面。2005 年 8 月的一项调查选取了当月全英国的通话记录,从通话记录来规定某社区的关系多样性,并按其经济排名进行了分析,如图 3-2 所示。

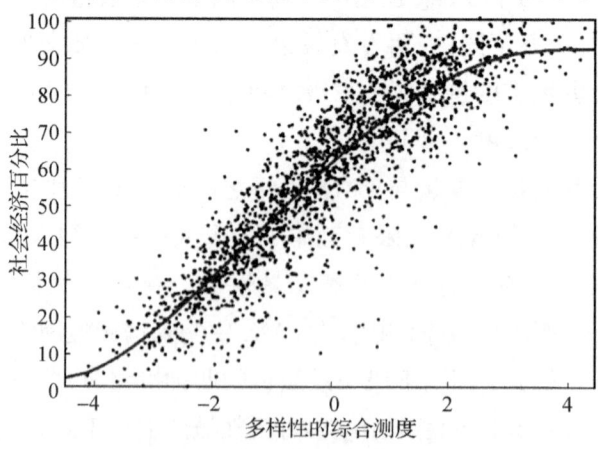

图 3-2　社交网络多样性与经济排名关系

越是富裕的社区,其社会关系的社交网络就越具有多样性。在企业层面,以前的研究已经证实,个人关系会影响企业绩效,但在个人关系用于提高公司绩效的方式和条件方面仍然是未知的。研究人员需要确定各种社会和组织机制,通过这些机制,个人关系被用于实现公司层面的绩效。也可以研究在何种动机和评价体系下,个人关系所有者愿意利用个人关系为组织目标服务。个人关系的组织可转移性也可能取决于员工个人网络的连锁作用。

3.3 理论模型构建

信任,某种意义上,类似商誉,在本文的研究中,以人与人、人与企业之间的关系强度作为解释的变量,关系强度越强,信任程度越高,而信任程度的提升在市场中可以有效地降低交易成本。根据科斯定理,在交易成本为零的情况下,不管权重如何进行在生产要素中的初始配置,当事人之间的谈判都会导致资源配置的帕累托最优;而在完全竞争条件下,私人之间的交易成本等于社会间交易成本,对于厂商来说,若将关系强度作为一种生产要素或资源纳入考虑,利于经济市场去建立相关的经济组织形式和市场机制,厂商选择产权制度,从而本文认为,将关系强度/信任程度纳入市场均衡中讨论和研究,对经济学发展有着重大意义。

3.3.1 信任的边际价值

如上文所言,信任是存在价值的,从社会经验角度出发,信任程度与其价值之间会呈现出一个向上突起的类对数函数型图像,如图3-3所示。

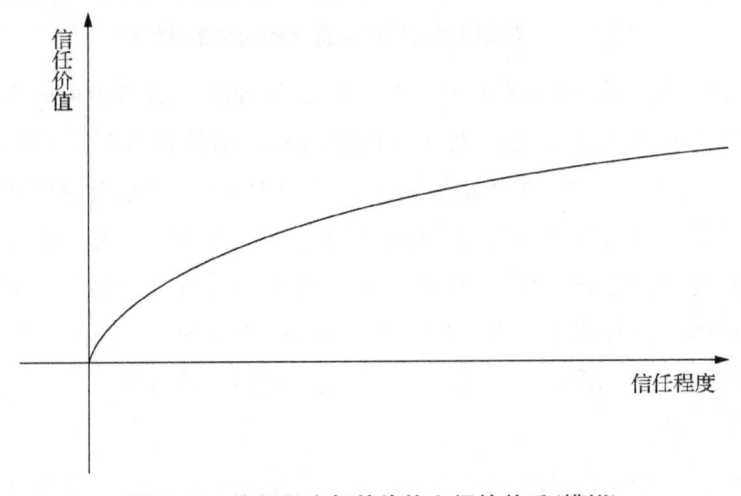

图3-3 信任程度与其价值之间的关系(模拟)

图中横轴为信任程度,而纵轴为相关信任程度下消费者愿意为其支付的价格。不难理解:在不存在信任的情况下,信任不具备价值;而当信任程度上升时,消费者开始逐步为信任买单,即所谓"花钱买心安";而随着信任程度上升到一定高度时,其边际价值会逐步下降,最好的例子是,对于消费者来说,线下的官方旗舰店要比线上的官方旗舰店更可信一些(眼见为实的心理),但是消费者所面临的价格基本上为同一水平,此时信任程度的边际价值会下降。

◆ 3.3.2 信任程度与关系强度分析

关系强度和经济关系中的信任程度高度相关,而笔者认为两者的关系也并非单一的线性关系,而是边际信任程度上升的类指数函数,如图3-4所示。

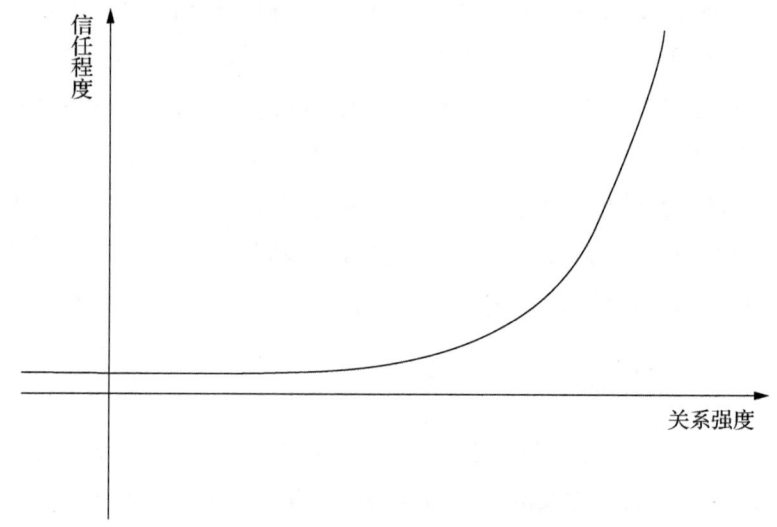

图 3-4 关系强度与信任程度之间的关系(模拟)

图中横轴为关系强度,纵轴为其对应的信任程度。从图中可以看出:即便是关系强度为 0 的陌生人之间也具备初始的基础信任程度(不妨假设为单位1);随着关系强度的增加,刚开始的边际信任程度较低,以社会经验来看,例如校友和同学院校友这两个不同的关系强度之间的信任程度相差不会很大;但是随着关系强度逐步上升,边际信任程度会有较大的提升,如同系的同学和同班的同学之间的信任程度之差别一般是较大的,而亲叔侄、亲兄弟等关系和亲父子、亲母子关系之间,后者的信任程度一定是远远高于前者的。

关于信任程度、关系强度与经济行为中的关系强度的影响，基本可以分为两种情况进行逻辑推导：一种逻辑是熟人间的"优惠"情况，这是关系本身的经济价值，具体体现在产品市场中的"友情价"/"亲情价"或者是要素市场中的"行方便"现象甚至是"寻租"现象，对于不同的关系强度，其关系的价值也会有所差异，因为人情社会传统的存在，人们会为了维系关系而付出一些成本，或者是表达对关系亲密的人的"爱意"或"关照"，反过来，人们对于关系强度较强的对象，由于"面子"的存在，一般羞于开口讨价还价；另一种逻辑是，较强的关系强度代表着较高的信任程度，人们一般会愿意为这种更高的信任程度而支付更高的价格，这就导致了经济活动中的"杀熟"现象。

◆ 3.3.3 关系经济学的理论解读

从传统的研究看，一般认为差序格局影响了市场价格的形成。深入思考会发现，这种关系早于市场价格的形成已经存在，不断延伸到现代社会的各个领域。人之间的差序格局关系始终存在，必须对两者之间的规律做进一步研究。所以，将关系和关系强度的概念引入古典经济学理论模型中，从而研究出关系经济学在经济市场模型中的一般均衡框架。

◆ 3.3.4 决定关系和关系强度的因素

在社会和经济市场中，本文视关系为一项要素，按照费孝通的差序格局理论，人之间的关系以先天禀赋所规定的关系性质决定，这种性质作为关系的基础从而形成类似波纹的差序格局，而关系基础是指关系的双方在产生后期的交互之前先行有着特殊的关系性质，由血缘、社会环境和法律关系和受教育程度构成关系人之间多种多样的关系。

人在社会中有着复杂的关系网络，关系网络中的先天基础越紧密，其经济行为中的效用也就越大。如若以差序格局的理论来说，作为先天禀赋，血缘和亲缘关系之间的连接最密切，从而理论上产生的效用也就最大，随着关系性质变得疏远，推而远之，以后的关系强度是依次递减下去的。

然而这样的逻辑不完全科学，关系强度也根据交往频率和地理距离决定，中国自古有"远亲不如近邻"和"远水难救近火"的说法，本文搭建理论模型的基本逻辑中，将关系强度定义为由个人关系禀赋（如同学、校友、个人文化程度、血缘、性别等因素)和交往频率共同决定的量。

而每一个关系人又处于自己所在的关系网络中,一个人在整个关系网络中的关系强度可以理解为其与每一个个体之间的关系"结"的关系强度之和;同时,关系也具有传导性,这在 Granovetter 在 1973 年的研究中也有体现,即"关系网"与"关系网"之间的联系和交叉,如图 3-5 所示。

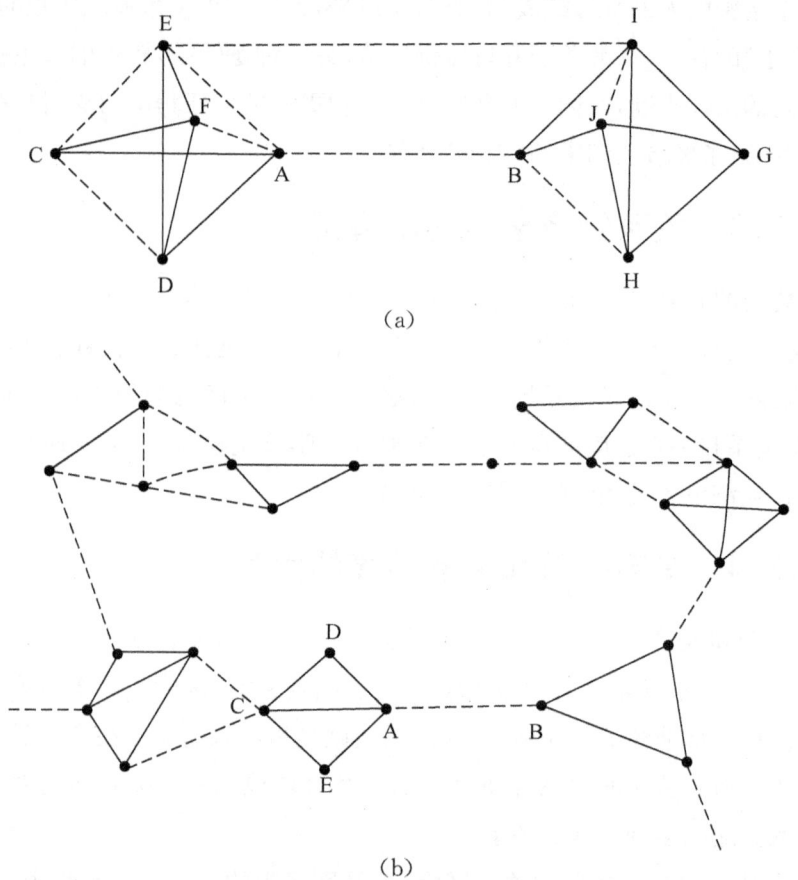

图 3-5 关系网和"本地桥梁",强/弱关系

3.3.5 关系强度的简易理论对数模型搭建

假设关系强度为 e_j,搭建这样的模型:假定人与人之间的关系强度取决于人与人之间的关系禀赋(血缘、地位、文化程度等)h_j,这里定义 h_j 为一个大于 1 的数,关系越亲密的关系禀赋即此 h_j 越靠近 1,越疏远的关系禀赋即此 h_j 越

大,几乎无关系时此 h_j 趋于无穷大。由于即便是陌生人之间也存在交流,所以定义交往频率 v_j 的初始值为单位1,表示正常的陌生人之间的社会交流程度,即 $v_j=1$ 时,意味着交往频率为正常的陌生人之间的礼貌交流,关系禀赋起不到作用,不会产生额外的关系强度,从而将其视为无意义的。由于人与人之间的关系禀赋在短期内维持相对固定,故而可以将 h_j 视为一个固定的常量,而 v_j 作为变量,因为 h_j 与 v_j 之间存在相互影响,但是这样的影响无法标准化,并不一定能确认关系禀赋更亲密的两人之间的交往频率一定越高(例如在学校里同学之间的交往频率一般高于同一时间各同学与自己父母的交往频率)。不一样的禀赋之间对交往频率的反馈的效率不同,高禀赋的关系之间的交往频率的提升带来的边际关系强度是更显著的,而且,随着交往频率上升到一定程度,交往频率对关系强度的影响程度越来越低(每天与你交流十次和每天与你交流十一次之间的关系强度之差微乎其微),而当交往频率上升至一定水平时,关系强度的主要差距会极其显著地体现在关系禀赋之间的差距上,再加以费孝通的差序格局理论中关于关系之间的涟漪状环形分布,所以基本可以得出关系强度 e_j 的简易对数模型为式(3.1),并画出关系强度模拟图像,如图3-6所示。

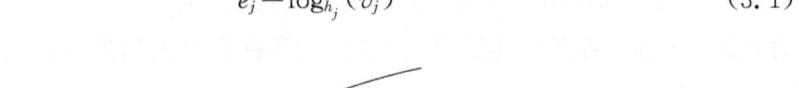

$$e_j = \log_{h_j}(v_j) \tag{3.1}$$

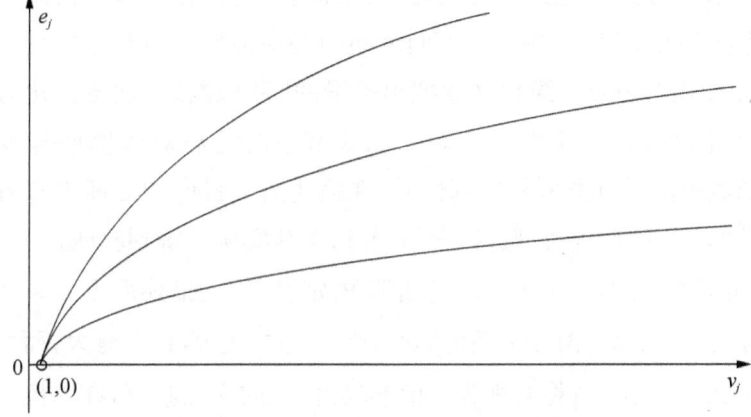

图3-6 关系强度的模拟图像($v_j > 1$)

  进一步说,人和人交往是通过关系网络的构建而进行的,在这种网络中,彼此之间的连接构成关系的结点(node),不同类型和性质的结点对于此关系连接的关系人之间的影响是有差异性的,在某种意义上来说,结点的强度或者关键性程度以及丰富程度、连通度决定了结点两端的关系人的关系强度;同样地,相似的结点对于不同认知程度的关系人的重要程度也是因人而异的。

关系人之间的关系网络大致包含横向关系(lateral relation)、纵向关系(vertical relation)、星形关系(star relation)以及更为复杂的网络关系(network relation)等多种形式和类型,所以某一个关系人的结的关系总强度关联结的关系强度的加总,所以有式(3.2):

$$E = e_1 + e_2 + e_3 + \cdots + e_j = \sum_{n=1}^{n=j} e_n \qquad (3.2)$$

由此定义,关系强度对经济行为的影响主要取决于关系禀赋和交往频率,不同的关系强度会导致效用函数和消费函数的变化。

◆ 3.3.6 关系强度的理论模型优化——运用 Sigmoid 函数模型

由于关系强度本身的量化标准很难统一,本文更深入地结合社会学经验以及前人有关社会经济学的研究,发现有关社会关系和经济市场之关系的研究结论大多为"S"形函数曲线;从社会经验出发,随着交往频率的上升,人与人之间的关系强度在交往频率达到某程度时,关系性质会发生质变;而在固定的关系性质内,随着交往程度愈加密切,人们之间的关系强度也愈趋于定型。故而在本节中讨论使用 Sigmoid 函数来模拟出平滑的"S"形曲线,试图优化对关系强度的约束模型,如图 3-7 所示。而 3.3.5 节中的简易对数模型与本节中的 Sigmoid 函数模型具有类似的单调性质,在描述关系强度的方面也有着类似的定义,故下文将对这两种模型进行分析,并试图从实例中得到验证。

在本模型中,仍然定义 h_j 为关系禀赋的定量,用于描述两方关系禀赋之紧密程度,为大于 0 的数,两方关系愈紧密,则 h_j 愈接近 0,否则愈大,而由于其在一定时间内相对稳定,故将其视为定值;v_j 为两方的交往频率,在本模型中为变量。有如下模型规定关系强度 e_j:

$$e_j = \frac{1}{h_j + e^{-v_j}} \qquad (3.3)$$

式中,随着 v_j 的增大,e_j 也会随之增大,而随着关系禀赋愈紧密,h_j 越小,则相应的 e_j 就会越大,满足理论分析中的假设。

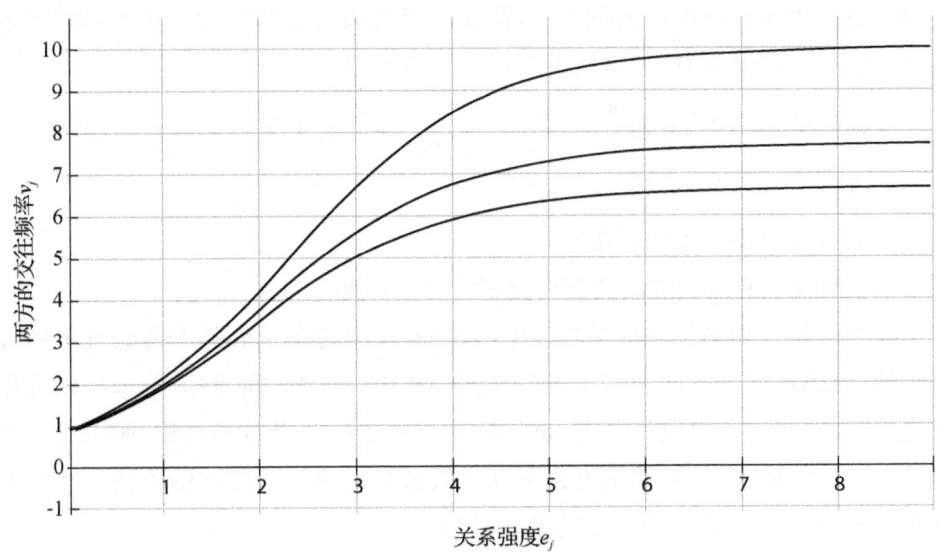

图 3-7 Sigmoid 函数模型

本 Sigmoid 函数对于 v_j 的导数为 $e_j(v_j) * [1 - h_j e_j(v_j)]$,即 $\frac{e^{-v_j}}{(h_j + e^{-v_j})^2}$,为正数。

3.3.7 关系强度与产品市场消费效用函数

正如上文所言,关系强度的变化会从两个方面来影响消费行为,一方面是人们认为关系强度本身具有价值,另一方面在于关系强度会相应地影响信任程度,而信任是具有价值的,人们会为了信任程度而付出额外的费用(成本)。

举个简单的例子,你开了一家饭店,陌生人(与你的关系禀赋几乎不存在,或者很低)来吃饭,那基本上按照菜单原价收费,而你的亲朋好友、同学老师来吃饭,那你会根据顾客与你关系的"远"或"近"来相应地"打折"甚至是"请客"。

以 3.3.5 节中的简易对数模型来看,站在消费者的角度,此时的消费效用函数中包括了关系强度的影响,可以构建如下效用函数:

$$U_r = U(q_j, e_j) = U(q_j, \log_{h_j}(v_j)) \tag{3.4}$$

式中,q_j 为数量,e_j 为消费者所拥有的关系强度,上文提到,在短期内由于关系禀赋相对稳定,所以在此效用函数模型中,可以将 h_j 视为一个常量,而交往频率 v_j 为一个变量,随着交往频率的增加,关系强度会增强,相应地"照顾"和

"优惠"也会更多。在饭店的例子中,往往饭店老板会给"老顾客"优惠,而"老顾客"也往往会在"老地方"的消费中获得更大的效用。

在这样的模型中,可知 $\frac{\partial U_r}{\partial e_j} = \frac{\partial U_r}{\partial v_j} * \frac{1}{v_j \ln h_j} > 0$,也正是效用随着交往频率上升而上升。

由此可以得出以下两重逻辑:

(1) 消费者的边际效用随交往频率增加而增加

在经济行为和关系经济学假设中,人们的支出包含了商品本身的价值和关系价值,商品价值的支出为维持关系强度的支出(例如时间、精力等),可以看作总支出,消费行为不仅仅是消费,也是社交和建立社会资本的过程,所以对于支付给卖家的价格来说,关系越近越可以降低这个消费行为支出的价格。消费者支出的价格 C 可以看作由以下的消费函数约束:

$$C = p_i q_i - t_j e_j = p_i q_i - t_j \log_{h_j}(v_j) \tag{3.5}$$

式中,p_i 为商品价格,q_i 为数量,t_j 为关系强度的单位补偿,即在不同的场合或不同的产品市场行为中,关系强度的影响程度和单位效应是不一样的,例如在一个小面馆和一个售楼处中的关系强度所占的权重以及其单位影响的效果是截然不同的。除此以外,t_j 也包含着关系双方对彼此关系强度的认可程度,这一点因人而异也因时因地而异。

由式(3.5)可见,消费者的价格支出不仅由变量商品价格 p 和变量交往频率 v_j 决定,也由 t_j 和 h_j 决定,这两个量在式中被视作常量,若这两个量中表达关系禀赋紧密程度的 h_j 趋于无穷大或者 t_j 为 0 时,即要么顾客与老板完全是"陌生人"(符合理性人假设),要么老板"铁面无私"(遵守理性人假设),就会回归经典的新古典均衡模型。其中消费价格 C 的情形较难量化,由于高度的个性化以及数据获取的难度,基本能分为三种情形:其一,"铁面无私"的老板,$C = p_i q_i$,即遵循传统的均衡模型逻辑;其二,常规的"关系人"老板,$0 \leq C < p_i q_i$(其中包含 $C = 0$,即免费的情况);其三,不仅"白吃",甚至还要"吃不了兜着走"的顾客,即 $C < 0$,消费者的支出价格为负数。

在以上假设之下,结合效用的均衡理论,能得出这样的均衡模型:

$$\begin{cases} C = p_i q_i - t_j e_j = p_i q_i - t_j \log_{h_j}(v_j) \\ \frac{MU_{q_i}}{p_i} = \frac{MU_{e_j}}{-t_j} = \gamma, \text{即} \frac{MU_{q_i}}{p_i} = -\frac{MU_{v_j}}{t_j} * \frac{1}{v_j \ln h_j} = \gamma \end{cases} \tag{3.6}$$

(2) 商品的消费价格随着关系禀赋愈发紧密而下降

这点不难理解，在上述的式(3.1)中，关系禀赋作为常量处于底数位置，模型中规定，若两人关系为绝对陌生，那么可以认作关系禀赋为无穷大，否则定义为一个越来越接近1的数，而交往频率设定为一个大于等于1的数字(因为没有额外关系禀赋时，不存在交往频率一说，正如$\log_1(x)$是没有意义的，而一旦超额的交往频率出现，那么对应的关系禀赋就开始出现了，从单位1以上开始计数)。关系禀赋的紧密程度本身对促进关系强度增强起到积极作用，而从实际来说，第一重逻辑中强调的交往频率对消费价格的影响也是受到了关系禀赋的影响的，交往频率的提升会导致关系禀赋的强化，而关系禀赋的显著紧密化会更高效地提升交往频率发挥的作用，故而商品的价格下降。

3.3.8 关系强度与产品市场厂商行为

如上所述，交往频率的提升可以提高消费者和生产者之间的关系禀赋之紧密程度，从长期来看，随着交往频率的提升，关系之间的禀赋会"产生质变"也就是突破差序格局中的"差序"科层，从而显著地影响厂商面对的客户关系强度情况。同样，在现代的企业管理理论中，科层架构优化以及提升客户黏度也是提升企业利润的重要手段，尤其是当前第三产业蓬勃发展的情况下，客户管理等手段被大量运用于提升服务效率、降低交易成本以及维护客户黏度，从而提升客户与厂商之间的关系强度。

本文依据传统经济学需求函数，假设厂商面临的需求函数是式(3.7)：

$$q_i = q_i(p_i, e_j) \tag{3.7}$$

式中，q_i 是产量，p_i 是价格，而 e_j 是企业维持交易的关系强度。上文中也提到，关系强度的维持是需要一定支出的，对于企业来说，可能需要额外的价格来进行关系的维护，不妨假设关系强度的维持单位支出为 t_j，按照传统市场模型，对于厂商来说，价格的上升会导致需求量的下降，即 $\frac{\partial q_i}{\partial p_i} < 0$，而按照关系经济学逻辑及社会经验，关系强度的提升会导致需求的上涨，即 $\frac{\partial q_i}{\partial e_j} > 0$。

产品市场中，厂商面临着理论上的利润最大化的选择，c_i 为最大化的单位成本：

$$\pi_i = p_i * q_i(p_i, e_j) - c_i[q_i(p_i, e_j)] - t_j e_j \tag{3.8}$$

按照厂商利润最大化,求解式(3.4)至式(3.6)可以得到 $\frac{p_i - c_{q_i}}{p_j} = \frac{1}{\eta}$,定义关系强度的需求弹性为 $\alpha = \frac{\partial q_i}{\partial e_j} \frac{e_j}{q_i}$,其中 $c_{q_i} = \frac{dc_i}{dq_i}, q_{i e_j} = \frac{dq_i}{de_j}$,可以得到式(3.9):

$$\frac{p_i - c_{q_i}}{p_j} q_{e_j} \frac{e_j}{q_i} = \frac{e_j t_j}{p_i q_i} \quad (3.9)$$

简化为式(3.10):

$$\frac{e_j t_j}{p_i q_i} = \frac{\alpha}{\eta} \quad (3.10)$$

由此可以得出以下两重逻辑:

(1) 市场竞争程度与厂商的维持关系强度支出比例成反比。从上述模型看出,当市场竞争程度提升时,厂商用于维系关系强度的支出就越少,而在完全竞争条件下,有 $\eta = \infty$,则维持关系强度的支出可以为零;反之,随着垄断的加剧,η 变小,维持关系强度的支出不断增加。

(2) 产品的关系强度相较于需求量的弹性与厂商需要维持此关系强度的支出成正比。上述模型中,描述关系强度的需求弹性 α 越大,即产品需求量受关系强度影响较明显时,厂商维持关系强度的支出比例也越大,关系强度作为生产要素,厂商需要为之投入的成本就会上升;相应地,关系强度的需求弹性越小时,这样的要素支出就会越少。

◆ 3.3.9 关系强度在要素市场和组织市场中

上面提到,信任与关系强度可以作为一种生产要素纳入考量,在生产函数中,本文认为关系强度也符合边际报酬递减的规律,关系强度的边际产量先上升后下降,或趋于平缓。若将关系强度或信任作为生产要素,为了追求产量最大化,有式(3.11):

$$\frac{MP_{e_j}}{\omega_{e_j}} = \frac{MP_{i_1}}{\omega_{i_1}} = \frac{MP_{i_2}}{\omega_{i_2}} = \cdots = \frac{MP_{i_n}}{\omega_{i_n}} \quad (3.11)$$

式中,要求的逻辑为各生产要素的边际产量相等,ω_{x_y} 为各要素的边际技术替代率,在这样的均衡模式下,机制建设最为合理,而服从一般生产要素逻辑,在短期和中长期中,关系强度也有着类似一般生产要素的变动逻辑规律,即短期内关系强度的边际产量快速上升,而长期内由于维系关系需要耗费成本,关系强度的边际报酬递减。

另一方面,在尝试优化后的 Sigmoid 函数模型中,由于 Sigmoid 函数对于 v_j 的导数为 $e_j(v_j)*[1-h_je_j(v_j)]$,即 $\frac{e^{-v_j}}{(h_j+e^{-v_j})^2}$,为正数,和对数模型的结论是同向的,故而一样能够推导出上述的理论结论,在此不再赘述。

3.4 经济市场中的两个实例验证

3.4.1 两个实例的选取

本章从信任与关系强度在经济市场中的均衡出发,意欲探讨关系强度的作用及其影响一般均衡的逻辑,选取了:

(1) 中信建投证券常州延陵西路营业部 2020 年 1 月 1 日至 2021 年 5 月 1 日的创收资产服务记录,研究券商客户经理同其客户之间关系强度与其客户为券商营业部带来的创收之间的关系,可类比产品市场。

(2) 搜集了百度、阿里巴巴、腾讯、新浪共四家具代表性的以客户为基础的平台企业,研究其客户数量与其股价溢价之间的关系,可类比厂商所处的产品市场及其视角中的要素市场。

3.4.2 实例验证的解释

本章所建立的假设模型是基于社会经验和市场模型所仿真出来的结果,缺乏严谨性,其中原因主要集中在:一、无法对关系强度进行绝对科学和严谨的理论模型搭建;二、由于关系禀赋极强的个性和极低的标准性、个人禀赋本身的多元性、数据获取的困难性,对关系中的禀赋的量化十分困难,因此需要大量的社会学理论分析,进一步完善对禀赋的量化逻辑;三、本章简单阐述了信任程度与关系强度之间的关系,但是由于信任程度本身因人而异,个性化程度较高,所以很难将信任程度与关系强度量化为标准化的模型,在本章中的两个实例研究中,仅将关系强度纳入分析,将信任程度与关系强度并为类似的概念进行验证。由于以上问题,本实例验证无法作为严格的学术实证,仅作为对本章理论的辅助性实例分析。

3.4.3 两个实例

本章所选取的两个实例均从用户与厂商角度出发,验证了用户与厂商之间的关系和厂商本身面对的用户关系(作为一种生产要素)对厂商收益的影响。

1) 中信建投客户创收与客户关系的实例验证

本实例验证选取了中信建投证券常州延陵西路营业部 2020 年 1 月 1 日至 2021 年 5 月 1 日的创收资产服务记录,经过筛选和剔除无效数据后,保留数据共 1 823 条。主要数据包括客户的基础资产量,在时段内中信建投常州延陵西路营业部的员工对该客户的服务次数记录,以及该时段内该客户为营业部所贡献的创收。表 3-1 和表 3-2 分别为对数模型以及 Sigmoid 函数模型的实例回归结果。

表 3-1 中信建投客户创收与客户关系实例的对数模型回归

变量	(1) 用户的关系强度	(2) 用户的关系强度	(3) 用户的关系强度	(4) 创收资产比	(5) 客户贡献创收
服务记录次数	0.01***		0.01***		1.32
	(0.00)		(0.00)		(4.51)
用户的关系强度				2.35	
				(2.25)	
关系禀赋		0.00			
		(0.00)			
客户基础资产量			1.36e−08***		0.00***
			(2.26e−09)		(0.00)
常量	0.23***	0.36***	0.22***	21.46***	−76.48
	(0.00)	(0.04)	(0.00)	(1.08)	(169.30)
样本量	1 823	1 823	1 823	1 823	1 823

注:(1) 括号内是稳健标准误差;
(2) *** 表示 $p<0.01$,** 表示 $p<0.05$,* 表示 $p<0.1$。

表 3-2　中信建投客户创收与客户关系实例的 Sigmoid 函数模型回归

变量	(1) 创收资产比	(1) 约束后关系强度
约束后关系强度	6.66*	
	(3.44)	
标准化关系禀赋		3.60e−07***
		(7.57e−08)
常量	217.20***	0.79***
	(6.84)	(0.05)
样本量	1 823	1 823

注：(1) 括号内是稳健标准误差；
(2) *** 表示 $p<0.01$，** 表示 $p<0.05$，* 表示 $p<0.1$。

(1) 变量解释

在对数模型回归结果中，服务记录次数为选取时段内客户经理对其客户的服务记录次数；客户贡献创收为客户为营业部贡献的创收；用户的关系强度为以(10 000 000−客户资产)为底数，以服务次数为真数的对数函数结果；创收资产比为客户所贡献的创收除以其基础资产，再加以标准化处理之后的结果；客户基础资产量为客户本身的基础资产量；关系禀赋为(10 000 000−客户资产)，用于定义客户与券商的关系禀赋。在 Sigmoid 函数模型回归结果中，标准化关系禀赋为经历(10 000 000−客户资产)/10 000 000 的标准化处理后的数值，而约束后关系强度为用 Sigmoid 函数模型约束的关系强度；创收资产比依然是客户所贡献的创收除以其基础资产，再加以标准化处理之后的结果。

(2) 关于对数模型中变量逻辑的解读

关系强度被本文定义为以关系禀赋 h_j 为底，以交往频率 v_j 为真数的对数函数；关系禀赋 h_j 被定义为关系的紧密程度，为大于 1 的数，关系愈紧密，此 h_j 便愈接近 1。另一方面，对于券商来说，资产量大的客户被认为是"更有价值"的客户，也会被认为是"金融素养更高"的客户，所以本实例研究将客户资产量用于定义客户与券商的"关系禀赋"。此外，从实际出发，在券商面临的市场中，客户本身的资产量不同，其参与的金融服务也会有较大差异，所以本研究将客户所贡献的创收对其本身资产量进行了标准化处理，消除了由于客户资产量不同对创收造成的差异。

(3) 结果分析

① 关系强度视角

从关系强度与服务记录次数、关系禀赋以及用客户基础资产量作为控制变量的回归结果(表3-1中第(1)(2)(3)列)来看,券商与客户的关系强度与交往频率之间存在着显著的正相关关系,拟合优度达到了83%以上,但是与客户的关系禀赋之间的关系不明显,回归结果也缺乏显著性,这也论证了关系禀赋量化标准的不科学性,由于客户个人社会关系、文化程度较难获取,本研究仅从客户资产这一单一角度尝试量化关系禀赋。

② 关系强度与券商收益视角以及两模型对比

从表3-1中第(4)(5)列来看,分别以标准化处理之后的客户创收资产比为因变量、以关系强度为自变量,以及以未标准化处理的客户贡献创收为因变量、以服务记录次数和客户基础资产量为解释变量,得出结论,在对数定义之后的关系强度与标准化之后的客户创收之间有正相关关系,显著性较于常规的线性模型有所上升,但是仍然缺乏显著性,p值为0.22左右,关系强度对客户创收有着正系数,证明其对厂商收益有着正向促进作用;而较于客户贡献创收对服务记录次数、客户基础资产量的直接回归结果来看,后者的显著性较差,其中客户基础资产量对创收影响的显著程度极高,而交往次数的解释力不足。

这论证了用对数模型对关系强度进行量化的科学性确实是有提升的,同时也符合本章之前的命题,随着交往次数/频率的上升,厂商面临的需求亦上升,以社会经验来看,提升交往次数确实对提升关系强度有积极促进作用,而关系强度对营业部的创收额也有着积极促进作用。

另一方面,从上述两种不同的模型的实例证明中看,运用Sigmoid函数模型的实例中,客户创收额与客户关系强度之间有着正向关系,其显著程度有较大提升,p值控制在0.5以下,拟合优度也提升了6%左右;不仅如此,此Sigmoid函数模型中关系强度对关系禀赋的反馈也优于对数模型,在Sigmoid函数中关系强度和关系禀赋系数呈现较弱的相关关系,这点仍然反映了对客户的关系禀赋量化程度不足的问题,仅通过客户资产量来量化关系禀赋在此回归中仍不够严谨,但是相较于对数模型,Sigmoid函数模型能够显著地提升关系禀赋对关系强度影响的显著程度,该项拟合优度也达到了30.7%。

由此能够得出结论:Sigmoid 函数模型相较于对数模型来说的确更为科学,在解释关系强度在产品市场中的作用以及关系禀赋与关系强度之间的关系方面也更加有效;不足之处在于,由于实证数据较为单一,而且模型构建的程度仍然不够复杂,本实证仍存在暂时无法解决的对于关系强度与厂商收益之间的拟合优度不足的问题,有待后续对模型的进一步研究。

2) 大客户量平台企业股市溢价与其客户量的实例验证

(1) 实例验证思路

本实例中,将厂商所拥有的客户量用于定义厂商面临的关系网络之强度。Granovetter 在 1973 年的《弱关系的价值》中提出,关系网络的多元性对经济有着促进作用,而其中的弱关系的价值较强关系来说甚至更明显。直观来看,厂商拥有的活跃用户数量越多,其所处的关系网络多元性越强,其与客户之间的关系强度也就越强。由于关系网络具有边际效用递增的特性,客户量也是客户对厂商信任程度的重要衡量标准,故本研究认为平台企业中的活跃客户量可以用于定义其享有的关系强度在要素市场中的价值。

本实例分析认为,上市公司总市值由三部分组成:公司总资产、市场情绪以及公司所享有的客户方面关系强度的价值。

本研究以股票市场行为反推关系强度的要素价值。以上市公司的市值溢价(市值溢价=总市值-总资产)状况作为因变量,公司下属社交媒体平台用户数量及质量(如月活跃用户数量等)作为自变量,并以纳斯达克综合指数点数代表市场情绪作为控制变量,选取了腾讯、百度、阿里巴巴、新浪微博作为研究对象,除百度的用户数量及质量数据可得性较低之外,本研究以季度为单位,建立了 2017—2020 年三家公司的面板数据并进行回归,分别进行了固定效应模型估计、随机效应模型估计以及 Hausman 检验。回归结果如表 3-3 和表 3-4 所示。

表 3-3 大客户量平台企业固定效应回归结果

变量	(1) 溢价价格	(2) 溢价比例	(3) 溢价价格	(4) 溢价比例
月活用户量	16.73*	−0.01**	−4.55	−0.00
	(2.08)	(−3.11)	(−0.58)	(−1.66)
纳斯达克指数			1.87***	−0.00
			(4.67)	(−1.63)

续表 3-3

变量	(1)溢价价格	(2)溢价比例	(3)溢价价格	(4)溢价比例
常数	−371.60	14.87***	7 749.10	13.44***
	(−0.04)	(4.11)	(1.07)	(3.68)
样本量	42	42	42	42

注:(1) 括号内是 t 统计量;
(2) * 表示 $p<0.05$,** 表示 $p<0.01$,*** 表示 $p<0.001$。

表 3-4　大客户量平台企业随机效应回归结果

变量	(1)溢价价格	(2)溢价比例	(3)溢价价格	(4)溢价比例
月活用户量	15.10*	−0.00*	8.35***	−0.00
	(2.25)	(−2.20)	(4.03)	(−1.79)
纳斯达克指数			1.97**	−0.00**
			(2.69)	(−2.83)
常数	539.80	8.38***	−6 973.20	9.34***
	(0.05)	(3.33)	(−1.16)	(5.58)
样本量	42	42	42	42

注:(1) 括号内是 t 统计量;
(2) * 表示 $p<0.05$,** 表示 $p<0.01$,*** 表示 $p<0.001$。

(2) 结论分析

表 3-3 和表 3-4 中,月活用户量为平台企业所拥有的活跃用户数量;纳斯达克指数用于修正市场情绪对股价的影响。

研究结果表明,在无控制变量对溢价率进行回归时,结果较为显著;但由于未剔除投资者情绪影响,本结果较为偏颇。在其他未达到 95% 显著水平的回归结果中,可以看到当月活用户量变量为正数时普遍较大,为负数时普遍接近于 0,结论符合本章假设,在企业享有更多样性的关系网络以及更强的客户关系强度时,关系强度可以作为一种生产要素理解,对企业的收益有着正向促进的积极作用。

3) 实例验证总结

本章选择了两个实例进行验证,分别从厂商与客户的产品市场和厂商面对的要素市场进行了关系强度/信任对经济市场中收益的促进作用的验证;也论证了在对关系强度的定义中运用Sigmoid函数模型的实证表现要显著优于运用对数模型。

由于本章研究问题本身的难点,在数据中较难做到在社会学中的严格严谨,所以仅作为实例辅助本章的理论分析成果。但是从这两个实例以及社会经验所得中不难看出,关系强度、协同与其相关的信任程度,对交易行为和厂商收益有着明确的影响,其影响的逻辑,与关系强度自身的逻辑,基本符合本章理论模型的假设。

3.5 本章小结

本章建立在前人研究的基础上,对信任与关系强度在经济市场中的均衡进行了分析,本课题本身的研究难度较大,属于社会学与经济学的交叉部分,其中关于社会学范畴的经济学变量的量化难度,为本研究最大难点。

3.5.1 研究结论

本研究从关系人假设入手,对关系经济学中的几项基本概念进行了详尽的阐述,定义了关系强度,并运用传统均衡模型,加以关系强度因素后进行了均衡分析。实际上,关系经济学应当是现代经济社会理论构架的基础研究课题。与社会经验相同,关系强度由关系禀赋和交往频率共同约束。

通过理论模型的构建以及两个实例验证,本研究得出以下结论:

(1) 信任程度,其与消费者同消费者、消费者同厂商、厂商同厂商之间的关系强度有着高度的相关关系,本研究将其定义为同一概念纳入经济学均衡研究中考量。直观来看,关系强度越强,其信任程度也就越高,信任程度可以有效降低交易成本,有助于经济市场建立相关的经济组织形式和市场机制,以及厂商选择产权制度。

(2) 消费者的边际效用随交往频率增加而增加;消费者面临的消费价格随着关系禀赋紧密程度提升而下降,即随着消费者与厂商之间的关系强度/信任程度提升,其交易行为会受到显著影响,消费者会享有更优惠的价格。对于消费者来说,关系强度为其创造价值,而此价值体现在多方面,直观来看,关系强度与消费者支付的商品价格成反比;抑或是消费者愿意为维系关系强度或者为更高的信任程度而支付额外的费用。

对厂商来说,关系强度是厂商的重要资产之一,与商誉具有类似的作用,厂商需要为维持关系强度而付出额外成本;另一方面,厂商面临的需求函数为关系强度的单调增函数,而产品的需求弹性与维持关系强度的支出比例成正比,随着关系强度上升,厂商也会面临更高的需求量,厂商的收益也会上升。

(3) 从产品要素市场来看,关系强度与信任程度可以作为一种要素进行考量,厂商面临的关系网络多元性对其股价溢价有着积极促进作用,更广的弱关系对于厂商来说有助于关系强度的提升,而更多元的关系网络会为企业带来更高的收益,这一点也符合Granovetter的理论。

本研究的理论模型模拟了关系强度的形成逻辑,沿传统均衡模型对产品市场中的关系强度进行了均衡研究,对关系经济学研究起到了一定的推动作用。

◆ 3.5.2 研究展望

本研究最大的不足在于,无法确保理论模型搭建的准确性,仅仅是从社会规则和经验的角度,在过往学者的研究基础之上,凭借自身理解搭建的模拟模型,虽然通过Sigmoid函数模型实现了对关系强度量化标准的优化,但仍无法保证模型之严谨无误的准确性,而这一点需要更丰富的数据和深度学习的支持。

本研究的一大难点在于,与金融市场中的社会舆情不同,本研究的研究对象缺乏较清晰的量化标准,因为关系涵盖的方面过于庞杂,且个性化极强,目前的研究思路都只是针对其中某个要素进行分析,例如分析公司所处经纬度、独董与公司距离与股东掏空发生率之间的联系。本研究一则无法完备地量化关系强度,二则无法详细地描述相关市场中的经济行为,当前的研究思路是通过深度学习进行相关的数据分析并设计出量化标准,结合关系网络等模拟模型进行AI模拟,因此本研究还需要继续努力。

本研究的两个实例验证中存在的问题是:第一,对关系禀赋的量化仍有待进一步完善;第二,定义关系强度的模型过于单一,拟合度较低,需要依赖大量数据进行进一步推算,完善模型构建;第三,对关系网络和关系强度的解释变量的解释程度不够,变量过于单一。

对于均衡模型的推演和模拟,本研究仅是尝试做出笔者自己的判断,验证的手段也是基于社会经验和规律做出模拟推演。从传统券商的客户数据来看,客户年龄和文化程度与其同券商的经济行为之间的联系十分密切,券商基本上都在做"熟人销售";但是同时,其关系构成之个性化较强,研究缺乏普遍性和显著性,在券商中绝大部分是员工建设自己的客户关系圈来发展产品销售,而这部分数据的获取难度较大。

对于未来研究的展望,一大方向是利用平台经济的力量,在某平台中获取用户交际网(如线上是否为好友关系以及共同好友数目)作为量化标准,结合交易数据,有希望从实证角度做到对理论模型的进一步完善以及科学性较精确的验证,这些仍需要大量标准化数据的支持。

本研究对于经济学和社会学发展有着较深远指导意义,对关系经济学相关理论发展起到了推动作用,后续还亟待各学者建立更科学的研究框架,将研究深入进行下去。

4 共享经济的合作博弈理论的分析

4.1 引言

4.1.1 研究背景

自1978年改革开放以来,中国经济发展一直处于高速增长阶段,随之而来的是社会消费结构和消费模式的巨大改变。由于物质水平的提高,居民在满足日常生活需要后产生大量资源的剩余,加上近年来"绿色、包容、可持续"等新型消费观念的出现,目前的消费模式逐渐从传统的所有权消费向使用权消费转移。在最近几年的多个场合中,习近平总书记曾多次提及"共享"这一理念,并将坚持"共建、共治、共享"作为拓展社会发展新局面的新路径,而这也是对新时代社会治理现代化提出的新要求。

"共享"并不是一个新概念,追本溯源,"共享"来源于"分享",而分享其实可以说是人类文明自诞生之初就存在的一种现象,比如人们或多或少会与亲近的人如家人、朋友或邻居分享或共享物品。只不过在传统社会中,由于远距离沟通困难、信息难以即时传递,导致共享行为只能发生在小规模的圈层中。随着时代的更迭、社群的演变,共享的对象从熟悉人群向陌生人群转变,共享的区域也不断扩大。进入千禧年来,互联网和移动通信技术在全球范围内得到迅速推广,加上以支付宝为代表的移动支付方式的成熟,这些都在客观上为共享经济的蓬勃发展提供了先决条件。共享经济平台作为一种特殊的行业形式,能够让两类(如闲置资源的供给者和需求者)甚至更多类型的客户集聚在一起,这两个相互区别又相互联系的客户群体通过平台达成供需匹配,从而促进了消费者和供给者双方福利水平的提升。

共享经济可提供服务的领域广泛，从住房共享的 Airbnb、木鸟短租、小猪短租等，办公室共享的 Wework、优客工场等，出行共享的 Uber、Zipcar、滴滴出行、易到用车等，资金共享的 Prosper、京东众筹、天使汇等，到技能共享的 TaskRabbit、猪八戒网、在行……共享经济成为涵盖空间使用、交通出行、资金运用、知识资源等诸多领域的热点讨论话题。2011 年，美国《时代》杂志曾将共享经济评选为十大改变世界的创新概念之一。

据相关数据显示，2019 年我国共享经济市场交易额高达 32 828 亿元，参与者约 8 亿人，其中提供服务者约 7 800 万人。即使 2020 年受到新冠疫情影响，共享经济市场交易额增速有所放缓，但总规模仍达 36 058 亿元。共享经济公司正在中国经济的土壤中如雨后春笋般快速冒出，它们业务范围广泛，涵盖了汽车租赁、房屋租赁、婚纱租赁、奢侈品租赁等各行各业。

在移动互联网时代，人们所享受的服务不再仅来源于传统大型企业，也来自身边的众多个体消费者。在共享经济中，消费者亦成为市场上商品和服务的提供者。因此，对共享经济及相关理论展开研究，完善新时代社会治理体系，具有鲜明的时代特色和紧迫的现实需求。

4.1.2 研究意义

在 Hamari 等人看来，共享经济是一种借助互联网平台，将商品、服务、数据或技能等在不同主体间进行共享的经济模式。共享的经济学解释就被称为共享经济，实际上是以获得一定报酬为主要目的，基于陌生人且存在物品使用权暂时转移的一种新的经济模式。其本质是整合线下的闲散物品、劳动力、教育医疗资源。当这种消费模式有越来越多的群体参与，逐渐发展强大成为一种商业模式时，便能够进而推动社会经济的发展。对于中国来说，共享经济已经成为社会经济发展中不可或缺的一部分，对于优化各行业的闲置资源的配置、扩大就业、盘活实体经济和促进居民收入增长具有积极的作用。

共享经济是经济、社会、技术等多方面共同作用的结果。产能过剩导致了个人闲置资源的产生，这是共享经济发展的物质基础；互联网等信息技术降低了共享行为的交易成本，为共享经济发展提供了技术土壤；共享经济借助平台为供需双方提供更加透明的信息，缓解了因信息不对称而产生的信任问题。

在现有的研究中，学者们对共享经济的研究大多停留在案例分析、实证研究层面,目前还未有清晰的模型来对共享经济的产生诱因和收益分配等问题进行解答。众所周知,博弈论(Game theory)是研究相互联系的个人或组织面临一定条件下的决策行为的数学理论与方法,博弈中每个参与方的目标是最大化期望效用;而合作博弈意味着局中人进行的博弈是在对每个参与者都有约束力的协议内进行的,注重团体理性,重视效率和公平。

共享经济涉及三个核心的利益相关主体:作为供给方的闲置产品和服务的所有者、作为需求方的闲置产品和服务的使用者,以及作为匹配供需双方的互联网平台。共享经济的长久发展需要解决各方利益共享中的问题,才能打造完整健康的生态。因此,从合作博弈的角度出发,研究在自利和利他两种偏好共存的前提下,共享经济主体促进系统主体间合作行为发生的实现机制以及其中闲置资源的绩效评估问题,包括:作为供给方使用共享平台提供闲置产品和服务信息的意愿决定机制;作为需求方愿意使用共享平台产品和服务的决定机制;作为做市商和治理方的互联网平台的利润最大化行为分析,及其可能产生的侵害市场双方利益的行为分析。这一研究将在一定程度上完善共享经济产业生态系统健康成长的演化路径。

◆ 4.1.3 研究内容与思路

引言部分介绍了研究背景和意义、采用的研究方法、技术路线、创新点。共享经济是中国新时代新经济常态下提出的新的一大发力点,从动态博弈、合作博弈角度出发对共享经济的产生机理进行模型量化研究,有助于解决共享经济发展中各方收益合理分配的问题。

文献综述部分从共享经济的概念厘定、增长驱动因素、基于平台的研究视角、博弈论的发展历史、不完全信息博弈、动态博弈和合作博弈多个角度对相关研究进行回顾,分析总结了不同时期的学者基于社会行为、平台与系统等不同视角对共享经济内涵的定义,并根据前人研究汇总了四点共享经济形成的驱动理论。在文献阅读中,学习领会学者前辈们分析问题、思考问题的逻辑与研究方法,为本文后续的综述撰写、模型构建拓展了角度。

共享经济的合作博弈理论分析的模型构建部分首先使用不完全信息下的动态博弈模型分析从长期来看的闲置资源的供给方与需求方存在达成合作均衡的可能性;接着根据实际情况构建简化模型,通过模型假设、模型搭建、模型求解,来探究合作均衡达成的条件;最后基于合作博弈理论中的 Shapley 值法,求解共享经济的三方参与者的收益分配问题。

案例分析部分挑选国外最大的共享住宿平台——Airbnb 作为案例,介绍了 Airbnb 的运行机制、与传统酒店的竞争策略差异、Airbnb 的定价策略,对第 3 章的建模结果进行实际验证,并针对 Airbnb 发展过程中出现的问题进行未来发展探讨。

总结及展望部分对建立好的模型与本章案例分析的结果做进一步解读,从中得出研究结论。同时,基于之前的研究流程、模型假设等,思考与实践应用不吻合的部分,提出可以改进的地方,为以后的研究提供思路和方向。

本研究的技术路线如图 4-1 所示。

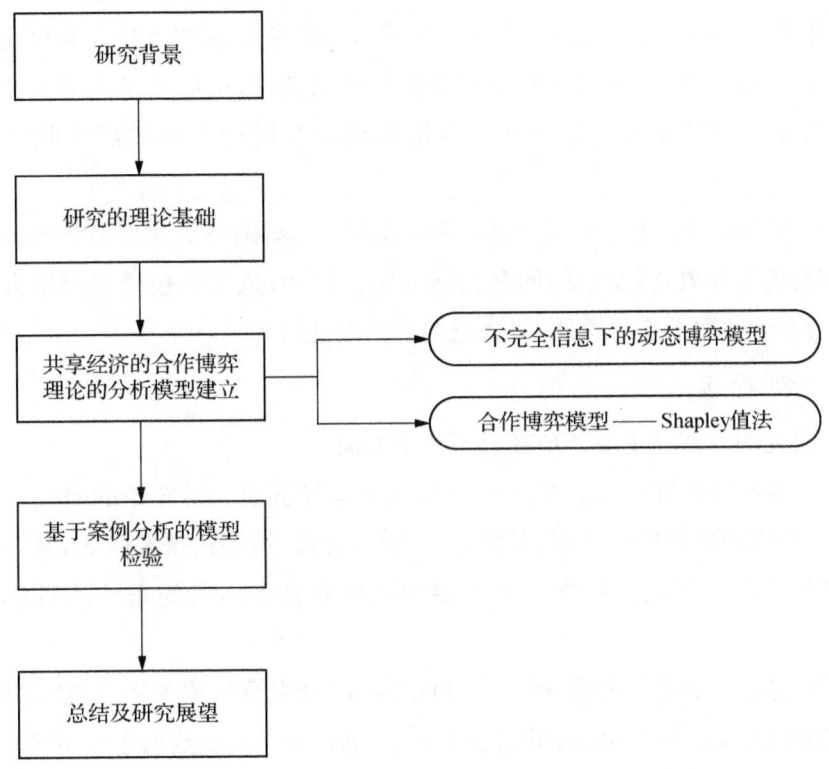

图 4-1 技术路线图

4.1.4 研究方法及创新点

1) 研究方法

（1）文献计量分析。利用国内外期刊、图书以及文献数据库，检索共享经济学、博弈论的相关文献，对相关理论、实证及应用对策研究的历史成果、典型案例及最新研究进展进行梳理总结与比较分析，为研究课题的开展提供理论支撑。通过分析文献在总体上对研究课题和内容产生初步认识与把握，加深对研究课题内涵的理解。有了这个基础，便可领会前人的研究思路和研究成果，从中总结出该领域还存在的理论盲点，从而找到研究创新点。

（2）数理分析。通过分析可知，共享经济交易属于不完全信息下的动态博弈，因此首先采用不完全信息下的动态博弈模型探究供需双方达成共享交易的可能性，接着构建模型定量分析达成合作均衡的条件，最后基于达成的合作均衡，使用合作博弈分析法探讨共享经济形成联合定价策略的后续收益分配问题。

（3）案例研究。基于理论分析框架，运用实际案例分析共享经济博弈方达成合作均衡的现象，以及它们的合作博弈定价行为，这其中包括了供给方的出价、平台企业收取的交易费用、进入退出等策略性行为。

2) 创新点

本研究的创新点主要体现在以下三个方面：

（1）将不完全信息的动态博弈应用在共享经济中。博弈论的研究虽然很多，但大多应用在供应链管理、联盟合作、成本分摊、风险决策等领域，基于博弈论的视角研究共享经济各参与方的参与动机和合作均衡的条件的目前仍比较少。

（2）构建数学模型定量分析。从目前国内学者的研究成果来看，探讨共享经济形成原因的文献视角多基于定性分析，或者通过采集大量数据进行实证研究得出结论，构建数学模型定量分析共享经济局中人决策动机的研究有待补充。

（3）使用Shapley值法研究收益分配。本研究在解出共享经济各主体达成合作均衡的条件后，仍然尝试解决后续收益分配问题，基于Shapley值法对问题进一步建模，给出了合作联盟收益最大化时的定价策略与各方所获收益。

4.2 文献综述

4.2.1 共享经济研究的文献综述

1) 共享经济的概念

1978年,由Rachel Bostman和Roo Rogers合作的专著《我的就是你的:合作消费正在如何改变我们的生活》中,"协作消费"概念第一次出现,被用来描述联合生产以达到利益共赢的现象,这是最早对于共享经济这一新经济模式的描述。

共享经济概念提出已经超过40年,但学术界至今尚未形成对它的统一定义。其中一种研究方向是以从共享的社会性到共享的经济性为研究脉络的,该研究方向的一位重量级学者Russell Belk从家庭成员内部分享食物等社会性行为出发,逐步向外拓展证明共享存在其经济学意义。进一步说,Belk将"共享"定义为"我们所有为他人所用,或是他人所有为我们所用的一种行为和过程",并通过对"礼物赠予""商品交换"与"共享行为"之间差异的辨析,试图明确"共享经济"的概念内涵。于他之后,从基于使用权的消费角度出发,Bardhi等人提出了"访问消费"概念,并将其定义为"由市场作为中介、没有发生所有权转移的交易行为",进而又从六个维度来区分访问消费场景中的范围。Ozanne等人通过定性分析和定量分析相结合的方式,基于反消费的理念,说明了共享经济是通过分享产品的使用权以尽量减少或避免产品的所有权的商业模式。

共享经济内涵厘定的另一个研究方向是将平台、系统纳入考量范围。哈佛大学教授Koehn认为,共享经济是允许个体之间进行直接交换商品与服务的特定系统,交易范围涵盖了闲置房间、闲置物品、闲置车位等多种物品或服务。Lamberton等人将共享经济视为为消费者提供非所有权的产品使用权所建立的商业系统。在平台驱动发展的视角下,郑志来提出共享经济的供需双方不再依附传统的交易中介,而是共同使用共享平台,共享平台通过去中介化和再中介化整合供需双方信息,减少信息不对称问题,以更高效地完成闲置资源供需双方的匹配。Taylor认为共享经济是根据市场的需求做出及时响应的服务型网络中介平台。在此基础上,刘根荣指出信任在共享经济中发挥着重要的作用。

除此之外,还有部分研究者从网络经济的角度出发,Scaraboto探究共享经济的协作网络经济概念,得出共享经济是"基于消费者协作生产与消费所组建的一种混合商业形式"。

《中国共享经济发展年度报告(2020)》发布了国家信息中心对于共享经济的定义,它被认为是信息革命发展到一定阶段后出现的新型经济形态,作为一种最优化资源配置方式,共享经济可以整合各类闲置资源、准确识别多样化需求、实现传统商业模式所无法达到的供需两端的快速匹配。在新信息时代社会强调"可持续发展""以人为本"的大趋势下,共享经济体现了崇尚物尽其用、追求最佳体验而非最贵价格的新型消费观和发展观。

2) 共享经济产生的原因

共享经济是经济、社会、技术等多方面共同作用的结果。总体来说,共享经济可被概括为具有三个基本要素,如表4-1所示。

表4-1 共享经济基本要素

要素	内涵
闲置资源和产能	网络平台通过技术整合过剩产能并将其转化为可以交易的产品或服务
共同享有网络平台的理念	共享经济的核心,网络平台通过网络技术对闲置资源进行分销和推广
众多参与社会群体与陌生人之间的信任	每个参与者都各取所需地对共享经济进行创新,从而实现定制化和个性化

基于共享经济的三个基本要素,现有研究对共享经济的成因展开了丰富的讨论,主要分为以下几点:

(1) 互联网等现代信息技术的发展为共享经济的扩张降低沟通成本

共享实际上是一个从古至今都存在的行为,但很长一段时间以来,共享都是在小规模社群中存在的社会性行为。在漫漫历史长河中,促使共享经济由小规模的社会性行为向大规模的经济性行为转变的一个重要因素就是沟通成本的下降。新时代互联网及新型通信技术的发展为共享经济发展提供了良好的技术土壤。共享经济平台极大地减少了信息沟通成本,却以更高效的方式实现了供需双方的匹配,这成为平台快速扩张的原因,也更有利于规模效应的形成。

(2) 生产力急速提升,带动社会闲置剩余增多

改革开放 40 余年来,我国人民的生产生活水平有了很大改善,基本能够满足个人的日常生活需要。一般来说,在物质越富裕的年代,由于稀缺性的降低,人们对物品的占有欲会逐渐降低。蔡斯认为在此情况下,人们不再将尽可能多地获得商品的所有权视为实现个人福利最大化的终极目标,转而愿意与他人共享自己所拥有的产品,这就为共享经济的发展提供了物质基础。

(3) 互动式共享平台为共享经济构建了信任基础

信息不对称是制约共享经济长久发展的重要问题,但在现代信息技术出现后,由于交易可记录、订单可追踪,同时互动式平台给了买卖双方在交易完成后进行评价的机会,消除了传统商业的发展中消费者对商家提供的商品或服务不信任的状态,促进了消费者与供给者之间的信任构建。

(4) 绿色发展理念的盛行

中国是全球生态环境保护和治理的重要参与者之一。常年来经济的快速发展给生态环境带来了一定压力,为了保护家园的"绿水青山",绿色经济、绿色消费的观念逐渐深入人心。很多时候普通人的日常消费中存在大量闲置资源的浪费,随着人们环保意识的增强,人们也更愿意将这些闲置资源在自己使用时间段以外与他人进行共享,这样可以提高资源的使用效率,而且减少了商品的过度生产。

(5) 交易双方福利的提升

刘根荣在研究中发现,共享经济使得供给方能够利用闲置资源变现,获得额外收益,需求方也能够以更低的价格获得同等价值商品的使用权,共享经济促进了交易双方福利水平的提升。

4.2.2 合作博弈研究的文献综述

1) 博弈论的产生与发展

博弈论是被用来研究组织或个人在一定条件下使双方行为结果达到均衡的理论。而合作博弈论表明为了使得长期收益最大化,原本利益冲突的各方存在长期共存和长期合作的可能,也是多方博弈中形成双赢或共赢局面的基础。

博弈论的起源最早可以追溯到两千多年前,那时中国古代的《孙子兵法》《三十六计》等书中就有很多博弈案例,大家耳熟能详的"田忌赛马"就是博弈典

例之一。那时世界上其他国家也陆续产生过一些博弈论相关著作,如《摩诃婆罗多》中曾记述了骰子游戏。但在这个时期,人们对博弈论的理解只停留在经验层面,缺乏对其系统的认识,博弈论的应用也只停留在赌博以及象棋类的游戏上。

20世纪20年代是博弈论正式成为一门学科的时期。1928年,冯·诺伊曼对两人零和博弈的阐述标志着博弈论的正式诞生。系统的博弈理论初步形成于1944年,该年冯·诺伊曼和摩根斯坦在他们合作的《博弈论和经济行为》一书中提出合作博弈的基本模型,创立了博弈论研究的基本概念。

20世纪50年代是博弈论发展的重要时期,合作博弈的研究在这一时期达到鼎盛。在纳什于1950—1952年发表的四篇论文中有两篇讨论了"讨价还价"问题;1953年夏普利针对N人合作对策问题提出了Shapley值可作为收益分配的解;另外还有吉尔斯关于合作博弈中"核"(Core)的概念和其他一些学者的贡献。

同时期,非合作博弈理论也得以逐渐创立。纳什的两篇重要文章《N人博弈的均衡点》《非合作博弈》明确提出了"纳什均衡"概念,为现代非合作博弈理论打下了重要的基石。"囚徒困境"的概念来自图克。他们的著作明确区分了合作博弈和非合作博弈,从此学者们开始在各细分领域专精发展。

20世纪60至70年代是博弈论产生很多成果的时期。1965年泽尔腾将纳什均衡概念引入动态分析,给出"子博弈完美纳什均衡"概念;1967—1968年海萨尼在博弈论研究中加入了不完全信息因素,并为不完全信息博弈问题提供了"贝叶斯纳什均衡"概念;1975年,泽尔腾继续提出"完美贝叶斯纳什均衡"概念,这几位学者的努力使得博弈论的研究范围进一步扩大,细分领域更加清晰。

20世纪80年代以来,博弈论获得了空前发展,逐渐被纳入主流经济学的研究范围。90年代中期,因为两次诺贝尔经济学奖的影响,这一趋势得到了进一步发展。如今,博弈论已被应用到诸多领域,大到国家博弈、军事竞争,小到供应链各主体的利益分配,博弈论都发挥着越来越重要的作用。

2)博弈论的分类及均衡

根据不同的分类标准,博弈也有多种类型,以是否达成约束性协议、博弈次数是否有限、局中人收益是否对等等一系列标准对博弈类型进行划分,大致可得到如图4-2所示的划分结果。

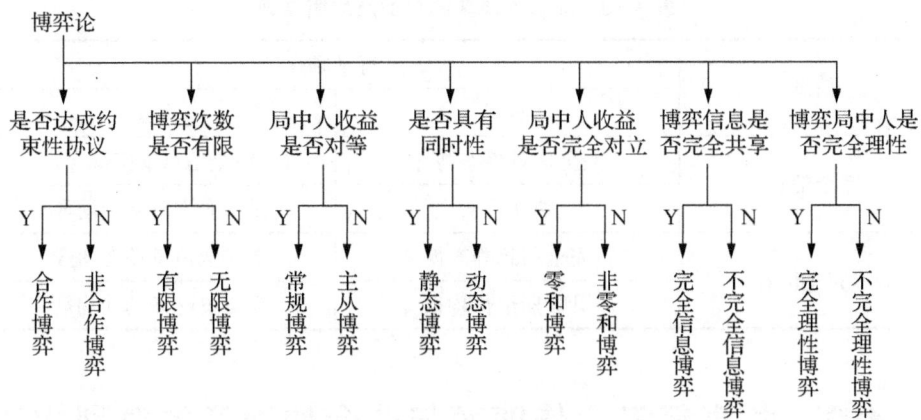

图 4-2 博弈类型划分

由于本章对共享经济的博弈理论分析中涉及信息共享、博弈顺序、合作与否这三方面的问题,表4-2将对这三种博弈类型进行详细介绍。

表 4-2 本章研究的博弈类型

判断标准	内涵解释
是否达成具有约束力的协议	Y:合作博弈,形成联盟,更加注重集体理性和联盟收益最大化 N:非合作博弈,博弈各方侧重于在给定条件下如何达到个人利益的最大化,这在某些情况下会导致群体非理性的结果
博弈信息是否完全共享	Y:完全信息博弈,对博弈中的其他局中人所掌握的信息、可能执行的所有策略方案以及执行每个策略所得的收益等信息是完全掌握的 N:不完全信息博弈,存在信息不对称问题
决策是否同时	Y:静态博弈,局中人同时进行行动 N:动态博弈,局中人的决策是有先后顺序的,后者可以在了解到前者的决策基础上做出相应的反应,虽更复杂但更贴合实际情况

综上,将非合作博弈按信息和行动顺序的不同得到的四个不同分类及各自的均衡结果进行归纳,可以得到表4-3。

表4-3 非合作博弈的分类及均衡结果

信息	行动顺序	
	静态	动态
完全信息	完全信息静态博弈	完全信息动态博弈
	纳什均衡	子博弈完美纳什均衡
不完全信息	不完全信息静态博弈	不完全信息动态博弈
	贝叶斯纳什均衡	完美贝叶斯纳什均衡

4.3 共享经济合作博弈与非合作博弈的模型构建

4.3.1 共享经济的不同商业模式

共享经济既包括个人闲置物品使用权的出租,也包括个人冗余资源使用权的转让与合作。由此可见,共享经济涉及三个核心的利益相关主体:作为供给方的闲置产品和服务的所有者、作为需求方的闲置产品和服务的使用者,以及作为匹配供需双方的互联网平台。自发的共享经济中,网络平台一方面作为信息服务方,另一方面作为交易中信任和匹配问题的解决方,位于共享经济的中枢,具有至关重要的作用。

我国共享经济平台众多,总体来看有如表4-4所示的几种商业模式。

表4-4 共享经济平台商业模式

模式	代表企业	特征
C2C (个人对个人)	Airbnb	(1) 个人与个人之间 (2) 供给方利用闲置的商品和时间创造收益 (3) 需求方不直接拥有物品的所有权,通过共享的方式使用物品,并为此付费
B2C (企业对个人)	共享单车	(1) 企业与个体之间 (2) 供给方企业将出售商品的所有权转变为出售商品的使用权 (3) 需求方消费者不需要购买服务的所有权就能使用到该服务,选择的范围广,满足各个类型的需求

续表 4-4

模式	代表企业	特征
B2B （企业对企业）	猪八戒网	(1) 企业既是供给方又是需求方 (2) 供给和需求双方对闲置资源的共享与交换通过共享平台实现 (3) 可以减少供需双方的资本投入，使企业成本快速摊薄，进一步提高资产利用率

4.3.2 共享经济平台买卖双方不完全信息博弈模型

共享经济市场中存在着大量的信息不对称情况。一般而言，作为共享交易中的信息优势方，闲置资源供给方总是掌握着闲置资源的全部信息，更了解闲置资源的真实情况，因此在交易开始前，卖方就拥有诚信和不诚信两种决策；而需求方作为劣势方，只能通过在共享平台上发布的信息对闲置资源进行了解来做出购买决策，即满意购买，或者不满意不购买。

在交易中，供给方和需求方之间存在着一定的博弈顺序。首先，供给方决定是否在交易中保持诚信，保持诚信时闲置资源定价 P，选择欺骗时闲置资源定价 P'，且 $P'>P$。接下来由需求方进行决策，如果选择不满意，则双方无法达成交易，供给方和需求方收益均为 0；若需求方表示满意，则设 W 为进行交易时买家能够获得的效用，那么在供给方诚信的条件下双方的收益为 $(P, W-P)$，在供给方不诚信的条件下双方的收益为 $(P', W-P')$，其中 $P'>W \geqslant P$。

该博弈过程如图 4-3 所示。

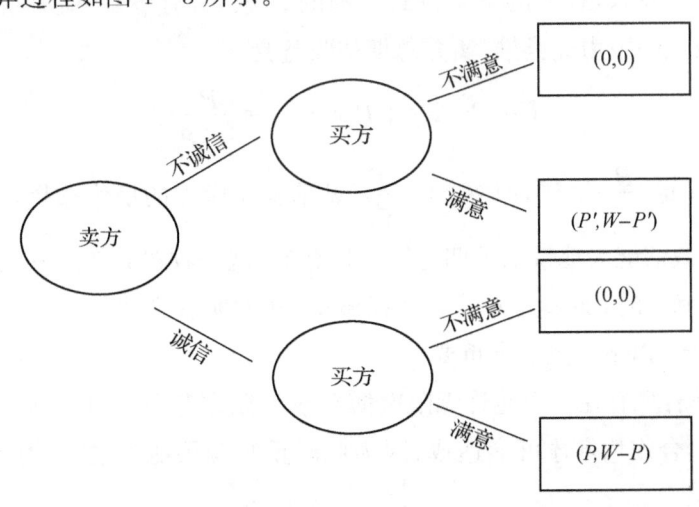

图 4-3 博弈过程

从图4-3可以归纳出买卖双方可以采取的策略组合有(不诚信,不满意)、(不诚信,满意)、(诚信,不满意)、(诚信,满意),其中每种决策组合中前者代表卖家的策略,后者代表买家的策略。将上述博弈树转换成相应的博弈矩阵,如表4-5所示。

表4-5 博弈矩阵

卖家	买家	
	不满意	满意
不诚信	(0,0)	$(P',W-P')$
诚信	(0,0)	$(P,W-P)$

假设交易只进行一次,那么当买方的交易意愿为满意时,卖方的最优策略就是不诚信。如果买方知道了卖方会选择不诚信,那么买方就会选择不满意。因此,该博弈的纳什均衡是(不诚信,不满意)。

Axelord于1981年发表的文章揭示了,即便博弈双方只能进行有限次重复博弈,却仍然会出现大量合作行为的现象。假设每一次博弈结束后,双方都预期有 p 的可能性进入下一场博弈,且每一次博弈的结构相同。那么,如果买家采取"冷酷策略",即只要发现一次卖方不诚信的行为,买方会永远对卖方提供的服务不满意,不会再参与未来的任何一次博弈。

给定如此策略,那么如果第一次博弈时卖方选择不诚信,他可以获得本期的 P' 收入,以后每期的收入为0,则总期望收益为 P'。假设卖方选择诚信,则本期可以获得 P 收入,有 p 的概率得到下期的 P 收入,有 p^2 的概率得到再之后一期的 P 收入……由此类推,卖方总期望收益为:

$$E = P + Pp + Pp^2 + \cdots = \frac{P}{1-p} \qquad (4.1)$$

因此,只要 $\frac{P}{1-p} \geq P'$,即 $p \geq 1 - \frac{P}{P'}$,诚信就是卖方的最优选择。即当卖方可以预期到诚信能为他带来长期连续的现金流,这一收益会超过其不诚信时所获得的短期利益时,那么卖方就会选择诚信,从而实现合作均衡。为了长期合作均衡的达到,以下几点非常重要:

(1)时间:只有在一个允许无限次博弈或者允许有限次但足够多的博弈的时间维度里,合作均衡才可能达成,因为此时重复购买能为选择诚信的供给方带来激励。

(2) 交易方的不诚信行为可以及时被观察并反馈给对方。在共享交易发生之前,信息是不对称的,但当交易发生后,共享经济中的信息传递系统是高效率的,也就是说,卖方的每次交易行为将被记录,买方可以通过卖方历史记录来判断其诚信度,并选择进行重复购买(激励)或是终止交易(惩罚)。

假定交易双方都以最大化个人收益为主导目标,那么在上述条件下,长期来看,(诚信,满意)的合作均衡就会实现。

在下一节,将会通过建模的方式尝试推导出共享经济合作均衡达到时买卖双方所要满足的条件。

4.3.3 共享经济平台买卖双方达成合作均衡的条件

1) 模型假设

由于共享经济买卖双方真实博弈场景比较复杂,为了方便模型推导,在对结果没有重大影响下的前提,作出如下假设:

(1) 博弈双方为拥有闲置产品和服务的供给方与使用闲置产品和服务的需求方。

(2) 假设参与方均为理性人,即博弈目标都是个人利益最大化。

(3) 模型中的需求方同质,从常人角度考虑需求方的满意度,不考虑个人特殊偏好。且本模型主要探究的是需求方第一次尝试参与共享经济,若是已多次参与,会形成个人对平台、买家的判断和信任程度,考虑因素与初次参与或有不同。因此模型主要考虑的是初次参与意愿,即初次参与共享经济的满意度和参与动机。

(4) 假设共享平台闲置资源供给方提供的服务包含两个层次,一是和外界基本商品所能提供服务一致的标准服务;二是软性服务,比如作为房屋共享者提供的对个人私人房屋的开放分享、可能包含的带领需求方对于当地风土人情的深入了解、和共享者可能形成的亲密社交关系等。其中提供标准服务的供给方的比例为 $\alpha \in (0,1)$,提供软性服务的供给方的比例为 $1-\alpha$,且不管是否提供软性服务,两类房东所需支付的固定运营成本均为 C,若选择提供软性服务,则面临的风险成本为 c。服务质量会通过在线信号和信誉机制反馈给潜在需求方,在假定不存在市场噪音的情况下,一般服务质量越高,需求方的参与意愿程度就越高。

（5）假设共享平台的页面信息可以真实、如实地反映出限制资源供给方的服务水平，不考虑评论造假、刷单、上报虚假信息等欺骗行为。

（6）需求方在通过平台交易时，无法与供给方进行讨价还价，因此一旦需求方和供给方确认达成交易，可以认为需求方接受此价格，即该价格满足了他的心理预期。因此，若用 P 代表闲置资源价格，U 代表需求方的期望效用，可以认为：

$$P=U \tag{4.2}$$

（7）需求方从标准服务中可获得的效用值为 s，加上软性服务后，需求方可获得的效用值为 $s+e, e>0$。

2）模型参数

f：闲置资源供给方与需求方每笔交易达成后，平台收取的交易费。

C：供给方固定运营成本。

c：供给方提供软性服务的风险成本。

r_1：需求方在假设供给方提供的服务中只含有标准服务时参与共享经济交易的满意度。

β：供给方提供的服务中包含软性服务时，需求方感受到效用增加的概率。

r_2：当由于软性服务使得需求方效用增加时，其参与共享经济交易的满意度。

P_1：需求方满意度为 r_1 时，供给方提供服务的出价。

P_2：需求方满意度为 r_2 时，供给方提供服务的出价。

P_0：不采用共享经济时，外界在提供的同质标准服务达到需求方获得 r_1 满意度时收取的价格。

P_3：不采用共享经济时，外界在提供的同质标准服务达到需求方获得 r_2 满意度时收取的价格。

3）模型设立与求解

由上述假设和参数说明可知，在完美监视下，如果顾客参与共享经济的满意度为 r_2，则说明供给方一定提供了软性服务；如果顾客参与共享经济的满意度为 r_1，则假设该供给方提供软性服务的概率为 τ，用 I 表示供给方提供了软性服务，N 表示供给方没有提供，根据贝叶斯法则，可以得到：

$$\tau = \Pr(I|r_1) = \frac{\Pr(r_1|I)\Pr(I)}{\Pr(r_1|I)\Pr(I) + \Pr(r_1|N)\Pr(N)} = \frac{(1-\beta)\alpha}{(1-\beta)\alpha + (1-\alpha)} \quad (4.3)$$

根据式(4.3)，可以得到本次交易的标价：

$$P_1 = s + e\tau\beta \quad (4.4)$$

$$P_2 = s + e\beta \quad (4.5)$$

由此可见，当 $P_1 < P_0$ 时，需求方愿意参与不提供软性服务的共享经济交易。

对于供给方来说，不提供软性服务时的期望收益 Π^d 的表达式为：

$$\Pi^d = (1-f)P_1 - C \quad (4.6)$$

提供软性服务的供给方期望收益为：

$$\Pi = (1-f)[P_2\beta + P_1(1-\beta)] - c - C \quad (4.7)$$

根据式(4.4)和式(4.5)，把 P_1 与 P_2 分别代入式(4.6)和式(4.7)，可以得到供给方提供软性服务的增收 $\Pi - \Pi^d$ 为：

$$\Pi - \Pi^d = (1-f)e\beta^2(1-\tau) - c \quad (4.8)$$

令 $\Pi - \Pi^d = 0$，即

$$\Pi - \Pi^d = (1-f)e\beta^2(1-\tau) - c = 0 \quad (4.9)$$

得到

$$c^* = (1-f)\beta^2(1-\tau) \quad (4.10)$$

所以，当提供软性服务的供给方付出的风险成本 c 低于 c^* 时，供给方可以获得超额增收，愿意进行此类共享经济交易。

比较顾客在不同满意度下支付的价格 P_1、P_2 可得：

$$P_2 - P_1 = (1-\tau)e\beta > 0 \quad (4.11)$$

上式说明当供给方提供软性服务时，顾客满意度的提升带来了价格的提升，也就是说，顾客愿意为获得更高的满意度而支付更高的价格，这种价格可以被称为"价格溢价"。

综上所述，对于提供标准服务的共享经济交易，当 $\Pi^d = (1-f)P_1 - C > 0$ 时，供给方愿意参与交易；当 $P_1 < P_0$ 时，需求方愿意参与交易。

对于额外提供软性服务的共享经济交易，当提供软性服务的供给方付出的风险成本 c 低于 c^* 时，供给方愿意参与共享经济交易，且此时需求方愿意为此

软性服务带来的个人满意度的提高支付溢价;当 $P_2 < P_3$ 时,需求方愿意参与共享经济交易。至此,合作均衡达成。

◆ 4.3.4　Shapley 值法——平台参与下的共享经济合作博弈的收益分配

1) Shapley 值法介绍

合作博弈理论是在解决博弈各方是否合作之后,面临收益如何分配问题的理论解决方案。合作博弈常常可以归结为讨价还价问题,其中 Shapley 值法是在 1953 年由夏普利面对 n 人合作对策问题时给出的一种数学解决方案。它需要达到的两个条件为:(1) 各博弈方所分配到的收益总和正好是所有局中人的最大总和收益;(2) 各博弈方从联盟中得到的收益不小于单独经营时所得到的收益。

Shapley 值法是分配这个最大总和收益的一种方案,可用数学语言定义如下:

设集合 $I=\{1,2,\cdots,n\}$,如果对于 I 的任一子集(表示 n 个人集合中的任一组合)都对应着一个实值函数 $v(s)$,满足:

$$\begin{cases} v(\varnothing)=0 \\ v(S_1 \cup S_2) \geqslant v(S_1)+v(S_2), S_1 \cap S_2 = \varnothing \end{cases} \quad (4.12)$$

则称 $[I,v]$ 为 n 人合作对策,v 为对策的特征函数。

用 x_i 表示 I 中 i 成员从合作的最大收益 $v(I)$ 中应得到的一份收益。在合作 I 的基础上,合作对策的分配用 $x=(x_1,x_2,\cdots,x_n)$ 表示。显然,该合作成功必须满足以下条件:

$$\begin{cases} \sum_{i=1}^{n} x_i = v(i), \quad i=1,2,\cdots,n \\ x_i \geqslant v(i), \quad i=1,2,\cdots,n \end{cases} \quad (4.13)$$

式中,$\varphi_i(v)$ 表示在合作 I 下 i 成员所得的分配,则合作 I 下的各个伙伴所得收益分配的 Shapley 值为 $\varphi(v)=[\varphi_1(v),\varphi_2(v),\cdots,\varphi_n(v)]$。

$$\varphi_i(v) = \sum_{s \in S_i} w(|s|)[v(s)-v(s/i)], \quad i=1,2,\cdots,n \quad (4.14)$$

$$w(|s|) = \frac{(n-|s|)!\,(|s|-1)!}{n!} \quad (4.15)$$

式中，S_i 是集合 I 中包含成员 i 的所有子集形成的集合，$|s|$ 是子集 s 总的元素个数，$w(|s|)$ 是加权因子，$v(s)$ 是子集 s 的收益，$v(s/i)$ 是子集 s 中除去成员 i 后可取得的收益。

2）博弈要素

（1）局中人：某共享经济中三个核心利益相关主体，即拥有闲置产品和服务的供给方、使用闲置产品和服务的需求方，以及匹配供需双方信息的互联网平台。

（2）策略：供给方与平台确定的价格。

（3）收益：π_1,π_2，即供给方与平台在各自的定价下所得的收益。

3）基本假设

（1）供给方、需求方、平台已达成合作，目标是联盟整体收益最大化。

（2）对现实情景进行提炼，一般由供给方首先宣布闲置资源出租价格，平台随之会确定收取交易佣金的比例。当这些决策全部完成后，供给方会按照既定的出租价格出售闲置资源和服务，共享平台会按照既定的价格向需求方收费。

（3）需求方会对平台给出的报价进行反馈，反馈体现在需求方的数量上，数量与平台报价呈反向相关关系。

4）模型设定

P_1：供给方以单位价格 P_1 向平台报价，出售闲置物品的使用权。

C_1：供给方出售闲置物品的边际成本，比如房屋短时租赁后的清洁费用，闲置珠宝、皮包短租后的损耗等。

P_2：平台上对于供给方出售物品的报价，由于平台收取佣金，因此 $P_2 > P_1$。

C_2：平台运营成本。

Q：闲置商品使用权的需求量。根据市场规律，当平台报价 P_2 提高时，消费者需求量会降低；当平台报价 P_2 降低时，消费者需求量会增高。因此可定义 $Q = \alpha P_2^{\beta}$，其中 $\alpha > 0$ 为换算常数，$\beta > 1$ 为价格敏感系数。

由以上假设可得以下公式。

供给方利润：

$$\pi_1 = (P_1 - C_1)Q \tag{4.16}$$

共享平台利润：

$$\pi_2 = (P_2 - P_1 - C_2)Q = \alpha(P_2 - P_1 - C_2)P_2^{-\beta} \qquad (4.17)$$

整个共享经济发生带来的总利润：

$$\pi = (P_2 - C_1 - C_2)Q = \alpha(P_2 - C_1 - C_2)P_2^{-\beta} \qquad (4.18)$$

5) 联盟的达成与收益分配

合作博弈是指供给方与平台联合决定出价与平台报价，以最大化系统的总收益。由最大化的一阶条件可得纳什均衡：

$$\frac{\partial \pi}{\partial P_2} = 0 \qquad (4.19)$$

$$P_2^{**} = \frac{\beta(C_1 + C_2)}{\beta - 1} \qquad (4.20)$$

$$Q^{**} = \alpha(C_1 + C_2)^{-\beta}\left(\frac{\beta}{\beta - 1}\right)^{-\beta} \qquad (4.21)$$

$$\pi^{**} = \frac{\alpha}{(\beta - 1)(C_1 + C_2)^{-\beta}}\left(\frac{\beta}{\beta - 1}\right)^{-\beta} \qquad (4.22)$$

基于 Shapley 值对联盟的收益进行分配，其分配结果可由计算得出，即

$$\varphi_1(v) = \frac{\pi^{**} + \pi_1^* - \pi_2^*}{2}, \varphi_2(v) = \frac{\pi^{**} + \pi_2^* - \pi_1^*}{2}。$$

4.4 共享经济联盟的实例分析——以 Airbnb 为例

4.4.1 Airbnb 运行机制简介

Airbnb(国内业务名"爱彼迎")于 2007 年在旧金山成立，是一个在线共享短租服务平台，供房东将闲置房屋短期租赁。

Airbnb 的参与方主要包含三者，一是对住房有需求的消费者，二是能够提供闲置房源的房屋供给者(房东)，三是平台本身。一般来说，一笔在 Airbnb 上完成的交易流程如下：首先消费者在 Airbnb 平台注册账号，进入首页后选择自己的旅行目的地，并可以使用入住人数、距景点距离、房价范围、屋内设施等一系列条件对房源进行筛选，在此过程中，平台借助界面陈列、算法推荐、密钥等方式帮助消费者与房东进行匹配。当消费者与房东的匹配完成后，消费者使用微信、支付宝、银行卡等第三方支付方式支付租金，如果使用币种不同，还需支付 3% 的货币兑换费。平台会对交易双方收取手续费，然后这笔扣除了部分款

项的费用会汇入房东绑定的银行卡中。至此，整个网络交易流程就宣告结束了。当然，在消费者旅行结束后，可以对住房体验进行评价和打分，如果中间出现了纠纷，平台也会提供法律咨询、解决问题、赔款等服务。

Airbnb平台取得成功的原因有如下几点：第一，整合了房东们的闲置资源，降低了传统酒店经营的门槛；第二，借助互联网大大降低了供需双方信息获取的成本，且利用网络对全球范围内的业务网络进行布局；第三，借助平台融资所得资本在现实生活中进行大力宣传和营销，使其不仅成为一种住宿选择，更成为一种自在深度的生活方式选择的文化符号，其影响力远超同行业传统旅游租赁市场。

目前，Airbnb平台提供的服务类型如表4-6所示。

表4-6 Airbnb平台提供的服务类型

服务类型	服务描述
房间出租	房主将自己房子里的空房间进行出租
床位出租	房主或租客将自己房间或客厅里的空床位出租
空闲时段出租	在外出期间将自己的房屋/房间出租
度假房出租	将不使用的度假别墅或公寓租让给他人使用
商业房源出租	掌握大量空置房源的商业机构或房屋中介通过平台来运营和外租整套房屋或单个房间

◆ 4.4.2 Airbnb与传统酒店的竞争策略差异

1) 组织形式

Airbnb采用轻资产模式，本身并不具有房屋的所有权，因此无需负担日常的运营费用，而是仅负责对闲置房屋资源信息的整合以及供需双方的匹配。对于传统酒店而言，房屋归酒店所有，房间数目固定，会产生大量运营管理与人员费用。在旅游的淡旺季，Airbnb会自动调节房屋供给量，因此供给弹性比较大。在传统酒店业中，酒店达到百万规模的房间数大概需要数十年的时间，但Airbnb在短短数年间，已发展到在全球拥有超过700万套房源，其规模和覆盖范围已经可以与希尔顿和万豪等全球连锁酒店媲美。

2) 交易模式

市场上并不缺有闲置资源愿意出租的房东，也不缺想要去某地旅游并深入体验当地风土人情的游客,难的是双方的匹配问题。但是信息越不对称的地方,共享经济就越容易出现。Airbnb采用轻资产模式运营,降低了供给方接触到需求方的成本。而传统酒店多与旅游中介平台合作,进而筛选更多客户,但是此类中介环节可能存在一些"灰暗"地带。

3) 陌生人间的信任

Airbnb通过两项措施解决了陌生人间的信任问题。第一,建立房东与平台间的信任。第二,Airbnb要求客户绑定护照、身份证、信用卡、Facebook、LinkedIn等信息,利用大数据对住房资源的可信度进行综合分析和判断,建立信任值。

从本质上来说,Airbnb并不只是类似传统酒店那样提供住宿业务,它本质上提供的是一种生活体验。Airbnb的核心是基于人的连接的。进入工业化时代,为了追求快速、便捷,一切商品和服务都变得标准化了,连旅行体验也是如此。在这样彼此分离的时代,Airbnb通过平台将一个个陌生人连接起来。即使远在异国他乡,房客也可以体验到家庭的氛围和当地真正的风土人情;哪怕在一个完全陌生的环境中,Airbnb也保证了房东可以很周到地为房客服务。

4.4.3 Airbnb的定价策略

Airbnb的定价策略主要内容有三点:(1)向需求方征收的交易费用;(2)向供给方征收的交易费用;(3)为供给方制定建议价格。

交易费用是Airbnb的主要收入来源。当然Airbnb也存在其他的收益来源,比如商家会在Airbnb上投放大量广告,Airbnb可以收取相应的广告费;又或者Airbnb有闲置资金时,倾向于将这些资金交予资产管理公司打理,从而获得投资收益。但在此处,这些收益均不予考虑。

对于交易费用而言,显而易见的是,提高佣金比例是Airbnb平台短期获利的最好方式。然而,通过Airbnb的现实收费标准可以看出,它采用的策略并非如此。2018年以前,Airbnb对房东和房客均收取6%~12%的交易佣金。但在2018年后,面对越来越激烈的市场竞争,Airbnb将对房东的费率从平均3%上调到10%,对房客的费率从平均13%降至不再收取。

由此可见,对于Airbnb这样一个具有巨大发展潜力的平台来说,同时面对诸如小猪短租、途家等国内其他共享平台的竞争,提高交易费用只是短期获利的方法,长期并不可取。长远来看,降低交易费用、积攒业内口碑以增加获客渠道和用户数量,才是企业发展的长久之道。

就 Airbnb 为供给方制定建议价格而言,该策略也会为每一个房东每一天的房价做出推荐。从理论上来说,房东的每一间闲置房屋都会根据当日房屋状况和需求情况有一个最优定价,然而房东往往很难察觉到这种变化。借助 Airbnb 的平台对大数据进行抓取和分析,可以有效为房东推荐当日的最优价格。这种做法会产生两种直接影响:(1)提高了房东与房客间的匹配成功率;(2)让房东获得了更多收益。

Airbnb 上共享交易成本对产品制造商利润、消费者剩余和社会整体福利都有非单调性的影响。如果闲置产品供给方可以调整自己的价格,那有可能形成双赢或者双输的局面,因此商家一定要谨慎选择。如果闲置产品供给方可以同时调整产品质量和价格,那么 C2C 共享会促使商家提高产品质量和售价,同时增加制造商利润。

2020 年 12 月 10 日,Airbnb 正式登陆纳斯达克,上市首日股价暴涨 112%,成为 2020 年美国市场最大的 IPO。Airbnb 的成功上市首先表明了互联网对共享经济发挥的重要作用,建立在轻资产模式下的共享平台能够在线下以重资产为主导的社会中充分流动,其最显著的社会效益就是盘活了存量。在此基础上,共享平台同时对其所处的垂直行业进行数字化的深度整合,因此才能够在 B 端和 C 端都如鱼得水。

◆ 4.4.4 Airbnb 发展过程中出现的问题及不同的观点

共享短租平台在快速扩张过程中逐渐侵入酒店业和住房市场领域,与这两者出现部分交叠。目前对于共享短租平台的主要支持/反对意见如表 4-7 所示。

表 4-7 共享短租平台的主要支持/反对意见

支持意见	反对意见
可以充分利用闲置资源,提高住房效率,节约空间资源	中介和机构运营的商业房源已经超出了个体共享的范畴,商业化经营偏离了共享理念
房东可以通过共享闲置资源来获得更多收入,缓解全球金融危机的冲击	游客产生噪音并占用社区公共设施,会加剧游客与原居民的矛盾

续表 4-7

支持意见	反对意见
游客像"当地人"一样生活，获得原真性地方体验	减少酒店业收入，导致城市税收减少，甚至相关从业人员失业
扩大可参与旅游服务的社区范围和数量，提供新的就业机会，提高当地收入	共享短租行为脱离现有法律、法规监管，并难以有效征税，与既有酒店业构成不公平竞争
与酒店客户群体不同，不存在直接竞争，可以解决部分地区的旅游住宿供给不足的问题	扰乱住房市场秩序，大量房源会转为短租房源，减少房源供给导致二手房价、租金上涨，增加低收入群体的住房负担

4.4.5　Airbnb 未来发展讨论

信息时代，共享经济已经成为常见的经济形式之一。这些基于网络平台商业的模式虽然无形，但对城市经济活动与空间的影响却不容忽视。共享经济需要精细化治理。2018 年 11 月，国家信息中心分享经济研究中心发布了中国共享住宿领域首个行业自律标准《共享住宿服务规范》（简称《规范》），这意味着中国已经开始对短租行业展开政策引导。虽然《规范》的出台有利于通过行业内部缓解负外部性输出，但它并不会改变此类平台逐利的本性，因此，相关部门仍然需要进行必要的监管。然而，监管共享经济有别于传统公共管理领域，其特点及难点在于：互联网经济的发展具有增殖性（proliferative），即细小事物自发地、快速地、大量地增长，并通过逐渐渗透而最终实现规模化影响。因此，如何有效监管由细小的个体商业行为累积而产生的深刻市场变化，这一问题还有待进一步探索。

4.5　本章小结

4.5.1　研究结论

共享经济是近年来各领域研究的热点问题，本章以共享经济中 C2C 市场为研究对象，利用不完全信息动态博弈模型和基于 Shapley 值法的合作博弈模型，对此商业模式中供需双方能否达成合作均衡的可能性进行探讨，并研究了供给

方、平台、需求方达成联盟后的收益分配问题,得到的结论如下:

(1) 使用不完全信息动态博弈模型,模拟共享经济供需双方的博弈情况,研究发现在足够长的时间内,当卖方可以预期到诚信能为其带来长期连续的现金流,这一收益会超过其不诚信时所获的短期利益时,那么卖方就会选择诚信,从而实现合作均衡。

(2) 构建适合本博弈案例的不完全信息动态博弈模型,对供需双方达成合作均衡的条件进行定量探究,对模型求解可得,对于提供标准服务的共享经济交易,当 $\Pi^d = (1-f)P_1 - C > 0$ 时,供给方愿意参与交易;当 $P_1 < P_0$ 时,需求方愿意参与交易。

对于额外提供软性服务的共享经济交易,当提供软性服务的供给方付出的风险成本 c 低于 c^* 时,供给方愿意参与共享经济交易,且此时需求方愿意为此软性服务带来的个人满意度的提高支付溢价;当 $P_2 < P_3$ 时,需求方愿意参与共享经济交易。至此,合作均衡达成。

(3) 采用 Shapley 值的合作博弈模型来对平台、供给方、需求方合作后的收益进行分配,对方程求导得到最大化的策略,该分配结果可由计算得出,即 $\varphi_1(v) = \frac{\pi^{**} + \pi_1^* - \pi_2^*}{2}$,$\varphi_2(v) = \frac{\pi^{**} + \pi_2^* - \pi_1^*}{2}$。

◆ 4.5.2 研究展望

(1) 需求方完全同质的假设。本章在研究不完全信息动态博弈的均衡时,作出了需求方完全同质的假设,这与实际情况必有所出入。

(2) Shapley 值模型中影响消费者需求的要素。为分析方便,本章仅研究了基于共享经济平台供给方与平台定价的机制,并且假设消费者的需求只受到平台出价这一个因素的影响。显然,现实中存在的问题要更为复杂多样,而对于更多个供给方、需求方和更多影响因素的协调问题,需要在不同的环境中进行更为深入的研究。

(3) 交叉网络外部性。共享经济平台作为一个双边市场,必然有交叉网络外部性的存在,也就是说平台任何一边交易方数量的上升都会带来另一边效用的改善,但在本章中出于模型求解方便的考虑,并未提及此点。

因此,未来可针对上述三方面不足,开展进一步的研究。

5 共享经济的产业生态系统演化

5.1 引言

5.1.1 研究背景

近年来,"工业4.0"以及"互联网+"等词语成为影响中国乃至世界各行业发展的关键词。中国经济发展已由高速增长阶段逐步转入高质量发展阶段,我国在分析了技术发展水平、产业转型客观规律、国内外市场现状的基础上,提出"中国制造2025"的战略目标,以推进信息化和工业化的融合,打造"互联网+制造"的产业模式,实现"制造"向"智造"的转型。

在此背景下,互联网与产业不断融合,平台型智能制造产业应运而生,制造型企业借助发达的信息、通信手段,以全球化网络为平台,与各主体形成特殊的网络关系,低成本整合各种资源,实现产业的持久共生成长,成为推动我国经济实现高质量发展的新引擎。平台型企业外部环境动态化程度提高,企业间联系更加密切、频繁,其柔性、开放、并联的特质使其克服了传统企业在时间、空间、信息、渠道等方面的限制,改进了信息分享方式和互动、合作、竞争等行为的逻辑,使得主体间交流空间化、立体化、多元化。

但平台型产业生态系统在治理方面也遇到管理和约束的挑战,我国制造产业普遍面临着生态系统不完善、治理与平台架构不合理等问题。产业生态系统内部主体间有着不同的目标与利益需求,主体之间如何保持长久的协调合作,如何有效制约主体间行为,以达成产业生态系统的共生成长成为亟待解决的问题。

5.1.2 研究意义

本章尝试从企业价值观、社会责任的视角,探讨平台型智能制造产业生态系统内主体的治理以及共生成长策略。从现实意义看,在平台型智能制造产业作为推动我国经济实现高质量发展新引擎的背景下,从价值观的角度,也从本质上为其产业生态系统的治理提供了依据。从理论意义看,从非技术层面的价值观角度为产业生态系统治理方面的研究拓宽了道路。

5.1.3 研究内容与思路

本章基于平台模式对制造业企业间的合作关系进行研究,进一步通过模拟仿真探究制约因素对企业间的合作关系的影响机制,并从企业共赢价值观、企业文化、社会责任的角度,研究平台型智能制造产业生态系统共生成长策略。本章研究的具体技术路线如图5-1所示。

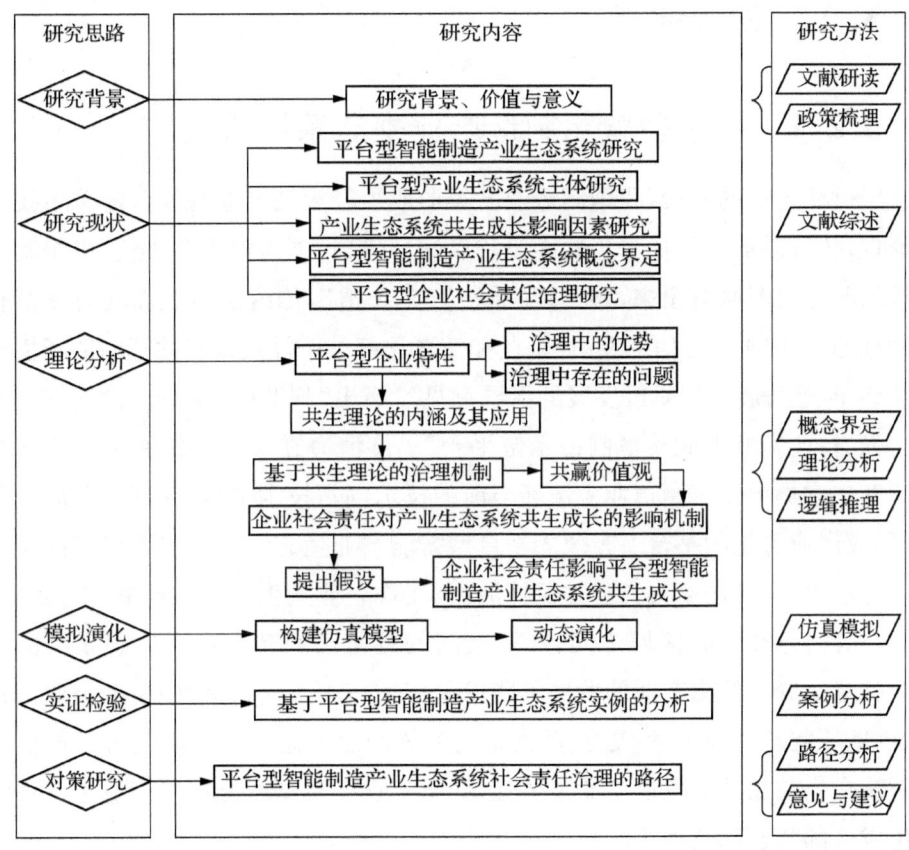

图 5-1 技术路线图

5.1.4 可能的创新之处

平台架构和治理作为协作创新生态系统共生成长的互锁齿轮,对平台型智能制造产业的发展具有重要意义。本章从企业价值观、企业文化、社会责任等角度出发,在社会偏好和自利偏好共存的前提下,构建以传统制造企业为平台核心的立体网络式格局,研究系统架构和治理从短期到长期的动态共生成长内在逻辑机制,促进系统主体间创新合作发生的实现机制,引导平台及整个生态系统实现治理与平台架构、商业模式和生命周期阶段的共生成长协调发展,助力"制造"向"智造"的更高质量发展。

5.2 文献综述

5.2.1 平台型智能制造产业生态系统研究

经过几十年的发展,我国制造业已经形成了较大的产业规模。随着新技术的涌现,传统制造业的技术仍然主要依靠国外进口,创新能力弱、创新机制不完善等问题也逐渐暴露出来,要实现"制造"变"智造",传统制造业面临着改革转型的难题。2019年工信部发布《工业和信息化部关于加快培育共享制造新模式新业态 促进制造业高质量发展的指导意见》,指出"到2022年,形成20家创新能力强、行业影响大的共享制造示范平台"。许清海在应对传统制造业改革难题的办法中提出传统制造业应革新当前的技术创新技术平台、开展公共服务平台、形成产业孵化的平台。有效的平台型智能产业生态系统不仅可以提高制造业的竞争力,也有助于其转型并保持活力,实现企业共生成长。青平、张为等人指出,当前行业之间、区域之间、产业之间的竞争已经转向产业生态系统的竞争。陈建斌等人提出产业的发展不能单单依靠核心企业,其他中小型企业因资源、创新等问题的局限性,更需要建立完备的产业生态系统。由此可见产业生态系统在当前制造业发展中的重要性,如何实现平台型智能制造产业生态系统共生成长的问题亟待解决。

产业生态系统的方式适宜当今制造业的发展。许冠南等人指出对于制造业来说,产业生态系统由高等院校、科研机构、原材料供应商、核心生产者、中介组织、消费者等产业参与者以及外部环境等构成,是一个有机系统,良好的产业生态系统是产业健康持续发展的基础。李国杰鼓励中国产业下大功夫培育自主可控的生态系统,成功的产业生态系统有利于提高我国产业的国际竞争力。孙源也指出,产业生态系统有助于提升产业核心竞争力,维持产业可持续创新能力。宁连举等人认为产业生态系统在应对外部环境不确定和内部可操作性挑战时比传统企业的合作模式更具有优势。

产业生态系统对于其产业内企业也存在诸多优势。钱平凡在论述如何促进制造业高质量发展中指出健壮及多样性的产业生态系统可以吸引更多更好的企业落户并促进其高质量发展,反过来又促进产业生态系统更加健壮与多样化,形成良性互动,并且美国在重塑制造业时研究发现,重塑制造业必须先重塑产业生态系统。产慧君指出产业生态系统可以使得产业内企业的资源配置更高效并缩小交易成本。除此之外,桂竹妍指出产业生态系统对于企业发展的作用还包括帮助企业扩展信息渠道,促进多方联动,拓展企业生存空间。王卓提出产业生态系统中的企业彼此之间进行知识交流与接收,形成知识优势互补,缩短产品开发周期、分散技术开发和市场风险,通过信息交互与知识学习提升企业各自的竞争力。胡慧源等人在对于特定企业的分析中指出,产业生态系统有助于企业核心层的网络关系构建、支持层的战略资源输送。

目前,已有部分国内企业通过构建平台实现产业系统中的共生成长。2019年4月,陕西鼓风机有限公司推出"链易得"供应链服务平台,将分散、闲置的生产资源聚集到一起,实现了产业链上下游资源的互联与共享。同年5月,河南领聚网络科技有限公司推出中原智造工业共享云平台,自上线以来已实现1 200余家企业的2 500台外协设备、4 800种产品等各类资源的注册。共享平台的搭建聚合市场需求侧,实现了将闲置工业资源与其深度对接,提升了制造企业的资源效益。

◆ 5.2.2 平台型产业生态系统主体研究

1) 主体的分类

目前,平台型智能制造产业生态系统中的主体逐渐成为学者们的重点研究对象,国内外已有部分研究对平台型智能制造产业生态系统中的主体进行了分析:美国战略管理学家詹姆斯·弗·穆尔最早提出了"产业生态系统"概念,并将其定义为：以组织和个人间相互作用关系为基础的经济联合体。他还提出生态系统中应包含的主体有相关企业、风险投资者、政府和半政府组织等利益相关体。王玉瑶提出生态系统中的相关主体分别扮演着生产者、消费者和分解者的角色，各主体间能够自由开放地进行信息的交换与传递，从而形成了一个有机循环的整体。孙海蓉将制造产业生态系统的主体分为制造商、经销商和客户。谢蕾在研究云制造平台下一对多双边匹配问题时，认为匹配双方作为主体，是具有自主学习能力的个体。叶芊在研究哈曼科技服务生态系统时，将生态系统主体分为行业管理者、投资商、设计公司、经销商、院线和终端消费者。尹洁等人将自然生态系统与高新技术产业创新生态系统进行对比，提出自然生态系统中的生物成分根据角色和承担功能的不同，主要分为生产者、消费者、分解者；在高新技术产业创新生态系统中，研究群落、开发群落和应用群落同样承担着类似生产者、消费者、分解者的角色。在高新技术产业创新生态系统内部，高校、科研院所、研发企业作为创新生产者，承担了新技术研究工作；制造企业作为创新消费者，购买、使用创新生产者输出的新技术，负责同化新技术，最终把新技术转化为新产品和服务；而市场、客户，也就是新产品和服务的使用者可被视为创新分解者，他们负责购买和使用新产品，直至新产品最终被损耗殆尽。此外，高新技术产业创新生态系统的非生物成分包括创新政策、创新资源、市场环境、创新文化等外部创新环境。刘和东等人提出生态系统主体包括企业及其上下游企业、高校科研机构、政府、金融中介等，企业与企业、企业与高校科研机构间既存在竞争关系，也存在合作关系。

2) 各主体之间的关系

王玉瑶将生态学的种间相互作用理论作为研究价值生态系统内成员相互作用关系的理论依据，认为主体间的相互作用可以分为正相互作用和负相互作用，而正相互作用指的是主体之间的合作和共生，负相互作用指的则是主体之间的竞争。正相互作用又分为互利和共生，这是两种截然不同的主体之间的关系。刘和东等人提出高新技术产业生态系统中的主体之间存在互利共赢、偏利、竞争共生三种关系。谢蕾认为主体之间存在竞合效应，在发生竞争行为的同时还具有协同效应。叶芊在研究哈曼生态系统垂直平台时，构建了"哈曼科技服务生态系统价值连接示意图"。在生态系统内，所有主体基于互动交流、信息共享等方式，完成资源整合工作。垂直平台让主体识别并发现它们的价值诉求,通过平台实现资源整合的过程。平台企业通过与平台用户的互动和信息共享,提供增值服务中实现价值共创、价值实现乃至价值评估的完整过程,最终实现产业链的共同发展。刘和东等人提出主体间关系为适度竞争、互利共生、偏利共生演化时,系统群体与个体均衡产出较大;主体间关系为寄生共生演化时,系统群体与个体均衡产出较小。

5.2.3 产业生态系统共生成长影响因素研究

随着经济全球化和信息技术的不断发展,健康的产业生态系统对于平台型智能制造企业的成长和发展发挥了越来越重要的作用,相关研究引起国内外学者的广泛关注。产业生态系统的共生成长是一个复杂但又具有规律性的动态演化过程,深受技术、制度、种群特性等要素的影响。

1) 种群特性

在有关种群特性影响产业生态系统共生成长的相关研究中,张笑楠建立了战略性新兴产业创新种群共生演化模型并对其仿真,结果表明各创新种群自身增长率、种群数量、共生体其他种群数量对创新种群的规模增长产生影响,进而影响产业生态系统的演化过程。尹洁等人在对高新技术产业创新生态系统的研究中发现,种群的初始资源占有率影响创新生态系统的演化,在创新资源不变的条件下,优势种群被弱势种群竞争所排斥;种群差异越明显,种群间排斥强度越大;种群的迁移扩散能力对种群间竞争具有决定性意义。

2) 共生模式

在关于共生模式对产业生态系统共生成长影响的研究中,张笑楠指出不同的共生系数影响战略性新兴产业创新生态系统共生演化的行为轨迹,在独立共存、竞争、寄生、偏利共生、互利共生五种共生模式中,互利共生模式使得每一类创新种群达到规模最大化,是该产业生态系统演化的最佳共生关系。刘和东、陈雷对高新技术产业生态系统中的主体集聚的演化分析表明,互利共赢模式下,供给和需求群落的共生产出大于单体群落的产出;竞争共生模式下,适度的竞争有利于主体间竞争关系的维持。刘和东等人指出适度竞争、偏利共生、互利共生的主体间关系使得均衡产出更大,寄生共生的主体间关系下均衡产出较小。

3）内外机制

在内、外部机制方面，不少研究都提到产业集群的发展与信任、激励机制之间存在彼此促进的关系。首先，信任机制的存在可以有效提高产业生态系统内主体互动频率、解决融资问题以及互保困境等，而信任机制的缺失导致系统内部背叛、挤压、排斥等问题突出，造成市场失灵等矛盾。信任机制的保证很大程度上取决于制度环境，郭伟和马有才在政府、消费者、产业集群个体的演化博弈模型研究中提出政府政策的支持有利于产业集群内部以信任为基础的合作关系的维持。Zaheer S、Zaheer A、刘炜等学者提出政策环境极大影响了产业集群中企业对合作伙伴的信任及选择，政府通过建立良好制度环境、增加不合作成本等举措促进主体间信任程度的提升。其次，在激励机制方面，彭甜在对供应链企业合作的研究中指出信息共享激励、参与激励和淘汰激励有效维护和加强企业间的合作关系。另外，产权关联、产权经营和有效竞合之间的逻辑连接是平台型制造业企业价值生态系统的生成机制。

4）价值观

除了以上客观的、中性的影响因素之外，从企业价值生态系统的视角也能发现其对平台型制造企业发展的影响。王海杰、宋姗姗在针对海尔集团的案例研究中提出系统性价值观能够有效降低以平台型企业为核心的价值生态系统稳定运行的离心力，增加资源聚合向心力，提高系统治理软实力。

◆ 5.2.4 平台型智能制造产业生态系统的概念界定

1）平台型智能制造产业生态系统的含义

本研究是立足于平台型智能制造产业生态系统进行的。平台经济作为时下的研究热点，对引导智能制造产业的发展和智能制造产业生态系统的构建与完善具有举足轻重的作用。因此，分析理解平台型产业生态系统的概念尤为重要。

产业生态系统概念是产业生态学中广泛使用的重要概念，与自然界的生物群落相似，产业生态系统也是由各类机构、部门、企业种群构成的群落，同样也处于经济、社会、文化等因素构成的生态环境中。在产业组织中，任何产业都不是独立存在的个体，它的组成系统与其他产业组织、周围环境间同样存在密切的联系,产业内部系统的微观行为、周围环境的变化能够影响产业的演化方向和发展水平,而产业活动同样也能够影响周围的环境以及企业种群的战略行为。产业生态系统就是借用了产业生态学的理念来解释产业系统、内部组织及其与环境之间的关系。产业生态系统,是指产业内部各企业之间、企业与其他社会组织机构之间,各自依靠自身的竞争力、核心能力以及互补优势进行信息、资源与价值的交换,并追求共同价值的最大化。产业生态系统跨越了传统行业的理念,属于产业生态学范畴,是产业制定战略的基本单位。在产业生态系统内部,各类企业通过竞争合作机制、利益分配机制,不断进行技术、资本、信息、知识和渠道等要素的共享。在多种机制的作用下,各种企业和其他相关组织等主体相互作用和影响,并在这个过程中不断提升竞争力,与此同时产业系统整体也获得发展和提升。

本研究注重平台型产业生态系统的构建与完善。平台通常被定义为一种具备双边市场的交易空间,可以集聚人流、物流、资金流和信息流。为保证交易的稳定,需要平台的提供者协调用户和供应商之间的关系。平台系统成功的关键在于建立良性生态圈,通过群体的链接,打碎传统的产业链。"十三五"时期,以平台经济、共享经济为代表的新经济平台型企业的价值创造体现为企业经济价值、社会价值和环境价值多个层面,平台型企业通过对信息数据的挖掘、聚合及优化实现供给与需求的准确匹配,降低经营成本,扩大经营范围,平衡双边用户间关系,从而提高双边用户交易效率。

此外,智能制造是新一代信息技术与制造业发展的深度融合,《中国制造2025》提出"把智能制造作为两化深度融合的主攻方向"。"两化"即新型工业化和新型城镇化。遵循两化融合的经济效应,能够理解智能制造对企业生产经营和生产率的潜在影响。本研究即将智能制造产业生态系统作为主要研究对象。

2) 平台型智能制造产业生态系统的环境与主体

产业生态系统是指对某一类产业的发展与演化产生重要影响的主体的集合。主体之间的关系通常有相互制约、依赖和协作。

产业生态系统的构成主体有产业链中占主导地位的企业种群,以及其他所有相关的上下游企业,如图 5-2 所示。具体来说,产业生态系统环境中的主体有与产业的研发、生产、市场化有关的研发机构、科研单位、核心生产企业、互补品生产企业、中介组织、消费群体、金融机构、技术服务机构等产业中的各类参与者，以及供给要素、基础设施等产业发展支撑因素和市场环境、政府部门、社会环境等外部辅助环境构成的企业赖以生存和发展的有机环境。

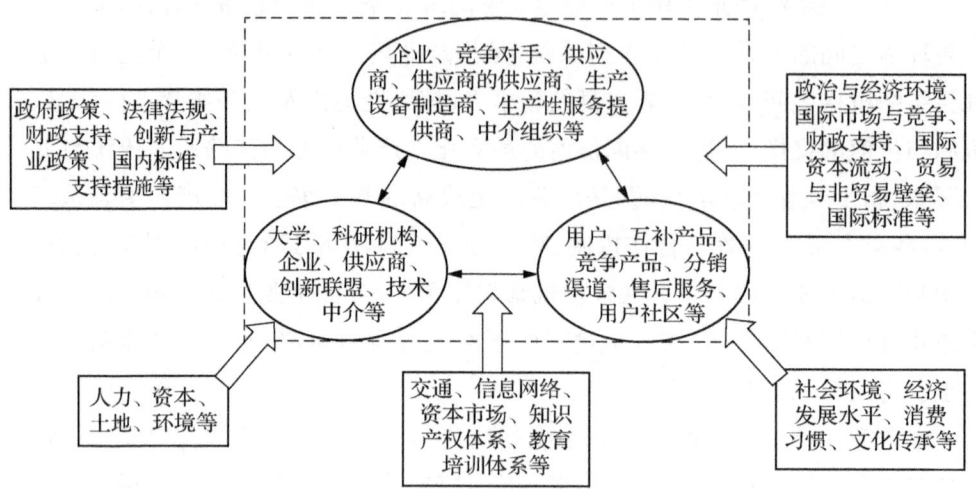

图 5-2　高端制造业产业生态系统主体关系

产业生态系统中不同企业的市场地位不同，某些产业常常会出现少数占核心地位的、具有一定垄断性的企业，或可称之为独角兽企业。它们掌握着核心主导技术并占据着大部分市场份额，在产业生态系统中发挥着核心作用，影响着产业未来的发展。其他相关企业也是产业生态系统中的重要组成部分，它们提供了大量的互补性资源和技术，输入了资本和人力，分摊了投资成本带来的风险以及享有相应产业利益分配的权利。

大学、科研机构、企业创新联盟作为产业生态系统中的另一重要主体，它们掌握着前沿的理论知识、先进的研发技术与丰富的研究经验，可以为产业创新研发提供理论指导。此外，高校与科研院所以及技术中介等机构能够为产业生态系统培养并输送大量技术人才。

消费者、竞争者、销售渠道等市场环境是实现产业当中的产品最终市场化的重要影响因素，它们影响着市场消费者对于该产业产品的满意度，从而影响着一个产业的发展水平。

政治与经济环境同样对智能制造产业生态系统产生巨大的影响。政府政策、政府财政支持、相关法律法规等是产业生态系统建立以及运行的重要保障。一方面，政府起到监督、规范和引导产业生态系统内部各主体之间的微观活动的作用;另一方面,政府对于产业的投资能够影响产业资本的流动、基础设施的建设、产品的研发与创新、产品的市场化以及服务水平的提升,这些都关系到企业的发展和升级。

此外,银行、外资、风险投资组织等金融机构为智能制造产业产品的研发提供了资金保障,同时支撑了产业的正常运行并向其中注入活力。产业生态系统的组建、运行和发展要依靠良好的外部环境。这些外部环境包括社会文化环境、政策法律环境、技术和人才环境、基础设施以及市场环境等。这些环境支撑着产业生态系统,并有助于产业生态系统形成动态平衡。

3) 平台型智能制造产业生态系统的网络结构

在一个平台型智能制造产业生态系统中存在着少数核心企业,以及较多平台合作企业围绕着核心企业,并与其形成竞合关系。核心企业,又可以称之为独角兽企业,是掌握核心技术、属于高技术产业和战略性新兴产业、拥有自主研发或国际领先技术,并且估值和收入达到一定标准的创新创业类企业。平台合作企业是指加入某个平台,围绕核心企业的产品或技术,开发同类产品或补充产品及服务的企业,并通过平台接口实现交互和协同。在围绕着核心企业协同创新的过程中,这些平台合作企业收获了更多的市场机会、利润以及增强了自身的创新能力。

对于平台型智能制造产业生态系统的网络结构、主体之间的连接关系、核心企业的规模,以及生态系统的网络适应性、平台当中的各项数据指标等内容的具体研究,需要用到 Netlogo 软件进行软件模拟进而开展分析研究,具体的研究内容将在下文呈现。

5.2.5 平台型企业社会责任治理研究

1) 社会责任对企业发展具有重要意义

社会责任作为价值观的一种表现形式,对产业生态系统的发展具有重要意义。社会由各种组织和社会成员所构成,人类的生存和发展取决于整体的社会环境。企业在为自身和股东等利益相关者谋利的同时,也必须肩负起社会责任,即为人类的共同生存和发展谋福利,履行自己的义务。部分企业为了追求短期利益的快速增长,不惜采取不正当的手段,出现了欺诈等行为;环境污染、食物中毒等事件的发生,给人类的生活带来了危害和损失,这些行为都反映了企业社会责任的缺失。

刘素芝将企业的社会责任分为法定责任和道德责任两部分。法定责任指由法律等明文规定的企业应当承担的社会责任,如《中华人民共和国产品质量法》《中华人民共和国环境保护法》等规定的责任;道德责任则指道德伦理要求企业承担的对社会的责任,这些责任合乎在人们心中根深蒂固的道德观念,不需要强制手段保证执行。两种责任相互依存和补充,共同构成了企业的社会责任。

丁浩研究了企业社会责任的演变过程,广义的企业社会责任包括狭义的企业社会责任、企业社会响应、企业社会表现和企业公民;狭义的企业社会责任概念反映了企业社会责任的演变过程。1971年,美国经济发展委员会在《工商企业的社会责任》报告中阐述了三个中心圈:内圈表示企业基本的经济职能,中圈表示在实施职能时对可能影响的社会和环境变化所履行的责任,外圈则包含更大范围内促进社会进步的其他无形责任。

林丽萍等人将企业成长、持续性和不断变革统一概括为"企业成长性",是指随着时间的推移,企业在实现生存的同时,持续地利用资源,不断突破自身成长上限,在较长时期内实现稳定的增长。杨蓉等人认为企业对社会责任的承担有利于形成利益相关者与环境的良性循环,提高社会认可度,从而增强企业竞争力。总而言之,在"企业公民"这样的背景下,社会责任已经成为企业成长的重要部分,也是企业考核标准之一。

2)平台型企业社会责任

有别于传统企业个体嵌入社会式的社会责任概念和内容的界定,平台型企业由于其生态圈的扩大和延伸,不同研究对于平台型企业社会责任的概念界定呈现不同的角度和内涵。

由于平台的网络外部性特征,平台型企业社会责任的内涵具有双重性,即平台型企业作为企业自身的社会责任以及作为整个平台系统的核心对于整个平台生态系统的社会责任。Paker等人认为平台型企业社会责任是履责平台通过打造一个基于责任共享的价值平台网络,各主体履行不同责任,并基于某一责任价值偏好形成价值共享和价值创造的社会责任生态圈。胡英杰、郝云宏和陈伟认为与传统制造企业相比,互联网平台型制造企业的社会责任同样以经济责任为起点,向法律、伦理和自由决定的责任延伸,如环境保护、员工关怀等,但其更注重网络外部性、互联网技术对社会责任的作用,平台型企业的社会责任更多地涉及增值性网络服务、多边市场用户的无偿化等。肖红军、阳镇认为平台型企业的社会责任呈现出异质性和双元性,平台型企业社会责任的内容涵盖了生态圈内主体的社会责任期望,并对各主体的经济性和社会性行为进行治理;又由于平台型企业生态系统内部主体的多元性和利益相关方关系的多层嵌套,其社会责任的范畴更加复杂和多元。在独立个体情境下,平台型企业的社会责任是向直接或间接相联系的利益相关方创造经济、社会和环境的综合价值,保证平台符合社会期望;而在基于平台公共网络场域的社会责任管理和实践情境下,平台型企业的社会责任包括微生态圈内的主体创造综合价值和共享价值,推进生态圈的可持续发展,形成自我组织、自我生长与自我进化迭代的可持续生态圈。

3) 平台型企业社会责任治理的影响效应

不少相关领域学者研究了平台型企业社会责任治理对产业生态系统的影响及其影响机制。在信任方面,汪静等人认为作为一种社会责任信号,P2P平台的信息披露程度越高,越有助于降低信息不对称性,吸引投资者进入平台交易。在声誉方面,汪旭晖等人研究表明,社会责任治理有助于平台企业形成"平台社会责任个体声誉—平台内用户间关系治理—平台内卖家绩效"的正向传导循环模式。从价值共创角度,肖红军、阳镇认为较好的社会责任治理体现平台型企业的平台支持质量,平台支持质量有助于为用户提供良好的交易环境和公平、信任、归属感知,形成价值共创。

◆ 5.2.6 总结与展望

综上所述,国内外学者大多是从主体特性、内外部制度环境、共生模式等层面开展分析,从系统内主体价值观层面出发对产业生态系统共生成长进行研究的较少。此外,缺少以平台型智能制造产业为具体对象的研究。因此,在当今我国面临制造业转型升级挑战的背景下,本研究从价值观角度出发,以社会责任为系统内部主体价值观的具体形式,分析平台型智能制造产业生态系统中核心企业社会责任与产业生态系统共生成长之间的关系,并从社会责任治理的层面提出实现其共生成长的路径和策略。

5.3 理论分析

5.3.1 共生理论

无论在自然还是社会科学中,共生理论的应用都十分广泛,其在社会科学中的应用主要是:处于共生环境中的各个社会组织之间根据特有的共生模式而存在的某种特定关系。

对于共生理论,主要从共生单元、共生模式以及共生环境三个方面来展开论述。

1) 共生单元

共生单元是指共生关系中能量产生和交换的基本单位,以及形成共生关系的基本物质条件。每个共生单元在相互促进的共生关系中共同成长进化。同时,生长和进化是共生关系发展的总趋势。在社会存在的所有共生关系中,每个共生单元的内部属性都是不同的,并且会随着外部环境的变化而变化;这种不同的内部属性也决定了共生关系中各共生单元的重要性,被称为质参量。而反映共生单元外部特征的因素,往往随着质参量的变化而变化的指标,被称为象参量。

一般来说,每个单元的相关参量并不是单一不变的。在共生理论对智能制造产业社会责任的探讨中,智能制造产业是一个主要的共生单元,与其有直接或间接关系的其他利益相关者是基本的共生单元。

2) 共生模式

共生模式是指共生单元之间的合作与互动方式,用来回答各个共生单元之间的共生关系。在目前的学术研究中,学者们提出和研究的共生模式主要有以下几个方面:强调能量转移的寄生关系、片面的局部利益和互惠的巧妙模式。本章将各个共生单元之间的共生模式定义为"互惠共生",即双方都能获得共生所需的利益,共同成长和进化。

企业作为一种从事生产与交换的组织,以计划和命令来分配资源,需要处理好企业与投资者、职工、消费者等之间的关系。

3) 共生环境

将共生单元之外的其他所有因素定义为共生环境。共生环境和共生关系两者相互作用,这种相互作用可以是积极的激励,也可以是消极的负面影响,还有可能是可忽略的影响。随着时代的发展,共生环境会不断变化,其作用的方向也会随之变化。对于平台型智能制造企业来说,其与各共生单元所处的社会环境既包括平台环境也包括社会环境,只有经过长期的时间沉淀才会发生改变。

5.3.2 平台型产业生态系统在治理方面的优势和存在的问题

公司治理主要涉及企业中存在利害关系主体的制度安排。随着产业集群的出现,公司治理的重心从"单个企业"变为"产业集群"。由于集群涉及多个主体,因此可以将多中心治理与产业集群治理有效融合,实施多中心共治模式或多元主体协作模式。在此基础上,平台的进一步发展推动了产业集群治理内涵化发展,多中心共治模式进一步演化为"共生治理"模式。

相较于传统的企业,平台型产业生态系统具有柔性、开放和并联的特质。首先,平台型产业生态系统的结构更加扁平和灵活,信息沟通更加高效,反应迅速;其次,平台型产业生态系统能够将整个产业链打造成一个开放的平台,实现快速资源配置并维持强大竞争优势,实现企业由单一主体向多主体结构的转型;最后,由于具有并联的特质,平台型企业逐渐模糊企业边界,打破主体之间的壁垒,构成以核心企业为中心的网络结构,打破了上下游流水线式的串行关系。平台型产业生态系统的特质导致了其治理方面的优势与挑战。

1) 平台型产业生态系统的治理优势

(1) 提高双边用户交易效率

用户交易效率的提高可以有效缓解传统商业模式下企业的产能过剩问题。一方面,平台的发展改变了产品的交易场所、延伸了交易时间、缩短了中间环节,打破了产品供需双方的空间约束与传统经营在时间、空间方面的瓶颈;另一方面,平台型企业通过对信息数据的挖掘、聚合及优化实现供给方与需求方的准确匹配,降低经营成本,扩大经营范围。

(2) 提高资源整合与配置效率

这一优势依托于平台型企业开放的特质。一方面,开放的环境能使资源更容易甚至无障碍进入平台,供更多合作伙伴和消费者分享与使用,从而创造更大的消费者价值,并获得较高的回报;另一方面,构建平台使众多分散的信息被聚集到平台上,通过"连接"与"聚合"降低平台参与者的交易成本,实现信息集聚效应和资源整合效应。

(3) 提高信息传递效率

这一优势体现在平台型企业的结构和功能的灵活性上。灵活性具体体现在组织结构的可调整性,平台的出现改进了信息分享方式以及互动合作、集体行动的逻辑。一方面平台型企业间开放平等互惠要求拆开原来的多中心治理模式的组织架构,从纵向上减少管理层,促使组织结构朝扁平化的方向发展,提高消息横向传递的速度与准确性;另一方面,平台型企业利用资金和流量优势吸附了包括主流媒体、企业媒体、自媒体、普通读者在内的海量双边用户,搭建了多主体、跨领域、全时空、双通向的信息传输通道,极大地提升了信息形式的多元性、信息传播的高效性。

(4) 促进员工的价值创造

在组织结构扁平化的发展过程中,企业员工的力量也被不断放大,传统的雇佣关系逐渐转变为较为平等的关系,这种关系的转变强调员工的自我管理,赋予员工更多的责任与权利,更好地激发员工个体活力。

(5) 催生产业经营的新生态

平台的发展伴随互联网、大数据的发展,使得人们的消费需求与心理发生变化,促使了直播带货等新生态的出现,而新型产业经营模式又对平台型企业起到一定的促进与监督作用。

2) 平台型产业生态系统治理中存在的问题

(1) 治理主体的多元性与模糊性

多元性表现在平台型企业的治理主体包括政府、技术部门、平台型企业以及平台参与者个体等,不同的主体对于价值与目标的追求不尽相同,导致治理目标缺乏协同性,治理难度增大。模糊性表现在对于治理主体的界定,可以将政府作为治理主体,表现为政府利用社会责任等方面对平台双边用户的治理;也可以将平台型企业自身作为治理主体,表现为平台双边用户的相互治理。这种治理主体的多元性与模糊性增加了治理问题的不确定性与复杂性。

(2) 治理边界的动态性

相较于传统企业,平台型企业因为平台的高扩展性而具有更加动态的企业边界。平台从诞生到发展成熟、平台型企业主体的改变、商业模式的调整等多方面因素都会导致其边界发生变化。因此,对于平台型企业治理边界的界定增加了治理难度。

(3) 法律法规的适应性

《中华人民共和国电子商务法》对于平台型企业的各方面做出了法律约束,但是还存在一些问题。一方面,该法与现有政策规则存在不协调性;另一方面,该法对于平台型企业的约束也有很多不完善之处,对于细节问题仍存在争议,随着平台型企业的不断创新与发展,其涉及的范围已经超出了传统概念,而法律法规的更新周期长,相对的不灵活性增加了平台型企业的治理难度。所以对于平台型企业的监管与治理存在法律漏洞。

(4) 治理政策的合理性

我国对于平台型企业治理问题的研究起步较晚,治理框架初步建立。一方面,平台型企业自身不受空间、时间限制,与我国现有的属地化管理不匹配,不同地区、不同行政部门之间的信息交流效率问题都会影响平台型企业的运营成本,一定程度上阻碍其发展;另一方面,与传统企业不同的是平台型企业承担较大的社会责任,治理边界界定的变化等因素会影响平台型企业社会责任的承担。我国平台型企业曾暴露出因追求利润而忽略社会责任的问题,加之平台型企业与政府之间的社会责任寻租行为也存在较大的识别难度,在该导向下容易导致失责行为的发生。

(5) 治理路径的复杂性

治理路径的复杂性具体表现为治理的技术目标与社会秩序目标之间的冲突。一方面,平台型企业从自身利益出发,追求较高的经济效益;另一方面,从平台承担的社会责任来说,由于平台自身具有的开放、灵活等特点,平台的出现在一定程度上解决了特定社会问题,部分平台用户呈现广泛性的特点,平台公共性的特点逐渐凸显出来,因此也被赋予承担更多社会责任的期待,社会责任的承担意味着平台型企业应强化以社会价值为导向的社会秩序目标的有序化发展,重视社会责任的创造。

5.3.3 共赢价值观与平台型智能制造产业生态系统治理

在平台型智能制造产业生态系统中,共生理论体现为共赢价值观。产业生态系统中的主体越来越形成一个互联互通的网络结构,这就意味着平台型企业不仅要考虑自身的利益,还要考虑企业长远的发展、内部员工的利益、其他企业和主体的利益等。合作行为是共赢价值观的一种体现,但共赢价值观并不单单局限于主体间的合作行为,而更表现为一种"自利"和"利他"共存的意识形态。在平台型智能制造产业生态系统中,这种价值观体现为对系统内各个利益主体偏好的考虑。

1) 传统合作行为理论

合作行为是共赢价值观的具体表现之一,合作行为的产生机理一定程度上能够解释共赢价值观影响产业生态系统内部主体的共生成长。传统的合作行为理论主要分为生物学角度、经济学角度和心理学角度的理论。

生物学上的合作行为理论以达尔文为代表。该理论认为生物界的合作分为受自私动机驱动的即时利益交换、源于亲属选择的血缘上的交换和基于远期回报的互惠式延时利益交换三种形式。受自私动机驱动的即时利益交换是为了满足现下的、短期的自身利益的实现而与他人产生的合作行为,由于其合作行为的产生动机是自私利益驱动的,其行为主体仅考虑自身偏好,而完全不考虑他人偏好或社会偏好,在一定程度上相当于经济学意义中的完全理性人假设。源于亲属选择的血缘上的交换则基于社会关系中的亲缘关系,当行为主体在实现自身利益的同时,相对于社会偏好,更倾向于考虑有亲缘关系的主体的偏好,即一定限度上突破了经济学中的完全理性人假设,而实际上最终的目的也是间接实现自身利益最大化。而基于远期回报的互惠式延时利益交换突破了利益实现的时间、亲缘关系的限制,是一种为达成长期交换而形成的互利共赢式合作。这三种合作形式实际上都可以概括为以利益和交换为基础的合作观。

经济学上的合作行为理论基于期望效用理论。该理论认为若合作的结果能带来高效用,且实现这一结果的概率高,则行为主体就会采取合作策略。其中,效用和概率都可以通过测量估算而得。显而易见,经济学上的合作行为基于个体理性假设,即其合作行为仅考虑自身偏好和利益。

心理学上对合作行为的研究多认为合作的决策是基于博弈论实现的,行为主体在与各方面可能存在的风险进行博弈后得出合作决策,以实现自身利益最大化。除此之外,社会认同理论解释了群体内部的群体归属感和内群体偏好会促使合作行为的出现,该理论认为行为主体的合作行为不单单考虑自身的利益,也考虑了外部因素的作用。

2) 以传统合作行为理论解释共赢价值观的局限性

一方面,传统合作行为理论的本质仍旧是自利偏好的绝对主导,而大量行为学研究表明人们并非严格按照利益最大化的原则做出决策,而是普遍存在利他、公平、互惠、共赢等社会偏好。大量实验室实验和田野调查显示,人并非完全自利,虽有"搭便车"等机会主义行为存在,但同时也不能忽视其考虑他人利益、追求公平和谐的社会偏好。而共赢价值观重点关注的正是主体的这种社会偏好。

另一方面,共赢共益绝不局限于合作行为的发生。共赢价值观是基于主体形成其相互之间的发展性的、高位阶关系的意愿,是主体之间在生存条件互相依赖的基础上,尊重并且优化各自的运作规律,通过平等互动释放各自的积极价值创造潜能,促进主体之间进步的互相增进与增强,从而达成"螺旋式上升"的共生成长。

3) 平台型智能制造产业生态系统中共赢价值观的界定

上述分析已经把行为主体之间的共赢价值观定义为在"社会偏好"与"自利偏好"共存假设下的谋求整体"螺旋式上升"的成长发展的意识理念。而在平台型智能制造产业生态系统中,核心企业的共赢价值观的内涵为模糊企业的自身利益界限,考虑产业生态系统中供应商、下游企业、科研合作单位、政府、消费者以及内部员工等不同主体的利益,即谋求整个产业生态系统的整体长远发展。

5.3.4 社会责任与平台型智能制造产业生态系统共生成长

1) 社会责任对企业发展的作用机理

国内外学者对于社会责任对企业发展的作用机理的研究大体上有三种学说:利益相关者理论、企业社会绩效框架理论和企业社会契约理论。

(1) 利益相关者理论

利益相关者理论认为,企业是一个契约联合体,它追求的不仅仅是自身利益,还包括股东、员工、消费者、政府等各个参与者的利益。

敖芬芬认为,企业是一个价值创造体,基于契约,利益相关者将共同投入的资源进行整合,创造价值并进行利益分配。根据波特的竞争优势理论,企业在其生产经营活动中,采取成本优势等多种方式构建企业竞争优势,从而推动企业的成长。企业不断地进行着"资源整合、价值创造、利益分配"的过程,通过利益分配决策决定了利益相关者的利益分配比例,从而反映了企业社会责任承担水平。企业会承担让利益相关者满意的社会责任水平,以赢得利益相关者的支持与配合,双方选择长期合作博弈行为,企业的持续经营情况和社会责任水平紧密相连。刘大洪从利益相关者的角度出发,认为企业只有在承担社会责任和完善公司治理的情况下才能有效地可持续发展。

(2) 企业社会绩效框架理论

林丽萍等人指出,狭义的企业社会绩效侧重于外部对企业履行社会责任情况的评价,主要指企业在社会责任承担方面的表现如何;广义的企业社会绩效是指一个系统研究框架,是由企业社会责任原则,政策、社会响应过程,以及行动、履行社会责任后可观测到的结果这三者构成的体系。

Wartick 和 Cochran 构建的企业社会绩效模型包括原则、过程和政策三个层面,其中原则指企业社会责任,即经济责任、法律责任、伦理责任和自愿责任;过程指企业社会响应,分为反应、防御、适应和前瞻;政策指社会问题管理,包括问题识别、问题分析和拟定对策。关于该理论还有一个著名的伍德模型,即"企业社会责任原则—响应过程—行为结果"模型。

(3) 企业社会契约理论

传统社会契约理论认为,社会契约是发生在人与人之间用以描述社会权利的架构。科斯在 1937 年第一次将社会契约理论运用到企业研究之中,提供了一种在企业视角下的权利模型与分析视角。在这一理论中,企业与社会之间被认为先天存在一个"看不见的"契约关系:企业应对为自己的存在提供条件的社会各相关群体承担社会责任,社会也应对企业的生存和发展负责。在这一模型中包含三个层次:第一,企业和社会作为两个主体,通过协调两者间的利益冲突形成"企业—社会"契约;第二,所形成的"企业—社会"契约被认为存在一种企业和社会双方达成的沉默共识;第三,企业和社会间的契约存在着一种动态变化过程。任何一方背离这个契约,都将带来原有契约内容的偏离,企业侧存在着经营陷入困境、员工积极主动性下降、罢工产生、名誉损坏等可能性;甚至可能会引发严重的社会问题,如环境破坏、社会经济下行等。

2) 平台型智能制造产业生态系统与社会责任

如今,积极履行社会责任已不再是个别模范企业的标签。平台型智能制造企业的发展不仅是对自身利益的追求,在平台这样一个共生环境之下,更应该追求相应的社会责任,促进社会效益的稳定增长。社会责任是共赢价值观的一种外化表现,社会责任影响平台型产业生态系统治理的方向。智能制造企业对各个共生单元履行不同的社会责任,具体可从员工、供应商、政府、消费者等方面来分析。

(1) 员工

员工作为企业的重要组成部分,团结的集体力量在一定程度上决定着企业的兴衰。如何实施人才战略,发挥集体的力量,充分利用人力资源的竞争优势,是企业普遍面临的问题。在履行员工责任方面,企业需要思考众多问题,例如应如何完善薪酬分配制度,使员工获得职权和能力相匹配的薪酬,从而更好地享受福利待遇;如何通过提高员工的知识技能来实现员工的职业成长,使员工拥有归属感等。同时,企业需要思考,怎样在不施加太多压力的前提下使得员工完成工作任务,提高个人绩效,从而为企业的发展带来长期收益。

(2) 供应商

智能制造企业与供应商之间存在着简单的交换关系,双方都能从持续稳定的交易中获益。如果双方保持良好的共生关系,对于企业来说,一个稳定的采购渠道不仅是相对于同行业竞争对手的一种比较优势,而且可以节约一定的交易成本,使企业的交易活动更有效率。因此,企业应该对供应商承担责任,及时支付货款,遵守商业信用,诚信对待合作。

(3) 政府

智能制造企业的发展离不开政府的大力支持,政府为企业创造了公平竞争的市场环境,解决了企业起步阶段的诸多困难,为企业的进一步成长搭建了融资渠道。政府的日常运作也离不开制造型企业的支持。企业作为社会主义经济中不可替代的一员,需要为帮助政府建设更美好的中国、全面建设小康社会作出更大贡献。

(4) 消费者

作为智能制造企业共生关系中的共生单元，消费者是一个极其重要的环节。智能制造企业只有赢得消费者的信任，制造出符合消费者需求的合格产品，树立良好的企业形象，才能赢得消费者市场，建立起长期经营发展的资本，避免企业产品问题给消费者和公众造成人身和经济损失。而这样一个互利、互补的过程，正是企业与消费者保持良好共生关系的最好例证。

(5) 科研合作机构

科企合作对于制造型企业的发展具有重要意义，能够促进资源优化配置、增强企业发展后劲、提高科研单位科技成果转化率。科企双方的合作效益依靠科技成果的转化来实现，平台型智能制造核心企业对科研合作机构的社会责任包括正确处理成果处置和收益回报的关系，构造合理经费支持制度，尊重遵循产品研发周期，营造尊重劳动、尊重知识、尊重人才的体系等。

5.4 模拟分析

5.4.1 研究方法

目前关于合作行为的研究大致可分为三种方向：其一，一般理论分析，包括合作建模特征、合作稳定性和合作信息的研究；其二，计算机模拟，用计算机构建模型模仿真实情景，研究不易直接观察的特性以及预测未来趋势；其三，实证分析，基于现实案例深度剖析，分析合作行为。基于研究方向，本研究决定采取计算机模拟以及案例分析的研究方法来验证假设。

目前用计算机模拟仿真来研究合作行为的成果主要包括：合作机制、合作结构、合作产生过程、合作分类、合作演化、协商、联盟等。而能够实现合作行为模拟的仿真系统有 Swarm、Repast、MASON 和 Netlogo 等。Netlogo 是一种强大的仿真模拟平台，可以基本实现各种复杂的社会仿真现象，界面简洁、易用。它使用了目前所有仿真平台中最高级的 Logo 编程语言，接近人类的自然语言。基于此，本研究决定采用 Netlogo 作为研究工具。

Netlogo 是 Uri Wilensky 于 1999 年提出的一款仿真模拟方法，之后由美国西北大学进行持续开发,是基于Java语言的可编程建模平台,可以对自然、社会现象进行仿真。Netlogo由海龟(turtle)、瓦片(patch)、观察者(observer)组成。瓦片组成网格,成为静止的背景;海龟在网格上移动,在不同模型中以不同形象出现,如牛、三角形、钉子等;观察者观察发生的情况。

5.4.2 行为规则和模型构建

1) 传染病模型

传染病模型是基于传染病的概念建立起来的传染病动力学模型,是基于种群生长的特性、疾病的发生以及在种群内的传播、发展规律以及与之有关的社会等因素,通过对模型动力学性态的定性、定量分析和数值模拟,来分析疾病的发展过程、揭示流行规律、预测变化趋势、分析疾病流行的原因和关键。它是一种微观扩散模型,将人群看作一个整体,流行过程可以量化体现为以易感者、感染者等为研究主体的传染病模型。它也可以用来反映主体间行为、意愿的传播性。

传染病模型中,自变量包括:节点数(number-of-nodes),代表主体数量;平均节点度(average-node-degree),代表主体的平均连接程度;初始感染数(initial-outbreak-size);传染率(virus-spread-chance);传染周期(virus-check-frequency);痊愈率(recovery-chance);免疫率(gain-resistance-chance)。因变量包括:易感者(susceptible),感染者(infectious),免疫者(resistance)。

鉴于产业生态系统中各主体的合作意愿和态度可能会在彼此之间传播、影响,合作意愿可以看作一种行为传播形式,与病毒传播模式类似,因此,本研究将基于SIRS传染病模型探讨产业生态系统共生成长的影响因素。共生成长的具体表现为各主体是否采取合作行为,机制为合作行为的相互传染,而企业社会责任和价值观有可能影响或受某些因素的影响从而对产业生态系统的合作产生作用。本模型将产业生态系统中的主体分为三类:合作者、潜在合作者和退出者。

2) 行为规则与模型假设

(1) 行为规则

本研究基于SIRS传染病模型对产业生态系统中主体的合作行为制定了如

下规则：

① 病原体。初始状态下，产业生态系统中保持合作态度的核心关键企业是具有合作态度传播能力的"病原体"，它们的合作行为和态度将影响其他潜在合作者的行为选择。

② 传染性。合作态度与行为会在企业间传染；易感企业通过与合作企业的接触和交流，有一定概率理解和接受合作企业体现出的合作态度、共生理念、利他行为、价值观和文化氛围等，被感染成为新的合作企业；而新的合作企业也将通过类似的方式将合作意愿传染给与其接触的其他企业，形成合作行为的传染性。

③ 痊愈性。合作行为的传染是一个动态演化的过程，被感染的合作企业可能由于理念的不契合、对产业生态系统价值观的不认同或对核心企业失去信心等原因退出合作，转变为潜在合作者。

④ 免疫性。在所有潜在合作企业中，存在一直保持不合作态度的企业，其行为和态度不受周围合作企业的影响，不会被传染成为合作企业；在退出合作的企业中，也存在持永久退出态度的企业，不会被再次传染为合作企业。

(2) 模型假设

本研究基于 SIRS 传染病模型做出如下模型假设：

① 将产业生态系统中的主体分为合作者 $I(t)$、潜在合作者 $S(t)$、退出者 $R(t)$。

② 主体总数 N 不变。$S(t)+I(t)+R(t)=N$，其中，$S(t)$、$I(t)$、$R(t)$ 都是任意时刻 t 的连续可微函数。

③ 三类主体在总数 N 中所占的比重分别为 $s(t)$、$i(t)$ 和 $r(t)$，$s(t)+i(t)+r(t)=1$。

④ 主体之间构成一定关系网络，每个主体与产业生态系统中一定数量的主体有连接。

⑤ 在单位时间内，合作者接触另一个潜在合作者的接触率为 λ，也可称为传染率。在单位时间内，合作者退出企业联盟的退出率为 μ。在单位时间内，退出合作的企业保持永久拒绝合作的概率为 τ。SIRS 传染病模型与产业生态系统合作行为的相应概念如表 5-1 所示。产业生态系统合作行为扩散机制如图 5-3 所示。

表 5-1 相应概念

传染病模型	产业生态系统合作行为	相应概念
病毒	可被传播的合作意愿	合作意愿
病毒携带者	核心牵头企业	初始合作者
易感者	有概率参与合作的主体	潜在合作者
感染者	加入合作的主体	合作者
免疫者	拒绝合作的主体	退出者
传染率	潜在合作者加入合作的概率	传染率
痊愈率	合作者退出合作的概率	退出率
免疫率	退出者中保持永久拒绝合作态度的概率	永久退出率

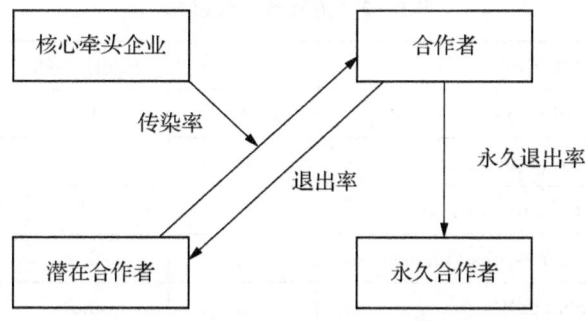

图 5-3 产业生态系统合作行为扩散机制图

3) 模型设定

本模型的表达式如下：

$$\begin{cases} \dfrac{ds(t)}{dt}=(1-\tau)\mu \times i(t)-\lambda \times s(t) \times i(t) \\ \dfrac{di(t)}{dt}=\lambda \times s(t) \times i(t)-\mu \times i(t) \\ \dfrac{dr(t)}{dt}=\tau \times \mu \times i(t) \end{cases} \quad (5.1)$$

式中，$s(t)+i(t)+r(t)=1$。

5.4.3 仿真分析

1) 模型参数设定

根据智能制造产业生态系统主体的经验数据并参考其他学者的研究，产业生态系统主体数量初始值设定为100，主体间平均节点度设定为5，初始合作者数设定为1，合作行为传染率设定为0.5，退出率设定为0.3，永久退出率设定为0.1，传染周期设定为1；在此参数下得出初始设定状态。

保持其他参数不变，分别使主体数量 $N=50$、$N=200$，平均连接强度 $W=20$，初始合作者数 $O=5$，合作行为传染率 $\lambda=0.2$、$\lambda=0.8$，退出率 $\mu=0.1$，永久退出率 $\tau=0.05$ 进行仿真模拟，并与初始参数设定值下的状态进行比较分析。

表 5-2 仿真参数值设定

参数名称	符号	初始设定值	实验值
主体数量(number-of-nodes)	N	100	50/200
平均节点度(average-node-degree)	W	5	20
初始合作者数(initial-outbreak-size)	O	1	5
合作行为传染率(virus-spread-chance)	λ	0.5	0.2/0.8
退出率(recovery-chance)	μ	0.3	0.1
永久退出率(gain-resistance-chance)	τ	0.1	0.05
传染周期(virus-check-frequency)	T	1	/

2) 初始参数结果

初始参数下产业生态系统中主体关系网络的最初状态如图 5-4 所示。图中灰色节点代表潜在合作者，矩形内的点代表合作牵头企业，节点间的灰色连线代表两主体间存在联系，初始参数下平均节点度为5。图 5-5 为初始参数下合作行为扩散的最终结果，其中深色节点代表永久拒绝合作者，主体间较细的连线代表两主体间连接断裂。图 5-6 为初始参数下潜在合作者、合作者以及退出者数量的动态演化过程，以此作为对照组。

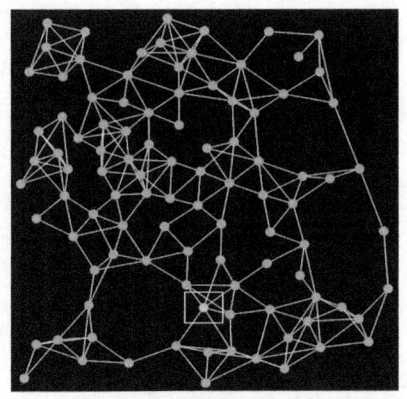
图 5-4 初始参数下的初始网络

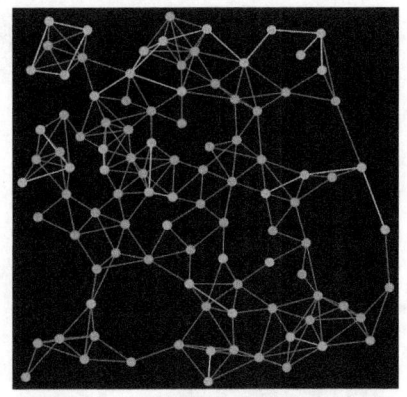
图 5-5 初始参数下的最终网络

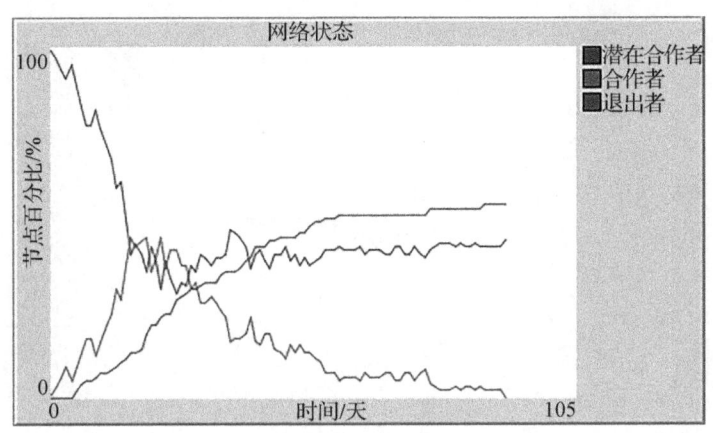
图 5-6 初始参数结果

3）实验组仿真结果

其他参数保持不变，主体数量 $N=50$ 时，结果如图 5-7 所示；主体数量 $N=200$ 时，结果如图 5-8 所示；平均节点度 $W=20$ 时，结果如图 5-9 所示；初始合作者数 $O=5$ 时，结果如图 5-10 所示；合作行为传染率 $\lambda=0.2$ 时，结果如图 5-11 所示；合作行为传染率 $\lambda=0.8$ 时，结果如图 5-12 所示；退出率 $\mu=0.1$ 时，结果如图 5-13 所示；永久退出率 $\tau=0.05$ 时，结果如图 5-14 所示。

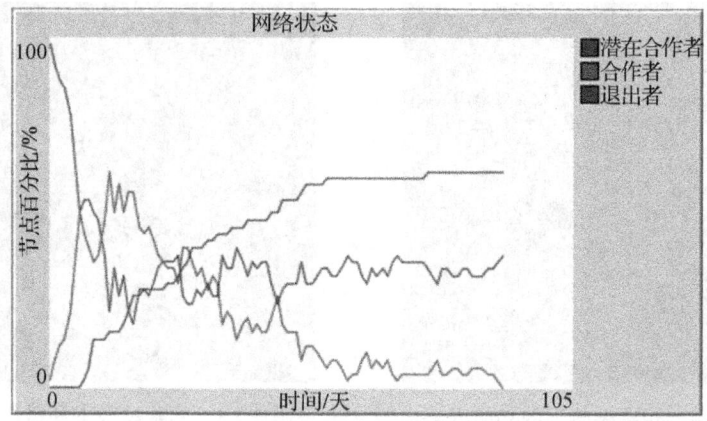

图 5-7　主体数量 $N=50$

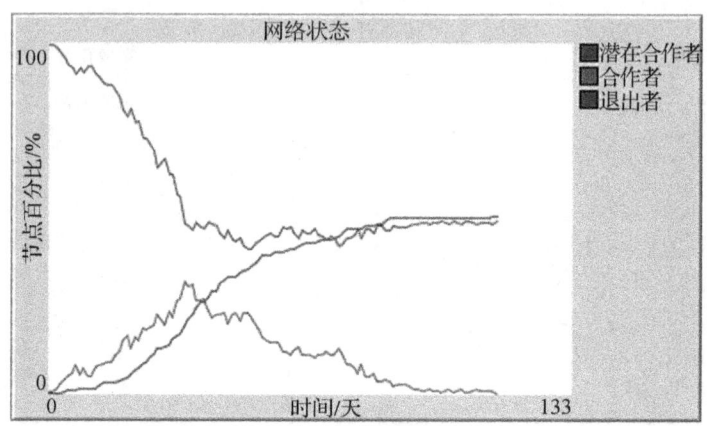

图 5-8　主体数量 $N=200$

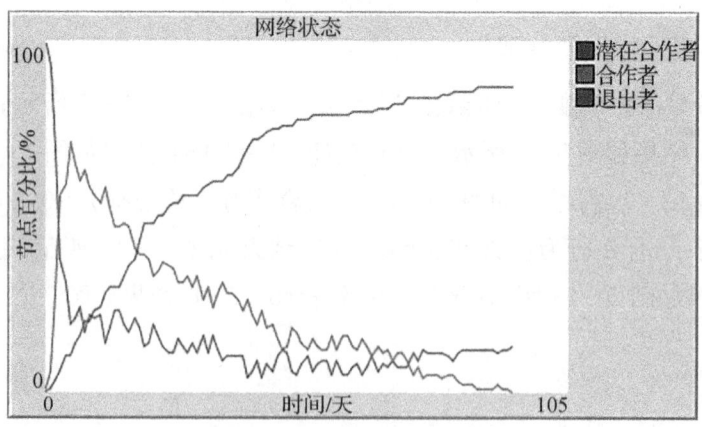

图 5-9　平均节点度 $W=20$

5 共享经济的产业生态系统演化

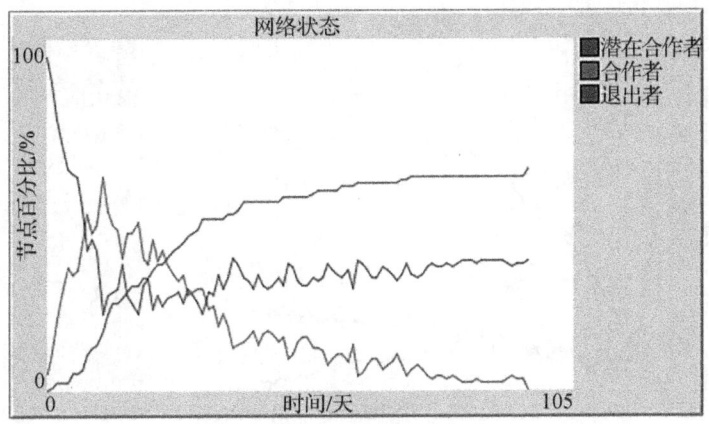

图 5-10 初始合作者数 $O=5$

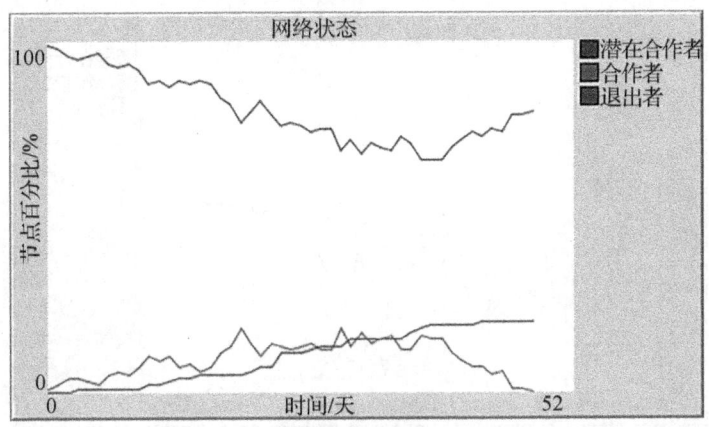

图 5-11 合作行为传染率 $\lambda=0.2$

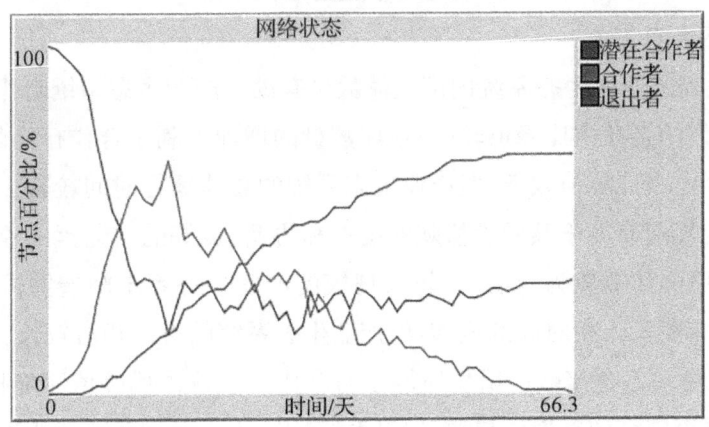

图 5-12 合作行为传染率 $\lambda=0.8$

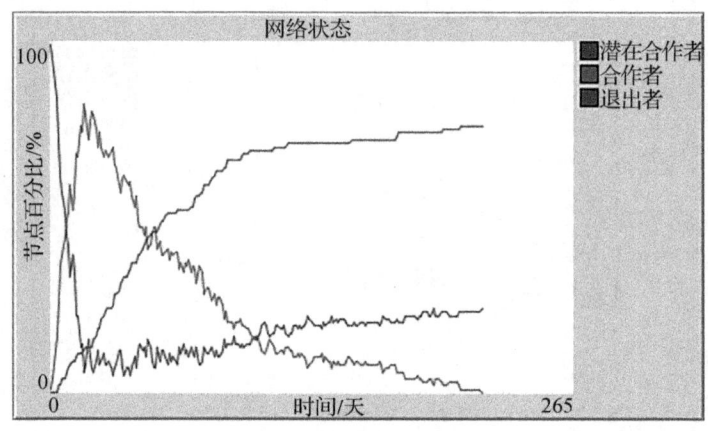

图 5-13　退出率 $\mu=0.1$

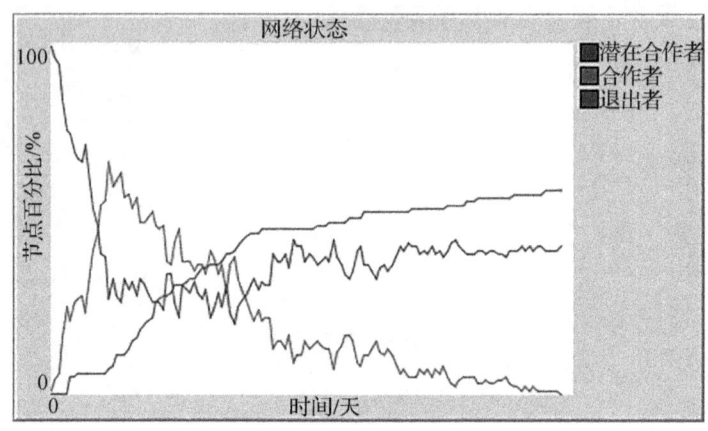

图 5-14　永久退出率 $\tau=0.05$

仿真结果表明：

(1) 适当的产业生态系统内部主体数量有助于产业生态系统合作意愿的扩散，参与合作的企业占比峰值较高；主体数量的增加不利于合作行为的扩散，参与合作的企业占比峰值较低，但产业生态系统的总体运行时间较长。适当的产业生态系统规模有助于共同价值观的统一和协调，良好的文化氛围建设成本较低，合作意愿的传播较为容易；而较大规模的产业生态系统塑造共同价值观的难度较大，需要投入相对高的成本，但产业生态系统的寿命相对较长。

(2) 主体关系连接数的增加使得参与合作的企业占比峰值明显提高，促进产业生态系统内合作意愿的扩散，促进系统的构建、运行，延缓产业生态系统的衰退。得益于互联网、物联网等技术的发展，产业生态系统各主体间的联系更为密切和复杂,一个主体可以同时与多个主体保持密切联系、交流与合作,有助于共同价值观、良好合作氛围的建立,增强彼此的信任,加强整体合作。

(3) 初始合作者数(即核心牵头企业)的增加使得合作企业数量峰值提前到达,但整体合作规模和产业生态系统运行寿命没有太大变化。由于核心牵头企业较多,合作意愿的扩散速度会有所提升,但企业连接程度等因素没有发生变化,因此对延缓产业生态系统的衰退没用明显作用。

(4) 合作行为传染率越低,则产业生态系统合作规模越小、衰退越快;较高的合作行为传染率有助于巩固产业生态系统构建,但其运行寿命有缩短的趋势。低合作行为传染率代表合作企业所传达的价值观与潜在合作企业不相契合,核心牵头企业的社会责任水平较低,文化氛围较差,不足以使得潜在合作者对系统产生足够的信任,因此产业生态系统的合作规模小、寿命短;而高合作行为传染率可能代表其所传达的价值观有利于合作的维系、文化氛围较好或者合作企业以往所表现出的社会责任意识较强、利他思想较足,有利于合作行为的扩散,但同时产业生态系统的不稳定性增加,解体速度加快,可能是由于完美价值观的传递使得加入合作的企业对产业生态系统其他方面的了解程度较低,后期退出合作概率提高。

(5) 退出率的降低明显使得产业生态系统内部合作主体数量的峰值升高且延缓了产业生态系统的衰退,产业生态系统维系时间大幅延长。这主要侧重于形成合作联盟后核心企业的承诺兑现、形象维系、所传递的价值观属实、文化氛围维持等带来的信任,由于达成合作的企业间利他价值观的兑现,巩固了新加入合作企业对产业生态系统的信任程度,极大限度维系了合作行为。

(6) 永久退出率的降低同样有助于产业生态系统内部合作主体数量峰值的升高和产业生态系统寿命的延长。永久退出率侧重于产业生态系统主体在合作过程中有无出现严重的信任危机问题,若在合作过程中发生严重的信任危机问题,如情节严重的违约行为、损人利己行为,则会使合作者彻底丧失信心,从而在退出合作后一直保持拒绝合作状态。而永久退出率的降低需要合作企业内部共生价值观的统一以及良好健康的文化传递。

■ 5.4.4 小结

基于前文的机理分析,本研究借鉴传染病模型,运用 Netlogo 仿真模拟软件对智能制造产业生态系统的合作行为进行了动态模拟,得出主体数量、平均节点度、初始合作者数、合作行为传染率、退出率和永久退出率都会不同程度地影响产业生态系统的规模与寿命的结论,并从价值观、社会责任、企业文化等方面对其做出了一定阐释。

本研究所设计的仿真模拟存在的不足主要在于:首先,没有将合作行为更深层次的动因纳入模型中,比如影响合作行为传染率的因素等;其次,模型中的各主体采取了统一化处理,没有区别产业生态系统中不同类别主体的特征;再次,仅对平均节点度进行了控制,主体关系网络随机生成;最后,未对模型应用的鲁棒性和敏感性进行探讨。

5.5 海尔集团案例分析

5.5.1 海尔集团产业生态系统的结构

1) 集团介绍

海尔近十年稳居全球大型家电品牌行列前列,并成为 BrandZ 历史上第一个也是唯一一个全球百强物联网生态品牌。物联网时代,海尔生态品牌正在实现全球引领。海尔集团的官网显示:在实现全球引领的道路上,集团坚持"自主创牌"和"三位一体"战略,并成为世界第一家电品牌集群,深入 160 个国家和地区,服务 10 亿多用户,海外销售占比 47%。海尔集团目前拥有 35 个工业园、138 个制造中心、108 个销售中心和近 24 万个的销售网络。

海尔集团拥有 3 家上市公司,集团旗下的品牌分为高端品牌、场景品牌和生态品牌。高端品牌包括海尔智家、卡萨帝、Leader 电器、AQUA、Fisher&Paykel、Ge Appliances、Candy;场景品牌包括三翼鸟智慧厨房、三翼鸟智慧卧室、三翼鸟智慧阳台;生态品牌包括卡奥斯、日日顺供应链、盈康一生、海纳云、海创汇、海尔衣联网以及海尔食联网,其中卡奥斯是全球引领的工业互联网平台。据海尔集团官网描述,海尔集团致力于构建"孵化创客"的平台,成功孵化 5 家独角兽企业和 37 家瞪羚企业;海创汇是海尔集团面向全球创业者打造的加速器平台,自 2014 年成立以来,已经在全球 12 个国家布局了 40 个加速器,加速项目 350 多个,总估值超过 2 000 亿。

2) 海尔集团产业生态系统的主体

海尔集团产业生态系统的主体包括集团内部的股东、经销商、供应商和员工，以及集团外部的政府、消费者、业内同行、社会团体以及公众。集团在创全球品牌、保证股东利益最大化的同时建立与经销商之间的稳定关系，与此同时与能源、原材料供应商等互利互惠、合作共赢。对于全体员工来说，海尔集团力求为员工的创新发展搭建平台。此外，政府制定国家法律法规，并监督管理海尔的运营。消费者消费海尔提供的商品与服务，与此同时也消费海尔集团所倡导的"为美好生活提供解决方案"的价值观。海尔集团提倡与业内同行合作并进行有序竞争，以求共同推动电器行业的发展。与其他社会团体的密切联系以及公众的评判也对海尔集团的发展产生着重大作用。

3) 海尔智慧能源工业互联网平台

以海尔智慧能源工业互联网平台为例，海尔智慧能源是具有中国自主知识产权、引入用户全流程参与体验的工业互联网平台。海尔智慧能源以共同进化、增值分享为宗旨，通过大规模定制的模式创新、信息技术与制造技术相融合

图 5-15 海尔智慧能源工业互联网平台结构图

的技术创新,以及跨行业、跨领域的小微创业机制创新,成为一个多变交互、增值分享的赋能平台。该平台上以工业软件、工业 APP、工业大数据、区块链为核心技术,以工业安全为核心理念,并具备标识解析的功能。其中,平台的用户包括企业用户、消费者、开发者以及政府和有关机构。平台上的企业分布于化工、应急物资、智能控制、智能装备、智慧交通、建材、农业、能源、模具几大领域。平台具备的资源有软件资源、硬件资源、供应商资源以及服务资源。

◆ 5.5.2 海尔集团的组织形态

1)发展历程

据海尔集团官网所述,2005—2012 年,海尔集团致力于建立自主经营体,将传统的正三角组织架构转型为倒三角组织架构,将以前提供决策权的领导从组织架构的顶层转移到底层,倒逼领导层成为提供资源的平台。将最接近于市场一线的员工拆分成一个一个小团队,组成自主经营体,由自主经营体来直接面向市场,满足用户需求。2012—2013 年,海尔集团营造利益共同体,即将一线的自主经营体同后台的节点,如研发、物流、供应链等资源并联形成利益共同体。这种并联的利益共同体可以快速有效地响应市场,满足用户提出的个性化需求,由此促进了企业经营利润的增长。2013—2018 年,海尔集团的小微公司逐渐形成,并联的利益共同体可以单独注册成为小微公司,每个小微公司有"三权"——独立自主的决策权、用人权和薪酬权。海尔 100%持股的小微公司根据会计准则并表,并根据小微公司发展方向及集团战略规划确定是否需要回流母公司;非海尔 100%持股的小微公司则根据股东协议和每年董事会确定的当年利润分配方案,权益法核算归母净利润。2019 年至今,海尔集团治理舆情发展生态链小微群。在物联网时代下,用户对单一产品的需求转型升级为对智慧生活解决方案的需求。因此在以小微为基本单元的分布式组织基础上,海尔发展出了新的组织形态——链群。它的出现是为了满足用户的需求。在基于用户交互的基础上,用户会产生更多的需求。海尔集团发展过程中的四个阶段如表 5-3 所示。

表 5-3　海尔集团的发展过程的阶段划分

阶段名称	时间范围	阶段特征
自主经营体	2005—2012 年	倒三角组织架构
		基层一线团队拥有决策权
利益共同体	2012—2013 年	一线团队形成利益共同体
小微公司	2013—2018 年	共同体可注册形成小微公司
生态链、小微群	2019 年至今	发展出新的组织形态
		提供智慧生活解决方案

资料来源：海尔集团官网。

2）链群合约

链群合约可在平台上形成自适应的非线性网络。链群有两种类型：创单链群和用户体验链群。用户体验链群侧重于市场端，通过一些触点网络直接面向用户社群，与用户交互，得到用户新的体验升级的需求；创单链群进行具体落实，不断迭代用户解决方案去满足用户的体验需求。创单链群和用户体验链群即时结合，快速满足用户需求，以开放组合的形式（各节点小微公司与外部资源方合作）解决用户更复杂的需求，创造更高的用户价值。

5.5.3　海尔集团的企业文化

海尔集团的核心精神是"诚信生态，共赢进化"。从 2019 年至今，海尔集团一直秉承着"共享平台升级为共赢进化，小微引爆升级为链群合约"的企业文化。共赢进化，就是和用户一起进化，这体现了区块链的一个很重要的特征——去中心化的用户自信任。去中心化之后，用户可以信任海尔集团，是因为海尔集团和用户共赢进化，从某种意义上说，用户也是一个创造者。链群合约体现了区块链的另一个很重要的特征——去中介化的价值自传递。因为在链群合约里，所有的价值、所有的节点，都是融合在一起的。

5.5.4　海尔集团基于企业文化提升社会责任的具体措施

1）对员工的社会责任

平台企业对员工的社会责任行为与一般企业的差异不大，主要表现为履行行为。作为平台企业与双边用户沟通的桥梁，员工及其社会责任的履行是企业社会责任管理中的重要组成部分。

自创业以来，海尔集团始终坚持"人的价值第一"，创造"人单合一"管理模式，携手员工共同发展，助力每一位员工实现自身价值。通过建立多元化团队来切实保障员工合法权益，关注员工健康与安全，重视员工培训与发展，以多种举措提升员工幸福感。

具体而言，"人单合一"管理模式指的是雇员与订单的主动匹配。其中，"人"指雇员，"单"指创造用户价值。雇员主动发现可以创造用户价值的领域以实现自己的"单"（中文的字面意为订单或任务），而非在传统管理模式下被动分配具体任务。在为用户创造价值的过程中，雇员被赋予决策权、用人权及资源分配权，同时，雇员收入和职业发展也将与其所创造的价值相匹配。"人单合一"管理模式鼓励雇员以企业家的心态为用户创造价值，并实现与本公司价值和股东价值一致的自我价值。

2）教育希望工程

在我国，由于地域辽阔，国家经济发展不均衡，部分地区尤其是边远贫困地区存在许多少年儿童失学的问题。一些科研和教育部门在资金筹备方面的不足，制约了教育事业进一步的发展，这对中国保持长期、快速、稳定发展及提高全民族素质是非常不利的。而海尔集团具有推动解决我国教育资源分配不均问题的社会责任，以及构建教育希望工程的社会义务。

海尔集团从创立初期就确立了用户导向的企业战略和企业文化，集团所提出的第一代海尔口号为"海尔，中国造"（1984—2005），并将海尔精神确定为"无私奉献、追求卓越"。为发扬集团无私奉献的精神，2020年9月9日，海尔的"少年梦想家"健康关爱行动首站走进青岛莱西武备海尔希望小学。这里也是海尔希望小学公益事业的起点——1995年，海尔捐资38万元在莱西援建了第一所海尔希望小学，拉开了海尔集团在全国贫困地区援建希望小学的序幕。据海尔集团官网数据所述，25年来，海尔从未停止过对希望工程的投入。截至2020年9月，海尔集团共援建了325所希望小学和1所希望中学，覆盖全国26个省、市、自治区，帮助了数以万计的儿童就学，累计投入超过1.16亿元人民币，是团中央希望工程中援建希望小学最多的企业。2021年10月14日，甘肃定西市临洮县海尔希望小学正式竣工，这是海尔集团持续30年专注希望小学公益、助力乡村振兴以及东西部协作取得的新成果。当天,学校竣工仪式暨"少年梦想家'以爱之名,温暖树人'"行动在该校拉开帷幕,海尔集团向希望工程捐赠了600万元,用于在全国范围内继续援建20所希望小学,同时,海尔为学校打造的爱心电脑室揭牌,并向学校捐赠了爱心教育物资,帮助完善希望小学的软硬件基础设施。

3) 社会救助

在社会救助方面,海尔集团有义务在援助灾区、扶贫助残等社会救助事业中贡献力量。

海尔集团所秉承的"共享平台升级为共赢进化,小微引爆升级为链群合约"的企业文化中包含着海尔集团的全球供应链布局理念,海尔逐步实现了多元化发展并布局全球,并在海外建立了"三位一体"的本土化供应链布局。海尔在全球拥有10+N的研发体系、35个工业园、138个制造中心,这样既可以充分利用全球各地的研发、制造和营销资源,又可以针对全球不同地区用户的特殊需求,实行本土化研发、本土化制造和本土化营销的"三位一体"网络布局。新冠疫情发生后,海尔第一时间作出反应,制定了内容详尽的全面防控手册,从工厂、供应链、物流、服务等各个方面出发,全方位保障企业复工后的正常运转。在供应端,成立了8个应急小组,跟进全国15个园区、900多家模块商的复工时间、运输情况和物料保障等情况,即时解决复工遇到的问题;在物流端,从10个基地到99个物流中心,细化100多项具体的落地保障措施;在服务端,为服务人员配备了口罩、手套等防护物资,开创了与用户"零接触"服务模式,让用户享受自助服务,避免服务人员上门带来的风险。此外,为应对疫情带来的物资供给不足,海尔卡奥斯COSMOPlat用了2天时间就开发上线了"新冠病毒战疫供需平台",助力企业复工供需匹配,赋能防疫物资生产企业产能提升。此外,为了帮助更多企业做好复工防疫准备,卡奥斯COSMOPlat火速上线了"全员防疫智能管理平台"和"捷办"在线办公协同平台,为企业复工提供双保险。

4) 环境责任

海尔集团的环境责任是其社会责任的重要组成部分。气候变化是人类面临的全球性问题,随着各国二氧化碳排放,温室气体猛增,对生命系统形成威胁。在这一背景下,世界各国以全球协约的方式减排温室气体,我国由此提出碳达峰和碳中和目标。实现碳达峰、碳中和事关中华民族永续发展和构建人类命运共同体，因此，海尔集团有责任在产品升级方面投入资源，助力实现家用电器节能减排的目标。

为弘扬"追求卓越"的企业文化，海尔集团积极响应国家"碳达峰、碳中和"的号召，发展旗下品牌卡奥斯的智慧能源管理模式。2021年3月19日上午，中国国际工程咨询有限公司节能和碳减排处处长论立勇一行参观考察海尔中德智慧园区，对海尔卡奥斯智慧能源在实现园区碳中和方面的经验以及现代、超前、智慧的能源管理模式给予肯定，并对智慧能源未来在园区碳中和的实践路径、复制模式表示期待。

作为海尔重要的生产园区，海尔中德智慧园区承担着中央空调、滚筒洗衣机、特种冰箱等产品的生产，同时也是荣获工业4.0大奖的智能制造"灯塔基地"。通过卡奥斯智慧能源平台的助力，园区已完成从工业智慧园区向碳中和智慧园区的转变，成为全球首个碳中和"灯塔基地"。作为海尔卡奥斯智慧能源打造的全球首个综合能源服务样板项目，园区内搭建的智慧能源平台实现了能源流、数据流、碳追溯流的"三流合一"，通过集中、直观的动态监控和数字化管理，改进和优化能源平衡度，对园区能源系统进行管控和调度。海尔卡奥斯智慧能源将能源替代与碳资产管理运营相融合，重塑能源服务场景，形成千余套定制化能源解决方案，解决企业的能源管理难题，探索园区、企业实现碳中和的标准化模式。

目前，海尔卡奥斯智慧能源已布局全国15个工业园区，并在55个互联工厂实现全面覆盖。以从事制冷压缩机研发生产的武汉东贝电器为例，其智慧能源解决方案助力东贝实现了对用能的24小时无间隙监测监控，用能数据的采集、存储、计算、分析，实时预警，对压缩气供应系统进行调控配置，优化供气压力，综合成本降低20%。

而在天津八里台镇工业园区，卡奥斯智慧能源则通过并联生态方中电电力，为园区定制了成套解决方案，解决了园区能源"信息孤岛"造成的能源监管痛点，将园区打造为集智慧能源、智慧安防、节能环保、多能互补于一体的智慧小镇。

5）公益项目

开展具有品牌特色的公益项目，结合自身资源和渠道优势，将履行企业社会责任融入日常运转是海尔集团的重要社会责任之一。海尔集团有责任和义务在扶贫助困、关爱儿童、关心教育、赈灾重建等领域贡献资源和力量,用专业的力量推动中国公益慈善事业的发展,体现出中国企业社会责任的发展方向与趋势。

2016—2019年,海尔集团提出第三代海尔口号"海尔,网络造",并将海尔精神确定为"诚信生态、共享平台"。在发扬"共享平台"宗旨的过程中,海尔集团致力于建造创客平台,并开展"日日顺物流创客训练营"。"日日顺物流创客训练营"由中国物流学会与日日顺物流联合主办,是首个大学生社群交互的创业创新共创平台,以激发创新思维、激励创业行动、激活创客梦想为宗旨,以居家大件物流行业及用户的"痛点"为出发点,围绕"物联网场景迭代""触点网络体验升级""管理创新"三大方向设置若干创业课题,进行创业创新,圆在校大学生的创业梦想。2016—2020年连续五届成功举办"日日顺物流创客训练营",截至目前覆盖全国高校500＋,校企合作35＋,累计输出创业课题216个,孵化创业项目101个,申请国家专利40项,孵化落地创业项目15个,吸引了一大批物流专业大学生转化为创客。

在发扬"无私奉献"的海尔精神的过程中,海尔集团开展了"'少年梦想家'健康公益行"活动。"'少年梦想家'健康公益行"是海尔专卖店为助力青少年健康成长而举办的公益活动,与青岛共青团"青春扶贫行动"共同守护每一个孩子的梦想。此活动为学校和孩子们带去了数台柜式抗菌空调、100个健康爱心包和100余套体育器材,既改善了学校的办学条件,又为学生们优化了学习环境和体育活动设施,后期还将为有需求的海尔希望小学提供空调免费清洗服务。此活动有助于为孩子们提供更整洁、更丰富的学习生活环境。

5.5.5 小结

结合仿真模拟的结果和案例研究,针对平台企业如何通过自身企业文化提高社会责任的问题,笔者提出以下两个方面的总结。

(1) 仿真结果表明,适当的产业生态系统规模有助于产业生态系统合作意愿的扩散、价值观的统一和协调。得益于互联网的发展,平台企业与各个主体之间有着密切和复杂的联系,故对于平台企业来说,准确把握与各主体的关系有助于建立更长久的合作关系。企业需要合理利用由互联网建立起的庞大的产业体系这种优质资源。海尔集团也正是在庞大的业务基础上建立了与经销商之间的稳定关系,从而实现与能源、原材料供应商等方面的互利互惠、合作共赢。

(2) 仿真结果表明,在形成合作联盟后,核心企业的承诺兑现、形象维系、所传递的价值观属实、文化氛围维持等带来的信任会持续影响合作行为。若在合作过程中发生严重信任危机问题,则会使合作者彻底丧失信心。在提升社会责任方面,海尔集团提供真实可感的具体措施,既有助于提升信任度,又有助于解决社会重点问题。平台企业若想获取长久的信任支持、提升品牌影响力,就必须先实现"真实"的特点。

5.6　本章小结

5.6.1　研究结论

近年来,"工业4.0"以及"互联网＋"等词语成为影响中国乃至世界各行业发展的关键词。互联网与产业不断融合,平台型智能制造产业应运而生,制造型企业借助发达的信息、通信手段,以全球化网络为平台,与各主体形成特殊的网络关系,低成本整合各种资源,实现产业的持久共生成长,成为推动我国经济实现高质量发展的新引擎。平台型企业外部环境动态化程度提高,企业间联系更加密切、频繁,平台型企业柔性、开放、并联的特质使其克服了传统企业在时间、空间、信息、渠道等方面的限制,改进了信息分享方式和互动、合作、竞争等行为的逻辑,使得主体间交流空间化、立体化、多元化。但平台型产业生态系统在治理方面也遇到管理和约束方面的挑战,我国制造产业普遍面临着生态系统不完善、治理与平台架构不合理等问题。产业生态系统内部主体间有着不同的目标与利益需求,主体之间如何保持长久的协调合作,如何有效制约主体间行为,以达成产业生态系统的共生成长成为亟待解决的问题。

本研究首先对平台型智能制造产业生态系统进行概念界定,阐释了其治理方面的优势和存在的问题,对共生理论、共赢价值观、社会责任对产业生态系统共生成长的作用机理进行分析。接着,基于传染病模型,构建关系网络,对平台型产业生态系统合作行为进行动态模拟演化分析,探究主体数量、平均节点度、初始合作者数、合作行为传染率、退出率和永久退出率等因素对产业生态系统规模与寿命的影响,并从价值观、社会责任、企业文化等方面对其做出阐释。最后,针对海尔集团的产业生态系统结构、组织形态、企业文化、社会责任等方面进行案例分析。得出以下结论:

(1) 适当的产业生态系统规模有助于共同价值观的统一和协调,良好的文化氛围建设成本较低,合作意愿的传播较为容易;而较大规模的产业生态系统塑造共同价值观的难度较大,需要投入相对高的成本,但产业生态系统的寿命相对较长。

(2) 得益于互联网、物联网等技术的发展,产业生态系统各主体间的联系更为密切和复杂,一个主体可以同时与多个主体保持密切联系、交流与合作,有助于共同价值观、良好合作氛围的建立,增强彼此的信任,加强整体合作,促进产业生态系统内合作意愿的扩散,促进系统的构建、运行,延缓产业生态系统的衰退。

(3) 合作企业所传达的价值观与潜在合作企业不相契合、核心牵头企业的社会责任水平较低、文化氛围较差、不足以使得潜在合作者对系统产生足够的信任等原因会导致系统内的低合作行为传染率,导致产业生态系统的合作规模小、寿命短;而具有共赢价值观、文化氛围较好或者合作企业以往所表现出的社会责任意识较强、利他思想较足会导致较高的合作行为传染率,有利于合作行为的扩散,但同时需要关注产业生态系统的不稳定性。

(4) 若形成合作联盟后核心企业的承诺兑现、形象维系、所传递的价值观属实、文化氛围维持等带来足够的信任,可巩固新加入合作企业对产业生态系统的信任程度,降低退出率,维系合作行为,延长产业生态系统寿命。

(5) 产业生态系统主体在合作过程中有无出现严重的信任危机关系到系统内部合作规模和系统寿命的长短。若在合作过程中发生严重的信任危机问题,如情节严重的违约行为、损人利己行为,则会使合作者彻底丧失信心,从而在退出合作后一直保持拒绝合作状态。而永久退出率的降低需要合作企业内部共生价值观的统一以及良好健康的文化传递。

◆ 5.6.2 对策与建议

结合机理分析、仿真模拟以及案例分析,对于平台型智能制造产业生态系

统共生成长,本章提出以下对策与建议:

(1)加强平台责任主体制度建设,完善多主体协同治理的模式。产业生态系统在建立初期可以选择业内的佼佼者作为平台责任主体;在发展中期,需要注重产业生态系统各个成员主体间的关系强度,控制好产业生态系统主体数量,平衡好各主体间的治理关系,提高治理效率,降低治理成本,例如管理者可以适当定期组织活动,加强平台成员之间的交流。

(2)对于产业生态系统内的社会责任管理要建立在平台企业自身履行好社会责任的基础之上。例如,产业生态系统内的核心企业应先自身遵纪守法,树立正确的社会责任价值观,才能带动并监督其他主体履行责任,树立平台企业的榜样作用。

(3)加强平台企业文化建设。企业文化是由企业战略所决定的,要将企业文化切实贯彻在平台企业的经营与发展中,形成良好的文化氛围,构建相对完整的文化价值体系。同时,产业生态系统的发展是动态的,平台企业也要建立科学的文化改进模式,使之成为长期战略的一部分。

(4)注重平台的稳定发展。平台企业对于用户社会责任管理的重点应该随环境条件变化而有所调整,使得平台内核心企业与用户地位相对平等,因为在平台市场中,任何一方享有过大的优势地位,都可能导致平台的不稳定与无序。例如在商户占据优势地位时,平台可以采用监管、惩处等刚性手段进行管理;当买方相对强势时,平台可以通过一些柔性措施对用户进行责任管理。

(5)合理利用科技创新。互联网、物联网给产业生态系统带来了巨大优势,与此同时,网络的加入也加大了平台企业的治理难度,网络舆论冲突等事件层出不穷。平台企业应当结合网络发展的属性与生态属性,改进平台企业的治理策略,构建平台企业的现代治理模式。

(6)加强政府对于产业系统发展的支持。政府在资金、立项、土地等方面的支持可以有效缓解平台企业稳定性差这一现状,鼓励平台创新与适时规范相结合,充分解放产业生态系统的活力,并给予平台合理的发展空间。同时,政府也应当适时对平台加以规范引导,将具有社会危害性、外部成本大的经济活动列入负面清单予以排除。

6 范围经济视角下的共享制造研究

6.1 引言

里夫金在《零边际成本社会》中预言:"到2050年,协同共享很可能在全球大范围内成为主导性的经济体制。"随着新一代信息技术革命在生活生产各个领域内的不断渗透,这一预言或将以共享经济这一新业态、新模式提前实现。基于互联网平台的共享经济,将分散资源进行优化配置,强调所有权和使用权的分离,从而实现供需双方的快速匹配和资源利用率的提高,因此这一新业态展现出了强大的发展活力和潜力。即使在经受了复杂严峻的国际环境和国内疫情散发等多重考验的2021年,我国共享经济市场发展依然保持着较高增速,市场交易规模初步估算为36 881亿元,同比增长约9.2%,较上年明显提升。从市场结构上看,生活服务、生产能力、知识技能三个领域的共享经济市场规模仍稳居前三,同时产能共享领域市场份额有所提升。

由于生活服务领域资产相对较轻、增长模式相对较简单,容易获得投资者的青睐,共享经济首先在消费领域蓬勃发展;但随着共享经济发展的深入,经过激烈的市场资本竞争,诸如共享出行、共享住宿等行业竞争格局初定,因此共享经济的主战场从消费领域转移到生产制造领域是趋势所在,国家发改委等13部门在联合发布的《关于支持新业态新模式健康发展激活消费市场带动扩大就业的意见》中提到要"充分挖掘企业闲置存量资源的应用潜力,打造共享生产新动力,探索生产资料共享新模式",共享制造便是共享经济这一理念在生产制造领域中的应用。从现实来看,我国制造业面临着重复产能过剩、生产成本增大、资源和环境约束趋紧等压力,长期依靠人口红利和规模驱动的模式无法持续,这要求尽快探索出制造业转型升级的有效路径,从这个意义上来说,共享制造在推进供给侧结构性改革方面发挥着重要作用,可为制造业高质量发展赋能。

然而,目前学术界对于共享制造的相关研究尚不丰富。一方面,由于制造业细分领域众多、产业链条长、价值分配复杂,同时线上线下协同要求更高,企业参与的成本高、风险大,其商业模式相比生活服务领域的共享模式更加复杂,相关理论和实践仍处于初步探索阶段;另一方面,共享制造属于多学科融合、依赖于新型基础设施建设和企业数字化水平提升的一种模式,因此目前已有的相关研究大多侧重于实现制造资源的动态共享与智能分配的底层技术层面,而共享制造作为企业间的行为外现,基于这个层面的理论分析可以解释企业参与共享制造的内生动力。共享制造的内涵是什么?企业参与这一模式的背后蕴含着什么样的理论机制?对于上述问题的回答,有助于加深对共享制造的本质认识,从而更好地指导其发展实践。

本章从企业的角度出发,将范围经济理论引入共享制造的研究分析中,拓展了范围经济的内涵和外延,并从经济学的理论逻辑层面探讨了企业通过共享制造实现范围经济的机理。在此基础上,本章以用友精智工业互联网平台为例,采用单案例研究方法,具体分析了企业间借助平台匹配闲置资源的供需以实现范围经济的实践,最后针对现有共享制造模式发展的一些问题提出了相关的建议。

6.2 文献综述

6.2.1 共享制造的发展及研究现状

共享制造作为近几十年来在产业实践中先行的概念,始于"机器共享""设备共享"。传统的共享制造模式是一种外包的形式,由于信息技术的限制,共享仅存在于本地企业和同行企业中,更多地是为了实现以产品为中心的大规模生产。随着互联网技术的发展,市场需求呈现出多样化和个性化的特点,小批量、多品种的大规模定制成为企业竞争的新前沿。而基于高度集成、开放和共享的制造资源平台的现代共享制造模式,可以通过虚拟化和协作聚合大量异构制造资源和生产能力,在满足客户需求的前提下,实现制造资源的低成本高效互联。

对于共享制造学界尚无一致的定义,尽管学者们普遍认为共享制造是共享经济在制造业中的应用和延伸,但共享经济本身就是一个宽泛的概念,缺乏明确的、公认的含义,比如存在共享单车这类"伪共享"模式,这就导致在讨论共享制造的范围和边界时有了极大的灵活性和不确定性,但其中继承自共享经济中"基于信息技术充分利用闲置生产资源"的这一共同特征仍可看作共享制造的本质。我国工信部将共享制造定义为共享经济在生产制造领域的应用创新,是围绕生产制造各环节,运用共享理念将分散、闲置的生产资源集聚起来,弹性匹配、动态共享给需求方的新模式、新业态。国家希望将闲置的制造资源以平台的形式集中起来,提供给制造资源有限的中小企业,使供需双方有效对接,优化市场配置。Yu等人进一步认为共享制造是由技术、社会和经济三个层面叠加而成的概念,技术层面指信息通信技术,比如云计算、物联网技术等;社会层面源于社会化制造模式,指的是通过P2P的制造机制来满足个性化、多样化的客户需求;经济层面指的是利用共享经济的理念即"使用"而非"拥有"来解决供需问题。在对共享制造相关文献进行回顾时,应注意区分两类交叉概念,一类是强调技术实现手段的云制造、网络化制造等现代制造模式,尽管技术的先进性也是共享制造的一个基本特征和前提,但共享制造更侧重于制造资源的服务化和协同化共享;另一类是主客体较宽泛的"制造资源共享"或"制造能力共享"等,共享制造的客体为闲置或剩余的资源,主体为企业间而非企业内。企业间的有偿共享与价值共创是共享制造的另一个重要特征,协同消费不允许闲置资源的获取和分配没有任何补偿(或补偿过于模糊,如公共物品),这一条件同样适用于共享制造模式。但与协同消费不同的是,共享制造通过共享闲置的生产资源可以得到有效的实际产出,这部分产出的增值决定了租值分成;而协同消费更多地是从减少终端产品数量来间接实现资源的节约,并不涉及新的产品。

目前很多研究已经开始逐渐关注制造业中的共享经济,尤其以技术层面的研究居多,这与云制造能够实现对制造业剩余产能的整合密切相关,同时云制造与共享制造的参与主体和所依赖的技术条件类似。比如为解决共享制造实体间的信任问题,Yu等人建立了基于区块链的共享制造(Blockchain-based Shared Manufacturing,BSM)框架,以支持信息物理系统(Cyber Physical Systems,CPS)的应用,Roman等人将区块链技术可扩展地整合到共享制造的概念中,提出了一个跨链解决方案。正是云技术、物联网、大数据等技术的出现和普及,在平台上实现了相关的服务和功能,共享制造才得以实现。另外,对于共享制造理论层面研究的学科背景主要为管理学或工程学的一些分支,重点关注共享制造企业资源供需匹配的机制设计以及利益问题。Moufid等人通过建立两个小企业之间购买和共同使用一种生产资源的非合作博弈模型,评估了共享过程中可能出现的各种欺骗行为对合作效果的影响;Zhao等人从可持续经营的角度出发,重点研究了生产能力共享机制的设计,制造商可以根据剩余产能供应商的产能管理成本、平台佣金率和收费模式以及两个供应商的生产成本之间的关系来估计消费者对传统渠道的接受程度,从而做出渠道选择决策。这部分研究对于资源共享的实践具有重要意义,但是暗含了企业已参与共享这一假设,并未充分解释企业的这一行为动机从何而来。尽管也有部分文献从不同视角分析了共享制造的驱动因素,比如长尾效应使制造业市场需求曲线的长尾部分不断延伸、拓宽,形成扁平的市场需求,实现利益共享,数字经济和制造业的产业融合效应带来成本的下降,促进制造业绿色发展等,但大都忽视了共享制造的主体即企业的微观视角,与消费领域的共享经济以B2C、C2C模式为主不同,共享制造中的主体行为发生在企业与企业之间,从企业的角度出发更有利于洞悉共享制造的本质。

◆6.2.2 范围经济与共享制造

企业作为各种资源的集合体,任何资源的流入或流出都必须带来一定的经济性。在共享制造的过程中,企业的剩余或闲置生产资源得到充分利用,这种资源的合作共享能够通过增加范围经济而获得更高的经济租金。

Willig最初提出范围经济的时候强调的是企业内部生产中的范围经济,也就是说,当企业的生产经营范围扩大的时候,平均成本会下降这样一种经济现象。钱德勒则进一步强调了联合生产和联合经销,他认为"范围经济是指企业利用单一的经营单位内的生产和销售过程来生产和销售多于一种产品而产生的经济"。在范围经济经典的定义之上,学者们进一步扩大了其内涵和外延。首先从时间的角度,范围经济可以分为时内范围经济和时际范围经济,这与可分享投入的不同属性有关。当一个企业在其业务之间同时分享资源时,就会出现时内范围经济;而当该企业从一个业务中撤出全部或部分资源(完全或部分退出该业务)并将其重新部署到另一个业务时,就会出现时际范围经济。从空间的角度来看,范围经济并不受企业边界的限制,它们也跨越空间。与空间有关的范围经济常与集聚经济有关,当在一个城市地区(但不一定是一个企业)组合两个或更多的产品系列比在不同的城市地区生产这些产品的成本更低时,就会存在集聚经济。至于范围经济和集聚经济的区别,仅在于是否将范围经济严格定义为企业内部的活动,需要注意的是,这里的范围经济和集聚经济都是以一定的规模经济为前提的。周天勇同样从空间经济的角度出发,认为如果一个区域同时存在多个产业的收益比本区域单一产业的收益高,这种现象可以看作区域范围经济。如果将产业集群这种组织形式看作一个整体,在中小产业集群内部,企业之间通过横向联盟和纵向协调,推动生产和交易的有效、低成本运行,扩大经营的产品范围,同样可获得范围经济优势。

范围经济来源于可共享投入的使用,可共享投入既包括具备公共产品性质的要素,比如不可避免地提供其主要生产的副产品的投入,也包括具有排他性但可被用于不同生产过程生产不同产品的投入,比如可用于一个以上产出的人力资本。前者强调的是一种用途上的使用并不排斥在其他用途上的使用,或在没有完全拥挤的情况下共同使用;而后者强调的是对闲置生产能力的利用,生产能力一旦用于一种产品时,就不能再被用于第二种产品了。从本质上讲,范围经济来源于对企业剩余资源的充分利用或共享,这些剩余资源或者闲置资源可以为企业的生产经营活动提供一种外在经济,从这个意义来看,共享制造与范围经济有着异曲同工之妙,特别是随着平台经济、共享经济等"新经济"的出现,范围经济成为工业化和信息化融合的有效方式,对企业参与共享制造与范围经济之间的联系需要做进一步的探究。

6.3 理论分析

6.3.1 企业发展范围经济的激励

1)从规模经济到范围经济

充分利用规模经济和范围经济一直是企业能够保持竞争优势的原因所在。差不多整个20世纪,采用以规模经济为原则的大规模生产模式的企业都获得了巨大的成功,但这种生产范式以操作效率而非过程效率、以突破性创新而非持续性创新、以产品营销而非市场为中心,在面对变化的市场和需求以及产品和工艺技术的冲击时,必然会走向衰退,取而代之的是大规模定制这一范式。

从需求层面来看,市场需求在不断变化和细分,最终的细分市场就是个性化客户。企业为了维持其市场份额,必须转向以满足客户的个性化定制需求为中心。尽管分工和专业化能带来规模报酬递增,但分工不能无限进行下去,斯密给出的一个解释是劳动分工受市场范围的限制,当细分市场的需求不断收缩时,如果共用要素全部投入一种产品的专业化生产中,产量会溢出市场容量。随着对现有产品的需求趋平以及生产能力变得与现有需求一致或超过现有需求,企业就开始寻求新产品的开发来把握市场机遇。从供给层面来看,由于地方政府的干预、利益驱动的投资潮涌以及市场相对需求与经济周期的变化等原因,企业的一些资源长期保持着过剩的能力,这些资源一部分来自固定投资中未充分利用的有形资产包括厂房、设备等,另一部分则包括品牌声誉、学习效应产生的管理能力以及"超额资源"知识等无形资产,彭罗斯指出这些未利用的资源是企业实现增长的主要动力。产能过剩加上追求利润的动机,促使企业扩宽经营的范围以突破企业发展瓶颈。

2) 从内部范围经济到外部范围经济

当企业拥有大量闲置或剩余生产资源时,首先通过企业内部的各个部门来协调是帕累托最优的,因为不仅新增产品的价值全部属于企业内部,而且避免了资源交易成本,换言之,企业内部的范围经济是比较容易实现的。但是,单个企业生产的产品大多具有相关性,即使在不同子公司或分工厂充分调配闲置资源,需求也很快趋于饱和,同时业务的增加也会带来产业链其他环节以及管理成本的提高,因此当企业联合生产达到一定水平时,范围经济的边际收益将会由大于边际成本转变为小于边际成本,即出现范围报酬递减。对企业内部的范围经济来说,品种和协调似乎是一个两难选择,品种越多,协调越难;而当信息技术革命发生后,互联网协调能力的跃升不仅提高了企业内的资源配置效率,更为重要的是使得企业间的合作共享有了长足的发展,特别是为大范围的制造资源共享提供了可能性,从而为企业带来了外部范围经济。

信息技术的快速发展与应用让共享制造模式在许多行业展现出了巨大的潜力,也使得范围经济的实现更加容易。首先是以生产订单共享为代表的共享制造模式,尽管与传统的外包并没有实质的区别,但共享制造平台通过云计算、大数据和人工智能技术精准匹配全国各地订单过剩和订单缺乏的厂家,或者是如淘工厂这样直接将消费者的个性化需求和各厂商进行对接,使得订单相对缺乏的中小企业能够充分利用自身闲置资源生产出更为多样化和定制化的产品,单个企业内部生产潜在的范围经济因共享订单而得以实现。其次是企业之间的合作共享实现了所谓的时际范围经济。拥有闲置生产资源的企业可以将这部分资源共享给有需求的中小企业,中小企业以更低的成本进行生产,其中最关键的交易成本问题也因信息技术得以解决,无论是从资源的多用途角度还是企业整体最终多种产出的角度来看,时际范围经济可以在企业之间充分实现,当然对于技术这种准公共产品性质的共享也可以看作时内范围经济。最后是多个企业之间的共享制造,小规模的如共享工厂,大规模的如产业集群形式的产业园区,在这类模式下企业间所共享的大部分是基础设施以及集聚效应带来的知识溢出等无形资源,这些资源既可以来自政府,也可以产生自不同企业的交互作用。集群式共享制造能够更充分地实现跨越空间的范围经济,或者称为地理范围经济,这体现在生产成本以及集群内部或者外部交易成本的节约,正如前面所言,如果将这种集群式生产网络看作一个大型多产品企业的内部运作,那么集群企业所实现的范围经济是显而易见的。信息技术对于集群企业而言,可以提高企业间协商的效率以及直接提升生产效率,但更为重要的是在共享制造平台上为全国各地地理分散的企业提供了网络集聚的可能性,它们也可以通过网络集聚的方式共享人力、技术等无形资源,此时的平台就类似于产业集群中的基础设施,在这个基础设施上企业实现了整体的范围经济。

◆ 6.3.2 共享制造实现范围经济的机理分析

范围经济在增加品种性的同时也在减少平均成本。当企业间通过平台进行资源的分享时,原本闲置或剩余的生产资源由于扩大了使用的范围而丰富了品种性,品种的增加不再限于因共享同一台生产设备而生产出的多种产品。当大企业将自己的生产技术或者管理能力以服务的形式共享给不同中小企业,参与到它们的产业链中,这时的大企业也已经实现了其所拥有的非排他性资源的使用上的多品种性,尤其是在大规模定制服务的市场需求之下。但不能忽略的一点是,范围经济的产生还依赖于平均成本的减少,否则企业将缺乏与外界共享资源的动力。共享成本的次可加性主要体现在生产成本和交易成本两方面。

企业生产成本的降低可以从固定成本的分摊和可变成本的降低来考虑。

在固定成本方面，制造业企业所拥有的大量剩余生产能力表现为高价值的设备、不断折旧的厂房以及闲置的生产线等，通过将这些固定资产共享给有需求但无力自购的中小企业，企业不仅能降低专用资产的空置率从而减少维护保养费用，也能获取一部分租金。与此相关的一个概念是资产专用性，即对投入一种生产过程的资产进行另一种生产再配置的难易程度，企业能实现固定成本的分摊程度取决于资产专用性的高低，设备越专用，资产的通用性越低，潜在的外部需求者越少，企业间实现这部分过剩资源共享的可能性就越小。资产专用性的降低带来范围经济，随着生产方式的不断变革，企业越来越多地通过构件模块化和计算机辅助设计等方式实现柔性生产，在这个过程中，资产的通用性进一步提升，从而为其他企业的共享提供了可能性。在可变成本方面，可变成本一般是指企业需要支付的各种变动生产要素的费用，参与共享制造的企业更多是通过充分利用其无形资源来实现可变成本的降低。Teece认为范围经济的另一个重要来源是对"诀窍的共同和重复使用"，包括管理上和技术上的诀窍。中小制造型企业在发展初期面临着资金困难、信息获取渠道少、软硬件等成本较高、获取产业链上下游资源支撑少等困境，大企业可以将其拥有的具有互补性的无形资源依靠技术以内嵌于软件等形式更好地共享给中小企业。基于这类资源的准公共产品的特性，共享的边际成本微不足道。

资源的流通过程总是伴随着各种各样的交易成本，科斯认为基于价格机制的市场来组织生产要素最明显的成本就是发现相关价格的成本，以及为市场上进行的每一笔交易所进行的谈判和签约的成本，企业的引入可以节省市场运行的交易成本。但是当企业内部无法充分利用这些生产要素时，回到市场交易又面临风险和不确定性，企业的这种权衡问题在平台经济出现之前一直处于争议中。平台经济作为依托互联网的一种组织形式，主要是通过利益关系的网络协调来进行资源的配置，与通过市场和企业来配置资源的方式不同，这种方式对于整合并分享碎片化的生产资源更有效率。

交易成本作为一种机会成本，如果信息是有成本的，那么与产权相关的各种个体间交易行为都将导致交易成本的产生，这些行为包括寻找潜在买家的信息、谈判、订立合同、监督合同执行等，共享平台正是基于极大减少供需双方的信息成本，降低了各个环节的交易成本。在搜寻成本方面，共享平台利用算法充分挖掘闲置资源，通过精准的筛选和过滤机制，将资源需求方和资源供给方进行有效匹配,进一步降低了搜寻成本(建立在大量平台参与者基础上)。协商和起草协议时所伴随的讨价还价是另一类交易成本,从理论上来说,共享资源的反复交换将产生很高的协商成本,这是因为扩大资源的使用范围意味着合作伙伴大都是陌生的,双方由于信息不对称而面临着更大的不确定性。共享平台通过去中介化和再中介化建立起合作双方的信任机制,依靠信任机制可以降低协商成本。同时,与消费领域的共享经济不同,制造业企业间的合作共享通常具有较长的周期,锁定效应使得双方的再协商成本进一步降低。搜寻成本和协商成本都属于事前交易成本,签订合约后的委托代理问题会为交易双方带来事后的交易成本,这也是企业内部交易不可避免的成本。共享平台使得契约双方由企业之间变为企业与平台之间,这种契约方式是建立在信用记录、信用评价的信用机制上的,由于资源的共享不是永久的,平台内的企业为保持后续交易和服务的可能性会更有激励地执行契约准则,同时,平台对交易双方事前的约束也能在一定程度上降低事后交易成本。

◆ 6.3.3 拓展分析

前面的分析都是以资源供给方为研究主体的,当企业通过产能共享获取的经济租金能够弥补资源的闲置成本和交易成本时,企业就会因潜在的范围经济而有动力参与到共享制造之中。一般而言,企业因内部的范围经济所获得的报酬属于整个企业,利用成本函数就能刻画内部范围经济程度;但企业间资源共享产生的外部范围经济由于涉及供需双方,资源需求方因获得重要的外部资源使得生产力水平会有明显的提升,与共享之前相比,即使抵去支付的经济租金也能增加一定的利润,显然,在考虑范围经济的大小时,需求方所得到的这部分好处是不应被忽略的。从整个过程来看,经济租金是企业之间的收入转移,社会总价值并不变,能真正衡量外部范围经济程度的是资源需求方所创造的价值增量、资源供给方的资源闲置成本以及双方交易成本的大小。

记 SC 为外部范围经济程度,C_1 为资源的闲置成本,这里不考虑折旧,ΔV_d 为资源需求方所创造的价值增量,C_2 为资源的交易成本,由于同一资源在不同时间和空间范围内可以共享给不同的需求方,假设需求主体集合为 $D=D\{1, 2,\cdots,i\}$,则闲置生产资源通过共享所获得的外部范围经济大小可以表示为式(6.1),只要 $SC>1$,资源供给方便有动机充分利用潜在的范围经济,但交易成功与否取决于双方对于经济租金的协商。

$$SC = \frac{C_1 + \sum_{i \in D}(\Delta V_d^i - C_2^i)}{C_1} \tag{6.1}$$

以单个资源需求方为例,定义一个资源需求方的价值创造函数 $V=f(X,Y)$,其中 V 是企业创造的价值,X 为企业内部的自有资源,Y 为从资源供给方所获取的共享资源,Y 的大小反映了双方合作共享水平的高低,同时定义边际价值创造为企业新增资源所创造的价值增量,在一定范围内,企业拥有的资源越多,所创造的价值越大,并且边际价值创造递减:

$$MV_X = \frac{\partial f}{\partial X} > 0, \frac{\partial^2 f}{\partial X^2} < 0$$

$$MV_Y = \frac{\partial f}{\partial Y} > 0, \frac{\partial^2 f}{\partial Y^2} < 0$$

为满足上述性质,采用常替代弹性(Constant Elasticity of Substitution,CES)生产函数来描述价值创造函数,当企业没有获取共享资源时依然能创造价值,符合实际情况,式(6.2)中参数 A 反映企业的整体效率,整体效率越高,A 越大;δ_1、δ_2 为分配参数,$0 < \delta_1, \delta_2 < 1$ 且满足 $\delta_1 + \delta_2 = 1$,反映两种资源的产出效率,δ_2 越大,意味着企业所获取外界资源对价值创造的贡献更大;ρ 为替代参数,反映两种资源的可替代程度。

$$V = A(\delta_1 X^{-\rho} + \delta_2 Y^{-\rho})^{-\frac{1}{\rho}} \tag{6.2}$$

假设资源共享所转移的经济租金为 $C=C(Y)$,$C'>0$ 且 $C''>0$,资源需求方支付经济租金意味着以资本的形式消耗企业内部资源,这部分成本是在共享的过程中发生的,对价值创造有着间接的影响。记企业内部资源总量为 R,则 $X = R - C(Y)$,资源需求方的价值创造函数变为:

$$V = A\{\delta_1[R-C(Y)]^{-\rho} + \delta_2 Y^{-\rho}\}^{-\frac{1}{\rho}} \tag{6.3}$$

企业追求价值最大化,对 Y 求一阶导数得到式(6.4),等式左边可以视为获得的共享资源给企业带来的边际收益,右边为获取共享资源付出的边际成本,当两者相等时,资源需求方可以创造最大价值。

根据 $\frac{\partial f}{\partial Y} = 0$ 可得:

$$\delta_2 Y^{-\rho-1} = \delta_1 (R-C)^{-\rho-1} C' \tag{6.4}$$

同时可以验证当一阶条件成立时,二阶条件也满足 $\frac{\partial^2 f}{\partial Y^2}$,即当存在经济租金时,资源供需双方存在一个最优共享水平。

通过上述分析,单个资源需求方利用共享资源所创造的价值与资源的互补程度以及资源的经济租金大小密切相关。这从直觉上也很容易理解,当闲置资源对于需求方来说越稀缺,例如生产技术这种核心资源,借助这部分资源企业就越有可能突破生产可能性边界,从而创造更大的价值增量。同时,企业要获取外界资源需要付出一定的成本,如果成本过大,企业就会降低共享水平,这在现实中可以体现为减少软件订阅使用的时间。另外,资源的类型也内生决定了自身闲置成本的大小,有形资源例如大型生产设备往往闲置成本较大,而无形资源例如技术知识等的闲置成本几乎为零。最后,从单个需求方到多个需求方,即使单个需求方所创造的价值增量有限,如果共享资源具有良好的通用性,那么不同的异质性需求也能形成较大程度的范围经济。因此,通过共享制造所带来的外部范围经济的大小主要取决于资源的类型,共享资源的经济租金体现为外部范围经济报酬在企业间的分配。在此,本章给出外部范围经济的一个定义,外部范围经济指的是企业间通过合作共享扩大资源的不同使用范围,带来总平均成本的下降或总利润的增加,即资源共享、成本共担、利益共享。

6.4 案例研究

6.4.1 研究方法和案例选择

1)研究方法

本研究采用单案例研究方法,原因如下:第一,如前所述,目前有关共享制造的理论以及实践尚处于初步探索阶段,而案例研究是构建并验证理论的有效方法;第二,本文重点探究企业为什么参与共享制造(why)以及如何通过共享制造实现范围经济(how),所研究的问题兼具探索性和解释性的双重特征,适合用案例研究的方法进行分析;第三,现有的企业共享制造实践模式和发展程度均存在较大差异,部分共享制造模式并不具有可持续性,相较于多案例研究,单案例研究方法能够保证研究的深度,通过选取成功的典型案例,结合其发展经验总结出背后的规律,从而达到构建和完善理论的目的。

2) 案例选择

根据平台主体特征、业务模式、共享内容等因素，当前我国共享制造分为中介型、众创型、服务型和协同型四类主要模式。根据前面的理论分析，具有互补性的稀缺性资源市场需求较大，拥有这部分资源的企业一般会选择自建共享制造平台，例如"海创汇""树根互联"等，从实际来看，这类商业模式比较成熟，也取得了一定的成功。基于案例选择的规范性原则、典型性原则以及目标抽样原则，兼顾数据的可得性，本研究最终选取了服务型平台用友精智工业互联网平台为研究对象。同时，本研究所采用的数据主要为二手数据，数据来源包括案例企业或平台官网、相关案例研究文献以及专业第三方机构的分析报告等，通过数据的交叉验证较好地保证了数据的广度和信度。

◆ 6.4.2 案例介绍

用友精智工业互联网平台（以下简称"用友精智"）正式发布于2017年8月，是用友网络科技股份有限公司面向工业企业的社会化资源共享云平台，已连续三年入选工信部跨行业跨领域工业互联网平台清单。用友精智基于强大的中台能力，构建企业与社会资源之间的全要素、全产业链、全价值链连接，提供社会级交易服务、协同服务及云化管理服务，以开放的生态体系，帮助工业企业实现数字化转型，促进生产方式乃至商业模式的变革，实现智能化生产、个性化定制、网络化协同、服务化延伸和数字化管理等诸多新模式，推动软硬件资源、制造资源、工业技术知识的开放、共享，促进产品质量、生产效率、经济效益与生产力的跃升。截至目前，平台服务工业企业超过240万家，中小型企业占比超过95%，连接工业设备139万台套以上，汇聚工业App 2.2万个，标识注册量超过8.86亿次，服务行业覆盖冶金、建材、化工、汽车汽配、机械加工、电子、能源、军工以及装备制造等，其中包括72%以上的中国制造业500强企业。

从平台具体业务的服务形式来看，用友精智的业务主要分为工业PaaS(Platform as a Service，平台即服务)服务、工业SaaS(Software as a Service，软件即服务)服务和工业DaaS(Data as a Service，数据即服务)服务。PaaS作为一种由第三方提供硬件和应用软件平台的云计算形式，企业可以基于用友iuap平台来开发、运行和管理自己的应用，而无需构建和维护与该流程相关联的基础架构或平台，此类服务一般面向大型企业。用友iuap也是用友精智的底座支撑,包括技术中台、业务中台和数据中台等。SaaS 是指客户可以直接通过互联网从云端获取软件并进行操作和数据存储,不必自己开发和管理。SaaS 是用友长期处于行业领先地位的优势产品,传统的企业资源计划软件(Enterprise Resource Planning,ERP)、生产管理系统(Manufacturing Execution System,MES)以及新开发的产品全生命周期管理软件(Product Lifecycle Management,PLM)和人工智能物联网(AI+Internet of Things,AIoT)等应用程序都可以通过租赁的方式共享给需求方尤其是中小企业。最后,从 PaaS 中衍生出来的 DaaS 通过对数据资源的集中化管理,并把数据场景化,为企业自身和其他企业的数据共享提供了一种新的方式,这也是用友目前大力拓展的业务方向。基于用友精智的运行数据,中国信息通信研究院发布了"中小企业数字化活跃指数",这一指数为政府、企业及机构的科学决策和研判分析提供了强有力的数据支撑。

◆ 6.4.3 案例分析

成立于 1988 年的用友网络科技股份有限公司,是全球领先的企业云服务与软件提供商,当前位居企业云服务市场第一、企业 APaaS 云服务市场第一、中国企业应用 SaaS 市场占有率第一、中国 ERP 云市场份额第一。用友经过 30 多年的发展,从最初提供财务软件服务,到提供企业管理软件服务,再到以云服务和软件并行为发展方向,以服务企业数字化转型与商业创新为目标,用友的每一步自我变革都是基于市场需求的变化和多年技术及经验积累而做出的调整。在外部需求方面,尽管用友在 2002 年就已占据国内 ERP 软件服务市场的领先地位,但随着国内宏观经济压力凸显以及个性化定制等消费趋势的出现,企业数字化转型由个体行动转变为群体行动的同时也表现出了服务需求的异质性。例如大型企业的服务需求逐渐从以内部管理为主转变为寻求上下游的产业链协同以及企业与消费者之间的连接,中小型企业则更倾向于具体模块的标准化解决方案,不同行业的企业也因其所面临的不同程度的转型压力而对服务型企业提出了更高的要求。用友若要继续保持其行业竞争力,就必须针对不同规模、不同发展阶段的具有个性化定制服务需求的企业来设计产品,过去仅以 ERP 软件服务为主的商业模式已不能适应市场需求。另一方面,对于用友自身而言,由于企业服务业属于技术密集型产业,基于 20 多年的技术沉淀,用友在用户交互层、逻辑处理层、大数据层以及云计算层等领域都有了较为深厚的技术积累,而过去所服务的超过 200 万客户带来的企业管理和行业深耕的经验也为用友的云转型和平台化发展提供了有利的条件,但这些资源的潜在价值在过去并未得到充分的释放。因此,为了有效应对市场个性化需求的冲击并实现基于内部技术和管理能力的大规模定制服务,用友在 2017 年推出了用友精智平台。

用友基于用友精智这一与其他企业共享自身技术及管理能力等资源的平台,在满足各类客户需求的同时也实现了范围经济。首先,平台本身的建立类似于固定成本或关联成本,与国内传统制造业牵头搭建的平台往往需要耗费较大的研发成本相比,用友依靠自身软件开发能力转向平台业务的延伸具备一定的先发优势,由于跨行业跨领域的属性,企业与用友之间因缺乏竞争性也更容易建立起信任关系,加上在工业服务行业积累的声誉和资源,用友精智在成立不久后便形成了较大的规模,平台用户侧的网络效应在一定程度上分摊了用友初期投资的成本。其次,技术和管理能力这类"诀窍"对用友来说属于非排他性和非竞用性资源,具有准公共产品的特性,这一特性保证了其所提供的服务型产品的边际生产成本处于较低水平,具体表现为用友精智平台的分层次模块化架构。第一,PaaS 层平台具有良好的兼容性和通用性,这使得用友云服务资源的固定成本得到分摊。大型企业可以通过租赁已经搭建好的各种底层开发系统平台如用友 iuap 来自建平台和自研应用程序,如中国龙工产业链协同平台、双良集团智慧运维平台等;而对于没有能力承担自研的高昂成本的中小企业,用友精智在国内 33 个省市完成了区域子平台的部署和运营,为区域内的中小企业提供低成本、高价值的上云上平台服务。第二,SaaS 层的模块化软件的多层解耦和多层复用特性进一步降低了用友提供服务的可变成本。平台内的 ERP、PLM 等通用性模块组件既可以独立运行,供使用者随时调配和编辑,又能互相组合成各种系统实现服务产品多样化和定制化,极大地缩短了研发周期和降低了研发成本。

基于用友精智平台,许多传统制造企业借助用友的优势互补性资源实现了自身的数字化、智能化转型。以大西洋集团为例,大西洋集团在几年前和其他多数传统制造企业一样面临着生产资源短缺、环境约束提高、劳动力成本攀升的环境,为此该集团及时启动了以转变制造方式和制造模式为核心的转型升级战略。在制造环节,通过用友智能工厂系统与轨道车、AGV(自动导引运输车)、RGV(有轨制导车辆)、气力输送系统、配粉系统的集成互联,大西洋集团基本实现了基于工序作业拉动的、全过程物料配送精益化、智能化、无人化。在管理环节,用友将 ERP 和 MES 系统集成为大西洋集团智能工厂的生产指挥大脑,实现了生产过程的透明可视、动态监控和科学调度,也使得企业管理更加精细化和扁平化。据大西洋集团测算,经过半年多的运行,企业研发周期平均缩短20%,库存降低20%,质量水平提高2到3个百分点,特别是随着生产效率的提升,人员减少了30%到50%,企业基本建成了软硬件一体化制造体系。从与用友合作的诸多成功案例来看,这些制造企业大都在数字化转型的过程中创造了更大的价值。另一方面,用友在共享资源的交易中,采用了以订阅收费和按需收费为主,保留少数许可型收费的模式,这种灵活的租赁形式在最大程度上维系了交易双方的长期合作关系。

6.5 本章小结

6.5.1 研究结论

本章通过对企业参与共享制造这一模式的动机的理论分析,并结合典型案例分析得到以下研究结论:首先,发展范围经济是共享制造模式中企业的一个主要驱动因素,这类范围经济更多地体现为从资源角度引申的外部范围经济。其次,生产成本和交易成本的降低是保证企业通过共享制造资源实现范围经济的必要条件。基于共享制造平台的组织能力和技术属性,企业利用资源的通用性和模块化技术等形式可以使资源共享的平均成本得到有效的降低。最后,不同类型的闲置生产资源的共享给企业整体带来的范围经济是有所差异的,与设备这类具有排他性的固定资产相比,技术、管理能力等"诀窍"的分享能更大程度地提高企业的生产效率,实现价值共创。

6.5.2 启示

企业应充分认识到参与共享制造过程中潜在范围经济的利用。尽管在共享制造这一模式实践探索的初期,政府可以通过适当的政策引导社会闲置生产资源的匹配,但这种方式无法解决企业参与产能共享内生动力不足的问题。对于拥有大量过剩产能或者缺乏必要生产资源的制造企业来说,应认识到"在共享专门资产的基础上实现范围经济并不意味着相关产品必须在一个多产品企业内生产,在没有交易困难的情况下,企业可以采购必要规模的有形资产以实现有关的经济,并签订合同向其他个人或公司提供这种资产的服务,在这个过程中,所有各方都可以是独立的,但范围经济可以充分实现"。而在实践中,企业可以自建平台或者参与到第三方平台来主动进行生产资源的交互,只有在这种不断的自发行为的反馈中,我国制造业才能进入良性的可持续发展。

共享制造是一种新型社会化制造模式,无论是实际应用还是理论层面都值得进一步的探究。一方面,缺乏正式的技术解决方案是在B2B领域实施共享经济的极为重要的障碍,随着工业4.0技术的不断演进与变革,技术将不再是限制企业之间共享资源来利用范围经济的问题,共享制造这一模式有望成为我国制造业转型升级的有效路径;另一方面,企业缺乏改变的意愿以及认识的不足也是共享制造发展的一大阻力,因此未来的研究可以从经济和社会的其他角度对共享制造的机理作更深入的探讨,努力实现这一模式进一步的渗透和普及。

7 共享经济对居民幸福感的影响研究

■ 7.1 引言

◆ 7.1.1 研究背景

近些年,中国经济飞速发展,随着人均GDP的指数级提升,人民群众对美好生活的需求也日益增长。但相关调查数据却表明,人们的幸福感指数仍在波动,不存在明显的增长趋势。结合党的十九大工作报告提出的"使人们更幸福"的发展理念,居民主观幸福感的提升越发得到重视。而共享经济的兴起,无疑会扩大人们的消费需求、刺激经济发展,在提升社会总福利的同时,也会通过满足人们的高层次需求来促进微观个体的效用提升。

长期以来,我国生活服务业发展存在供需匹配效率低、服务供给质量低等问题,难以满足人们不断升级的服务消费需求。共享经济是利用互联网平台将分散的资源进行优化配置,通过推动资产权属、消费方式的创新,提高资源利用效率,同时助力提升居民获得感与幸福感的新经济模式。自2011年起,共享经济在我国迅速崛起,现如今,共享经济已经处于稳定增长阶段。2021年我国共享经济市场规模高达3.69万亿,较2020年增长约9.2%[①]。

从居民幸福感的层面来说,共享经济促进了宏观经济发展,在出行、住宿、办公、知识、医疗等领域提高了居民生活质量。但是共享经济相关领域的研究在中国刚刚起步,现有的文献大多研究共享经济的商业模式,截至目前并没有学者研究共享经济对居民主观幸福感的影响效果和影响机制。鉴于此,本章基

---

① 数据来自《中国共享经济发展报告》。

于 2018 年度中国家庭追踪调查（China Family Panel Studies, CFPS）数据，系统性地考察我国共享经济发展对居民幸福感的影响。通过系统的分析研究，量化共享经济对幸福感的影响，为共享经济的发展和居民幸福感的提升提供建议。

7.1.2　研究意义

1）理论意义

经济因素是影响幸福感的重要因素之一，但目前相关研究大多局限于金融因素如家庭资产配置、金融消费等对居民幸福感的影响。关于共享经济的研究也主要集中在共享经济的商业模式与经济利益，尚未有从微观角度分析共享经济发展所引发的社会效益，尤其是共享经济对居民幸福感的影响的研究。因此，本章基于共享经济视角，系统性地分析共享经济对居民幸福感的影响情况，有助于完善现有研究。

2）现实意义

本章首先对我国区域共享经济发展水平进行衡量，从而对我国的共享经济发展状况有更深入的认知；然后建立回归模型对共享经济与幸福感之间的影响情况进行实证检验，识别出我国共享经济发展影响居民幸福感的机制；最后提出相应建议，以期提高我国居民的幸福水平。

综上，本章系统性地分析了共享经济发展对我国居民主观幸福感的影响，作为对现有研究的补充。

7.1.3　国内外研究文献综述

1）幸福感研究综述

关于主观幸福感的精确测量，目前学术界还没有统一的标准。在居民主观幸福感的相关文献中，对于幸福感的研究主要包括幸福感的定义与测度、幸福感的影响因素。

（1）幸福感的定义与测度

现有研究对幸福感的定义主要基于两个理论，分别是快乐论与实现论。前者关于幸福感的研究以主观幸福感为主；后者则比较重视自我实现的心理幸福感。目前的研究主要基于快乐论，如 Diener 把个体将实际生活与预期生活进行对比后形成的主观心理状态定义为主观幸福感。

现行的幸福感调查主要基于问卷进行,根据被调查者的回答对其幸福感水平进行测度。近几年,有关幸福感的调查逐渐增多,国内主要有中国综合社会调查(Chinese General Social Survey,CGSS)、中国家庭追踪调查(CFPS)等。由于被调查者为个体与家庭层面,不同群体在幸福感上的表现不尽相同。

根据调查问题进行分类,幸福感调查可分为两种。第一种是直接型调查,要求被访问者对"觉得自己在多大程度上感到幸福"在一定范围内进行打分,分值越高,则主观幸福感水平越高。第二种是间接型调查,将主观幸福感分几个维度再进行测算,相关问题包括"情绪""工作满意度""健康状况"和"生活满意度"等。

目前多数学者主要采用直接型调查。陈屹立基于直接型调查,发现非正规的家庭负债行为对幸福感有负向影响。黎海燕基于直接型调查得出结论:幸福感会促进家庭参与商业保险,同时减少家庭对股票的持有。

(2) 幸福感的影响因素

对相关文献进行梳理发现,能使主观幸福感发生变化的因素大致可分为三类:一是经济因素,包括收入、消费、就业等;二是政府因素,包括社会保障、政府支出等;三是家庭因素,包括户籍、子女情况等。

在经济因素方面,罗楚亮从就业视角,分析使居民幸福感产生变化的指标,认为在收入预期满足存在差异的情况下,与城市居民相比,农村居民的幸福感相对更高。此外,罗楚亮还发现收入可以改善居民的主观幸福感。赵新宇等人发现,居民绝对收入和主观幸福感的影响关系是倒"U"型,而不是线性的。胡荣华等人检验了主观幸福感各影响因素的影响程度,发现消费的影响低于收入,但对于低收入和低教育群体,消费对其幸福感的影响更大。傅联英研究了信用卡支付对居民的主观幸福感的影响,结果显示,信用卡的使用会增加人们的消费意愿和消费行为,从而使他们的主观幸福感下降,特别是在中西部和农村地区。饶育蕾对家庭享乐性消费对居民的幸福感效应进行了研究,发现有显著的正效应,并且在收入差距较大的地区和收入较高的地区,这种效应更为显著。

在政府因素方面,Kim等人发现,政府治理水平对居民幸福感的影响在一定程度上与经济增长有关。陈刚等人发现,优秀的政府能够通过一系列措施增加居民对制度的信心,包括经济增长、收入分配等,从而改善居民幸福感。胡洪曙等人发现，增加的政府支出可以在一定程度上改善居民的幸福感。姜扬等人就政府管理对人民主观幸福感的影响进行研究，发现提升居民幸福感的重要手段之一是提高政府治理水平，包括提高政府行政效率、提升监管质量等。

在家庭因素方面，李涛等人发现，居民自有住房的产权越大，居民越容易感到快乐与幸福。穆峥等人研究发现，生育子女会增加父亲对未来的预期，同时通过提高母亲的生活满意度和沟通水平可提升母亲的幸福感。陶涛等人发现，当男性在家庭中的工作地位比女性高时，整个家庭的幸福感会有一定提升。

2）共享经济研究综述

共享经济，也称分享经济，这个概念形成于1978年。学者们将共享经济商业模式描述为协同消费，即通过第三方市场平台，个体间拿出闲置资源进行交换，并由此创造比原先更大的价值的一种消费模式。随着共享经济商业模式不断创新，它涵盖了从交通、旅游、住宿到娱乐等20余个领域，各领域间差异较大，使共享经济研究的难度大增。

目前对于共享经济的研究基本聚焦于三个方面，分别是共享经济的内涵、影响和发展水平测度。

（1）共享经济内涵的研究

Botsman等人强调这种模式不要求参与者拥有产品和服务，并分析了共享经济出现的原因，最后讨论了其在消费领域的表现。Wosskow认为共享经济是"一个在线平台，可以在人与人之间进行资源和技术使用权的共享"。张玉明等人强调，作为一种新型开创性模式，共享经济模式由需求方、供给方和第三方共同参与，克服了传统封闭创新模式中资源约束的不足。周邦平从供给方、需求方与平台方在共享经济模式中的功能与地位入手，认为共享经济的内涵在于去中介化和再中介化，并对共享经济的商业模式进行研究。

（2）共享经济影响的研究

Munkøe认为，共享经济对社会有正向影响，主要包括：参与者的效用提升、对社会产生积极的外部性、优化资源配置等，并为监管问题提出建议。秦海涛研究认为，共享经济对社会存在正向影响，同时也存在问题。正向影响在于共享经济商业模式的普及促进了竞价的高速增长；问题主要来自监管的缺陷以及传统经济的抵制。宋逸群等人认为，共享经济对个人、企业、行业和社会都有重要影响：共享经济具有实现每个人都是创造者的可能性；对于企业而言，它将打破垄断,实现双赢发展的商业生态系统;指导产业结构优化。刘根荣提出,发展共享经济可以在促进企业职能转变、服务更新、促进产业竞争、引导生产改革、增加灵活就业等方面发挥正向作用。孙岩等人从就业特征出发,研究共享经济的出现对"独立工人"群体就业的影响情况,探索"独立工人"福利体系。任朝旺探究共享经济对城市系统的影响,从面对不确定性的"韧性"角度,分析共享经济影响城市韧性的机制与影响程度。

(3) 共享经济发展水平测度的研究

Vaughan等人将共享经济划分为五大行业——金融、交通、住宿、家庭需求服务和专业技能,并以各行业的交易量表示该行业的发展程度,用于衡量共享经济市场规模。万东华等人分析了共享经济数据统计的现状,从交易主体、交易内容等不同角度分析共享经济核算前景。平卫英等人提出了共享经济规模测算框架,重点在于企业的经济活动。曾冰等人构建了共享经济发展指标体系,提出了四个维度,分别为公共服务、生存条件、消费收入和绿色经济。杨奎奇等人以江苏省为例,从具体的共享经济模式入手,包括共享空间、共享交通、共享服务等,基于具体数据分析共享经济的发展程度。樊自甫等人从经济发展、基础设施和社会进步三个维度搭建了共享经济发展指标体系。

7.1.4 研究内容与思路

本章围绕共享经济对居民幸福感的影响这一主题,以中国家庭追踪调查(CFPS)2018年截面数据为研究对象,基于需求层次理论和包容性增长理论,对共享经济对居民幸福感的影响机制进行分析,并进一步通过实证分析具体研究我国共享经济发展对居民幸福感的影响,大致思路如下:

第一,通过对国内外居民幸福感和共享经济的相关文献的梳理,总结目前学者研究的现状和不足,确定本章研究方向。

第二,展示我国共享经济发展概况和居民幸福感变化情况,阐述共享经济影响居民幸福感的理论基础,并更深入探讨共享经济对居民幸福感的影响机制。

第三,选取共享经济与居民幸福感的衡量指标,选择影响居民幸福感的微观与宏观控制变量,使用回归模型对共享经济与幸福感之间的影响关系进行实证检验。

第四,结合实证检验结果,对共享经济的发展和居民幸福感的提升提出参考建议。

本章研究的技术路线如图7-1所示。

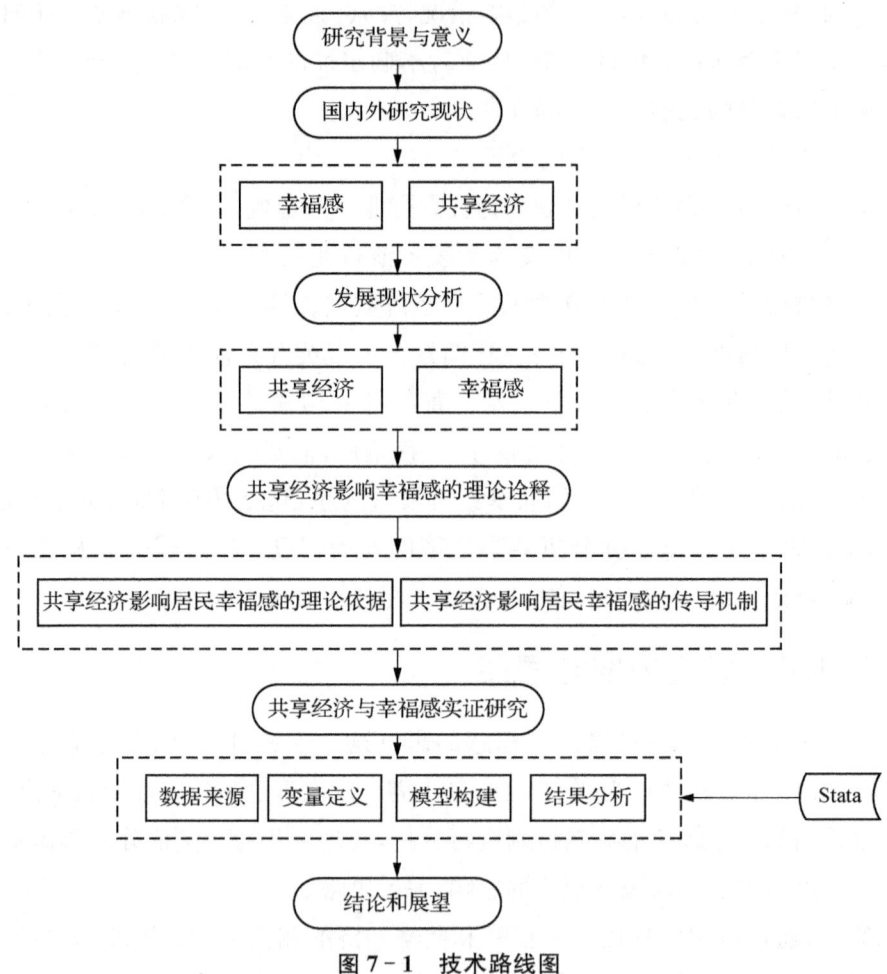

图7-1 技术路线图

本章的研究内容包括:

(1)对我国目前的居民幸福感状况和共享经济情况进行分析。首先,从共享经济发展的一般情况,包括共享经济的整体发展情况和各领域的发展概况,对共享经济发展状况进行描述性分析。其次,基于调查数据,对居民幸福感变动情况进行描述。

(2)共享经济影响居民幸福感的理论诠释。首先,介绍共享经济影响居民幸福感的理论依据。其次,对共享经济对居民幸福感的影响机制进行阐述。最后,提出本章研究假设。

(3) 共享经济发展水平影响居民幸福感的实证研究。首先,对共享经济发展水平进行测度。然后,选取影响居民幸福感水平的控制变量,建立基础回归模型、中介效应模型进行异质性分析,并对回归结果进行分析。最后,进行模型的内生性讨论和稳健性检验,验证结论的可靠性。

(4) 研究结论与展望部分总结全文研究,提出对策建议,并指出研究创新点、不足与展望。

7.2 共享经济与居民幸福感发展现状分析

在上文对共享经济内涵、影响和发展水平测度研究综述的基础上,本节主要描述我国共享经济的发展概况和居民幸福感变化情况,为后文共享经济发展水平测度和实证分析提供事实依据。

7.2.1 我国共享经济发展概况

1) 我国共享经济整体发展概况

(1) 发展阶段

共享经济在我国的发展可以分为四个阶段。一是雏形阶段(2008年之前),受网络浪潮的影响,国内的网络行业开始发展,猪八戒等网络服务平台开始出现。二是起步阶段(2009—2012年),滴滴出行、陆金所、途家网等共享经济公司在各个行业大量涌现。三是成长阶段(2013—2018年),在此期间,共享经济的公司数量和市场规模都在快速增长,具有代表性的公司的影响力快速扩张,一些公司已经进入了国际化的进程。四是平稳发展阶段(2019年至今),共享经济市场交易规模增速大幅下滑,共享经济公司更加重视发展质量,而不是仅仅追求扩张速度。

(2) 发展概况

分析表7-1可知,2017—2021年,我国共享经济市场规模逐年增加。伴随着2020年初新冠疫情暴发,共享经济市场受到一定程度的影响,虽然我国共享经济市场交易额仍保持逐年增长态势,但增速相对平缓。

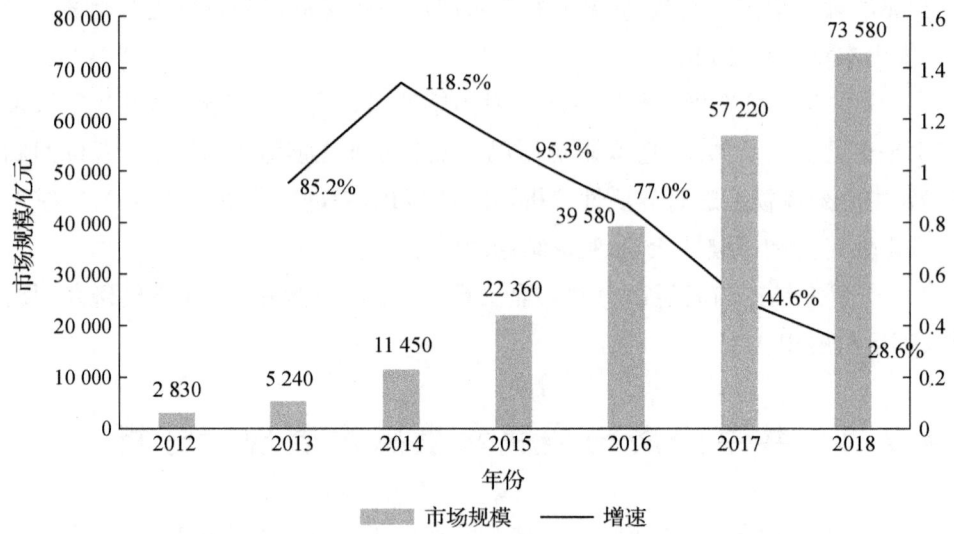

图 7-2 2012—2018 年我国共享经济市场规模和增速
数据来源：艾媒数据中心

2017—2021 年共享经济的直接融资规模先下降后上升，原因可能是 2019 年共享经济发展受到了互联网领域整体融资规模下降的影响。但 2020 年共享平台企业规模的扩大，激发了公司上市和融资的需求，同时也意味着共享经济将从前几年的指数型增长转向平稳慢速增长，整个共享经济发展将进入新常态。

表 7-1 我国共享经济发展情况

年份	交易规模/亿元	直接融资规模/亿元	平台企业员工数/万人	参与人数/亿人
2017	20 772	1 941	556	7.0
2018	29 420	1 490	598	7.6
2019	32 828	714	623	8.0
2020	33 773	1 185	631	8.3
2021	36 881	2 137	—	—

注：数据来源于国家信息中心。

2017—2020 年共享平台企业员工数和参与人数逐渐增加，在一定程度上对提高就业率有正向作用。共享平台企业可以通过提供本行业的就业机会，和产业链上下游的就业机会，促进新型就业形态的形成。

2) 共享经济细分领域发展概况

(1) 共享经济分类

共享经济是一种新型商业模式，业务范围涉及多个领域，很难按照传统的产业分类标准来进行分类和统计。为了更精确地反映我国共享经济发展的规模，参考各机构以不同标准对共享经济进行分类的情况如表7-2所示。

表7-2 共享经济类型划分

划分角度	类型
用户需求	出行(滴滴、摩拜)；住宿(自如、Airbnb)；就医(丁香医生、挂号网)；贷款(人人贷)
分享对象	出租使用权(滴滴、自如、wework、共享雨伞)；置换所有权(咸鱼、人人车、爱回收)；提供服务(美团跑腿、知乎、微医)
交易主体	共享平台：连接供需双方的中介机构 供给方：通过共享平台分享闲置资源的使用权 需求方：通过共享平台获取服务或资源
交易组织模式	个人对个人(C2C)；企业对企业(B2B)；企业对个人(B2C)；个人对企业(C2B)

(2) 共享经济细分领域市场结构

《中国共享经济发展报告》将共享经济市场划分为七个领域，各细分领域市场规模见表7-3。观察表7-3可知，共享经济领域交易中的生活服务和生产能力规模市场最大，是其他细分市场的3到10倍。

表7-3 共享经济细分市场交易规模

单位：亿元

	2017年	2018年	2019年	2020年	2021年
交通出行	2 010	2 478	2 700	2 276	2 344
共享住宿	120	165	225	158	152
知识技能	1 382	2 353	3 063	4 010	4 540
生活服务	12 924	15 894	17 300	16 175	17 118
共享医疗	56	88	108	138	147
共享办公	110	206	227	168	212
生产能力	4 170	8 236	9 205	10 848	12 368
总计	20 772	29 420	32 828	33 773	36 881

注：数据来源于国家信息中心。

从居民消费的角度看,2019年在共享经济产品中,我国互联网用户对共享单车和网约车的使用最为普遍。

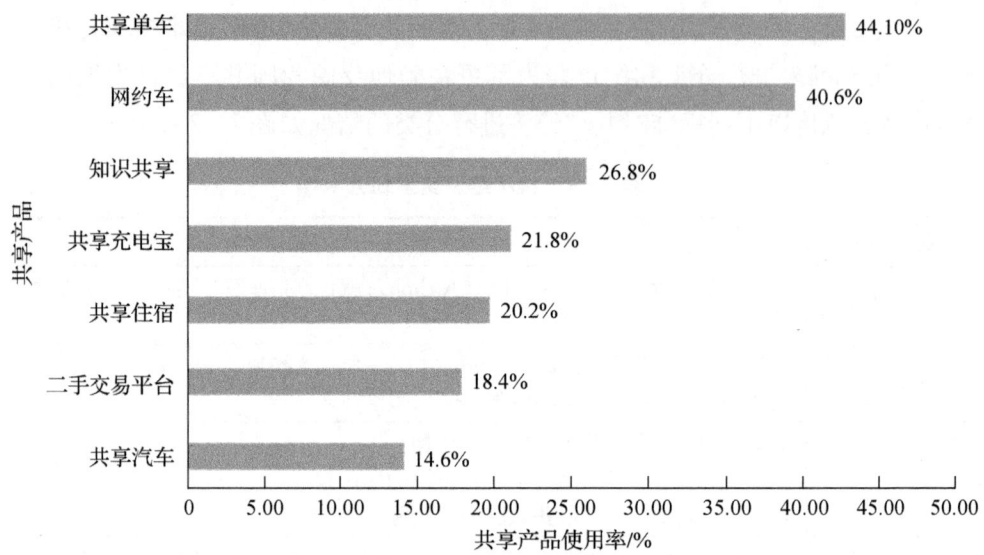

图 7-3 2019 年我国互联网用户使用共享经济产品情况调查
数据来源:艾媒数据中心

7.2.2 我国居民幸福感现状分析

国内对幸福感的研究最早开始于 20 世纪 80 年代,特点有:多数为描述性分析,缺少实证研究;数据来源于自制的调查问卷,幸福感测算具备地方特性;幸福感问题多为直接型问题而非量表测度,易受个体幸福感评判标准差异的影响。

中国综合社会调查(CGSS)是国内第一个完全基于家庭与个体问卷的综合性学术调查计划。其中 A36 模块为居民主观幸福感的调查,问题为"您觉得您的生活是否幸福?",能较好地反映我国居民幸福感水平。从调查数据中删去主观幸福感回答缺失的样本,整理得出近些年关于居民主观幸福感的调查数据情况分布,如表 7-4 所示。

7 共享经济对居民幸福感的影响研究

表 7-4 CGSS 2010—2018 年我国居民主观幸福感调查情况

主观幸福感	2010	2011	2012	2013	2015	2017	2018
非常不幸福	248	112	117	178	142	216	155
比较不幸福	905	373	866	847	686	858	784
说不上幸福不幸福	2 081	641	1 864	2 130	1 606	1 719	1 690
比较幸福	6 652	3 346	6 938	6 653	6 569	7 502	7 729
非常幸福	1 881	1 142	1 879	1 572	1 950	2 266	2 414
总样本	11 767	5 614	11 664	11 380	10 953	12 561	12 772
均值	3.77	3.90	3.82	3.76	3.87	3.86	3.90

观察表 7-4 可知,2010 年到 2018 年间我国居民总体而言偏向感到幸福,主观幸福感调查均分都超过 3.7 分。同时我国居民主观幸福感均值处于波动状态,不存在明显的增长趋势。2010 年到 2011 年上升 0.13,2011 年到 2013 年下降 0.14,2013 年到 2018 年上升 0.14,波动幅度较为稳定。图 7-4 为 2010 年到 2018 年我国居民主观幸福感在五个等级上的分布情况。观察可以得出,各主观幸福感等级的居民数量都存在一定程度的波动,但与 2010 年相比,2018 年的居民主观幸福水平有明显提升。

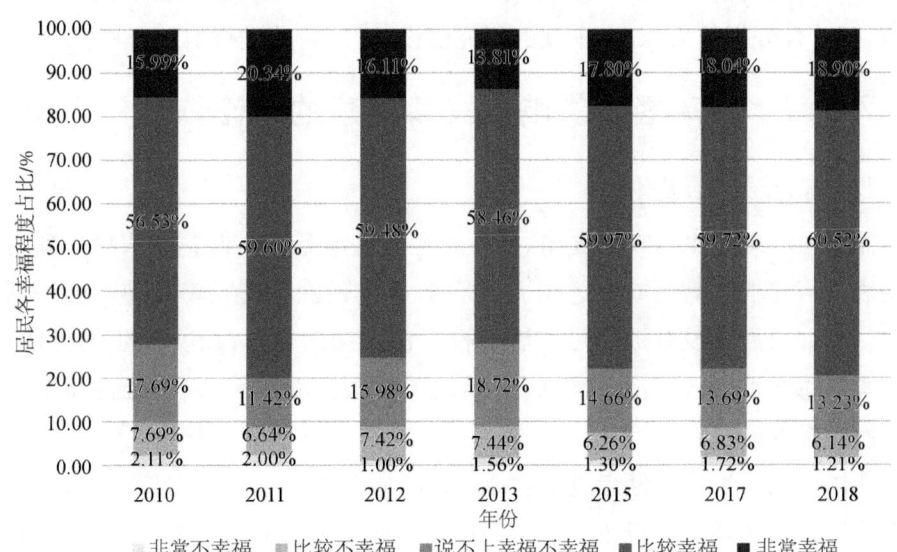

图 7-4 2010 年至 2018 年我国居民幸福感分布情况

7.2.3 小结

本节首先从我国共享经济整体发展阶段、发展概况、分类和细分领域市场结构四个部分，分析目前我国共享经济发展状况，发现整体上我国共享经济已经走过了成长期的飞速发展阶段，现在进入成熟期的平稳发展阶段。其次基于CGSS数据，分析近些年居民主观幸福感情况，发现2010年到2018年间我国居民总体比较幸福，且主观幸福感水平处于波动状态。在共享经济发展进入成长期后，即2013到2018年，共享经济规模的高速扩张趋势和幸福感的增长趋势表现出向上的一致性。因此，可以做出假设：共享经济发展水平和居民幸福感间存在一定联系，且二者之间为正向影响关系。

7.3 共享经济影响居民幸福感的理论诠释

基于上文对我国共享经济发展概况和居民幸福感现状的阐述，发现共享经济发展水平和居民幸福感间存在一定联系。本节首先引入共享经济对居民幸福感影响的理论依据，然后对共享经济影响居民幸福感的影响机理进行描述与分析，并结合分析结果，提出本文的研究假设，以便后续进行实证分析。

7.3.1 共享经济影响居民幸福感的理论依据

1) 需求层次理论

需求层次理论由马斯洛提出，他将人类的基本需求由低到高依次排列为五个层级。当需求被满足或者达成了目标时，个体的获得感与幸福感就会得到提升；相反，如果需求没有被满足或者目标无法达成时，个体就会产生消极情绪，进而幸福感水平也会降低。同时，在满足了低层次需求后，人们会进而追求更高层次需求的满足。

我国的经济发展已经走过了农业、工业、服务业三个经济阶段，目前正处在服务业经济的高峰期。过去二十年，我国经济得到了飞速发展，人民生活质量得到显著提升。目前大部分居民的低层次需求如生理需求和安全需求已经得到满足，因此他们转而追求更高层次需求的满足。共享经济也从发展初期的满足吃喝用住行等基本需求，向丰富人们的精神生活转型，如艺术共享的兴起。

在满足人们各个层次的需求中,共享经济都发挥了关键的加成作用,积极推进人民幸福感的提升。

2) 包容性增长理论

长期以来,公平和效率一直是一对矛盾体,困扰着经济发展,对应到社会生活中,就是贫困与增长。近年来,学者们的经济发展理念存在变化,从传统的经济理论逐渐向"益贫式增长"转变,更加关注经济增长对社会弱势群体的帮助效果。同时随着经济理论的完善,"包容性增长"概念被提出,认为目前发展的问题在于不公平,即收入差距扩大的原因是社会各群体发展机会的不平等。包容性增长作为一种新型经济发展概念,其关键是构建公平的发展环境和分配环境,这是保证公平与效率的可持续、协调发展,实现有效脱贫的重要方向。对于包容性增长理论的实现主要有两方面:

一方面,通过构建公平的发展环境,为弱势群体的就业和创业提供同等的机会。目的在于消除社会发展产生的排斥现象,弱化社会优势群体对社会资源的过度占有,进而逐渐扩大弱势群体的发展空间,创造经济增长的原动力。

另一方面,通过构建平等的社会分配方式和分配机制,为弱势群体谋求与非弱势群体平等的待遇及福利。在全部经济成果中,依据劳动者的贡献,保障其经济成果的分配比例,关注社会弱势群体的待遇及福利情况,进而提高整个社会群体的获得感和幸福感,实现社会包容性的有效提升。

本书研究的共享经济涉及的领域十分广泛,目前正从交通、住宿等生活服务领域向工业生产、农业生产等行业扩展,共享单车、共享住宿等都是共享经济的产物。共享经济积极推动了去产能和脱贫攻坚,在失业人员以及贫困地区的劳动力就业等方面发挥了不可替代的重要作用,极大程度地助力了包容性增长。

◆ 7.3.2 共享经济影响居民幸福感的传导机制

1) 收入影响机制

2002 年,卡尼曼提出了幸福经济学概念,以收入为主要因素来衡量人们的幸福感水平。2019 年《中国经济生活大调查》发现,影响本国居民幸福感的因素。前三位分别是收入水平、健康状况和家庭关系。其中选择收入水平的受访者比例逐年上升，2019年占比61.24%，相比上年提升了15.8%，收入逐渐成为影响幸福感的绝对因素。一般情况下，收入的增加能够提升居民的生活效用，效用的提升则可以直接提升居民的主观幸福感。

共享经济的出现在一定程度上促进了闲置资源得到更高效的利用，最直接表现在其创造了更多的就业机会。和以往相比，居民不再仅仅追求固定工作岗位，而是更多地选择灵活就业来获取收益。根据滴滴出行披露数据，2020年在滴滴出行平台注册并创收的网约车驾驶员多达1166万人，占全国第三产业就业人员的4%，其中51.5%是进城务工人员，此外还包括大量失业人员和下岗再就业工人。根据规定，我国已在就业人员数据中增加了灵活就业的相关数据，而灵活就业主要集中在第三产业服务业，这正可以解释在去产能政策实施后，我国三大产业就业人员增减趋势存在差异的现象。与2018年相比，2019年我国第一产业和第二产业就业人员分别减少了813万人和85万人，而与此同时，第三产业就业人员比2018年增加了783万人。根据以上信息可以推测，共享经济在推动就业结构变革、促进就业中发挥了重要作用。

通过共享经济，人们可以在自由平台上获取更多收入，从全社会角度看，共享经济的兴起无疑会增加居民总体收入。根据我国目前的规定，通过共享经济获得的收益，会被计入居民人均可支配收入。有研究表明，随着共享经济的发展，获益最多的是中低收入人员，表现在中低收入群体的收入增长速度明显高于高收入群体。原因可能在于中低收入群体提高收入的意愿更强，却缺少机会和资源，而共享经济的出现恰好提供了相应的工作机会。可以预测，随着共享经济进一步发展，居民收入差距将呈现逐渐缩小态势，并间接引起居民整体幸福感的提升。

2）社会福利影响机制

福利观认为，个人福利是社会福利的基础，社会福利是个人福利的总和，在一定程度上，社会总福利的提升会反过来带动个体效用的增加。

基于现有的共享经济对社会福利影响的研究结论，关于共享经济影响社会福利的原因，有以下三种观点：

其一，共享经济可以减少交易成本。共享经济通过互联网平台连通交易双方，这种精准匹配使得交易双方的成本都得到节约，增加了双方的效用，进而提高了社会福利。正如居盈通过研究得出的结论所述，共享经济同时降低供需双方的交易成本，提高了商品和服务的供需匹配效率，促进交换的帕累托改进。

其二，共享经济增加了社会总供给。共享经济通过将闲置资源进行利用，在一定程度上使产品和服务的供给增加，进而可以实现更多需求，以此提升社会福利，同时促进服务提供者和消费者的个人效用都得到提升。王维才等人通过分析得出结论：共享经济的出现优化了资源匹配，使产品和服务的价格也有一定程度的下降。曹淼孙从交易主体双方的角度入手，认为共享经济高效匹配了需求方和供给方，提升了双方效用，进而促进整体社会福利的提高。

其三，共享经济带来了消费者福利提升，进而提高社会总福利。相对于追求标准化的传统企业，共享经济能够提供更为有趣、多样的产品和服务。除了经济利益外，共享经济还能为消费者带来积极的主观感受和对社会的正面贡献，包括低碳、环保、满足个人社交需求等，这些都会提高消费者福利。

7.3.3 本章研究假设

基于国内外现有的关于共享经济和居民主观幸福感的研究，结合上文对于共享经济影响居民幸福感的传导机制分析，本章提出如下研究假设。

从消费者角度来看，共享经济可以提供多样化的商品和服务，带给消费者更好的消费体验；从供应者角度来看，共享经济使闲置资源产生价值，创造收益；从整体角度看，共享经济减少了交易双方的成本，提升了商品服务的匹配效率，居民参与共享经济可获得效用的提升。因此，提出假设一：共享经济可以提升居民主观幸福感。

共享经济的出现创造了更多的就业机会，可以通过收入的增加提升居民的生活质量，进而直接提升居民幸福感。因此，提出假设二：共享经济可以通过增加居民的收入进而提升居民主观幸福感。

由于不同群体接触到或受惠于共享经济的程度不同，共享经济对各群体幸福感的影响水平也会存在一定差异。因此，提出假设三：共享经济对居民主观幸福感的影响效果存在群体间差异。

7.4 共享经济影响居民幸福感的实证研究

首先，介绍本节的数据来源，阐述变量定义；其次，分别构建基础回归模型与中介效应检验模型;再次,结合回归结果进行进一步分析,并进行异质性分析;最后,针对模型进行内生性讨论与稳健性检验。

7.4.1 数据来源与变量定义

本章研究数据来自CFPS,即中国家庭追踪调查。CFPS对中国家庭人口和经济情况进行全面调查,覆盖中国的25个省市区,调查人口占全国总人口的95%以上,数据可基本反映全国真实情况。目前,CFPS已经拥有2010、2012、2014、2016、2018、2020共六个周期的跟踪调查数据,考虑到共享经济发展程度与居民主观幸福感调查的重叠周期为2016、2018、2020年,而2016周期数据对居民主观幸福感的调查结果缺失严重,2020年新冠疫情对居民主观幸福感影响较为复杂,最终选择CFPS 2018周期数据进行本章的实证研究。

1)被解释变量

CFPS通过问卷对被调查者个体及其家庭数据进行收集,了解我国居民的经济、生活、就业、教育情况。本章研究居民主观幸福感时使用2018年CFPS的调查问题"您觉得自己有多幸福?"的评分来衡量,0分代表最低,10分代表最高。本章对样本中居民幸福感的分布情况进行了基本统计。观察图7-5可知,整体看来,我国大部分居民感到幸福,幸福感水平高于中间值5的居民约占77%。

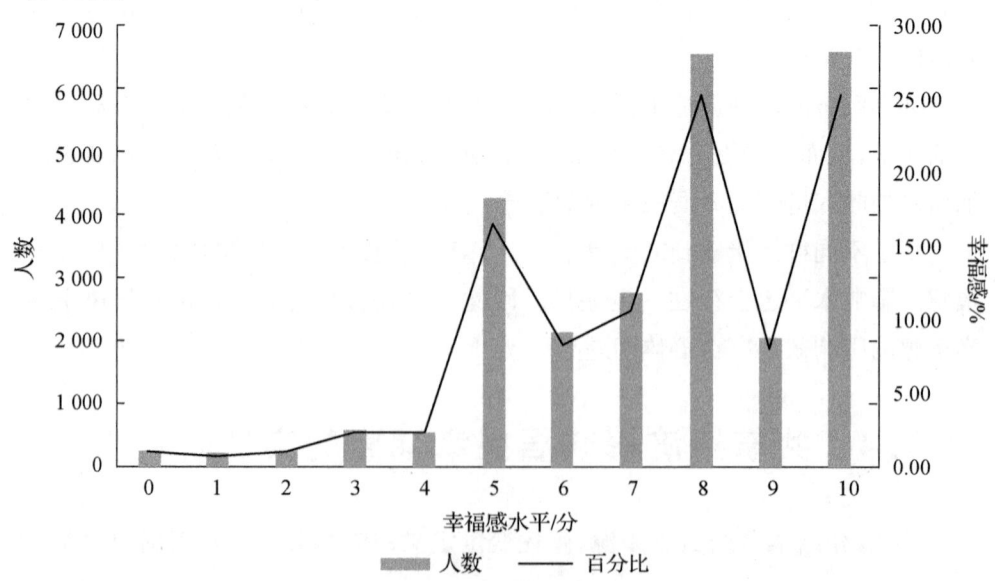

图7-5 我国居民幸福感的整体分布

2) 核心解释变量

目前并未有官方数据公布在共享经济领域中我国各省域的具体交易规模，考虑通过对总共享经济市场规模进行测算，来得到模型所需数据。本章借鉴Vaughan等人的共享经济发展水平测度方法，采用共享经济交易额来描述共享经济市场规模，进而表示共享经济发展水平。具体步骤如下：

首先，计算出我国各省区市的经济贡献率，即各地区生产总值与GDP的比率。其次，结合我国各省区市移动互联网普及率[1]与各省区市共享经济百度搜索指数[2]，对经济贡献率进行调整，得出各省市区共享经济规模比例。再次，将各省区市共享经济规模比例与总共享经济市场规模[3]相乘，得出各省区市共享经济交易规模。最后，为了排除人口数差异的影响，将各省区市共享经济交易规模除以各省区市人口数，得到最终的人均共享经济交易额，用于表示该省市区共享经济发展水平。按降序排列的具体数据如表7-5所示。

表7-5 各省区市共享经济发展水平

地区	人均共享经济交易额/元	地区	人均共享经济交易额/元	地区	人均共享经济交易额/元
北京	12 156.93	山东	5 323.77	宁夏	3 979.53
上海	11 711.90	陕西	4 902.45	青海	3 768.22
江苏	8 882.97	安徽	4 505.66	山西	3 667.94
天津	7 777.43	辽宁	4 410.23	吉林	3 646.74
福建	7 587.95	湖南	4 407.36	云南	3 573.76
浙江	7 442.72	四川	4 150.12	内蒙古	3 522.20
广东	6 515.13	新疆	4 091.53	西藏	3 520.77
湖北	5 716.54	河北	4 074.91	贵州	3 233.45
重庆	5 493.98	江西	4 051.67	广西	3 193.65
河南	5 364.25	海南	4 025.22	黑龙江	3 108.06
				甘肃	2 593.73

---

[1] 数据来自《2018年中国互联网发展报告》。
[2] 数据来自百度指数官网。
[3] 数据来自艾媒咨询《2018年中国共享经济行业全景研究报告》。

3) 控制变量

除核心解释变量外，居民主观幸福感还受微观异质性和宏观经济变量的影响。参考以往幸福感的相关研究，本章选取的微观控制变量为表7-6中从性别到婚姻状况共10个指标；以政府民生支出作为宏观控制变量，民生支出的衡量采用政府财政在教育、文化体育、社会保障和医疗这四个方面的总支出的对数值。为消除人口因素的影响，本章采用人均民生支出。主要变量的定义和描述性统计见表7-6。

表7-6 变量定义和描述性统计

变量名称	变量定义	均值	标准差	最小值	最大值
幸福感	0~10表示从非常不幸福到非常幸福	7.46	2.18	0.00	10.00
共享经济发展水平	人均共享经济交易额对数化处理	8.40	0.39	7.86	9.40
性别	男=1,女=0	0.49	0.50	0.00	1.00
年龄	岁	49.04	15.59	17.00	95.00
工作状态	在业=1,失业或退出劳动力市场=0	0.75	0.42	0.00	1.00
宗教信仰	有=1,无=0	0.03	0.17	0.00	1.00
受教育年限	年	7.79	4.85	0.00	23.00
健康状况	0~4表示从不健康到非常健康	1.91	1.22	0.00	4.00
人情支出	家庭人情支出(元)对数化处理	7.28	2.46	0.00	11.98
是否有房产	有=1,无=0	0.21	0.41	0.00	1.00
户籍	农业户口=1,非农业户口=0	0.73	0.44	0.00	1.00
婚姻状况	在婚=1,未婚/离异/丧偶=0	0.82	0.37	0.00	1.00
人均民生支出	人均民生支出(元)对数化处理	8.58	0.22	8.30	9.54

结果显示，样本中居民幸福感的平均值为7.468，居民普遍感到比较幸福。同时共享经济发展水平的均值为8.404，接近最小值与最大值的均值，表明共享经济发展分布较为对称。

为保证数据分析结果的可靠性，需进行多重共线性检验。表7-7是变量的多重共线性检验结果，可以看出各变量的方差膨胀因子(VIF)都处于1到2之间，远小于10。因此，整体来说，本章选取的指标不具有共线性。

表7-7 共线性检验结果

变量名称	VIF	1/VIF
年龄	1.714	0.583
受教育年限	1.703	0.587
户籍	1.346	0.743
共享经济发展水平	1.297	0.771
人均民生支出	1.28	0.781
工作状态	1.242	0.805
健康状况	1.113	0.899
性别	1.092	0.916
婚姻状况	1.08	0.926
是否有房产	1.05	0.952
人情支出	1.048	0.954
宗教信仰	1.004	0.996

在回归前首先进行pearson相关系数矩阵的检验,结果见表7-8。结果表明,共享经济发展与居民幸福感二者表现为显著的正相关,与预期假设一致。但考虑到相关系数矩阵仅衡量双变量之间的关系,未排除控制变量以及潜在变量的干扰,故结果仅供参考,具体关系还需进一步进行回归分析来判定。

7.4.2 实证结果分析

1) 基础回归模型构建与基础结果分析

本章构建了由共享经济发展水平、微观异质性和宏观经济变量等影响因素构成的幸福感模型,计量模型如下:

$$Happiness_i = \alpha Sharing\_economy_i + \beta Micro_i + \gamma Macro_j + \varepsilon_{ij} \quad (7.1)$$

式中,下标i表示个体,下标j表示省份;$Happiness_i$表示个体i的幸福感,$Sharing\_economy_i$表示个体i所在省份的共享经济发展水平;$Micro_i$表示微观个体控制变量集合;$Macro_j$表示宏观控制变量即政府民生支出;ε表示随机误差项。

为了便于分析回归结果,本章在基础回归分析部分使用能直观解释回归系数的OLS(Ordinary Least Squares,最小二乘法)回归模型进行逐步回归估计。回归结果如表7-9所示。

表7-8 变量相关性分析结果

	幸福感	共享经济发展水平	性别	年龄	工作状态	宗教信仰	受教育年限	健康状况	人情支出	是否有房产	户籍	婚姻状况	人均民生支出
幸福感	1												
共享经济发展水平	0.034***	1											
性别	−0.007	−0.004	1										
年龄	0.042***	0.067***	0.006	1									
工作状态	−0.040***	−0.100***	0.168***	−0.333***	1								
宗教信仰	0.011*	−0.003	−0.038***	0.046***	−0.036***	1							
受教育年限	0.039***	0.139***	0.165***	−0.482***	0.107***	−0.035***	1						
健康状况	0.184***	−0.009	0.094***	−0.292***	0.177***	−0.011	0.180***	1					
人情支出	0.053***	−0.033***	−0.007	−0.101***	0.073***	−0.013***	0.097***	0.045***	1				
是否有房产	0.041***	0.122***	0.006	−0.029***	−0.018**	−0.007	0.132***	0.027***	0.115***	1			
户籍	−0.065***	−0.234***	−0.016**	−0.059***	0.199***	−0.003	−0.346***	0.012***	−0.040***	−0.126***	1		
婚姻状况	0.058***	−0.017***	−0.022**	0.209***	0.033***	−0.004	−0.135***	−0.068***	0.089***	0.031***	0.019***	1	
人均民生支出	−0.006	0.425***	0.004	0.053***	−0.102***	0.011*	0.066***	−0.038***	0.035***	0.030***	−0.248***	−0.029***	1

注:*、**、***分别表示在10%、5%、1%的水平下显著。

7 共享经济对居民幸福感的影响研究

表 7-9 中,第(1)列将居民主观幸福感和共享经济发展水平进行回归。从回归结果可以看出,共享经济发展水平在 1% 显著性水平下对居民主观幸福感有正向影响,并且具有较大的回归系数。以人均共享经济交易额衡量的共享经济发展水平指标每上升 1%,居民主观幸福感将会因此提高 0.186,可见共享经济发展是影响我国居民主观幸福感的关键因素之一。

表 7-9 共享经济对居民主观幸福感的影响:逐步回归估计结果

变量名称	(1) 幸福感	(2) 幸福感
共享经济发展水平	0.186***	0.104***
	(0.03)	(0.04)
性别		−0.122***
		(0.03)
年龄		0.015***
		(0.00)
工作状态		−0.214***
		(0.04)
宗教信仰		0.098
		(0.08)
受教育年限		0.021***
		(0.00)
健康状况		0.393***
		(0.01)
人情支出		0.039***
		(0.01)
是否有房产		0.087***
		(0.03)
户籍		−0.178***
		(0.03)
婚姻状况		0.303***
		(0.04)

续表 7-9

变量名称	（1）幸福感	（2）幸福感
人均民生支出		−0.266***
		(0.06)
样本量	26 010	25 244

注：*、**、***分别表示在10%、5%、1%的水平下显著。

表7-9中，第（2）列是在第（1）列的基础上加入其他控制变量，包括宏观和微观两部分。回归结果表明在加入个体特征和宏观经济特征后，共享经济发展水平同样可以在1%的水平下显著提升居民幸福感。微观控制变量的实证估计结果大部分和现有文献结论一致。男性居民的幸福感水平比女性低，这是因为男性在家庭生活中所承受的压力和社会责任比女性更重更高，降低了他们的幸福感，这与王宇航的研究结论一致。工作状态对居民幸福感有负向显著性，原因可能在于，虽然就业增加了收入，但是可能由于就业挤压了家庭生活所需时间而带来了较大压力，进而降低了居民幸福感；同时非工作状态中包含部分退休人士，没有工作压力又有退休金收入的情况下更容易获得较高的幸福感，这与朱健齐等人的研究结论一致。健康状况和婚姻状况均在1%的水平下显著正向影响居民幸福感，且对幸福感有相对较大的影响系数，表明居民健康程度越高，幸福感越强；同时未婚、离异或丧偶会显著降低幸福感，这与唐梓期的研究结论一致。农业户口居民比城镇居民有更低的幸福感，原因在于农村居民在收入水平、生活保障、就业机会等方面相对更劣势，进而使他们的幸福感相对较低。同时，人情支出、房产状况、年龄与受教育年限都在1%的显著性水平下以较小的影响系数正向影响我国居民的主观幸福感。值得注意的是，政府的民生支出对居民主观幸福感有负向显著性，这可能是由于本研究采取了截面数据，民生支出较高的地区，居民的生活水平原本就相对较高，对政府服务要求也更高，因此幸福感评分标准更严格，评分相对更低。

2）影响机制检验

（1）中介效应模型构建

相对于基础回归分析，中介效应检验可以进一步深入分析变量间的作用过程和机制。本研究的中介效应可以表述为：共享经济通过影响居民收入进而影响居民主观幸福感。中介效应模型构建如下：

$$\text{Happiness}_i = \alpha_0 \text{Sharing\_economy}_i + \beta_0 X_i + \varepsilon_i \quad (7.2)$$

$$\text{Medium}_i = \alpha_1 \text{Sharing\_economy}_i + \beta_1 X_i + \varepsilon_i \quad (7.3)$$

$$\text{Happiness}_i = \alpha_2 \text{Sharing\_economy}_i + \gamma \text{Medium}_i + \beta_2 X_i + \varepsilon_i \quad (7.4)$$

式中，下标 i 表示个体，Happiness 表示幸福感，Sharing_economy 表示共享经济发展水平，X 表示控制变量集合，Medium 表示中介变量，ε 表示随机变量。

本章采用逐步分析法检验中介效应，公式(7.2)为共享经济对居民幸福感的总效应模型；公式(7.3)为共享经济对中介变量的影响效应；公式(7.4)为将中介变量对居民幸福感的影响加入后，共享经济对居民幸福感的直接影响。依次检验法的检验流程如图 7-6 所示。

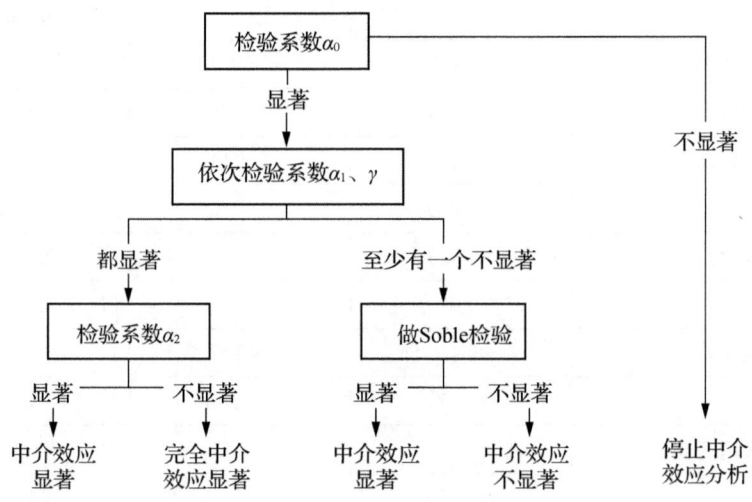

图 7-6 中介效应检验流程

(2) 收入层面中介效应检验结果分析

检验结果见表 7-10，表中的(1)(2)(3)列分别对应中介效应检验公式(7.2)、公式(7.3)、公式(7.4)。首先，检验系数 α_0 的显著性，观察第(1)列的结果可知，共享经济在1%的水平下显著正向影响居民幸福感。其次，检验系数 α_1 的显著性，即检验共享经济对中介变量收入的影响效应，基于第(2)列的结果可知，共享经济可以在1%的水平下显著提高居民的收入。再次，检验系数 γ 的显著性，即中介变量收入对幸福感的影响，第(3)列的结果显示，收入可以显著提高居民幸福感。最后，检验系数 α_2 的显著性，观察第(3)列可知，在加入中介变量收入后，共享经济依旧在10%的显著性水平下正向影响居民幸福感，说明居民收入为部分中介效应。

因此,根据上面的中介效应检验流程,系数 α_0、α_1、γ、α_2 同时显著,总结得出:居民收入水平是共享经济影响居民幸福感的部分中介效应。也就是说,共享经济可以增加居民收入水平,进而提升居民主观幸福感。

表 7-10 收入层面中介效应检验结果

变量	(1) 幸福感	(2) 收入	(3) 幸福感
共享经济发展水平	0.131***	0.543***	0.075*
	(0.04)	(0.02)	(0.04)
收入			0.102***
			(0.01)
性别	−0.083***	−0.092***	−0.073**
	(0.03)	(0.02)	(0.03)
宗教信仰	0.145*	0.011	0.144*
	(0.08)	(0.04)	(0.08)
受教育年限	−0.006*	0.057***	−0.012***
	(0.00)	(0.00)	(0.00)
健康状况	0.338***	0.067***	0.331***
	(0.01)	(0.01)	(0.01)
人情支出	0.025***	0.117***	0.013**
	(0.01)	(0.00)	(0.01)
是否有房产	0.084***	0.417***	0.041
	(0.03)	(0.02)	(0.03)
户籍	−0.329***	−0.378***	−0.291***
	(0.03)	(0.02)	(0.03)
婚姻状况	0.395***	0.222***	0.372***
	(0.04)	(0.02)	(0.04)
人均民生支出	−0.225***	0.050	−0.230***
	(0.07)	(0.04)	(0.07)
样本量	23 105	23 105	23 105

注:*、**、*** 分别表示在 10%、5%、1% 的水平下显著。

3) 异质性分析

前文的分析证实,共享经济发展能够有效提升居民的主观幸福感。进一步需要研究的是,针对不同群体,共享经济发展水平对其幸福感的影响程度。

(1) 不同资产样本异质性分析

本研究将样本按照居民家庭资产情况分为高资产、中资产、低资产三个居民群体,考察共享经济发展水平对居民主观幸福感的异质性情况,结果见表7-11。

表7-11 不同资产样本异质性回归结果

变量	高资产	中资产	低资产
共享经济发展水平	0.023	−0.043	0.203***
	(0.06)	(0.07)	(0.08)
性别	−0.063	−0.082*	−0.086
	(0.04)	(0.05)	(0.05)
宗教信仰	0.099	0.030	0.285*
	(0.13)	(0.14)	(0.15)
受教育年限	−0.022***	−0.010*	−0.003
	(0.01)	(0.01)	(0.01)
健康状况	0.326***	0.332***	0.332***
	(0.02)	(0.02)	(0.02)
人情支出	0.034***	−0.010	0.029***
	(0.01)	(0.01)	(0.01)
是否有房产	0.121***	0.012	0.035
	(0.05)	(0.06)	(0.07)
户籍	−0.313***	−0.291***	−0.263***
	(0.05)	(0.06)	(0.07)
婚姻状况	0.410***	0.312***	0.382***
	(0.06)	(0.07)	(0.07)
人均民生支出	−0.163	−0.226*	−0.184
	(0.10)	(0.13)	(0.13)
样本量	7 549	7 345	8 211

注:*、**、***分别表示在10%、5%、1%的水平下显著。

基于回归结果可知,共享经济发展水平对居民主观幸福感的影响为正,这就表明,提高共享经济发展水平可以显著提升低资产居民的主观幸福感,但却不能显著提升高资产和中资产居民的主观幸福感。原因可能在就业和消费体验两方面。就业方面,共享经济的发展创造了相当多的就业机会,尤其在第三产业服务业领域,为低收入群体与失业人员提供了大量新的收入增长点;消费体验方面,共享经济作为一种新型商业模式,优化资源配置使得交易成本大幅降低,进而使价格下降成为可能,低资产居民对价格更为敏感,可以付出更低的成本享受到同等的服务,或者以同样的成本享受更好的服务,必然会提升其消费体验。因此,应加速共享经济在下沉市场如三、四线城市的渗透率提升,服务于更多低资产群体;同时,还应推出定制化、差异化的共享经济产品或服务,提升共享经济对中、高资产群体的影响力,进而提升居民整体幸福感。

（2）不同收入样本异质性分析

为了进一步验证共享经济对居民幸福感的资产异质性产生的深层次原因,将样本按照居民收入情况分为高收入、中收入、低收入三个居民群体,考察共享经济发展水平对居民主观幸福感的异质性情况。观察表7-12中的回归结果可以发现,居民收入异质性下,共享经济发展水平对居民主观幸福感的影响情况与资产异质性一致,即提高共享经济发展水平可以显著提升低收入居民的主观幸福感,但却不能显著提升高收入和中收入居民的主观幸福感。

表7-12 不同收入样本异质性回归结果

变量	高收入	中收入	低收入
共享经济发展水平	0.071	−0.120	0.194**
	(0.06)	(0.07)	(0.09)
性别	−0.062	−0.065	−0.098*
	(0.04)	(0.05)	(0.06)
宗教信仰	0.023	0.045	0.345**
	(0.14)	(0.13)	(0.15)
受教育年限	−0.028***	−0.015***	0.004
	(0.01)	(0.01)	(0.01)

续表 7-12

变量	高收入	中收入	低收入
健康状况	0.309***	0.343***	0.335***
	(0.02)	(0.02)	(0.02)
人情支出	0.024**	0.029**	−0.002
	(0.01)	(0.01)	(0.01)
是否有房产	0.083*	−0.033	−0.010
	(0.04)	(0.06)	(0.09)
户籍	−0.326***	−0.314***	−0.136
	(0.05)	(0.05)	(0.09)
婚姻状况	0.270***	0.317***	0.492***
	(0.06)	(0.07)	(0.07)
人均民生支出	−0.193*	−0.029	−0.563***
	(0.10)	(0.12)	(0.16)
样本量	7 246	8 115	7 744

注：*、**、***分别表示在10%、5%、1%的水平下显著。

结合前文的中介效应检验结果，即共享经济可以通过增加居民收入水平来提升居民主观幸福感，可以认为共享经济主要通过增加低收入居民的收入水平来提升居民主观幸福感。

（3）城乡样本异质性分析

在我国的二元户籍制度下，共享经济的发展水平在农村与城镇存在一定差异。因此，本研究将样本按照城乡两个群体分别考察共享经济发展水平对居民主观幸福感的异质性情况，结果见表 7-13。

表 7-13 城乡样本异质性回归结果

变量	农村	城镇
共享经济发展水平	0.139***	−0.053
	(0.05)	(0.07)
性别	−0.098***	−0.052
	(0.03)	(0.05)

续表 7-13

变量	农村	城镇
宗教信仰	0.344***	0.319***
	(0.01)	(0.02)
受教育年限	0.023***	0.030***
	(0.01)	(0.01)
健康状况	0.084**	0.094*
	(0.04)	(0.05)
人情支出	0.139***	-0.053
	(0.05)	(0.07)
是否有房产	-0.098***	-0.052
	(0.03)	(0.05)
婚姻状况	0.393***	0.397***
	(0.05)	(0.07)
人均民生支出	-0.438***	0.168
	(0.09)	(0.11)
样本量	16 848	6 257

注：*、**、***分别表示在10%、5%、1%的水平下显著。

7.4.3 内生性讨论

内生性问题可能使估计结果存在偏误，影响研究结果的可靠性。本章选用共享经济百度搜索指数作为工具变量来衡量共享经济发展水平，数据来自百度指数官网。结合共享经济细分行业，筛选出有代表性的关键词共10个，分别涉及共享出行、共享住宿、共享知识、共享医疗、共享物品五大行业，以及"共享经济"这个关键词。

通过百度指数官网，搜集到2018年我国31个省市的网民搜索这些关键词的次数日均值。各地区的共享经济百度搜索指数用10个关键词的百度指数日均值之和表示，具体数据见表7-14。共享经济百度搜索指数在一定程度上反映了该地区居民对于共享经济的认知程度。搜索次数越多，居民对共享经济的认识越普遍，表明共享经济发展水平越高。

表7-14　各省区市共享经济百度搜索指数

地区	日均共享经济百度搜索指数	地区	日均共享经济百度搜索指数	地区	日均共享经济百度搜索指数
广东	29 528	安徽	5 734	云南	3 055
北京	25 980	湖南	5 621	黑龙江	2 993
上海	19 965	河北	5 449	吉林	2 833
浙江	16 187	陕西	5 423	贵州	2 472
江苏	15 438	辽宁	4 852	内蒙古	2 402
四川	9 630	重庆	4 771	甘肃	2 173
山东	9 512	天津	4 471	海南	2 012
湖北	8 210	江西	4 104	新疆	1 923
河南	7 017	广西	3 531	宁夏	1 237
福建	6 828	山西	3 469	青海	871
				西藏	448

为克服回归模型中可能存在的内生性问题，使用2SLS模型进行回归。结果如表7-15所示。

表7-15　共享经济发展水平对居民主观幸福感工具变量的回归结果

变量	(1) 共享经济发展水平	(2) 主观幸福感
共享经济百度搜索指数	0.241***	
	(0.00)	
共享经济发展水平		0.111**
		(0.05)
幸福感	0.001	
	(0.00)	
性别	−0.006**	−0.122***
	(0.00)	(0.03)
年龄	0.001***	0.015***
	(0.00)	(0.00)

续表 7－15

变量	(1) 共享经济发展水平	(2) 主观幸福感
工作状态	－0.007**	－0.214***
	(0.00)	(0.04)
宗教信仰	0.008	0.098
	(0.01)	(0.08)
受教育年限	0.003***	0.021***
	(0.00)	(0.00)
健康状况	0.003**	0.392***
	(0.00)	(0.01)
人情支出	0.003***	0.039***
	(0.00)	(0.01)
是否有房产	0.026***	0.087***
	(0.00)	(0.03)
户籍	－0.004	－0.178***
	(0.00)	(0.03)
婚姻状况	－0.008**	0.303***
	(0.00)	(0.04)
人均民生支出	－0.937***	－0.272***
	(0.01)	(0.07)
常量	15.954***	7.011***
	(0.10)	(0.50)
不可识别检验		1.1e＋04***
弱工具变量检验		4.8e＋04***
样本量	25 244	25 244

注：*、**、***分别表示在10％、5％、1％的水平下显著。

从表 7－15 可知，第一阶段（第（1）列）为工具变量共享经济百度搜索指数与解释变量共享经济发展水平的回归，结果表明二者间存在显著的正相关。此外，不可识别检验和弱工具变量检验结果均显著，表明工具变量选取有效。

利用工具变量纠正内生变量的偏误结果如第二阶段（第（2）列）回归结果所

示,共享经济发展水平依然在5%的显著性水平下正向影响居民幸福感,说明在一定程度上解决共享经济内生性后,结论与前文一致。但工具变量的估计系数略高于内生变量估计量,说明内生性的存在使得共享经济发展水平对居民幸福感的影响被低估。

7.4.4 稳健性检验

基于前文的基础回归,为验证回归结果的稳健性,本小节采用Orderlogit和Orderprobit两种方法进行重新估计,回归结果见表7-16。观察结果可知,不管是采用Orderlogit还是Orderprobit估计,共享经济发展水平仍然在10%的水平下显著正向影响居民幸福感,这与前文结论保持一致,说明前文的估计结果是稳健的。

表7-16 替换估计方法的稳健性检验结果

变量	(1) ologit	(2) oprobit
共享经济发展水平	0.053*	0.033*
	(0.03)	(0.02)
性别	−0.103***	−0.058***
	(0.02)	(0.01)
年龄	0.013***	0.008***
	(0.00)	(0.00)
工作状态	−0.199***	−0.112***
	(0.03)	(0.02)
宗教信仰	0.089	0.050
	(0.07)	(0.04)
受教育年限	0.008**	0.005***
	(0.00)	(0.00)
健康状况	0.352***	0.199***
	(0.01)	(0.01)
人情支出	0.030***	0.018***
	(0.01)	(0.00)

续表 7-16

变量	(1) ologit	(2) oprobit
是否有房产	0.050*	0.033**
	(0.03)	(0.02)
户籍	−0.127***	−0.077***
	(0.03)	(0.02)
婚姻状况	0.204***	0.135***
	(0.03)	(0.02)
人均民生支出	−0.197***	−0.126***
	(0.05)	(0.03)
样本量	25 244	25 244

注：*、**、***分别表示在10%、5%、1%的水平下显著。

对于性别、人均民生支出等控制变量，其回归系数符号和显著性均与基础回归结果保持一致，同时也验证了模型的稳健性。

7.4.5 小结

本节的实证研究发现，共享经济的发展能够正向影响我国居民的主观幸福感。中介效应检验结果表明，共享经济能够通过影响居民的收入水平来提升居民主观幸福感。异质性分析结果表明，共享经济对居民主观幸福感的影响，对于不同家庭资产情况、不同收入水平、不同户籍状况的居民存在群体差异。

7.5 本章小结

7.5.1 研究结论

1）结论

本章基于2018年度CFPS数据，归纳目前中国居民主观幸福感情况，并对共享经济发展水平进行测度，实证研究共享经济发展水平与居民主观幸福感的关系，得到如下结论。

(1) 共享经济发展水平对居民幸福感存在正向影响

随着我国主要矛盾的转变,居民越发追求高层次的精神需求的满足,对自身幸福感受越发重视。通过基础回归模型结果分析,以人均共享经济交易额衡量的共享经济发展水平能显著正向影响我国居民幸福感水平,可见发展共享经济是提升我国居民幸福感的重要途径。此外,性别、年龄、工作状态、健康状况、房产状况等因素也在一定程度上对幸福感产生影响。以共享经济百度搜索指数作为工具变量,替代人均共享经济交易额衡量共享经济发展水平,结果显示内生性的存在使共享经济对居民幸福感的提升效果被低估。

(2) 共享经济可以通过增加居民收入进而提升居民幸福感

本章通过中介效应检验,明确了居民收入水平是共享经济影响居民幸福感的主要中介效应。可见,共享经济主要通过提供灵活的就业机会提高居民收入水平,进而提升居民幸福感。

(3) 共享经济对居民幸福感的影响存在群体差异

本章分别依照居民家庭资产情况、收入情况、户籍情况对样本进行分群异质性分析。结果显示,共享经济发展水平对低资产、低收入群体的幸福感提升效果比较显著,同时,对农村居民幸福感具有显著的正向影响;但是对中高收入、中高资产和城镇居民幸福感的影响则并不显著。

2) 对策建议

结合我国共享经济的发展现状和发展规划,基于本章研究结果,提出进一步促进共享经济的发展与居民幸福感提升的可行措施如下。

(1) 优化共享经济统计监测

共享经济模式与传统经济模式有较大差异,需要采用新的分类方法对其规模进行测度。对此提出如下建议:

① 对于政府,应认识到共享经济这种新兴经济的参与者分散、与传统经济业态跨界融合等特点,及时更新管理制度,完善市场秩序监管。从明确共享经济边界、改革共享经济分类方式、更新统计指标体系以及改善数据采集方式四方面完善共享经济统计方法,将共享经济各种活动都归类进现行的国民经济产业统计监控系统。

② 对于平台企业,共享经济活动主要基于网络平台,在大数据和云计算背景下,平台企业掌握了绝大多数的用户活动信息,且为了抓住用户需求,能够做

到大量的数据处理与分析。考虑到用户数据分析的效率,共享平台企业应当作为共享经济数据采集处理的主体。

综上所述,全面推进共享经济核算,应创新数据采集方式,需要构建政企分工合作的全国统一数据平台;应建立共享经济规模核算指标,以政府为主导,结合共享平台企业的业务范围,为企业提供不同的数据接口,推进政企数据融合。

(2) 促进共享经济向农村地区渗透

长期以来,在自然环境和经济基础条件的限制下,农村地区居民的幸福感总体低于城市地区居民。本章通过对 CFPS 原始数据进行统计分析也发现了同样的现象,数据显示,城镇地区居民平均幸福感为 7.70,而农村地区居民平均幸福感仅有 7.38。为实现城乡融合目标,进一步缩小城乡差距,需要重视农村地区居民幸福感的提升。前文的分析结论表明,共享经济发展可以正向影响农村地区居民的幸福感,因此,推进农村共享经济发展是提升农村地区居民幸福感的一个可行措施。

从发展历程上来看,共享经济企业会先在一、二线城市开展业务,在大城市获取一定的群众基础后,通过不断积累的经验,逐渐向二、三线城市、小城镇渗透。目前我国的共享经济发展还停留在二、三线城市阶段,同时,发展独特的"农村共享经济"也已经提上日程。例如,提供互联网线上打车服务的"通村村"农村交通出行软件的出现,极大改善了偏远山区居民的出行难困扰。农庄"共享民宿"的发展让多方受益,既拉动了当地经济发展,也带给消费者更好的旅行体验。但与此同时,农村共享经济的发展仍然存在许多问题,如农村资源整合难度大、农产品市场化进度慢、缺乏合理规划等。

面对农村共享经济发展的制约,本章提出农村共享经济发展路径如下:一方面,加大基础设施投放力度,促进农村低效利用资源、闲置资源和劳动力间的高效匹配,具体模式可包括农技共享、土地共享、人力共享、设备共享等,同时做好发展方向规划;另一方面,培育和发展农民合作社组织,加强龙头企业带动、市场带动、中介组织带动型组织建设,具体发展方向包括发展农村电商、共享农庄等。

(3) 提高共享经济发展质量

目前我国共享经济发展程度较高,但快速扩张的同时也暴露了很多问题。首先是资源浪费严重,背离了共享经济的初衷。许多平台没有经过准确调查市场需求就盲目放量,如路边随处可见共享单车、废弃自行车堆积如山,非但没有得到利用,反而造成了巨大的资源浪费。其次是现行监管体系的不适应。共享经济作为一种新型商业模式,现行法律对其缺乏明确的规制,监管上存在盲区。

上述共享经济的发展问题都会在一定程度上影响居民的共享体验,因此,有必要采取相应措施解决。首先,政府要鼓励和引导共享经济的健康发展,并提供必要的支持。比如,在共享单车方面,面对由于空间不足而随意停放的问题,政府应该合理规划城市内共享单车的停靠点,增大设置的停靠空间并提高停靠点的利用率。其次,我国应该尽快制定相应的法律、法规,可以建立行业协会组织,依托大数据平台联合执法,辅以行业协会自律监管,对共享经济进行有效的管理。

7.5.2 研究展望

1) 创新

在前人研究的基础上,本研究的创新点如下:

(1) 以往针对居民幸福感的研究的解释变量大多分布在家庭金融层面和宏观经济层面,少有研究针对发展中的新型经济模式。本研究选取使社会总福利得到提升的新兴经济模式——共享经济,研究其对微观个体幸福感的影响情况,在幸福感的研究领域具有创新性。

(2) 以往关于共享经济的研究主要集中在商业模式和利益层面,缺少从微观角度分析共享经济发展带来的社会效益的研究。本研究从居民幸福感出发,研究共享经济发展对其的影响情况,可以在一定程度上完善共享经济的研究空缺。

2) 不足

然而,本研究受到研究水平和数据的限制,仍存在一些不足:

(1) 由于共享经济兴起时间短暂和测度标准滞后,官方数据并不全面。相关指标数据的缺失给本研究对共享经济规模的测算带来阻碍。同时,受到2016年CFPS的居民主观幸福感数据缺失严重和2020年新冠疫情的影响,本研究仅对2018年的截面数据进行分析,研究结果的普适性还缺少进一步证明。

(2) 目前国内外对于共享经济测度的研究才刚刚起步,现有的统计指标体系从定义到调查方法都不能很好地反映共享经济发展的实际情况。同时在数据可得性的限制下,本研究的共享经济发展水平测算不够全面。

3) 展望

基于本研究的不足,未来研究方向及改善如下:

(1) 随着 CFPS 问卷指标逐渐完善,预计在新增消费体验情况调查模块后,可以从消费效用角度研究共享经济对居民幸福感的影响机制,进一步掌握共享经济对居民幸福感的影响机理,研究更加全面。

(2) 进一步完善共享经济发展水平测度指标体系。随着未来共享经济统计标准的改进,可以获取更多维度的共享经济相关数据,建立全面详尽的共享经济指标体系。

应用研究篇

Application Research

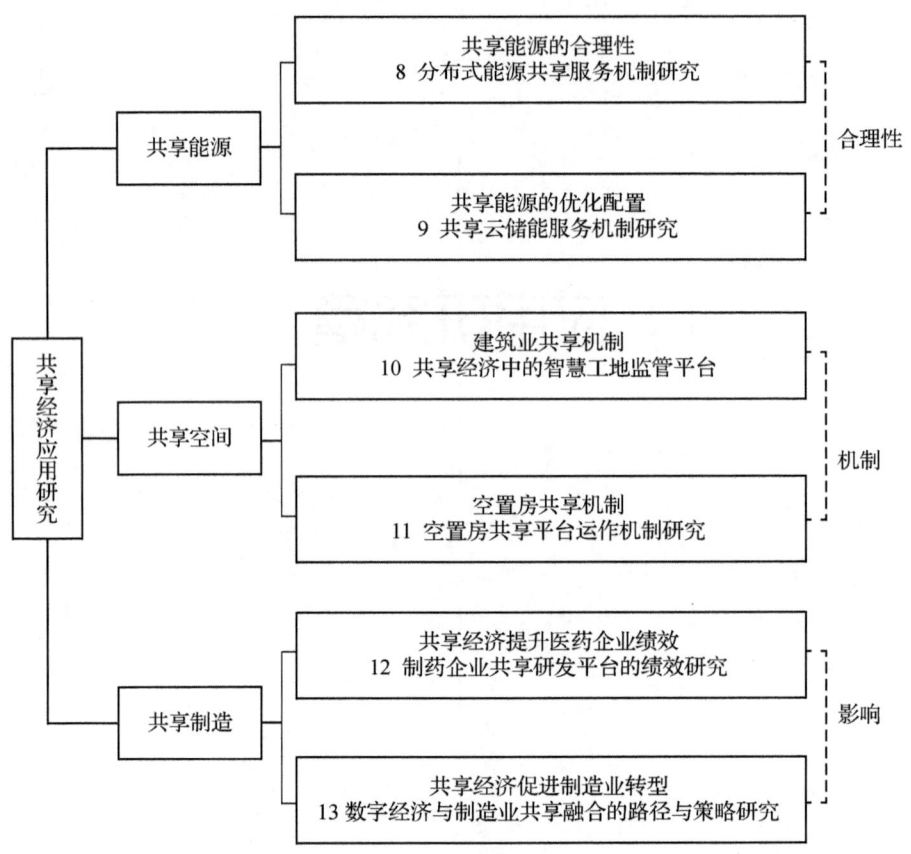

8 分布式能源共享服务机制研究

8.1 引言

8.1.1 研究背景

随着我国经济的不断发展，对电力的需求量也不断上升。然而，随着环境污染问题日益受到重视以及对未来化石燃料可能存在的枯竭问题的担忧，人们开始关注对环境影响更小且可再生的清洁能源，并不断探究更高效的能源利用方式。因此，可以将储能电池、太阳能、风能等清洁能源综合输入系统并合理分配利用的分布式能源（Distributed Power, DP）被认为是减少环境污染、缓解气候变化问题以及提高能源利用率的有效方式。由于分布式能源具有以上优点，近年来，其发展极为迅速，分布式能源设备的安装率也不断上升，用户使用分布式能源设备进行发电并自行使用的新型供能方式也越来越普遍。

然而，在分布式能源迅速发展的同时，分布式能源设备仍会受到用户自身用能需求不足以及外部环境不稳定等影响因素的约束，导致在某些情况下分布式能源系统的供电能力出现闲置或者供电量冗余的现象发生，影响了整体的能源利用率，导致了资源的浪费。因此，分布式能源设备在效率上仍然存在很大的优化空间，且效益也可以进一步得到提升。在此背景下，探索分布式能源在用户侧的管理服务中的创新模式，成为目前能源领域研究中的一个重要方向。

近年来，共享经济作为一个新兴概念，其不同于传统经济模式的特点使其突破桎梏，大力发展，在国内外市场都取得了令人瞩目的成就。各种基于共享理念的商业模式如共享交通、共享住宿等也被证实具有广阔的市场前景。共享经济对资源拥有极强的优化配置能力和利用能力，能够提高资源的利用率，避免无谓的浪费和冗余,使参与者们实现互利共赢。共享经济的这些特点既与分布式能源提高能源利用率、减少环境污染与缓解气候变化的初衷不谋而合,也能很好地解决分布式能源系统目前存在的供电能力闲置与供电能力冗余等缺点,促进分布式能源的发展与进一步市场化。2017年4月25日,国家能源局与国家发改委出台了《能源生产和消费革命战略(2016—2030)》,该文件提出了新的能源发展思路,即"创新、协调、绿色、开放、共享",因此,可以预见在不久的将来,能源行业将成为共享经济的"新风口"。而分布式能源基于电力需求的灵活性与能源使用的综合性,也十分适合基于此开展共享式服务。基于上述背景,研究基于共享经济的分布式能源服务新态势,设计合理的共享能源服务方案,并设计合理的效益分配与定价方法,对于提升分布式能源的能源利用率,提升参与方的经济效益,并促进分布式能源的广泛普及具有重要意义。

为此,本章针对上述问题,拟设计分布式能源的市场化共享服务机制,并基于该服务流程研究该框架下的效益分配与定价模型,研究结果将为实现分布式能源的市场化与普及化提供有益指导。

8.1.2　文献综述

1) 共享经济的研究现状

共享经济起初被认为是亲朋好友间对资源进行分配的一种经济活动,而目前,随着许多学者对共享经济的不断研究,共享经济的概念与特点也在不断变化与发展。刘莹莹等人通过研究,认为共享经济创造价值的方式是分享闲置的资源,其中的关键在于实现资源的最优配置;张鑫龙通过研究,认为共享经济在广义上的概念是通过闲置资源的让渡获得收益,并通过对闲置资源的利用创造价值;Andruss通过研究,认为共享经济是一种通过对产品的分享和使用权的转移来获得报酬的经济活动;董成惠通过研究,认为共享经济这种商业模式利用了现代化的网络技术并以此实现资源共享;郑志来通过研究,认为共享经济是一种通过第三方的信息平台利用闲置资源的商业模式。

近几年来,共享经济取得巨大发展,逐渐得到了大众的认可,同时也逐步表现出了三个特征:(1)共享经济包括一个信息共享的优化平台,这也是共享经济的核心特点;(2)共享经济的本质是使用权的转移;(3)共享经济的表现形式是对产品的高效和重复利用。

2）共享储能的研究现状

目前,共享经济作为一个较新的概念,其在能源方面的研究尚处于起步阶段,但也已取得了初步成果。

在共享经济中,每一个个体既有可能是资源的出借方,也有可能是资源的租赁方。而在能源市场中,则体现为通过安装分布式能源设备,能源市场中的普通个体不再是过去纯粹的消费者,而是成为集生产电能与消费电能于一体的生产消费者。这一变化使得拥有分布式能源设备的生产消费者可以根据自己的需要生产电力,降低用电费用,同时可以将多余的电力投入交易市场中,使得电力市场的电价更加科学合理,也能最大化自己的分布式能源价值。这就对分布式储能服务提出了更高要求。刘静琨等人通过研究,介绍了云储能这一全新的共享储能模式,提出了云储能是一种全新的储能理念,研究了云储能的商业模式与运行机制,并基于此建立了云储能用户与提供商的交易模型及优化方法,证明了云储能是共享经济在分布式储能领域的一次具有现实意义的探索,且其提出的优化决策能有效降低云储能在运行过程中的成本。在共享储能的经济效益方面,刘继春等人研究了售电公司在共享储能的情况下储能的配置方案与投资效益,证明了储能设备能使售电公司在电价较低时购电,提升了购电的灵活性,有效降低售电公司的购电成本与购电风险,提升公司的经济效益,而共享储能则可以解决储能设备初期成本较高这一问题,降低了售电公司的投资成本,提高了投资收益与整体经济效益；王仕俊等人研究了社区的综合能源系统在共享储能的情况下的经济效益,通过建立整体系统的协同优化模型,并利用具体的算例以该模型进行有效化分析,证明在拥有共享储能的情况下,通过根据不同时段的电价选择不同的供能方式,能有效地降低用户的平均用电费用,从而提升整个社区的用电效益。上述研究通过证明共享储能在提升经济效益方面的有效性,验证了该系统的可行性。

3）分布式能源交易机制的研究现状

由于分布式能源系统中的生产者与消费者之间的界限较为模糊,大部分的分布式能源趋向于就近交易,因此其能源网络的结构呈现出无中心化的特点；而传统的能源交易系统则使用中心化的方法来统一进行交易决策与资源分配,该方法与分布式能源的特点并不匹配,且存在如易受外界攻击、维护成本较高以及安全隐私系数较低等问题,因此,新兴的分布式能源需要新技术来支撑其交易。区块链这一分布式账本具有去中心化、允许在线交易和无需第三方统一管理等特点,十分符合分布式能源交易的需求。曹萱通过研究,建立了一套基于区块链技术的分布式能源非合作竞价博弈模型,提出在该模型下分布式能源市场中竞价博弈的方法以及流程,并设计了一套行之有效的信誉机制,以此约束交易双方遵守交易的规则,提高了交易过程的可信度。鲁恒聪通过研究,提出了基于区块链技术的分布式能源交易机制,通过比较了集中式交易与分布式交易两种交易方式的优劣,得出了分布式交易在分布式能源市场中的优越性,并分析了分布式能源交易的整体流程;同时,还设计了分布式能源交易过程中的非合作博弈模型,提出通过该模型进行交易可获得最优的交易决策。

综上所述,通过对分布式能源交易机制的研究,目前提出区块链技术以其去中心化的特点,是进行分布式交易的好方法,且使用非合作博弈模型是较优的选择。

4) 多参与主体效益分配的研究现状

分布式能源的共享服务依托于多个拥有分布式能源设备的个体将设备生产的多余电能交给共享平台由共享服务商进行分配,最后也由共享服务商进行收益的分配,因此研究多参与主体的效益分配对分布式能源的共享服务的发展具有重要意义。周一凡等人通过研究提出了基于Shapley值法的调峰效益分配方法,并基于此进行了具体的算例分析,结果表明该效益分配方法可以有效反映在多个供热设备运行的情况下各个设备对电网调峰的贡献情况。谭忠富等人研究了风电与火电联合的体系以及该体系下的利润分配模型,该模型使用Shapley值法对能源互补的系统中参与发电的机组进行利润分配,研究结果表明风电与火电的联合发电系统可以减少风力资源的浪费,同时提高输电效率,降低输电成本;而基于Shapley值法的利润分配方法可以保证效益分配时的公平性,体现风电与火电在输电过程中的贡献度。王晛等人则研究了风电与电动汽车等相关的储能装置组成虚拟电厂联合运行时的情况,通过建立博弈均衡模型研究该组合进入电力市场时合作与非合作情况下的投标竞争情况,并采用Shapley值法对组合合作收益进行分配,研究结果表明风电与电动汽车聚合商的合作会降低传统发电公司的利润,但会增加风力发电商的利润,因此该组合趋向于自发进行合作以提升利润,该研究结果具有现实意义。综上所述,这些研究有效证明了 Shapley 值法可以较好地解决多参与主体情况下的效益分配问题。

8.1.3 研究内容

本章将针对分布式能源的共享服务问题开展机制与定价研究,研究将结合分布式能源分析、分布式能源共享服务机制设计和分布式能源共享服务定价模型三个方面展开,研究结果将为实现分布式能源共享服务的实践提供理论基础。

基于上述提出的问题和需要达成的目的,本章对分布式能源的共享服务进行了系统性的研究,主要内容如下:

(1) 分布式能源现状分析。对当前分布式能源的定义和发展进行分析,探究目前分布式能源相比传统能源模式具备的优点和发展优势,同时探讨分布式能源在目前发展进程中存在的问题和需要解决的发展困境。

(2) 分布式能源共享服务机制流程设计。:通过查阅资料与数据,研究现存的分布式能源案例,设计以共享经济为特点的新型分布式能源共享服务机制,在保留分布式能源相比传统能源模式具备的优势的前提下,利用共享经济的特点解决分布式能源在发展过程中遇到的一些问题。

(3) 分布式能源共享服务定价模型研究。利用建立好的分布式能源共享服务机制,建立分布式能源的交易策略并利用数学建模构建能源交易的定价模型,分析其经济效益。

本章研究的技术路线如图 8-1 所示。

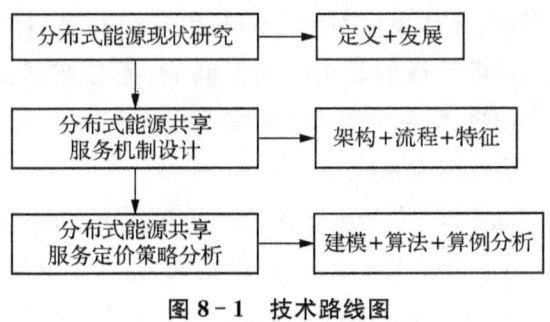

图 8-1 技术路线图

8.2 分布式能源现状研究

分布式能源利用的是分布式资源,是一种就近满足用户的能源消费需求的高效利用资源的方式。在设计分布式能源的共享服务流程之前,需要先对分布式能源有一个清晰的认知。本节将通过介绍分布式能源的定义、分类以及发展历程与发展趋势,阐明分布式能源的发展优势,展望分布式能源的未来前景,找出发展过程中需要解决的问题。

8.2.1 分布式能源的定义与分类

在国际上,各国对分布式能源的定义、术语、口径以及统计类别等都不尽相同。其中,美国能源部(United States Department of Energy,DOE)和国际能源署(International Energy Agency,IEA)等机构从技术、资源类型出发来对分布式能源进行定义。总体上,各国主要按照不同的用户类型或者容量范围来对分布式能源进行统计,但是在具体的分类以及口径上仍存在着一定的差异。

(1) 美国能源部(DOE)对分布式能源的定义为:分布式能源是一个能够产生或者储存电能的系统,该系统通常位于使用电能的用户附近,包含燃气轮机(包括微型)、内燃机发电,太阳能、生物质能、风能发电,燃料电池和相应的储能装置。

(2) 国际能源署(IEA)对分布式能源的定义为:分布式发电(Distributed Generation,DG),指的是服务当地电网或者当地用户的发电站,包括小型或者微型燃气轮机、内燃机、光伏发电系统(不包括风电)和燃料电池;分布式电源(Distributed Power,DP),指的是 DG 加上储能;而分布式能源(Distributed Energy Resource,DER),则指的是 DP 加需求侧管理,是一个能够进行需求侧管理、能量控制的综合性能源系统。

(3) 世界分布式能源联盟(World Alliance Decentralized Energy,WADE)对分布式能源(Decentralized Energy,DE)的定义为:在用电用户的当地或者附近产生电能以及热能,而不考虑项目规模的大小、采用的技术和燃料,以及是否连接电网,包括分布式的可再生能源发电以及效率较高的热电联产系统。

(4) 根据美国研究机构 Navigant Research 的规定,低于 1 MW 的光伏发电为分布式光伏,低于 0.5 MW 的风力发电为分散式风电,低于 6 MW 的天然气发电为分布式天然气。

(5) 德国 Fraunhofer ISE 研究所对分布式光伏进行了分类:0.5~1 kW 为光电建筑一体化,1~10 kW 为独立屋顶光伏,10~100 kW 为商业建筑屋顶光伏或者中小型多户住宅屋顶光伏,100~500 kW 为大型商业建筑屋顶光伏。

(6) 美国能源信息署(Energy Information Administration,EIA)对分布式光伏进行分类,将其分为居民、商业和工业三种类型。

(7) 日本将低于 10 kW 的分布式光伏分类为居民光伏,而 0.01~1 MW 则为工商业光伏。

◆ 8.2.2 分布式能源的发展

1) 分布式能源的发展现状

分布式能源在发展过程中主要经历了三个阶段,分别是热电联供阶段、分布式新能源阶段和综合能源系统阶段。在分布式能源发展的早期,分布式能源的典型形式为分布式天然气的热电联供,主要目标为提高能源的利用率;到了 21 世纪初,随着分布式能源在用电市场上的占比不断提高以及政府对环境污染、能源枯竭等因素的考虑,欧洲各国开始大力推广分布式新能源发电,且随着新能源技术的不断成熟和人们对清洁、低碳的能源的需求日益增加,分布式新能源也更加受到关注;如今,随着互联网的不断发展以及新能源技术的革新,分布式能源的发展方向主要趋向多能源互补的综合能源系统,世界各国也陆续提出建设综合能源系统的提案。

根据美国研究机构 Navigant Research 的统计,截至 2017 年,全世界的分布式电源的装机量达到了 132 GW,其中,大部分分布式电源为分布式光伏以及分布式天然气。在分布式能源的地区分布上,全球大部分的分布式能源都分布在西欧、北美和亚太地区,特别是德国、美国和日本这些发达国家。

我国的分布式能源发展起步较晚,2003 年我国开始陆续建设分布式天然气能源站,然而当时的天然气气源紧张,且装备大多需要进口,国产化程度较低,因此发展较为缓慢。2011 年,国家提出要明确天然气分布式能源的发展目标,但是 2014 年天然气的价格上升且涨幅较大,因此影响了分布式天然气项目的发展速度。截至 2018 年底,我国分布式天然气发电的累计装机容量为约 0.3×

10^7 kW,主要分布于京津冀、川渝地区与长三角、珠三角一带。

近年来,受益于光伏技术的发展,光伏发电的成本有了明显的下降,助力分布式光伏产业的快速发展,后来居上地超过了分布式天然气发电。分布式光伏发电起步于2009年,由于有"金太阳"工程的支持,分布式建筑光伏开始起步。到了2013年,受益于电价补贴政策,分布式光伏产业的发展获得有力支持,规模快速扩大。2016年开始,随着国家对光伏产业布局的调整,分布式光伏产业进入了规模化发展的新阶段。2017年,分布式光伏产业出现了爆发式增长,而到了2018年,我国开始对分布式光伏产业进行分类与管控,引导分布式光伏产业有序健康发展。截至2018年底,我国的分布式光伏发电的累计装机容量已达到5.061×10^7 kW,相比上一年增长了1.9倍;新增的装机容量则达到了1.944×10^7 kW,相比上一年增长了3.7倍,涨幅巨大。

分布式风力发电是我国发展得较晚的一类分布式能源,2011年我国才开始对分布式风电开发模式进行探索,2012年核准了18个分布式风电的示范项目。在发展过程中,受限于开发成本、当地的资源条件和当地的负荷等,分布式风电的整体规模增长较为缓慢,截至2018年底,装机容量近4.0×10^6 kW。但随着关键技术取得突破,且西部风电集中开发与2017年国家对风电的支持政策的出台,分布式风电蓄势待发,必将受到广泛的关注。

2)分布式能源的发展机遇

我国的分布式能源产业相比欧美等发达国家起步较晚,但通过合理的产业规划和各类政策的帮助,分布式能源发展速度快,发展态势迅猛。如今,分布式能源的发展迎来了许多新的发展机遇与推动因素,促进了我国分布式能源的进一步普及与推广。

(1)分布式能源技术与经济性的提升

分布式能源的技术与相应装备水平的不断提升推动了分布式能源产业不断走向成熟,使得分布式能源不再只存在于实验室与较少的试点,而能在多种场景获得广泛地运用,如社区、商圈、园区与偏远地区等。应用面的增加也使得分布式能源可以更快走向市场化,保证产业的健康发展。同时,各类系统集成技术,如微电网技术、能源互联网技术的快速发展,使分布式能源能为用户提供更多样化的电力供应,满足用户的复杂用电需求;并且随着技术与设备的进步,光伏发电与风力发电这些可再生能源发电的成本不断降低,在保证利润率的同时,分布式光伏的初始投资降低,也降低了行业准入门槛,吸引了大批投资;而发电成本的降低也使售电商可以降低电价,提升了购买分布式能源生产的电力的经济性,吸引用户利用分布式发电。这些因素共同推动了分布式能源的生产侧与消费侧的需求上升。

（2）电力体制改革形式的助推

随着国家提出电力体制改革,我国着手建立电力的市场化机制,从售电侧开始,放开对售电侧的控制,让用户可以选择售电商进行交易。探索分布式能源的直接售电可以扩展全新的经营模式,并提高售电收益与稳定性;而建设分布式能源可以在区域内形成发电、配电、售电的一体化,因此分布式能源能够成为电力体制改革下配售电领域的重要突破口,吸引大量利益主体进入电力市场。

（3）发展新城镇、新农村的需要

分布式能源无需大规模的电厂建设,而是可以就地取材,根据不同地区的特点因地制宜地选择发电方式,非常适合农村与普通城镇的发电需求。随着国家不断致力于新型城镇化、建设新农村,分布式能源这种能有效解决用能问题与处理废弃物的发电方式可以有效解决我国远离大电网的农村的用能问题,使农村用电更具经济性,推动农村的发展与现代化。《可再生能源发展"十三五"规划》鼓励在条件适宜的地区,如东部与中部,开展光伏示范工程,建设以光伏发电为电力来源的小镇与新村。

3）分布式能源的发展趋势

我国的分布式能源发展至今,取得了令人瞩目的成绩。目前,分布式能源在我国的发展有三个趋势。

趋势一:随着清洁能源技术的发展,使用清洁能源的成本越来越低,经济性不断上升,而与此同时全球气候变化压力不断增大,因此,可以预见未来分布式能源将主要为分布式新能源,辅以少量燃气多联供系统。风力发电与光伏发电将成为主要的分布式能源,并成为我国清洁能源发展与能源转型的主要力量。

趋势二:分布式能源将持续快速发展,并大幅增加其在未来用电市场中的占比。分布式能源的优势是清洁、高效、可因地制宜,这些优势都切合目前世界各国对能源利用与环境保护的迫切需求。因此,在这些因素的推动下,分布式能源必将快速发展,并成为大型机组与大型电网的有力补充,在电力市场中扮演的角色将越来越重要。

趋势三:分布式能源的发展趋势从物理形态上看,将呈现多元集成化、分布广泛化和管理平台化。分布式能源将更广泛地接入电网中,打破传统电力产业的供电方法,改变过去集中使用大机组供电的方式,推动电网的更新换代。随着分布式能源的管理平台化,其系统将从单一电源转为多能源的集成系统,实现与电网的灵活互动。

8.2.3 分布式能源的交易模式

目前,我国的分布式能源发电市场存在的交易模式分为三类,分别为直接交易、收购电价以及电网企业代售。从机制上看,三种交易模式存在一致性,即交易的主体一样,电力的卖方为分布式能源的发电企业,而电力的买方则是在此配电网中消耗电力的用户。在交易过程中,发电企业与用户通过谈判和协商,在确定交易后由发电企业将所生产的电能经由电网企业扮演的电网输送至用户处。其中,电网企业扮演的角色是交易市场中的监督者与管理者,因此可以从交易中收取一定的费用。在不同的交易模式中,发电企业与用户面对的交易对手并不完全相同,这也是这三种交易模式的主要差别。

(1)直接交易:直接交易模式的特点是电网企业并不参与到交易中,而只作为一个提供输配电服务的中间商,收取输配电费用作为报酬。该交易模式如图8-2所示。

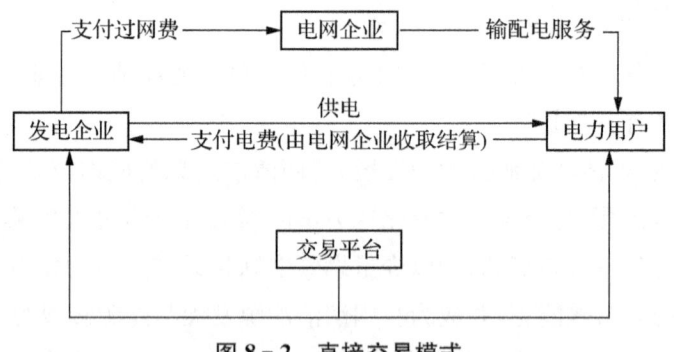

图8-2 直接交易模式

(2)收购电价:收购电价模式的特点是电网企业成为发电企业的交易对手,发电企业将所生产的电能直接以固定的标杆上网电价售卖给电网企业获取收益;电力用户则从电网企业购买所需电力,并支付电网企业所规定的相应电价。该交易模式如图8-3所示。

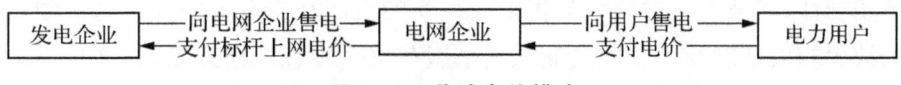

图 8-3 收购电价模式

（3）电网企业代售：电网企业代售模式中，发电企业同样将电力交付给电网企业，用户向电网企业购电，不同的是电网企业并不购买电力并售出，而是作为中介方，发电商委托电网企业代为销售电力，电网企业收取输配电费用与代销服务费用。电网企业代售模式如图 8-4 所示。

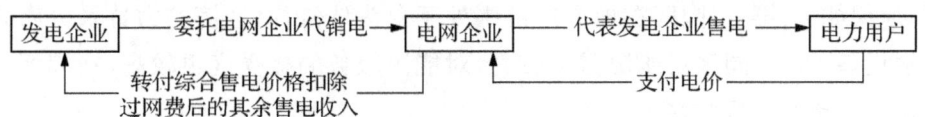

图 8-4 电网企业代售模式

总的来说，分布式能源的交易过程主要可以分为以下阶段：交易主体进行电量与价格的申报；由分布式能源交易平台或者电网企业进行撮合，决定最终价格；进行安全校核，确保电网传输过程中的安全，通过校核后交易双方方可签订购售电合同，并与电网公司签订输配电的服务合同；进行电力交易的过程中，对传输中出现偏差的电量进行实时的电量平衡；交易完成后，对总体费用进行结算与支付，对交易过程中出现的意外情况实行奖惩评价机制。

8.3 分布式能源共享服务机制的设计

共享经济能优化资源配置并提高资源利用率，其与分布式能源的有机结合能有效降低用户的用能成本与提升分布式能源设备的利用率。本节将结合目前对分布式能源的研究现状与共享经济的特点，设计一种分布式能源的共享服务机制，明确共享服务的流程，并探讨该共享服务机制的特征。

8.3.1 分布式能源共享服务机制架构

从对分布式能源的现有研究可以看出，目前对分布式能源的市场化探索聚焦于储能设备与能量的共享，同时，大多数的研究主要关注在多参与主体的背景下如何对资源、生产的能量与最后产生的效益进行分配，这些问题都属于共享的顶层设计。对于分布式能源的共享服务如何实现市场化，如何建立一个符合市场规律,能被大多数用户与售电商接受的机制却少有人研究。这一领域研究的缺少较大地制约了分布式能源共享服务进一步成规模地发展,并且显示出一些不足之处:第一,分布式能源共享服务无法匹配对该服务旺盛的市场需求,服务流程存在一些不明确之处,具体的实施方案模糊不清,缺乏设计,造成市场需求得不到满足;第二,分布式能源设备的拥有者对共享服务能给自己带来的具体经济效益缺乏清晰的认知,因此缺乏参与共享服务的主动性。

基于上述分析,本章所设计的分布式能源共享服务流程选择以园区作为背景,原因如下:第一,园区在地方经济中处于龙头地位,有经济实力普及分布式能源设备;第二,园区对能源需求较高,对能源服务的接受度也较高,在园区开展服务的市场前景较好。

1) 共享服务的参与主体

在园区共享服务中,共包含四类参与主体,分别是:(1) 分布式能源共享服务商,它是整个共享服务能正常运营的核心,其功能是通过共享服务平台搭建起可以进行信息流通的沟通渠道,将各个分散的分布式能源设备用户的信息集合起来,充分利用用户的用能习惯之间的差异进行能源的共享服务。同时,它还能连接园区内的分布式能源设备用户以及园区外配网,当园区内的用户出现能量缺额时,服务商垫付购能费用;而当用户生产的能量冗余时,服务商则代收相应的售能费用,并在最后的结算阶段清算相应的费用。(2) 分布式能源设备用户,他是共享服务进行的目标靶向,拥有不同种类、不同容量的分布式能源设备,在不同的产能、用能情况下能够在能量生产者与能量消费者的角色间灵活切换。通过共享服务商搭建的共享服务平台,分散的用户参与共享服务并形成园区内的分布式能源设备共享用户群。(3) 电网公司,它可以通过所属配电网向设备用户售电。(4) 燃气公司,它可以通过所属配气网向设备用户售气。分布式能源共享服务商、分布式能源设备用户、电网公司和燃气公司这些参与主体之间的具体关系如图 8-5 所示。

2) 共享服务的实施结构

共享服务在实施过程中的结构如图 8-6 所示。图中最上方为平台层,往下为传输请求与响应信息的通信层,通信层下连接着用户层,而用户层的设备用户通过其下方的设备层的分布式能源设备执行指令。

8 分布式能源共享服务机制研究

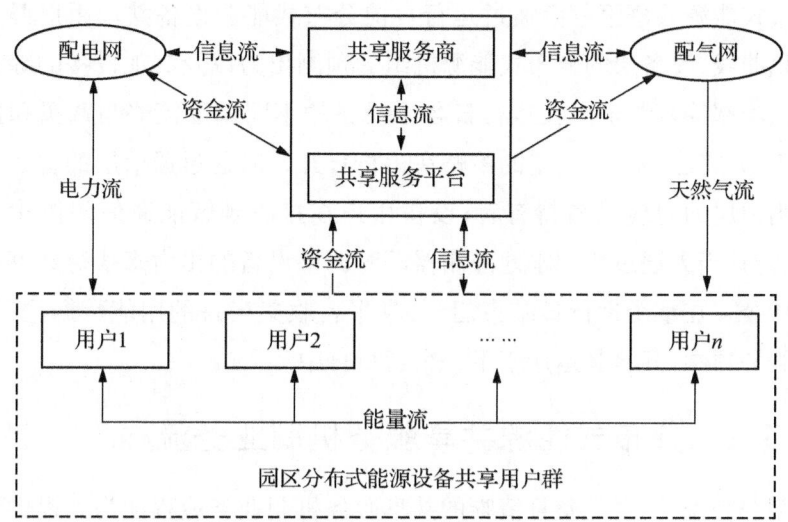

图 8-5 共享服务参与主体间的关系

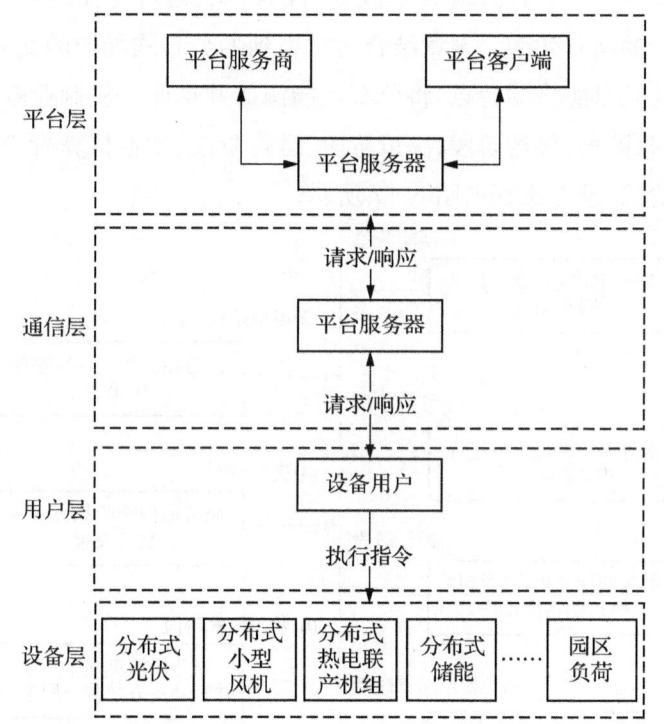

图 8-6 共享服务实施结构示意图

分布式能源共享服务商通过运行日前分布式能源设备共享用户群上报的用能变化曲线、设备层的分布式能源机组的预测出力以及其他设备的综合信息（如容量、功率等），制定出在运行日各个设备的不同调度策略与购买和销售能量的决策，并将已经完成制定的策略在运行日开始时通过通信层的智能通信网传输给用户层的对应设备持有者；设备用户在接收到智能通信网传输的指令后，在运行日当天通过控制本地控制器即时调整设备的出力来执行共享服务商下达的指令。在整个运行日结束后，共享平台收集当日的用能数据，更新到共享平台服务器中，并将其运用于下一个运行日中。

8.3.2 分布式能源共享服务机制业务流程

对用户来说，一套完整且清晰的共享服务机制业务流程能为其提供更加优质且快速的服务。对提供服务的服务商来说，有一套更加规范且明确的业务流程可以让共享服务平台在开展共享服务时的组织、运行与控制更加高效，提升共享服务平台的运营效率。本章结合前文提到的分布式能源的交易模式、市场的实际情况与共享经济的特点，将分布式能源的共享服务机制业务流程划分为说明阶段、申报阶段、签约阶段、决策阶段、运行阶段、效益核算阶段与费用结算阶段共七个阶段，整体流程如图8-7所示。

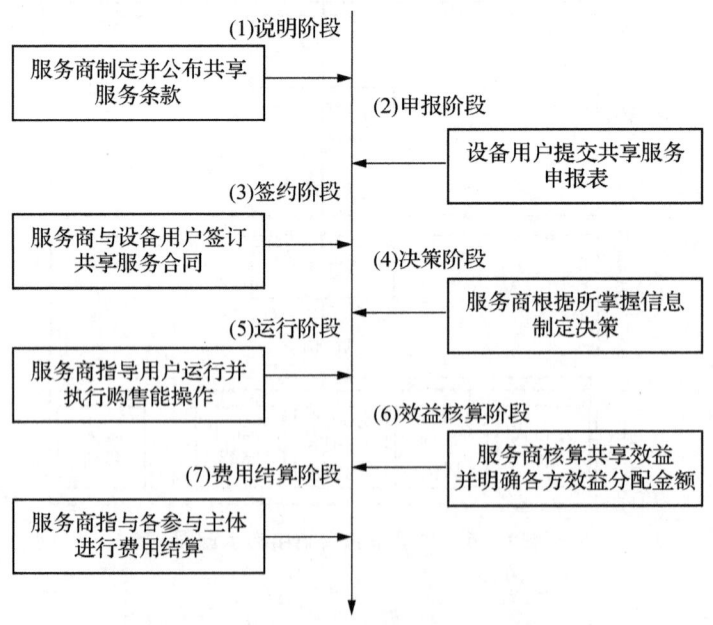

图8-7 分布式能源共享服务机制业务流程

(1) 说明阶段：由分布式能源共享服务商根据所在园区的分布式能源设备与用户的具体情况制定共享服务条款，该条款需包括共享服务商与共享服务用户双方的权利、义务与结算时的效益分配方法等，该条款在制定完成后需向园区内所有拥有分布式能源设备的用户公布。

(2) 申报阶段：拥有分布式能源设备的用户在完全了解共享服务商所制定的共享服务条款的情况下，如果有意向参与该共享服务，则可以前往服务商处申请加入并填写申报表，向服务商上报用户拥有的分布式能源设备的容量大小、类型和参与服务的时间（时间长度应该不小于一天）等信息。

(3) 签约阶段：分布式能源共享服务商审核申请加入服务的用户所上报的信息，在审核通过的情况下联系相应的用户并进行服务协议的磋商，达成协议后正式签订分布式能源共享服务合同。

(4) 决策阶段：在实际的运行日之前，分布式能源共享服务商通过运行日前共享服务用户群上报的用能变化曲线、设备层的分布式能源机组的预测出力以及所掌握的用户上报的设备综合信息（如容量、功率等），制定出在运行日各个设备的不同协调调度策略与购买和销售能量的决策。

(5) 运行阶段：在实际的运行日开始时，分布式能源共享服务商将已经完成制定的协调策略和调度指令通过通信层的智能通信网传输给用户层的对应设备持有者，设备用户在接收到智能通信网传输的指令后，在运行日当天通过控制本地控制器即时调整设备的出力来执行共享服务商下达的指令；同时，服务商以运行日前决定的购能与售能策略进行能量的购买与销售。

(6) 效益核算阶段：实际运行日结束后，分布式能源共享服务商对运行日产生的共享效益进行总体的核算，通过预先设计好的效益分配模型确定共享服务商与参与共享服务的设备用户分别能获取到的最终效益金额。

(7) 费用结算阶段：在整个运行日结束后，分布式能源共享服务商与参与共享服务的设备用户进行最终结算，包括当园区内的用户出现能量缺额时服务商垫付的购能费用和当用户生产的能量冗余时服务商代收的相应售能费用以及对共享服务产生的效益进行分配；并且，共享服务商还需与燃气公司和电网公司进行购能与售能费用的最终结算。

需要注意的是，本章设计的整体流程都是基于用户上传的自身信息完全真实且在收到共享服务商的指令后严格执行的前提进行的，因此需要在签订合同时加入约束条款,规定用户的信息真实性与进行共享时对指令执行的到位性,若共享服务流程中用户的行为违反了条款,则服务商有权利依据事先磋商的措施惩罚参与共享服务的设备用户(如罚款、削减部分获取的共享服务效益、剥夺该用户继续参与共享服务的资格等)。事实上,由于在共享服务下,共享用户群的整体效益越大,则每个参与共享服务的设备用户所能获得的利益也越大,因此理性的共享服务用户都会倾向于接受共享服务商的指令完成各自的任务,较好地完成共享服务的整体流程。

◆ 8.3.3 分布式能源共享服务机制特征

1) 共享服务的模式特征

分布式能源共享服务的模式与传统电厂、燃气厂等传统能源厂商不同。传统能源厂商首先大规模投资建厂,然后进行能源生产,最后将生产的能源销售给用能用户;而分布式能源共享服务则基于设备用户拥有资源存量的前提,以大众能广泛参与到共享服务中作为开展共享服务的基本条件,以全新的互联网技术来驱动共享服务,以提升总体的能源生产与销售效益作为要实现的目标。分布式能源共享服务主要具有以下模式特征:

(1) 平台化:共享服务商搭建的共享服务平台能为设备用户提供从申请加入到效益分配等一系列的服务,取消了各级中间商,避免了中间商攫取共享服务产生的利润。同时,平台也使用户的设备能得到更广泛地利用,给了用户的设备更大的发挥空间,让分布式能源设备能物尽其用,生产者与消费者能各取所需。

(2) 网络化:分布式能源共享服务具有跨边网络效应。分布式能源的共享服务可以基于不同时间段的能源供需关系将整体的共享服务用户群分成能量供给者与能量需求者两部分,当供给者数量相对需求者增加时,需求者对能量的需求就能够更快得到满足;反之,当需求者数量相对供给者增加时,供给者所拥有的分布式能源设备的利用率也会随之提高。

(3) 轻量化:分布式能源共享服务基于设备用户拥有资源存量的前提,有效激活了现有的资源,避免了大量的前期固定投资,而传统能源厂商则需要在前期投入大量资金购买设备等固定资产。由此可见,共享服务的固定资产投资更少,拥有更强的资金流动性,降低了前期的投资风险。

(4) 信息化：分布式能源共享服务运用了大量的先进技术，包括最新的通信、测控、数据处理技术，形成了信息资源的高度共享，并推进了共享服务流程的智能化、高效化。

2) 共享服务的态势特征

借助市场营销学中的 SWOT 分析法，也称态势分析法，可以对本章所设计的分布式能源共享服务在具体落实中的优势（Strength）、劣势（Weaknesses）、机会（Opportunity）和威胁（Threat）进行全方位的具体分析，并以此明确分布式能源共享服务的态势特征。

(1) 优势：分布式能源共享服务平台的服务流程简洁、业务流程透明、平台界面对用户十分友好，这些特点大大降低了分布式能源设备用户使用共享服务平台的门槛和学习使用的成本，可以吸引更多的共享服务潜在用户使用该平台并入驻平台成为共享服务的实际用户。前文提到分布式能源共享服务具有跨边网络效应，而当入驻的共享服务用户数量达到一定值时，分布式能源的共享用户群的跨边网络效应将越来越明显，并将形成价值的正反馈。

(2) 劣势：共享服务的顺利开展需要一定的规模，在共享服务的初期，用户数量无法达到一定的稠密度，此时共享服务无法创造太多的效益，参与共享服务的优势较难凸显，初期的发展会较为困难。并且共享服务的模式没有较强的技术要求，不存在硬性的技术壁垒，因此容易被他人复制，在发展过程中市场上可能会出现较多的模仿者参与竞争，影响分布式能源共享服务向更大的规模发展。

(3) 机会：目前，分布式能源正处于国家大力发展、技术日渐成熟、民众参与热情愈发高涨的强势上升期，且在未来一段时间仍将持续发展，在这种情况下，共享服务商应该抓住这个难得的机会，率先进入分布式能源共享服务的市场，加快吸引用户入驻平台并参加共享服务的速度，尽快建立一个拥有大量用户、效益明显的共享服务平台。当足够多的共享服务商进入该市场后，由于技术要求较低，平台用户的数量将成为企业的核心竞争力，成为衡量共享服务成功与否的标杆。

(4) 威胁：共享服务将随着各类新兴技术的发展而表现出更大的服务价值。为了避免被其他竞争者超过，保持与时俱进，分布式能源共享服务商不但要努力提升服务规模与服务效益，也需要提升共享服务带给共享服务用户的效用和体验。

8.4 分布式能源共享服务的定价策略分析

前文设计了一种分布式能源的共享服务机制,明确了共享服务机制的业务流程,并探讨了该共享服务机制的特征。本节将在该共享服务机制的基础上,建立基于遗传算法策略的最优化模型,使用 Python 进行算例分析,求解出该共享服务的定价策略,并比较共享服务前后定价的差别,证明分布式能源共享服务的优越性。

在算法上,本节选择遗传算法来求解建立的模型,该算法具有高效、实用、鲁棒性强等优点,目前发展迅速,被广泛地应用在各个领域中。

8.4.1 模型的建立

1) 共享效益模型

共享用户群通过能量的互通互享和分布式能源设备的协调运行,能够获得相比于设备用户在参加共享服务之前更高的经济收益。而为了量化分布式能源共享服务机制所产生的效益,建立共享效益模型如下:

$$V(N) = \sum_{i \in N} C_i^T - C_N^T \tag{8.1}$$

式中,$V(N)$ 为共享用户群参与共享服务所能够产生的共享效益,即所有参与共享服务的分布式能源设备用户在一个运行日内产生的总的节能成本;C_i^T 表示设备用户 i 在不参与共享服务而是独立运行一个运行日的最小净用能成本,因此,C_i^T 也可以看作 C_N^T 的一个特例。

2) 共享效益分配模型

根据前文设计的分布式能源共享服务机制业务流程,可知分布式能源共享服务商会在服务开始前向园区内的所有设备用户告知共享效益的分配方法,并在最终签约阶段将其形成明确的服务条款写入合同中,从而与园区内的设备用户快速建立起信任关系,同时规范了业务流程,为分布式能源共享服务未来在用户侧的继续推广与发展奠定坚实的基础。

推动共享服务商实施服务的动力必然是可观的效益回报,因此,建立分布式能源共享服务商的共享效益分成函数如下,该函数可以量化共享服务商的服务收益：
$$\psi(k) = kV(N) \tag{8.2}$$

式中，k 为共享服务商与用户协商后确定的效益分成比例系数。由此可得分布式能源共享服务商在进行共享效益的分成后剩余的共享效益 $V'(N)$，其表达式为：

$$V'(N) = (1-k)V(N) \tag{8.3}$$

为了将剩余的共享效益合理且公平地分配给共享用户群中的分布式能源设备用户，本节采用 Shapley 值法对其进行分配。Shapley 值法的一大优势是在进行效益分配时能按照设备用户对整体的共享用户群的边际贡献率来分配效益，能较好地体现该设备用户在共享用户群中的重要程度，因此该分配方法可以很好地实现效益分配的合理性与公平性。具体的分配方式表示如下：

$$\varphi(i) = \sum_{S \subseteq N} W(S) \cdot [V'(S) - V'(S/i)] \tag{8.4}$$

$$W(S) = \frac{[(|S|-1)!\ (|N|-|S|)!]}{|N|!} \tag{8.5}$$

式中，$\varphi(i)$ 为共享用户群 N 中用户 i 所能获得的共享效益的分配值；S 为 N 的非空子集，表示由共享用户群 N 中的不同用户组成的共享用户子群；$V'(S)$ 为共享用户子群 S 所产生的剩余共享效益；$V'(S/i)$ 为 S 去掉用户 i 后共享用户子群产生的剩余共享效益；$W(S)$ 是一个加权因子，为共享用户群 N 中形成的共享用户子群 S 包含分布式能源设备用户 i 的概率；$|S|$ 表示共享用户子群 S 中存在的设备用户的数量；$|N|$ 表示共享用户群 N 中存在的设备用户的数量。

3) 费用结算模型

在设计的分布式能源共享服务机制业务流程的费用结算阶段，共享服务商需要与各个参与主体进行费用的结算。结合 8.4.1 节的共享效益模型和共享效益分配模型，可建立分布式能源设备用户的费用结算模型如下：

$$M_i^T = C_i^T - \varphi(i) \tag{8.6}$$

式中，M_i^T 为共享用户群中用户 i 在一个运行日结束以后向共享服务商支付的费用，具体数值表示设备用户 i 的最终用能成本。由此可以建立分布式能源共享服务商的费用结算模型如下：

$$E = \sum_{i \in N} M_i^T + \sum_{t=1}^{T}(P_{\text{sell},t}^N p_{\text{sell}} \Delta t) - \sum_{t=1}^{T}(F_{\text{CHP},t}^N p_{\text{gas}} \Delta t) - \sum_{t=1}^{T} \sum_{i \in N}(P_{\text{buy},t}^N p_{\text{buy},t}^i \Delta t) \tag{8.7}$$

式中,第一项 $\sum_{i \in N} M_i^T$ 为分布式能源共享服务商在一个运行日结束以后向所有设备用户收取的最终用能费用;第二项 $\sum_{t=1}^{T}(P_{\text{sell},t}^N p_{\text{sell}} \Delta t)$ 为共享服务商向电网公司售电收取的费用;第三项 $\sum_{t=1}^{T}(F_{\text{CHP},t}^N p_{\text{gas}} \Delta t)$ 为共享服务商向燃气公司购气支付的费用;第四项 $\sum_{t=1}^{T} \sum_{i \in N}(P_{\text{buy},t}^N p_{\text{buy},t}^i \Delta t)$ 为共享服务商向电网公司购电支付的费用。由此可知,$E = \psi(k)$ 说明分布式能源共享服务商在进行了与各方的费用结算后剩余的值就是其服务收益。

8.4.2 模型求解算法

本节使用遗传算法来求解建立的模型,该算法具有高效、实用、鲁棒性强等优点。而为了让遗传算法处理模型的速度加快,提高算法的全局搜索能力和搜索质量,本节提出了一种以动态参数为主的遗传算法。

1) 贪婪算法生成初始种群

分布式能源的能源出发点是多点,多点对应多用户,因此,用户和多点的匹配需要利用算法来进行迭代。在本节的定价模式计算中,首先采用贪婪算法生成两段式初始种群,其中第一段为企业级别用户的用电量需求,第二段为微型用户的用电量需求。在第一段的编码中,首先随机生成一个 0 到 K' 的数字 R,表示企业级别或者大型用户所需要的用电额度,其中 K' 为该用户所需要的电力额度的上限。随后随机选择一个需求点 D_O,加入个体中,根据共享效益分配模型中能源分配方式来构建成本函数,并将其加入个体中。重复上述操作直至 D_R 被选定,至此完成第一段的编码。

在第二段的编码中,首先将剩余需求点进行贪婪算法的排序,然后根据需求量对微型用户的用电量需求进行分配,即按照顺序对需求量进行累加,得出累加值 q^t,当 $q^t > L$ 时,此需求点分配给其他用电点,同时更新 q^t。重复上述操作直至所有需求点分配完毕。

2) 动态交叉和变异概率

(1) 动态交叉概率

本节将个体的动态交叉概率设定为：

$$p_{ci}=\begin{cases}p_{cmax}-(p_{cmax}-p_{cmin})\times\left(\dfrac{g}{2G}+\dfrac{f_i-\overline{f}}{2(f_{max}-\overline{f})}\right),& f_i\geqslant\overline{f}\\ p_{cmax},& f_i<\overline{f}\end{cases} \quad (8.8)$$

$$p_{cmax}=\begin{cases}0.9,& g\leqslant G/4\\ 0.8,& G/4<G\leqslant 3G/4\\ 0.7,& 3G/4<G\leqslant G/4\end{cases} \quad (8.9)$$

式中，p_{ci} 为个体 i 进行交叉操作的概率，且算法迭代前期 p_{ci} 较高，后期 p_{ci} 较低；G 为算法的最大迭代次数；g 为当前代数；p_{cmax} 为交叉概率的上限，与最大迭代次数 G 及当前代数 g 有关；p_{cmin} 为定值，且 $p_{cmin}=0.6$；f_i 为个体 i 的适应度函数值；f_{max} 为当前种群中最大的适应度函数值；$\overline{f}$ 为当前种群的平均适应度值。

(2) 动态变异概率

为了保证种群的多样性及优秀个体的延续性，将个体的动态变异概率设定为：

$$p_{mi}=\begin{cases}p_{mmin}-(p_{mmax}-p_{mmin})\times\left(\dfrac{g}{2G}+\dfrac{f_i-\overline{f}}{2(f_{max}-\overline{f})}\right),& f_i\geqslant\overline{f}\\ p_{mmin},& f_i<\overline{f}\end{cases} \quad (8.10)$$

$$p_{mmin}=\begin{cases}0.001,& g\leqslant G/4\\ 0.002,& G/4<G\leqslant 3G/4\\ 0.003,& 3G/4<G\leqslant G/4\end{cases} \quad (8.11)$$

式中，p_{mi} 表示个体 i 进行变异操作的概率；p_{mmin} 为变异概率的下限，与最大迭代次数 G 及当前代数 g 有关；p_{mmax} 为定值，且 $p_{mmax}=0.005$。

3) 精英保留机制

本节应用了适用于单目标遗传算法的精英保留机制来提高全局搜索能力。首先保存选择后产生的父代种群 C_{pi}，并将保存的父代种群与子代种群 C_{ci} 进行合并，随后计算合并后种群 $C_{pi}+C_{ci}$ 中个体的适应度值 $fitness(i)$，最后根据适应度值与原种群个体数量进行选择操作。

4) 算法目标与约束分析

在定价策略上，本节选择了多目标最优化的约束方式来进行考虑。

基于决策的单目标问题用公式描述为：

$$\max f(x)=[f_1(x),f_2(x),\cdots,f_m(x)]$$
$$\text{s.t.}\begin{cases}g_i(x)\leqslant 0, & i=1,2,\cdots,p\\ h_r(x)\leqslant 0, & r=1,2,\cdots,q\end{cases} \quad (8.12)$$

式中，x 是 n 维决策变量。记可行域为：

$$X=\{x\in \mathbf{R}^n\mid g_i(x)\leqslant 0,i=1,2,\cdots,p,h_r(x)=0,r=1,2,\cdots,q\} \quad (8.13)$$

可行域是数据进行算法求解过程中，输入变量所满足的具体范围。本节考虑以总体电价最低为目标函数，但是在单目标决策问题（也称为单目标规划）中，通常不存在能使所有目标函数同时得到优化的最优解。也就是说，对于存在一对博弈的过程来说，如果可行解 x 是某些目标函数的最优解，那么 x 通常不会是其余目标函数的最优解。因此，本节所研究的共享能源分配策略问题并不存在绝对最优解，对于任何一个目标来说，都只存在相对最优解，以保证整体系统的最优化。

因此，对于全局最优解和局部非最优解来说，如果称某可行解 x 是有效解，即是指不存在另外的可行解 x'，使得 x' 的各目标函数值 $f_k(x')$ 都不劣于可行解 x 的各目标函数值 $f_k(x)$，且至少有某一 k_0，$f_{k0}(x')$ 的值要优于 $f_{k0}(x)$。

目标须伴随约束条件进行应用，本节考虑的约束条件有：

其一，分布式能源总电量输出约束。在进行分配算法的应用中，整体的分布式能源发电量是固定的，在固定成本的基础上逐渐降低成本价格。

$$P=\sum_{i=1}^{n}P_i \quad (8.14)$$

其二，用户用电量的上下限约束。用户用电量不能为 0，同时，大用户和小用户存在用电量分级，对于任意的用电量来说，有

$$P_{i\min}\leqslant P_i\leqslant P_{i\max} \quad (8.15)$$

式中，$P_{i\max}$、$P_{i\min}$ 分别为第 i 个用户用电量的上下限。

其三，用电量必须小于发电量约束。

对于以上提到的各项约束条件，考虑的约束项越多，计算结果越合理、精确，但是约束条件的增多无疑会增加模型的复杂性和计算的复杂度。综上所述，本节考虑以上三项约束条件结合数学模型进行计算。

8.4.3 算例分析

1) 参数设置

本节设定了五家某园区内的企业($B_1 \sim B_5$)作为分析对象,以某个冬季的典型日作为运行日(Δt取1 h),并以此求解出用户$B_1 \sim B_5$的电价,以此论证分布式能源共享服务的有效性与可行性。用户$B_1 \sim B_5$的分布式能源设备的装机容量数据如表8-1所示。

表8-1 分布式能源设备的装机容量数据

单位:kW

用户	光伏容量	风机容量	热电联产机组容量	电锅炉容量	电制冷机容量	储能设备功率容量	储能设备存储容量
B_1	1 500	0	1 000	1 200	500	300	900
B_2	0	500	800	0	300	0	0
B_3	1 200	0	2 500	0	400	1 000	2 000
B_4	0	1 000	600	300	500	0	0
B_5	1 500	1 000	1 000	0	500	1 000	3 000

取燃煤机组的标杆上网电价为0.401 2元/(kW·h),天然气价格为2.211 6元/m³。用户$B_1 \sim B_5$的用电价格参考一般的工商业用户的分时电价,在00:00—06:00和22:00—24:00的电价为0.426 3元/(kW·h),在06:00—10:00和18:00—22:00的电价为1.256 7元/(kW·h),在10:00—18:00的电价为0.840 6元/(kW·h)。本节设共享服务商的k(共享效益分成系数)为0.2,采用Python进行编程和运算。

2) 服务前后运行结果对比分析

通过Python进行编程和运算,可以求得参与分布式能源共享服务前后,用户$B_1 \sim B_5$的购电电价、净用能成本和该共享用户群总净购电量的变化情况,如图8-8、图8-9、图8-10所示。

经过对比可知,在设备用户$B_1 \sim B_5$参与了分布式能源共享服务后,购电电价相比参与服务之前有明显的降低,净用能成本显著下降,共享用户群的总净购电量显著降低。可见,分布式能源共享服务能有效降低设备用户的用能成本,提升分布式能源的设备利用率,增加设备用户的经济效益。算例分析证明了分布式能源共享服务机制的合理性与有效性。

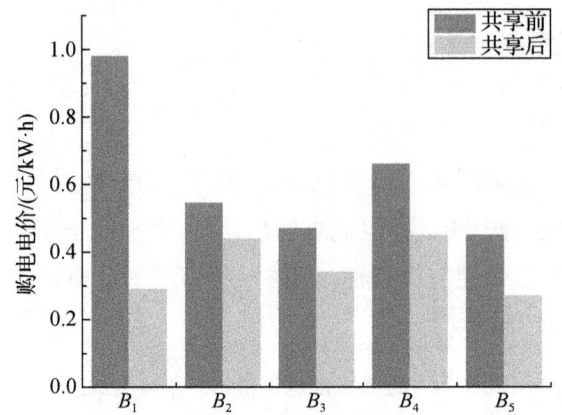

图 8-8　用户 $B_1 \sim B_5$ 参与共享服务前后购电电价对比

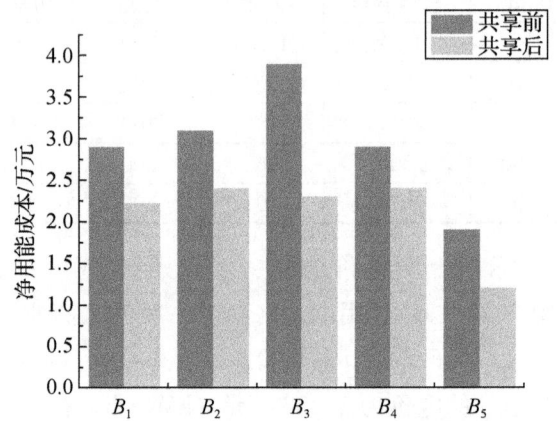

图 8-9　用户 $B_1 \sim B_5$ 参与共享服务前后净用能成本对比

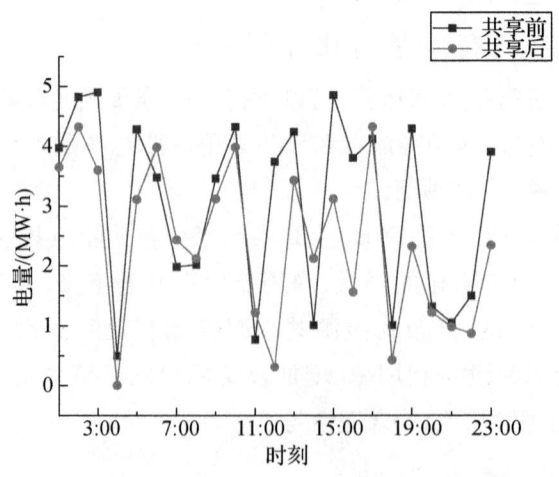

图 8-10　共享用户群参与共享服务前后总净购电量对比

8.5 本章小结

8.5.1 研究结论

分布式能源可以将储能电池、太阳能、风能等清洁能源综合输入系统并合理分配利用,被认为是减少环境污染、缓解气候变化问题以及提高能源利用率的有效方式。然而,分布式能源设备会受到用户自身用能需求不足、外部环境不稳定等因素的约束,导致供电能力出现闲置或者供电量冗余的现象。共享经济对资源拥有极强的优化配置能力和利用能力,能提高资源的利用率,避免无谓的浪费和冗余;分布式能源基于电力需求的灵活性与能源使用的综合性,十分适合开展共享式服务。目前,对于分布式能源的共享服务如何实现市场化,如何建立一个符合市场规律,能被大多数用户与售电商接受的机制较少有人研究。本章以此确定了研究内容和研究路线,开展了以下研究:

(1) 进行了分布式能源的定义和发展研究,包括对当前分布式能源的定义和发展进行分析,探究目前分布式能源相比传统能源模式具备的优点和发展优势,探讨了分布式能源的交易模式。

(2) 设计了一种立足园区的分布式能源的共享服务机制,其参与主体分别为分布式能源共享服务商、分布式能源设备用户、电网公司和燃气公司,实施结构分为平台层、通信层、用户层和设备层,业务流程分为说明阶段、申报阶段、签约阶段、决策阶段、运行阶段、效益核算阶段与费用结算阶段;并分析了该共享服务的模式特征和态势特征。

(3) 进行了分布式能源共享服务的定价策略研究。在设计的共享服务机制的基础上,建立基于遗传算法策略的最优化模型,使用 Python 进行算例分析,求解出该共享服务的定价策略,并比较共享服务前后定价的差别。结果证明分布式能源共享服务能有效降低用户的用能成本,提高设备利用率,证明了分布式能源共享服务机制的合理性与有效性。

8.5.2 研究展望

虽然本章对分布式能源共享服务的研究成功设计了分布式能源共享服务

的完整业务流程并证明了该共享服务能有效降低用户的用能成本,论证了分布式能源共享服务机制的合理性与有效性,但本研究依然存在一定的局限性,如只建立了与共享服务效益相关的模型,最后的算例分析也只聚焦于用户减少的用能成本与增加的收益,对共享服务期间共享用户群的设备如何协调运行、设备用户之间存在的能量需求不同等问题没有深入分析。这些问题都有待进一步研究来解决。

9 共享云储能服务机制研究

9.1 引言

9.1.1 研究背景

近年来,随着新能源技术的快速发展与节能减排政策的推广,分布式电源大规模并入电网,实现了能源结构的优化与可再生能源的就地消纳。但是与传统火电、水电相比,风电、光伏等新能源出力受自然因素(如天气)的影响较大,具有一定的随机性和间接性,可能导致电压波动、配电线路过载、逆向潮流和功率因数异常等运行问题,在短时间内极易出现功率过剩或缺额现象。这种情况在一定程度上也阻碍了可再生能源的消纳,并危及配电系统的安全性和可靠性。储能系统可以看作电力系统中的双向负载,不仅可以作为负载消耗电能,同时也可以作为电源向其他负载供电,可用于抑制光伏发电的波动,调节配电线路上的电压,等效地增加变压器的容量并优化负载曲线。相较于集中式储能而言,分布式储能具有分布广泛、接入位置灵活的优点,目前多在中低压配电网、分布式发电及微网、用户侧广泛应用,在可再生能源发电、智能电网、能源互联网建设中的作用日益凸显,对促进碳达峰、碳中和目标的实现具有重要意义。

共享云储能是在能源互联网背景下产生的新一代储能理念,是一种基于共享经济的新型储能商业模式,也是一种基于已建成电网的共享式储能技术。它使用户可以随时、随地、按需使用由集中式或分布式储能设施构成的共享储能资源,并按照使用需求支付服务费。共享云储能依赖共享资源而达到规模效益,使得用户可以更加方便地使用低价的电网电能和自建的分布式电源电能。共享云储能可以综合利用集中式储能设施或聚合分布式储能资源为用户提供储能服务。共享云储能运营商投资大规模的储能设备可以充分利用规模效应，而使用分布式储能资源可以提高现有储能设备的利用率。运营商把原本分散在各个用户处的储能设备集中起来，通过统一建设、统一调度、统一维护，使得用户免去了安装和维护储能设备所要付出的额外成本，能够以更小的成本为用户提供更好的储能服务。

共享云储能理念最早在青海省开创新业态。随着青海省新能源装机规模的持续增长，传统单个电站的独享储能方式已难以应对调峰、电力电量平衡及电网安全运行等挑战；青海省调度中心秉持"开放共享，全员参与"的理念，创新提出共享云储能概念，将源、网、荷各端的储能资源整合起来，以电网为枢纽进行全网配置，共同吸收弃风弃光电量，从而促进新能源的消纳。此外，共享云储能在负荷移峰、需求侧响应等方面也发挥着巨大的作用。

然而，由于部分用户的用电需求对时间和地区有较高的要求，传统的共享云储能无法满足局部的精细化需求，因此，亟须探索面向局部区域系统的共享云储能机制；而面向局部区域系统的基于位置的共享云储能的综合性能在很大程度上取决于其部署结构、规划方案和调度策略，为此，本章针对上述问题，提出基于位置的共享云储能服务机制，并基于该服务流程研究区域系统的经济效益。研究结果将为区域内具有短期动态增容需求的用户和共享云储能运营商提供有益指导。

9.1.2 文献综述

1) 共享云储能优化配置研究现状

刘静琨等人在2017年首次提出云储能的概念，其与分布式储能在需求方面有许多相似特征。目前云储能研究尚处于起步阶段，但是分布式储能充放电策略及优化配置研究可以为云储能的深入探索提供研究基础和参考。修晓青等人梳理了分布式储能规划综合目标及约束条件，该综合目标指标包括配电网电压波动、网损以及与上级电网电量交换成本，并根据动态稳定性和静态稳定性对分布式储能进行参数优化与评估。吴峰等人提出了一种充电/放电控制策略，对分布式储能容量进行配置，该策略考虑了充电状态和预期的充放电时间，结合负荷特性，可以得到更加精准的充放电策略，充分利用峰谷电价之差，增加储能系统盈利。受到分布式储能和共享经济的启发，也得益于现代通信技术和智能网络的进步,康重庆等人提出了云储能将是未来电力系统储能的新形态,对云储能及相关概念进行了较为明确的定义。随后,也有其他学术团队对此概念进行了更加深入的研究,并利用实例仿真的方式用算例结果对云储能及其建模的有效性进行有力说明。

云储能面向的用户众多,负荷特性各不相同,因此用户对储能使用的需求也会有所不同。周天沛等人利用改进的退火粒子群算法对全年的负荷数据进行计算得到储能电站的容量优化结果,此类方式根据每一个用户的用电行为做出储能容量的规划,得到的容量配置结果较为精准但是计算量过大。针对使用全年时序负荷数据进行储能容量配置可能导致计算量过大的问题,有学者提出,采用适当的聚类方式对负荷进行分类或对场景进行缩减,将有利于降低解决资源配置优化问题的计算难度。冯斌等人在进行充放电策略优化之前采用基于 K-means 算法的用户负荷聚类方式应对用户规模较大的情况,但是其采用的聚类方法较为传统,虽然操作简单,却可能因为单纯以欧氏距离作为相似性依据导致较差的聚类结果。因此,有研究者以 K-means 算法作为基础,讨论改进的负荷聚类方法。伍育红等人梳理了典型聚类方法(基于网络的聚类方法、基于小波变换的聚类方法、基于密度单元的聚类方法等)的优缺点,在此基础上提出融合多方法优势的改进聚类方法,在时间复杂度、计算效率、聚类质量等方面有所提升。

在云储能优化配置方面,郭亦宗等人为节省整体储能资源,在区域集成能量系统中使用云储能,利用能源集线器结构说明云储能各主体之间的关系,提出双层优化模型对电、热系统进行联合配置;Nagill 等人站在云储能提供商的角度,通过区分不同类型电池的运行特性和经济性来筛选用户,达到互补使用储能的目标,最大化云储能提供商收益;徐青山等人以工业用户自发建立储能系统以参与需求侧管理为背景,基于云储能架构,采用两阶段鲁棒优化方法求解云储能优化配置问题,利用规模效应使用户能够参与需求响应,从而减少储能系统建设成本并从中获取收益。

2) 共享云储能交易机制研究现状

有研究针对虚拟住宅微电网开发了一种基于能源共享云的新型双层能源管理系统,该系统不仅满足了云用户不断变化的能源需求,也促进了可再生能源和储能的共享。刘子琪等人探索了一种改进的云储能模式,从降低用户用电成本层面出发,采用改进的云储能服务机制代替分布式储能,以克服传统云储能在用户交互方面的局限性,该服务决策包括具有成本效益的充放电行为和能源交易行为规划,并提出在区域微电网中增加能源交易服务以增强用户之间的电能交互。李俊芳等人提出了基于整个系统需求的可控储能充放电云储能系统的详细方案。

为解决光伏发电、储能、电动汽车充电站等电网中众多分布式能源的协调和优化运行问题,李胜林等人提出了能源共享云机制。能源共享云机制要求运营商分析用户需求并确定发电和用户之间的点对点(P2P)能量路由。目前,关于云储能P2P能量共享交易模式的研究众多。刘娟等人对全分布式云储能P2P交易框架、费用结算等方面进行了概述分析,并论证了该模式的经济性,但未提出具体的云储能P2P交易策略。Pankiraj等人提出了一种基于纳什议价理论的用户与储能提供商之间的分布式P2P能量共享模型,然而,该文献侧重于电能交易角度,并没有涉及储能容量的共享交易。刘念等人针对光伏用户提出了一种基于需求响应的P2P能源共享模式,可以有效降低能源成本,促进光伏能源共享。此外,随着用户数量和决策维度的增加,P2P交易模式将变得更加复杂。

9.1.3 研究内容

以上研究主要集中在通过云端决策和调度提升现有资源的利用率和收益。大多数参与云储能和能源共享的设备在提供经济价值的同时,其地理位置是固定的。然而,很多储能需求是本地化的,并且与邻近的配电设备情况高度相关。例如,在夏季的午间,用于水产养殖的增氧泵在短时间内会占据大部分配电变压器的容量,甚至造成变压器超载。从全年来看,增加配电变压器的容量并不经济,因此,通过储能装置实现季节性/月度的动态变压器增容是最佳选择。但是,由于储能系统需要安装在变压器的低压侧,即使云储能有足够的容量供电,若安装位置不合适,电力用户也不会购买该项服务。

本章针对上述问题,考虑移动式储能系统具有灵活部署的特点,以实现季节性动态变压器增容和基于经济价值的日峰谷套利为目标,提出了考虑区域位置的共享云储能概念,开展交易机制与优化配置研究。主要研究内容如下:

(1) 位置共享云储能机制研究。引入并介绍基于位置的共享云储能概念,分析其运行机制并探究各方主体间的交易流程,同时建立云储能运营商和用户之间的商业模型。

(2) 两阶段潜在用户辨识策略研究。为了优化区域内储能系统投资的收益,从月和日两个时间尺度,利用大数据技术从区域用户的用电情况中发掘潜在的季节性动态变压器增容需求和每日峰谷套利价值,鼓励该部分高价值用户参与云储能交易。

(3) 区域共享云储能优化配置和多时间尺度调度研究。在上一研究内容的基础上,面向区域内具有季节性动态变压器增容需求的用户,考虑成本等经济性因素,建立移动式储能数量/容量优化配置模型,实现不同季节的移动式储能系统的优化共享;并在其他非季节性高峰需求时间,实施日间调度策略,从而提高储能系统的时间和容量利用率。

(4) 算例分析。通过算例进行成本-收益分析。

本章研究的技术路线如图 9-1 所示。

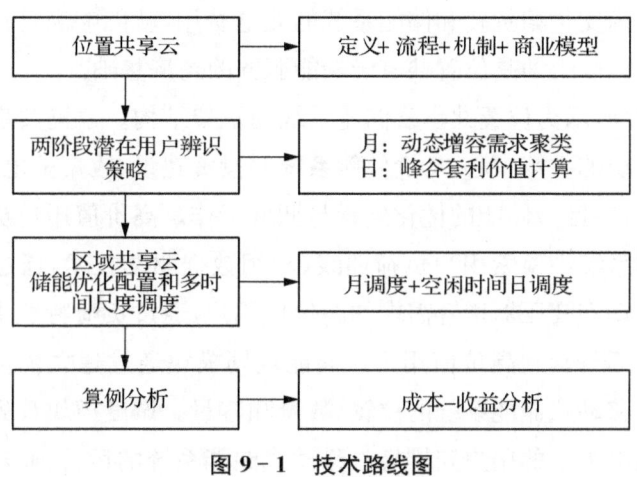

图 9-1 技术路线图

9.2 位置共享云储能机制研究

9.2.1 位置共享云储能的概念

电力用户对储能系统的需求呈现出多样化和个性化的特征。大多数用户投资使用储能系统,通过削峰填谷改善自身用电曲线,从而达到减少电费支出的目的。除了电量电费外,部分大工业用户的电费还包括变压器容量电费。当电力用户的峰值负荷超过变压器的承载量,则需要额外增加变压器容量,此时用户不仅需要支付变压器升级改造费用,还需要支付每月增加的容量电费。然而,部分特定类型用户的用电模式呈现出季节性特征。表9-1总结了典型间歇性负荷及其季节性分布。

表9-1 间歇性负荷及其季节性分布

季节性负荷	取暖设备	茶叶采摘	制冰厂	水产增氧泵
高峰月	12,1~2	3~5	7~9	6~8

上述间歇性负荷的变压器超载或容量短缺的时间在一年内一般仅持续1~3个月,若对变压器进行一次性升级改造,不仅需要支付改造费用还需向供电公司支付每月增加的容量费,因此,此举对该类用户并不经济。如果这类用户租用移动式储能系统并将它们部署在变压器低压侧,则他们只需要在高峰月向共享云储能运营商支付租赁费和储能系统的充电费用,就能够满足自身季节性高峰的用电需求。以上即是位置共享云储能服务的经济基础。

如图9-2所示为位置共享云储能系统的框架结构。位置共享云储能运营商作为整个系统的决策中心,负责储能系统的投资建设、收集配电系统的数据、辨识高价值用户、区域储能的优化配置与调度工作。高价值用户辨识模块负责从配电网管理系统中检索用户负荷曲线,利用数据驱动技术,通过聚类算法识别具有季节性动态变压器增容需求的高价值用户,通过负荷特性指标构建的数学模型筛选日峰谷套利高价值用户。储能规划模块通过建立优化模型并求解来确定区域内移动式储能系统的位置、数量和容量。调度模块首先面向具有季节性高峰月用电需求的用户安排每月移动式储能系统的运行;而对于非高峰月以及高峰月内闲置的储能设备,则根据日峰谷套利价值排序执行日调度计划。此外,运营商还将为移动式储能设备提供路线规划和能量管理策略以满足配电系统的其他需求,如调频调峰和应急电源供电等。由于动态变压器增容的收益能够覆盖储能系统的投资成本,配电网优化运行的边际成本相对较低,甚至可以忽略。因此,以运营商为中心的位置共享云储能系统的最大优势在于它可以灵活地平衡用户侧和电网侧的需求。

在上述位置共享云储能机制中,区域经理可以投资优化配置的移动式储能

9 共享云储能服务机制研究

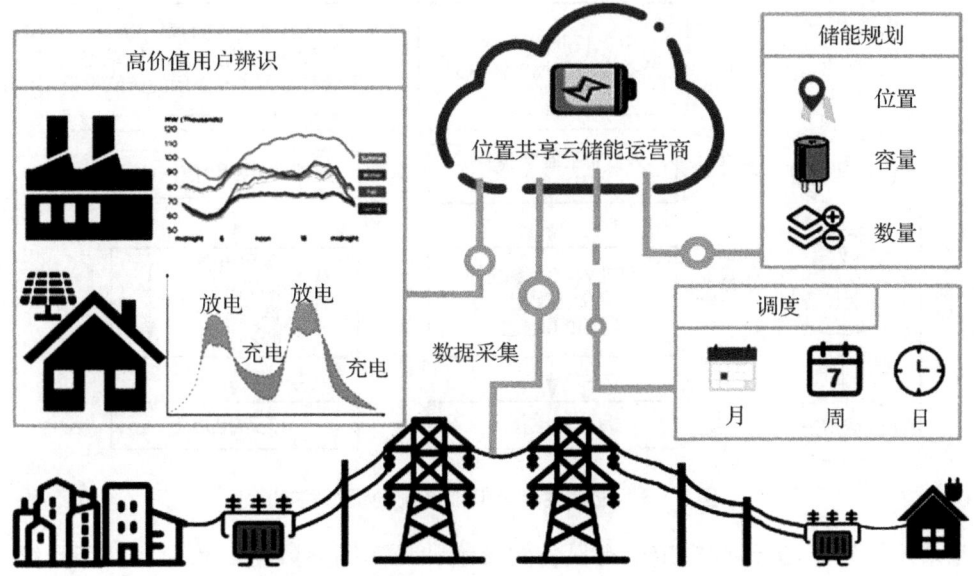

图 9-2 位置共享云储能系统的框架结构

系统,并通过寻找高价值用户和合理调度各类情况下的储能设备,最大限度地提高储能系统的时间和容量利用率。

◆ 9.2.2 运行机制

如图 9-3 所示为位置共享云储能系统的详细运行机制。它包括三个主体,即运营商、区域用户和储能设备;三个步骤,即用户辨识、优化规划和调度,其中调度步骤按照时间尺度可进一步分为中、长期调度和短期调度。

运营商从配电网管理系统中获取用户用电数据。从规划和投资的角度来看,季节性动态变压器增容的收益最高,并占据半数以上的比重。因此,辨识得到的具有月动态变压器增容需求的用户在位置共享云储能系统中占据最高优先级。通过聚类算法,从用户历史数据中辨识确定该间歇性高价值用户,运营商将与其签订季节性合同。为了满足尽可能多的用户需求,同时保证区域运营商的利润,运营商利用时间序列、签约用户的负荷情况及其电流互感器的参数来获得移动式储能系统的最佳数量和容量。考虑到频繁的调度会降低系统的整体效益并增加运营成本,运营商在规划时将不考虑需求时间相对较短的用户。而且,并非所有签署合同的用户都能够最终参与共享云储能。为了简化储

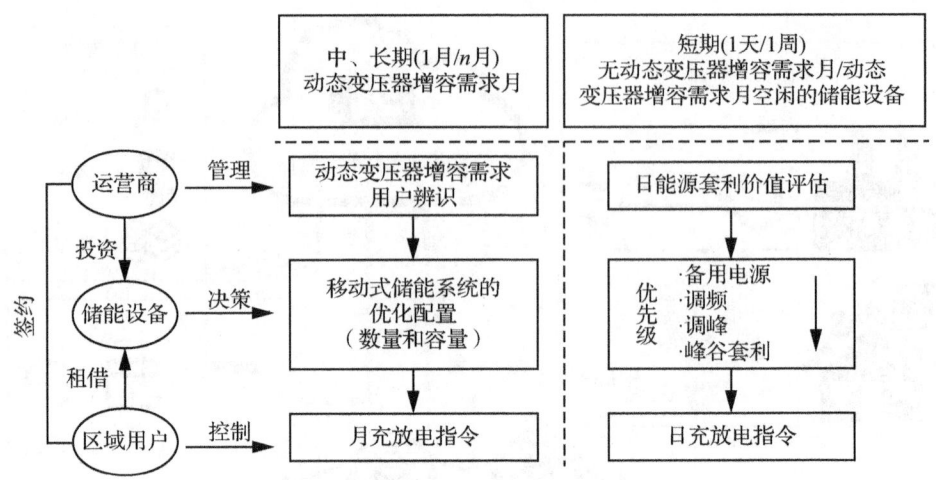

图9-3 位置共享云储能系统的运行机制

能系统的设计,运营商规定所有设备的容量和功率等参数均一致。当储能系统的参数确定后,运营商根据季节性用户每月需求的互补性,决定季节性部署和运行的长期计划。同时,具有月动态变压器增容需求的用户需要向运营商支付租金。

当长期月度计划确定后,可能存在某些移动式储能系统未分配给具有月动态变压器增容需求的用户的空闲时间。短时操作包括峰谷套利、应急电源供电和调峰等。后两者与电网的需求和不可预测时间相关,因而具备更高的优先级和经济价值。日常的峰谷套利处于最低优先级,运营商将根据套利潜力评估标准评估各用户价值,并将邀请具有高套利价值的用户签订合约。本节提出了4个简单的标准,并建立数学评估模型,其计算效率比传统的时间序列分析或聚类算法更高。对区域内的所有用户进行快速计算并按照价值从高到低的顺序排序,以安排次日的储能运行策略。考虑到运输、安装和调试成本,短期运行期可为几天或一周。储能系统按照计划部署在各用户处,运营商将根据电价曲线远程管理电池的荷电状态(State of Charge, SoC),从而控制其充放电。

9.2.3 商业模式

以运营商为中心的位置共享云储能系统能够保证区域系统总体的最优,即由运营商根据经济效益来规划移动式储能系统的配置和运行容量。所有设备的充电/放电指令均由操作员直接发出,因此,用户无需负责安装在其变压器附近的储能设备。

位置共享云储能系统的运营策略和商业模式与原先的云储能系统不同。虽然这两种储能系统均由运营商投资,但云储能系统鼓励用户根据电价确定自己的运营方案,而位置共享云储能系统则为运营商挖掘用户本身的价值从而改变其运行方式。从社会效益和经济效益来看,位置共享云储能系统可以进一步提高储能设备的利用率,有助于电网的运行,主要包括以下三点:

(1) 月度高峰储能需求的时间互补性能够被发掘并安排。通过储能设备可以按照月和日平滑用户的负荷曲线来避免系统的充电/放电阻塞。

(2) 位置共享云储能系统的储能设备是可移动的,能够精确地满足与本地化和配电设备相关的储能需求。

(3) 位置共享云储能系统的收入是多元化的,包括季节性动态变压器增容收入、每日削峰填谷套利收入、调峰收入和应急供电收入等。随着时间和容量利用率的提高,投资回报周期也将缩短。

为了分析位置共享云储能系统的经济效益,构建运营商的年收入模型为:

$$I_{\text{operator}} = \sum_{u=1}^{U^{\text{DTCI}}} M_u I_u^{\text{DTCI}} + \sum_{u=1}^{U^{\text{EA}}} D_u I_u^{\text{EA}} \tag{9.1}$$

式中,U^{DTCI} 和 U^{EA} 分别为动态变压器增容用户数和日峰谷套利用户数;M_u 为一年内用户 u 有动态变压器增容需求的月数;I_u^{DTCI} 为用户 u 在动态变压器增容模式下的月收入;D_u 为一年内用户 u 峰谷套利的天数;I_u^{EA} 为峰谷套利模式下用户 u 的日收入。

每个用户每月的费用由电量电费和容量电费组成,具体为:

$$C_u^{\text{normal}} = 30 \sum_{t=1}^{T} L_u(t) V_e(t) \Delta t + L_{u,\max} V_c, \quad \forall u \in U^{\text{DTCI}} \tag{9.2}$$

式中,$L_u(t)$ 为用户 u 在 t 时刻的负荷;$V_e(t)$ 为 t 时刻的电量电价;Δt 为时间间隔;T 为一天 24 小时;$L_{u,\max}$ 为用户 u 的最大负荷;V_c 为最大容量电费。

如果某个用户与运营商签订了合同,则他可能会被选为候选人。在具有动态变压器增容需求时,用户每月的部分容量成本将被免除。如果高峰负荷值出现在电网高峰时段,则通过储能可以削减用户的基本电费。用户 u 每月的总电费如下:

$$C_u^{\text{DTCI}} = 30 \sum_{t=1}^{T} [L_u(t) - P_u^{\text{dis}}(t) + P_u^{\text{ch}}(t)] V_e(t) \Delta t + L_{u,\max}^{\text{DTCI}} V_c, \quad \forall u \in U^{\text{DTCI}}$$

$$\tag{9.3}$$

式中，$P_u^{\text{dis}}(t)$ 和 $P_u^{\text{ch}}(t)$ 分别为用户 u 在 t 时刻使用储能系统的放电和充电功率；$L_{u,\max}^{\text{DTCI}}$ 为用户 u 使用储能系统后的最大负荷。

因此，在具有动态变压器增容需求的模式下，用户侧每月的收益为：

$$I_u^{\text{DTCI}} = C_u^{\text{normal}} - C_u^{\text{DTCI}}$$
$$= 30 \sum_{t=1}^{T} [P_u^{\text{dis}}(t) - P_u^{\text{ch}}(t)] V_e(t) \Delta t + (L_{u,\max} - L_{u,\max}^{\text{DTCI}}) V_c, \quad \forall u \in U^{\text{DTCI}}$$
(9.4)

在峰谷套利模式下，用户侧每日的套利收入为：

$$I_u^{\text{EA}} = \sum_{t=1}^{T} [P_u^{\text{dis}}(t) - P_u^{\text{ch}}(t)] V_e(t) \Delta t, \quad \forall u \in U^{\text{EA}} \quad (9.5)$$

假定用户使用储能系统后的电费不变，节省的费用均由运营商获取，因此，在用户参与位置共享云储能时，运营商通常返还一部分收益给用户，如下所示：

$$I_u^{\text{discount}} = \begin{cases} \alpha I_u^{\text{DTCI}}, & \text{mode} \in \text{DTCI} \\ \beta I_u^{\text{EA}}, & \text{mode} \in \text{EA} \end{cases} \quad (9.6)$$

式中，α 和 β 分别为运营商在两种模式下的折扣系数。

此外，用户还需要向运营商支付储能系统租赁费，而运营商则以租金补贴自己的成本投入。动态变压器增容需求模式下储能系统按月租赁，而峰谷套利模式下按天租赁。因此，运营商的年度总成本为：

$$\begin{cases} C = C(d_r, Y) C_f + C_v \\ C_f = N(C_E E_{\text{ESS}} + C_P P_{\text{ESS}}) \\ C_v = N C_m P_{\text{ESS}} \\ C(d_r, Y) = \dfrac{d_r (1+d_r)^Y}{[(1+d_r)^Y - 1]} \end{cases} \quad (9.7)$$

式中，C_f 为储能系统的年一次性投资成本，包括容量成本 E_{ESS} 和功率成本 P_{ESS}；$C(d_r, Y)$ 为全生命周期 Y 年中考虑折现率 d_r 的等年值系数；C_E 和 C_P 为储能系统的单位容量和功率投资成本；N 为储能系统的数量；C_v 为年运行维护成本；C_m 为单位运行维护成本。

根据式(9.1)～式(9.7)，运营商的年利润为：

$$P_{\text{operator}} = I_{\text{operator}} + I_{\text{rent}} - C - \sum_{u \in \text{DTCI,EA}} I_u^{\text{discount}} \quad (9.8)$$

式中，I_{rent} 为年租金收入总额。

储能系统的年投资回报率为：

$$RoI = \frac{P_{\text{operator}}}{C_{\text{f}} + YC_{\text{v}}} \tag{9.9}$$

储能系统的投资回报周期为：

$$RoI_{\text{c}} = \frac{C_{\text{f}}}{P_{\text{operator}} - C_{\text{v}}} \tag{9.10}$$

上述参数、指标将用于构建区域储能系统的优化配置模型。

9.3 两阶段潜在用户辨识策略研究

9.3.1 长期动态增容需求用户辨识策略

为了准确识别具有季节性动态变压器增容需求的用户，有必要分析他们在一年中负荷曲线的变化情况。如果数据采集系统的采样周期为 15 min，则分辨率太高，可能导致不必要的计算成本，因此，需要对数据进行降维处理。

年最大负荷曲线描述了一年内逐月最大负荷的变化情况，在降低数据维度的同时保留了用户每月用电差异特征。此外，由于用户的季节性动态变压器增容需求在很大程度上取决于变压器的容量，而且在负荷高峰月份可能引起变压器过载，引入变压器最大负载率，定义为：

$$T_{\text{factor}} = \frac{\max P'_{\text{average}}}{T_{\text{ratedc}} \cdot \cos\varphi} \tag{9.11}$$

式中，T_{ratedc} 为变压器的额定容量；P'_{average} 为以小时为单位的最大负荷平均功率；$\cos\varphi$ 为功率因数。

聚类算法是一种数据挖掘技术，通常根据多维特征对电力用户的负荷曲线进行分类。K-means 算法是一种基于分类/样本划分的聚类算法，具有快速、简单的优点，由于目标用户具有明显的类间差异性，所以本节采用该算法。

如图 9-4 所示，本节提出了一种基于 K-means 聚类算法的动态变压器增容需求用户的识别方法，该方法考虑了上述指标，包括以下 5 个步骤：

步骤 1：假设有 g 个用户，每个用户在一年内有 h 个量测数据，S 为 g 个用户构成的 $g \times h$ 阶初始负荷矩阵。剔除初始数据中的异常或偶然数据以减小对整体数据的影响后，得到归一化后的年最大负荷曲线数据，结合变压器负荷率

构成 $q\times r$ 阶降维矩阵 $\boldsymbol{W}$。

步骤2：假设 k 为聚类数，w_i 为矩阵 $\boldsymbol{W}$ 中第 i 个样本，$\dot{w}_i=[w_{i1},w_{i2},\cdots,w_{ir}]$，在 $\boldsymbol{W}$ 中随机选择 k 个样本 $c_j(j=1,2,\cdots,k)$ 作为聚类中心。

步骤3：依次计算所有 w_i 到每个聚类中心 c_j 的欧氏距离，并按照距离最小原则将 w_i 分配到与 c_j 相同的簇 z_j 中。

$$\text{dist}(i,j)=\sqrt{\sum_{x=1}^{r}\mid c_{jx}-w_{ix}\mid^{2}} \tag{9.12}$$

步骤4：假设 N_j 为第 j 类中的样本个数，重新计算各类的聚类中心。

$$c_j^*=\frac{\sum\limits_{w_i\in z_j}w_i}{N_j} \tag{9.13}$$

步骤5：重复步骤3到步骤4，直到 c_j^* 不再变化。

在实际应用中，k 是未知的。由于轮廓系数（Silhouette Coefficient，SC）反映了聚类结果的准确性，包括类之间的分离程度和类内的聚合程度，因此通过它来确定 k 的最优值。

$I_{\text{SC}}(i,j)$ 为第 j 类中的第 i 个样本，I_{SC} 为聚类结果的总轮廓系数，可以表示为：

$$\begin{cases}I_{\text{SC}}(i,j)=\dfrac{d_{\text{b}}(i,j)-d_{\text{a}}(i,j)}{\max[d_{\text{b}}(i,j),d_{\text{a}}(i,j)]}\\ I_{\text{SC}}=\text{average}\left(\sum\limits_{j=1}^{k}\sum\limits_{i=1}^{N_j}I_{\text{SC}}(i,j)\right)\end{cases} \tag{9.14}$$

式中，$d_{\text{a}}(i,j)$ 为第 j 类中的第 i 个样本到类中所有其他样本的平均距离；$d_{\text{b}}(i,j)$ 为第 j 类中的第 i 个样本到其他类中所有样本的平均距离的最小值；$I_{\text{SC}}\in[-1,1]$，I_{SC} 越接近1，聚类效果越好。

运用该聚类算法可以快速筛选出区域内有长期月度增容需求的用户，作为下文区域共享储能优化配置的数据基础。

◆ 9.3.2 短期峰谷套利潜力评估方法

动态变压器增容业务保证了位置共享云储能系统运营商的基本收入，而通过参与能源套利可以进一步增加运营商的收入，有效缩短投资回收年限。在没有动态变压器增容需求的时间范围内，移动式储能系统可以被安排安装在其他

9 共享云储能服务机制研究

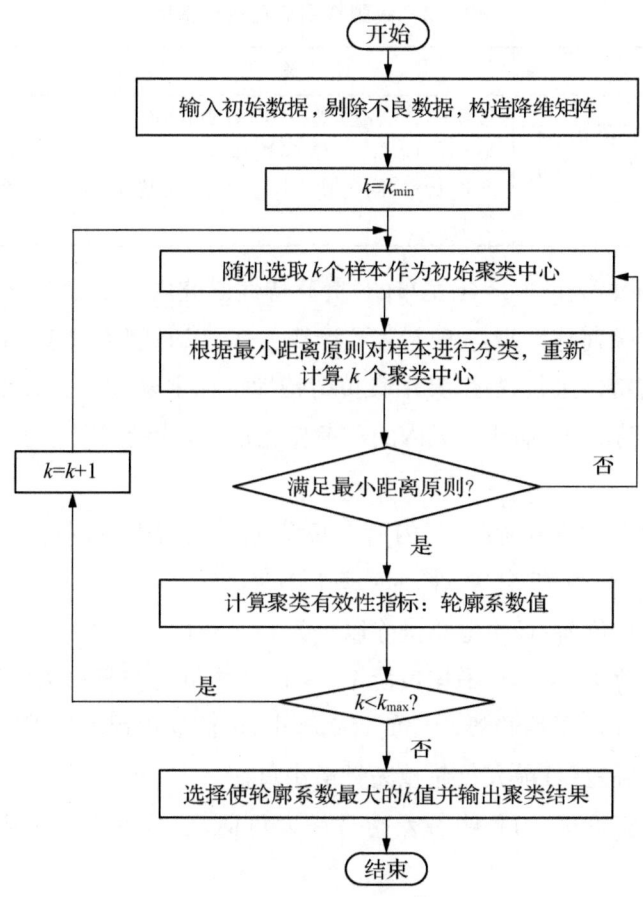

图 9-4 聚类算法流程

用户侧,具有显著的套利收益。为了最大化该部分收益,本节建立了用户的短期日套利潜力评估模型,其本质是研究用户的负荷特性。目前,评估用户投资储能系统的价值的方法包括指标和数据驱动两类。前者虽然计算速度很快,但是过于简化而失去了精确度;后者则依赖大量的历史数据和计算资源,计算速度慢,过程复杂。因此,为了提高负荷特性指标在能源套利价值评估中的全面性和准确性,本节提出了包括自定义的 4 个负荷特性指标在内的综合评估准则,具有较快的计算速度和较好的实用性。

1) 负荷特性指标分类

负荷特性指标种类众多,包含数值类、曲线类等,但是对于负荷特性指标体系一直没有统一规范的说法。如表 9-2 所示为我国常用的负荷特性指标。

表 9-2　我国常用负荷特性指标

描述类	比较类	曲线类
最高负荷、最低负荷、平均负荷、峰谷差、最高负荷利用小时	负荷率、峰谷差率、平均日负荷率、最小负荷率、月生产均衡率、年生产均衡率、同时率、不同时率、尖峰负荷	日负荷曲线、年负荷曲线、年持续负荷曲线

国家电网公司在 2005 年发布的《负荷特性研究内容深度要求及指标解释》中提出了各类负荷特性指标的定义及计算公式,以时间为尺度,不同时限可以以不同的负荷特性进行描述,其中日负荷特性指标主要有如下 7 种:

(1) 日负荷曲线:描述一天内的负荷变化情况,计量间隔一般为 15 分钟、半小时或 1 小时。

(2) 日最大(小)负荷:一天内所有负荷记录数据中,负荷数值最大(小)的点,计量间隔一般为 15 分钟、半小时或 1 小时。

(3) 日平均负荷:日用电总量除以一天 24 小时。

(4) 日负荷率:又称日平均负荷率,为日平均负荷与日最大负荷之比,反映一天内负荷变化的平稳趋势。日负荷率越小,负荷变化程度越大。

(5) 日峰谷差:日最大负荷减去日最小负荷。

(6) 日峰谷差率:为日峰谷差与日最大负荷之比,反映一天内负荷的变化幅度。

(7) 日最小负荷率:为日最小负荷与日最大负荷之比,也反映一天内负荷的变化幅度。

2) 负荷特性指标制定

本节定义峰值时间、峰谷差率、高峰时段覆盖率和高峰电量覆盖率 4 个负荷特性指标进行储能投资价值分析。

(1) 峰值时间

峰值时间是指用户日负荷曲线峰值出现的时间。图 9-5 即为制定的负荷特性指标示意图,$t_1 \sim t_3$ 和 $t_4 \sim t_5$ 为电网高峰时段,当用户负荷曲线恰好在电网高峰时段内达到峰值,说明电网负荷压力较大;当用户负荷曲线在电网高峰时段以外达到峰值,说明该用户负荷对电网影响较小。为了避免峰值时间出现在电网高峰时段附近,引入次峰值时间,分为如下 4 种情况:

$$t_{\text{peak}}=\begin{cases}1.0, & t_{\text{pmax1}}\in t_{g}, t_{\text{pmax2}}\in t_{g}\\ 0.8, & t_{\text{pmax1}}\in t_{g}, t_{\text{pmax2}}\notin t_{g}\\ 0.5, & t_{\text{pmax1}}\notin t_{g}, t_{\text{pmax2}}\in t_{g}\\ 0.2, & t_{\text{pmax1}}\notin t_{g}, t_{\text{pmax2}}\notin t_{g}\end{cases} \quad (9.15)$$

式中,t_{pmax1}、t_{pmax2}分别为用户日负荷曲线达到峰值、次峰值的时间;t_g为电网高峰时段。

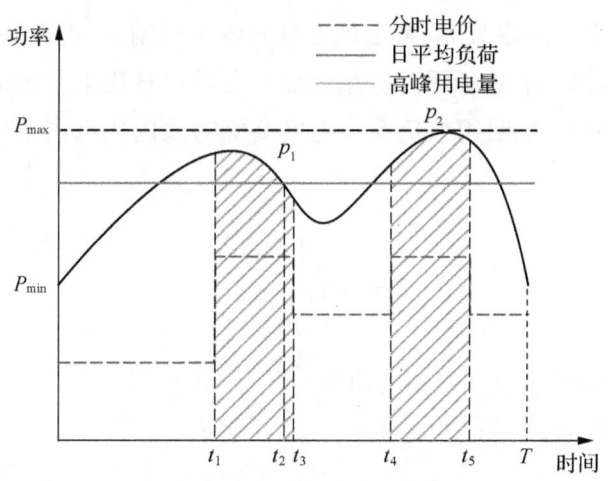

图 9-5 负荷特性指标示意图

(2) 峰谷差率

峰谷差率反映了用户负荷的波动程度:

$$\mu=\frac{P_{\max}-P_{\min}}{P_{\max}} \quad (9.16)$$

式中,$P_{\max}$和$P_{\min}$分别为用户每日负荷曲线的最大值和最小值。

(3) 高峰时段覆盖率

高峰时段覆盖率定义为:某地区在分时电价机制下,电网高峰时段内用户负荷高峰时段的总长度与电网高峰时段总长度之比。其中,用户负荷高峰定义为日平均负荷水平线以上部分。高峰时段覆盖率越大,说明用户负荷在电网高峰时段内用电需求量越大,对电网的影响越大,越有必要进行移峰以缓解电网压力,因而储能投资的价值也越大。

$$a = \frac{\sum_{i=1}^{N_g} K_u(i)}{\sum_{i=1}^{N_g} K_g(i)} \tag{9.17}$$

式中，N_g 为电网高峰时段的个数；$K_g(i)$ 为电网第 i 个高峰时段的区间长度；$K_u(i)$ 为用户负荷高峰时段落在电网第 i 个高峰时段的区间长度。

(4) 高峰电量覆盖率

高峰电量覆盖率定义为：某地区在分时电价机制下，电网高峰时段内用户所用电量与一天 24 小时所用总电量之比。在用户日用电量相同的情况下，高峰电量覆盖率越大，说明用户负荷在电网高峰时段内用电需求量越大，储能投资的价值越大。

$$b = \frac{\sum_{i=1}^{N_g} \int p(t) \mathrm{d}t_i}{\int_0^T p(t) \mathrm{d}t} \tag{9.18}$$

式中，$p(t)$ 为用户在 t 时刻的功率。

3) 日套利潜力评估模型

根据上述 4 个负荷特性指标建立日套利潜力评估数学模型：

$$K = t_{\text{peak}} (\mu + b)^{\frac{a+1}{2}} \tag{9.19}$$

式中，峰值时间作为第一项，与套利价值成正比，随着峰值时间数值增大，为了缓解电网压力，储能投资的价值也越大。由于峰谷差率和高峰电量覆盖率的量纲相同，故将两项之和作为第二项，并且峰谷差率和高峰电量覆盖率越大，则套利价值越大。由于不同用户的高峰时段覆盖率不同，则套利价值也存在显著的差异。因此，根据它们之间较强的关联性定义高峰时段覆盖率和套利价值成指数关系。当高峰时段覆盖率为 0 时，会将其他评估标准覆盖；当高峰时段覆盖率为 1 时，则会夸大该指标的作用。所以，必须将指数值控制在 0 到 1 之间，指数项定义为 $(a+1)/2$。

9.4 区域共享云储能优化配置和多时间尺度调度研究

9.4.1 共享云储能的优化配置技术

虽然用户可能存在相当大的季节性动态变压器增容需求,但是如果为每个用户配备一个储能系统显然是不经济的。一方面,配置过多数量的储能系统不仅增加了运营商的投资成本,还延长了运营商的投资回报周期,甚至造成在储能系统的全生命周期内无法收回成本的情况;另一方面,设备过少也将削减签约用户的需求,从而限制运营商的收益。因此,区域移动式储能系统的最佳优化配置策略是充分利用已辨识的有价值用户需求的时间互补性,提高区域内每台设备的时间和容量利用率。利用前述商业模式中建立的经济模型,以最大化系统运营商的利润为目标确定区域内移动式储能系统的数量和容量,目标函数如下:

$$\max F_1 = \sum_{m=1}^{M} \sum_{u=1}^{U^{\mathrm{DTCI}}} I_{m,u}^{\mathrm{DTCI}} - C \tag{9.20}$$

式中,F_1 为有动态增容需求的用户的年度总利润;M 为一年 12 个月;$I_{m,u}^{\mathrm{DTCI}}$ 和 C 的含义同式(9.4)和式(9.7)。用户之间的时间互补性通过储能系统每月的数量约束来反映,图 9-6 为考虑时间互补性的储能系统优化配置,其中矩形表示储能系统个数。

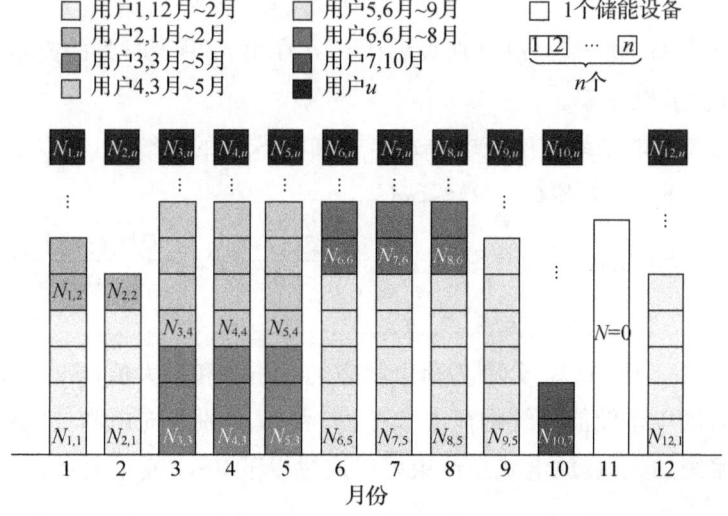

图 9-6 考虑时间互补性的储能系统优化配置

假设与运营商签约的有动态增容需求的用户总数是 U^{contract}，通过聚类算法辨识出的高价值用户数为 U^{DTCI}，U^{DTCI} 小于 U^{contract}。规定在每个用户的高峰月至少拥有 1 个储能设备，为了反映这些季节性用户的高峰需求期，按照月份引入了 0~1 变量：

$$S_{m,u} = \{0,1\}, \quad \forall u \in U^{\text{DTCI}}, \quad \forall m \in M \tag{9.21}$$

式中，$S_{m,u}=1$ 表示第 m 月是用户 u 的高峰需求月，否则 $S_{m,u}=0$。

在一定区域内使用的移动式储能系统的总数 N 不应超过以下范围：

$$\sum_{u=1}^{U^{\text{DTCI}}} S_{m,u} \leqslant N \leqslant N_{\max}, \quad \forall m \in M \tag{9.22}$$

式中，$N_{\max}$ 为考虑到储能系统的实际维护相对复杂而得到的最大经验值。

假设 $N_{m,u}$ 为用户 u 在第 m 月租借的储能系统的数量。实际上，在第 m 月可能远不止 1 个用户有动态增容需求，从而造成第 m 月的需求重叠，储能系统无法同时满足所有用户的需求。因此，需要保证每个用户在其高峰需求月至少能租借到 1 台储能设备，可表示为：

$$\sum_{u=1}^{U^{\text{DTCI}}} S_{m,u} \leqslant \sum_{u=1}^{U^{\text{DTCI}}} N_{m,u} \leqslant N, \quad \forall m \in M, \quad S_{m,u} \geqslant 2 \tag{9.23}$$

充电/放电功率决定了储能系统的容量，可表示为：

$$\begin{cases} 0 \leqslant P_{m,u}^{\text{ch}}(t) \leqslant P_{\text{ESS}} \\ 0 \leqslant P_{m,u}^{\text{dis}}(t) \leqslant P_{\text{ESS}} \\ 0 \leqslant P_{m,u}^{\text{ch}}(t) \leqslant \gamma E_{\text{ESS}} \\ 0 \leqslant P_{m,u}^{\text{dis}}(t) \leqslant \gamma E_{\text{ESS}} \end{cases} \tag{9.24}$$

式中，$P_{m,u}^{\text{ch}}(t)$ 和 $P_{m,u}^{\text{dis}}(t)$ 分别表示用户 u 在第 m 月 t 时刻的充电和放电功率；γ 为充电/放电倍率。

为了避免储能系统过度充电/放电，并确保 SoC 的连续性，有以下约束：

$$\begin{cases} SoC_{\min} \leqslant SoC_{m,u}(t) \leqslant SoC_{\max} \\ SoC_{m,u}(t+1) = SoC_{m,u}(t) + \dfrac{P_{m,u}^{\text{ch}}(t) \eta_{\text{ch}}}{E_{\text{ESS}}} \Delta t - \dfrac{P_{m,u}^{\text{dis}}(t) \Delta t}{E_{\text{ESS}} \eta_{\text{dis}}} \\ SoC_{m,u}(t_{\text{start}}) = SoC_{m,u}(t_{\text{end}}) \end{cases} \tag{9.25}$$

式中，$SoC_{\min}$ 和 $SoC_{\max}$ 分别为荷电状态的最小值和最大值；$SoC_{m,u}(t)$ 为用户 u 在第 m 月的单个储能系统的荷电状态；η_{ch} 和 η_{dis} 分别为充电和放电效率。

储能系统的充电/放电状态约束可以通过以下 0~1 变量表示：

$$S_{m,u}^{ch}(t)+S_{m,u}^{dis}(t)\leqslant 1 \qquad (9.26)$$

式中,$S_{m,u}^{ch}(t)=1$ 并且 $S_{m,u}^{dis}(t)=0$ 表示储能系统在充电;$S_{m,u}^{ch}(t)=0$ 并且 $S_{m,u}^{dis}(t)=1$ 表示储能系统在放电;$S_{m,u}^{ch}(t)=0$ 并且 $S_{m,u}^{dis}(t)=0$ 表示储能系统既不充电也不放电。

为了避免在使用储能系统后形成新的负荷高峰,同时限制储能系统的功率不能倒送到电网,有如下功率约束:

$$0 \leqslant L_u^{after}(t) \leqslant L_{u,\max}^{DTCI} \leqslant L_{u,\max} \qquad (9.27)$$

式中,$L_u^{after}(t)$ 为用户 u 使用储能系统后 t 时刻的负荷功率。

此外,要确保用户在使用储能系统后的总电费有所减少,可表示为:

$$\sum_{t=1}^{T} L_u^{after}(t) V_e(t) \Delta t \leqslant \sum_{t=1}^{T} L_u(t) V_e(t) \Delta t \qquad (9.28)$$

上述优化问题是一个混合整数非线性规划问题,可利用大 M 法将其转化为线性模型求解。

9.4.2 多时间尺度调度技术

在对储能系统的数量和容量进行整体规划和配置后,以月为单位,按照计划对这些设备进行调度以满足用户的动态增容需求。考虑到前述用户在使用有限的移动式储能满足自身高峰月的用电需求后,仍然存在空闲的非高峰月和储能并未完全利用的高峰月的情况。针对上述时间段中剩余的移动式储能,使其参与辅助服务等从而提高储能系统的利用率。区域内的日调度场景根据短时操作的重要程度划分优先级,如表 9-3 所示。其中,由于应急供电与不可预测的事件有关,因此具有最高优先级;在节假日和一些重要的大型活动期间,移动式储能可以提供保电服务;日峰谷套利作为储能获利最常用的手段具有最低优先级。

表 9-3 短期应用的优先级

优先级	1	2	3	4
服务	应急电源供电	调频	调峰	日峰谷套利

在满足应急供电和保电服务的基础上,剩余的移动式储能全部被用于当日的峰谷套利。根据用户次日负荷预测值和短期峰谷套利价值评估模型,对区域

内用户的储能使用价值进行快速排序,基于贪婪算法,以当天局部最优为目标来安排次日的运行调度策略,价值最高的用户首先被选中,依次递推,直至移动式储能系统全部被利用。考虑到储能系统的运输成本,规定用于日峰谷套利的移动式储能系统每天最多移动一次。

9.5 算例分析

9.5.1 多时间尺度用户辨识

算例分析共包括 30 个与位置共享云储能系统运营商签订合同的有动态增容需求的用户,相关负荷数据来自某地级市电力公司。利用所提出的考虑变压器负荷率的 k-means 聚类算法,通过计算不同 k 值下的轮廓系数,最终确定聚类数为 4,如图 9-7 所示为 4 个聚类中心。第 1 类包括 25 个用户,他们在每月的最大功率趋于稳定,全年波动小,几乎没有额外的电力需求。第 2 类包括 2 个用户,他们在 3 月至 5 月的最大功率与其他月份相比非常高,表现出明显的季节性间歇性特征。第 3 类也包括 2 个用户,由于受到严重的高温影响,他们在 8 月和 9 月的负荷需求最大,其次是 6 月和 7 月。剩下的 1 个用户属于第 4 类,受冬季低温影响,他在 12 月至次年 2 月的负荷需求超额。综合上述第 2、3、4 类用户,类内用户在时间上存在重复性,各类间用户在时间上存在互补性,但从全年来看,仍然存在其他空闲月份。

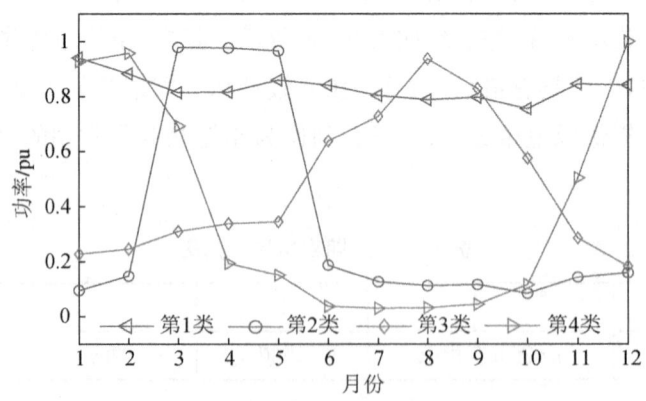

图 9-7 聚类中心

为了验证日套利潜力评估标准的有效性,随机选取 10 个用户的日负荷曲线来计算它们的 k 值,并与用户单独投资储能系统的回收年限对比,结果如表 9-4 所示。两个价值等级列均按照从 1 到 10 的顺序排列,其中 1 表示套利价值最高,10 表示最低。k 值越大,RoI_c 越小,日套利价值就越大。从总体上看,两种方法得到的排序结果虽然存在细微的差异,但基本一致。

表 9-4 不同日套利价值评估方法对比

用户	k 值	价值等级	RoI_c	价值等级
1	0.696 7	6	7.271 8	6
2	0.592 9	8	7.292 6	7
3	1.521 1	1	5.186 3	2
4	0.617 8	7	8.577 2	8
5	1.366 9	3	6.063 1	4
6	1.335 4	4	5.752 3	3
7	1.414 6	2	4.918 7	1
8	0.324 6	9	12.050 0	9
9	0.984 7	5	7.257 8	5
10	0.205 2	10	12.362 8	10

9.5.2 系统优化规划

位置共享云储能系统运营商选择上述第 2、3、4 类中的 5 个具有动态增容需求的用户来规划移动式储能系统。如图 9-8 所示为 5 个用户的年最大负荷曲线,将 12 个月按照负荷特性重新划分成 5 个时间段,在时段 1 和时段 4,仅有 1 个用户具有动态增容需求;但在时段 2 和时段 3,有 2 个用户同时有动态增容需求,因此需要考虑储能系统的分配;此外,在时段 5,储能系统处于空闲状态。由于满足用户季节性动态增容需求是运营商的主要收入来源,所以此处不考虑峰谷套利带来的收入。系统配置优化结果如表 9-5 所示,储能系统的最佳数量为 7 个。值得注意的是,用户 1 由于自身需求相对其他用户较小,在时段 1 仅需租借 6 个储能系统,所以剩余的 1 个储能系统可参与日调度安排以争取额外的收益。图 9-9 为 5 个用户在不同时段使用储能系统前后的负荷曲线对比,正值表示储能充电,负值表示储能放电。

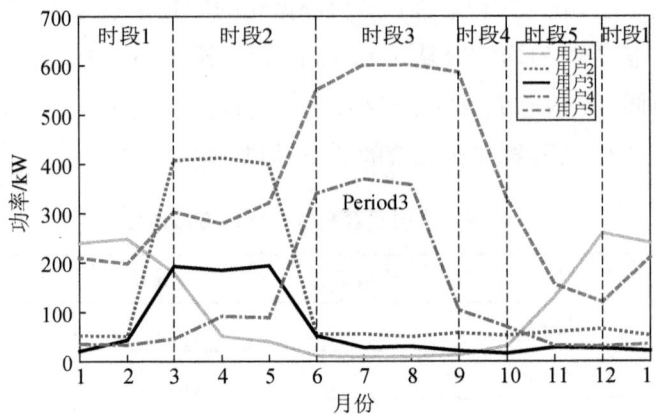

图 9-8　5 个具有动态增容需求的用户的年最大负荷曲线

表 9-5　储能系统的最优配置

参数	数值
每个储能系统的容量	228/(kW·h)
每个储能系统的功率	43/kW
区域储能系统的总数	7
时段 1-用户 1 租借的储能系统的数量	6
时段 2-用户 2 租借的储能系统的数量	4
时段 2-用户 3 租借的储能系统的数量	3
时段 3-用户 4 租借的储能系统的数量	2
时段 3-用户 5 租借的储能系统的数量	5
时段 4-用户 5 租借的储能系统的数量	7

实际上有两种方法可以满足用户对变压器容量增加的需求,第一种是参与位置共享云储能实现虚拟的变压器增容,第二种是用户自己投资升级改造变压器。采用前者,用户在原有电价的基础上支付额外的储能系统租赁费,但同时他也能够从运营商那里获得一定的补偿;而采用后者,变压器升级改造需要付出一定的成本,主要包括可变的容量成本和固定成本。为了更好地反映本章提出的共享云储能机制的优越性,表 9-6 为两种方法的对比结果。可以看出,随着变压器容量的增加,一次性投资成本也越来越多。如果以 10 年为周期,用户

2～用户 5 参与云储能

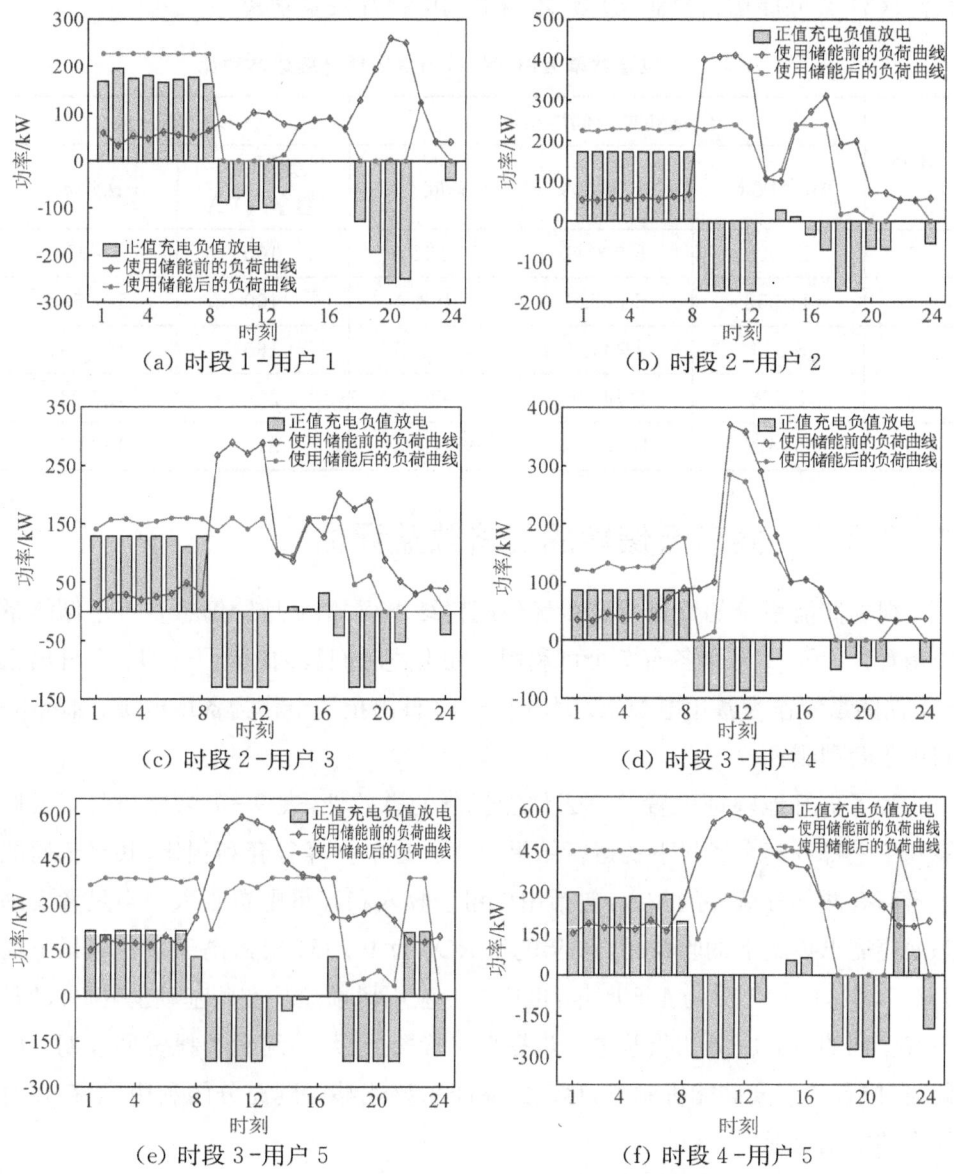

图 9-9　5 个用户在不同时段的优化曲线

的总额外支出要小于变压器升级改造成本，甚至仅需变压器升级成本的一半。但对于用户 1 而言，从运营商处获得的补偿过少，导致总额外支出增加，仅 7 年虚拟变压器增容的成本就会超过变压器升级改造成本。主要原因有两个：

207

(1) 用户 1 只需要 100 kVA 的少量容量增加,因此升级变压器本身的成本相对较低;(2) 云储能运营机制与用户本身的用电特性关系紧密。

表 9-6 位置共享云储能机制与变压器升级成本对比

用户	位置共享云储能机制			变压器升级	
	租金成本	补偿收入	总成本	增加的容量/kVA	一次性成本
1	17 028	5 900.9	11 127.1	100	7 8374
2	11 352	5 858.6	5 493.4	160	107 594
3	8 514	4 441.1	4 072.9	160	107 594
4	5 676	2 747.6	2 928.4	200	127 074
5	20 812	11 632.4	9 179.6	315	183 079

◆ 9.5.3 共享云储能的经济效益评估

根据储能系统的数量与容量优化配置结果可知,1 月份仍然有 1 个储能系统闲置,10 和 11 月则各有 7 个可利用。在上述时间段内,10 月 1 日～7 日出租 5 个储能系统作为备用电源,11 月 9 日～12 日出租 7 个作为备用电源。剩余时间用于套利服务。

为了更好地验证位置共享云储能机制的有效性,表 9-7 为参与共享云储能和单一峰谷套利场景下的运行结果对比。与单一峰谷套利相比,共享云储能运营商有两部分额外的收入,包括用户租金收入和容量电费收入。当只考虑动态增容需求模式下的收益时,10 年的年 ROI 为 10.554 8%,高于单一场景下的 5.397 3%,回收年限为 4.606 年,也比单一应用场景短。在此基础上,额外的日峰谷套利的短时服务的收益进一步提高了投资回报率,缩短了投资回收期。因此,在位置共享云储能机制下,移动式储能系统能够得到充分的利用,不存在时间上的空闲情况。

表 9-7 位置共享云储能机制与单一峰谷套利收益对比

参数	共享云储能机制	单一应用
租金收益(月增容＋日服务)	63.382 0＋2.205 0	—
电量电费收益(月增容＋日服务)	406.285 0＋89.218 3	467.337 7

续表 9-7

参数	共享云储能机制	单一应用
容量电费收益	89.218 3	—
总收益	623.881 1	467.337 7
成本	303.520 0	303.520 0
利润	320.361 1	163.817 6
年 RoI	10.554 8%	5.397 3%
$RoI_。$	4.606 年	6.253 年

9.6 本章小结

9.6.1 研究结论

大多数参与云储能和能源共享的设备在提供经济价值的同时,其地理位置是固定的。然而,很多储能需求是本地化的,并且与邻近的配电设备情况高度相关。由于储能系统需要安装在变压器的低压侧,即使云储能有足够的容量供电,若安装位置不合适,用户也不会购买该项服务。本章针对该问题,考虑移动式储能系统具有灵活部署的特点,以实现季节性动态变压器增容和基于经济价值的日峰谷套利为目标,提出了考虑区域位置的共享云储能概念,开展了交易机制与优化配置研究。

(1) 设计了位置共享云储能机制。引入并介绍基于位置的共享云储能概念,分析其运行机制并探究各方主体间的交易流程,同时建立云储能运营商和用户之间的商业模型。

(2) 提出了两阶段潜在用户辨识策略。为了优化区域内储能系统投资的收益,从月和日两个时间尺度,利用大数据技术从区域用户的用电情况中发掘潜在的季节性动态变压器增容需求和每日峰谷套利价值,鼓励该部分高价值用户参与云储能交易。

(3) 进行了区域共享云储能优化配置和多时间尺度调度研究。面向区域内具有季节性动态变压器增容需求的用户,考虑成本等经济性因素,建立移动式储能数量/容量优化配置模型,实现不同季节的移动式储能系统的优化共享;并在其他非季节性高峰需求时间,实施日间调度策略,从而提高储能系统的时间和容量利用率。

9.6.2 研究展望

虽然本章提出的位置共享云储能机制的有效性得到了验证,能够在最大限度满足用户需求的同时降低成本,然而具体的操作流程并不完善,而且控制设备相对局限,没有考虑电动汽车这类形式的电化学储能参与该机制,未来可以考虑它们移动路线的不确定性对系统的影响,并重新制定日常调度策略。

10 共享经济中的智慧工地监管平台

10.1 引言

10.1.1 研究背景

随着以云计算、大数据、物联网、移动互联网、人工智能等为代表的新兴数字技术快速发展、加快成熟和商业转化，数字经济成为经济发展中创新最活跃、增长速度最快、影响最广泛的产业领域。数字经济的兴起使数据融入社会经济生活成为发展的必然趋势，数据作为国民经济信息化、数字化、智能化的技术基础，在国民经济中发挥着越来越重要的作用。数据成为数字经济时代新的生产要素，成为与土地、劳动力、资本、技术并列的基本生产要素之一。数据在行业的数字化进程中扮演着重要角色。

建筑业作为国民经济的支柱产业，其数字化程度对实现国家数字化战略起着举足轻重的作用。但建设项目周期长，涉及数据类别多、数量大、价值高的典型特征都加大了建筑业推进平台化的难度，导致建筑业的数字化转型升级明显落后于其他行业。建设项目的质量监管、成本监管、环境监管等环节亟需数字技术的加持。因此，建筑业各领域数字化转型升级迫在眉睫。

数据因其隐藏着巨大的机会和价值被认为是信息时代的新"石油"，与之相关的研究领域吸引了产业界、政府和学术界的广泛关注，如何利用并充分挖掘数据中的价值成为当前极具前景的研究方向。企业应用大数据进行战略决策已屡见不鲜，而公共部门也逐渐探索大数据的潜在价值。政府可以通过日常活动生成和收集大量数据，如企业税收数据、城市交通数据、环境监测数据以及人口数据等，对这些高容量和高速物联网数据源的综合分析可能有助于显著改善城市管理，并对公民的安全和生活质量产生积极影响。平台作为利用数据进行价值创造的绝佳载体，在数据价值的实践应用层面正焕发活力。相关研究表现在许多学者提出政府即平台（Government as a Platform，GaaP）的理念，认为政府可以先依托平台进行不同政务的实施和社会问题的监管，之后再进行整合，实现各公共部门互联互通，以解决"数据孤岛"的问题。在信息不对称、道德风险和逆向选择的影响下，政府监管和市场监管（企业自我监管）难以取得成效，亟需应用数字工具，创新监管方式。在现实需求和数字技术的驱动下，环境污染监管平台应运而生。该第三方监管平台因可有效解决政府和市场监管的障碍，成为建设项目各项监管任务环节的主力军。

◆ 10.1.2 概念与研究评述

1）公共数据与平台

公共数据的分享、流动和使用是平台创造价值的重要途径。数据分享阶段正面临包括隐私保护、权属划分、贡献激励、数据定价在内的热点问题。此外，数据分享中的开放水平将影响公共数据的利用效果，无序地开放公共数据可能产生副作用。数据流动是保障数据能高效共享的前提。物联网、大数据等技术的出现使得数据传输在速度、数量、准确性等方面获得提升。数据在不同利益相关者之间的充分利用是数据共享的关键意义所在。通过使用、再利用、再处理和重新调整用途这四种方式对公共数据进行再利用，能够发挥更大的公共数据价值。基于上述四种方式，平台为用户提供的功能包括但不限于：数据存储、更新、导航、检索、描述、下载等数据基本处理功能；比较、建模、可视化、报告输出等数据分析功能；利用机器学习进行模拟和预测等数据增强功能。

基于平台的市场正在改变组织产生和交付价值的方式。平台经济的蓬勃发展催生了一部分以提供平台服务为主营业务的公司，其收入增长和利用率相较于基于产品模式的公司更高。在巨大经济效益的鼓动下，国内外学者尝试由理论深化平台经济的内在发展规律，同时从实践层面探寻指导平台模式与多种产业结合的方法。但目前结合具体行业的平台经济研究仍主要集中于服务业，非常缺乏将平台经济理论体系运用于建筑业建设项目公共数据价值分析的资料。

2) 共享经济中的建设项目环境污染监管平台

对于建设项目环境污染监管平台在监管中的功能可从三个角度认识。

（1）监管平台与监管方和被监管方不存在任何关联关系，保证监管数据的真实性。

（2）严守"三公"（公平、公正、公开）的态度。监管平台制定一套完整的规则和标准，对所有加入平台并使用平台的参与方一视同仁；同时，平台的监管数据只要不涉及保密都是公开的，数据采集、传输和反馈都是可追溯的，信息完全公开透明。

（3）提供完全可追溯的数据，实现政企环境信息对称。政府和建设企业之间的信息不对称是产生第三方监管的根本原因，这就要求第三方可以有效地解决信息不对称的问题。监管平台通过对双方用户的资质审查、企业征信等数据的收集存储处理，降低双方的信息不对称性，使政府和企业都获得各自的利益；同时，加速推进建设项目环境污染监管的数字化、协同化、开放化。

本章将建设项目环境污染监管平台定义为：通过运用技术手段（传感器、视频监控、物联网、云计算等设备和技术）和管理机制（企业环境信用评价体系、建设项目环境污染黑白名单管理）全过程实时监管建设项目环境污染，独立统筹用户注册和交易的第三方监管平台。

3) 平台模式下的数据价值形成机理

针对平台模式下数据价值形成机理的研究比较少，大多数研究主要集中在数据的价值评估与价值创造过程，提出了相应的价值创造策略、数据价值类型及数据平台价值创造的理论框架。李建忠在电子商务背景下，研究分析了企业价值链的变迁和核心价值，构建了一个电子商务模式下的价值链简化模型，该模型主要包括外部环境、外部约束、核心价值链三个部分。Kogut 也利用价值链的概念，认为数据产生价值就是技术、原料、劳动、商品、交易、消费环节的循环过程。

平台数据活动的相关研究聚焦于共享、流动、隐私保护和辅助决策等方向。Lu 指出公共服务平台属于数字公共领域，需要平衡数据收集和隐私保护，并激励用户贡献数据，促进数据共享和数据流动。

大数据价值链已经引起广泛关注，但现有文献缺乏针对建设项目公共数据的特征,从价值形成角度构建公共数据价值链的研究。同时,公共数据的获取和应用场景仍非常有限,如何促进公共数据的分享、流动和利用尚未得到充分论证,公共数据价值发挥不足。

10.1.3 研究意义

本章围绕监管环节平台化、建筑业信息交互网络共享化的发展要求,探究建设项目环境污染监管平台在建筑业数字化转型升级中应用的合理性与先锋性,以数据为核心,分析监管平台使用场景充分利用并激发数据价值的理论基础。

(1) 通过对环境污染监管平台背后数据活动的解析,为数字监管的本质与动力研究指明方向。平台底层数据的加工过程作为监管活动数字化的基础,是网络化监管平台开发功能的核心,通过对环境污染监管情境下数据流活动的分解,可验证数据发展规律在实现监管模式升级层面的原生动力。

(2) 为平台在释放数据价值场景下的合理性与必要性提供理论支撑。平台作为继组织和市场之后的第三种资源配置方式,将在许多以数据资源为导向的转型场景中焕发活力。本章将平台宏观结构模式与数据微观活动过程相结合,为共享经济背景下建筑业公共数据的平台利用场景架起理论支撑框架。

(3) 为建设项目现场监管数字化、建筑业各业务环节网络化转型升级提供一定实践依据,挖掘环境污染监管平台在共享经济浪潮中的应用前景。我国正大力推进新基建,包括建筑业在内的传统行业数字化改造和赋能将具有重大战略意义。建设项目监管是一个消耗巨大却经济效益有限的必要环节,通过平台方式提升监管质量和效率,甚至创造额外收益是企业、公共管理转型提质的关键一招。

10.1.4 研究内容

本章基于建设项目环境污染监管平台的模式特征,从数据承载信息的基本价值和流动共享的增值价值两个角度,构建了公共数据价值形成机理的分析框架。首先,通过数据生成、采集、预处理、存储、分析和可视化六个价值链活动过程,剖析了数据从原始资料到成为商品和服务的完整路径;进而,在平台规模效应和范围效应的作用机制下,确立了数据因共享产生增值价值与平台组件之间的关系模型;最后,运用案例分析法,结合南京市智慧工地监管平台运行情况,验证平台模式下的数据价值形成机理整体模型的可靠性与可移植性。研究主要分为以下六个部分:

第一部分,引言。主要对本章的研究背景、相关概念与研究评述、研究意义和总体研究内容框架进行介绍。

第二部分,建设项目环境污染监管平台模式分析。以平台经济学的逻辑,从结构基础、特征与运行机制、发展历程等平台模式基本要素入手,梳理监管平台的宏观运行情况。

第三部分,价值链视角下的建设项目环境污染监管数据基本价值活动。利用价值链描述的流程揭示平台背后数据形成基本价值的微观机制。

第四部分,平台使用场景下的建设项目环境污染监管数据增值价值创造。结合平台使用场景分析数据流动与分享对增值价值创造的重大意义并构建环境污染监管平台的数据共享框架。

第五部分,案例分析——以南京市智慧工地监管平台为例。从南京市环境污染监管平台的试点、推广和共创三阶段论证平台内部数据价值形成机理的适用性。

第六部分,本章小结。总结了本章的研究内容和结论,分析了研究中存在的局限性及提出后续改进的方向。

10.2 建设项目环境污染监管平台模式分析

10.2.1 平台结构基础

建设项目环境污染监管平台的结构属性与双边市场平台的三方面特点相契合。第一,平台的基本骨架由三类关键主体组成,如图 10-1 所示。第二,监管平台主体之间存在间接网络外部性。第三,监管平台采取差别化定价的运营手段,即具备价格结构非中性。由于建设单位将支付给施工方的款项中一般包含安全文明施工费,施工污染责任方应为一个整体角色,包括建设单位与施工单位等有关建设方。本章不考虑施工污染责任方的内部作用关系,而仅站在施工企业的角度探讨其数据价值的形成机理。

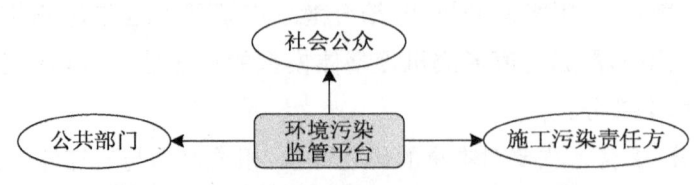

图 10-1　建设项目环境污染监管平台基本架构

随着发展历程的演进，平台上将会活跃更复杂的利益相关关系，由此构成的生态系统拥有包括竞争对手组织、数据提供商、监管机构、研究机构、用户和客户等角色在内的庞大结构，这些参与主体都可以从共享和组合数据中受益。平台生态系统中的众多利益相关者按照业务活动及利益诉求的差异可归为公共服务方、平台型企业和平台参与企业三类。本章将重点考虑平台参与企业的价值站位，从研究主体——施工方出发，串连与之业务相关的其他平台参与企业，以补充施工现场数据蕴含的潜在价值。

◆ 10.2.2　平台特征与运行机制

1）监管平台需求互补性

本章的研究主体——施工方，其在与公共部门的互动关系中需承担社会责任，履行安全文明施工的义务并接受监督，相应地也将根据其表现情况获取施工奖惩、政策补贴；在与社会公众协调方面，其以规范建设行为减少施工项目对周围环境的负面影响，也是在降低居民投诉带来工期延误损失的预期。环境污染监管平台的介入，要求施工方配备足量设备以及管理负责人员，这部分信息化改装的花费为施工企业的内部管理效率提升与挖掘潜在的数据信息数字业务打下基础。

从不同主体角度切入，两两之间形成的需求互补关系如图 10-2 所示，不难发现施工方不仅主动与监管平台中其他成员构成需求关系，且包含在其他主体的利益环境中。需求关系在图 10-2 中表现为指向与被指向的箭头结构关系，整体构成宏观的互补需求网络。箭线中的内容为点层面的因素识别提供面的搜索范围；箭头方向为区分成本与收益给予方向的指引。

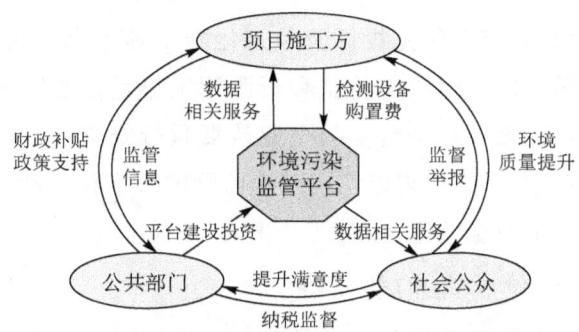

图 10-2 建设项目环境污染监管平台需求互补示意图

2) 监管平台网络外部性

为充分考虑环境污染监管平台一侧主体的效用对另一侧的市场规模的显著影响这一概念,可以借助平台网络外部性反映该部分运行机制。环境污染监管平台网络外部性可分为直接和间接两大类。直接网络外部性用于衡量平台同侧用户间的影响,即当某一侧主体用户规模增长时,会影响同侧群体其他用户的效用。用正、负分别代表效用的增加和减少,已有研究利用经济学基本原理以及数学建模分析手段得出结论:公共服务平台直接网络外部性均为负。理论分析与现实情况也能很好对应起来,例如,随着入驻监管平台的施工污染责任方数量的增加,早一批加入平台的相关建设方可能获取的支持政策等优势,将伴随优惠条件的普及逐渐减弱。

间接网络外部性强调平台一侧成员增加时,另一侧成员获得的效用情况。在监管平台起步阶段,平台一侧成员获得的价值将随另一侧成员参与数量的增加而增大;而在平台发展阶段,更依靠不同参与主体之间的高效互动来激发价值。Rochet 和 Tirole 根据上述两种过程,将监管平台的间接网络外部性区分为成员外部性和交易外部性。具体来说,环境污染监管平台在公共部门牵头倡议及政策引导下建立,第一批参与试点的有关政府部门及代表企业率先入驻。在监管平台初步达到预期成效的基础上,一定数量的有关建设单位出于享受优惠政策、提高与监管部门的对接效率等需要,积极接入平台接受监管。监管平台对有关建设主体覆盖率的不断提高也向其他相关施工污染监管部门释放数字化政务的积极信号,进而实现公共部门与施工污染责任方在网络化空间内互利互惠的链式反应。交易外部性更强调在良性互动中主动激发。施工污染责任方在政府激励政策的引导下,在约束政策的推动下选择接入监管平台。享受分级管理赋予的权利、借助优先投标及差别化施工等生成的获利渠道、把住行业数字化浪潮的风口以及时抢占地位和资源等优势是企业做出是否参与平台监管的决策的重要因素。在平台参与企业认真履行安全文明施工职责的基础上，接入平台的有关公共部门得以实现线上监管的数字化、智能化，双方主体间相互吸引并最终达成双赢的稳定局面。

3）监管平台价格结构非中性

网络外部性反映了异侧参与主体间相互影响而逐步达到平台成员容量动态稳定的过程。平台方通常采取一定的定价策略，以此为筹码吸引成员加入，通过人为干预来加速网络外部性的自然进程，这就是平台价格结构非中性的机制内涵。

环境污染监管平台价格结构非中性指平台利用价格补贴招募一部分间接网络外部性较高的平台参与方，对间接网络外部性较低一侧的参与方收取较高费用，从而内化网络外部性。在该定义中，因平台提供补贴而激发入驻兴趣的参与方称为"被补贴方"；能为平台提供持续性收入、支持平台运营的群体称为"付费方"。因此，监管平台需要做出战略性选择，确定哪一方作为被补贴方以促进网络外部性在平台盈利和成长发展路径中的良性作用。

◆ 10.2.3 平台发展历程

对于环境污染监管平台的发展历程，本节将从平台生命周期的角度描述其各阶段的发展特点。围绕用户规模与临界容量之间的动态变化关系及信用体系的演化过程，将环境污染监管平台实现数字化服务目标的过程分为三步走，即单项目、多项目、多公司。

1）单项目阶段

该阶段平台主要基于单个项目进行试点，初步形成项目上的人员信用等信用体系（人、材、机、环境；过程、结果），此时平台处于"内测"阶段，尚不成熟。主持环境污染监管工作的相关部门为验证网络化技术能否有助于提升监管效率、重塑交互流程，指定有关建设项目加入平台，呈现出"一对一"（一个公共部门对应一个试点建设项目）的接入情况。

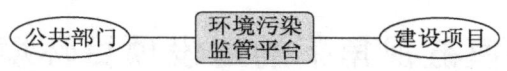

图 10-3　单项目发展阶段平台结构示意图

2) 多项目阶段

该阶段平台主要基于多个项目进行推广,初步形成以项目为基本单位的信用体系。此时公共部门与监管平台采取多种策略(如公共部门提供激励扶持与约束政策、监管平台采用差别化定价手段)吸引更多建设项目接入,推动用户规模朝临界容量快速增加以保证平台的继续存在与优化。平台参与方的情况是"一对多"(一个公共部门对应多个建设项目)。多项目阶段是平台逐步形成规模,展现出数据共享、信息交互效率优势的关键时期。

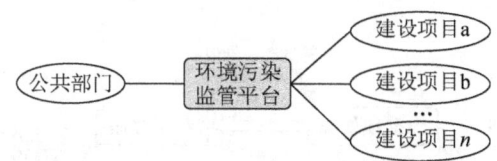

图 10-4　多项目发展阶段平台结构示意图

3) 多公司阶段

该阶段平台主要基于多个企业的多个项目实现综合管理,构建行业公认的公司信用体系。突破临界容量后,监管平台、公共部门无需再花费过多资金、精力,用户规模会在各参与方之间网络外部性的相互作用下自然扩大,平台号召力几乎足够吸引管辖范围内所有的建设项目接入。当项目数量达到一定规模时,表面仍是以项目为单位接入平台接受监管,实则已反映建筑企业在当地的业务开展状况。多家公司在平台上的聚集又会推动更多相关公共部门的加入,实现平台场景下更有效的资源配置。

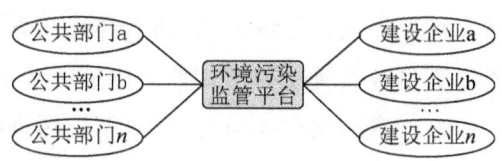

图 10-5　多公司发展阶段平台结构示意图

10.3 价值链视角下的建设项目环境污染监管数据基本价值活动

如果说具象的平台运行模式是研究平台产生价值的表层骨架,那么抽象的数据活动过程则是代表暗含于内部价值机理的鲜活血液。数据价值链站在数据是一种具有强流动性资源的视角,用数据获取、生产、使用的三大阶段、六项活动揭示了数据从诞生之初到最终分析呈现的鲜明程序化价值规律。环境污染监管情形下,数据本身能够释放一段时间内工地现场的管理运行情况等信息的这种能力,可以归结为数据的基本价值,而数据价值链串连起了实现数据基本价值的各项流程化活动。

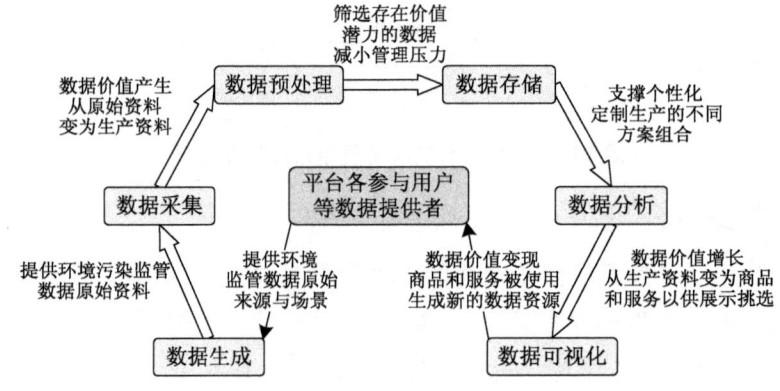

图 10-6 建设项目环境污染监管平台数据价值链

◆ 10.3.1 数据生成与采集

数据生成与采集是数据价值链的第一阶段,这一过程主要是获取原始数据资源。要保证价值链后续程序具备足量的"原料",环境污染监管平台需要接入广泛的数据生成场景以满足各类属性和形式数据供应的要求;而数据采集的总体规模较大、结构复杂、方式自动化程度高,将针对解决污染防治监管场景下的几大典型数据如何记录保留的问题。

1) 数据生成

数据生成用以描述数据从相关场景源头产生的过程,并作为起始端参与构建数据价值链。数据由人、机器或传感器主动或被动地产生,这些结构化、半结构化或非结构化的数据将为对应使用场景之下的后续信息活动输入基础资源。

(1) 环境污染监管场景下的数据分类

根据环境污染网络化监管的数据类型特点,结合本研究主体对象——平台参与施工方的价值主张,建设项目的数据可划分为项目数据、交易数据与公共数据。

项目数据不管在传统还是数字化应用场景中,都是建设现场最为基础且关键的信息来源。项目数据与项目管理三角形密不可分,是在项目全生命周期中产生的与项目进度、质量和成本等因素相关的数据集合。

双边平台突出交易与博弈优势,在此条件下,监管平台搭建的网络化空间将有助于促进平台参与企业拓展更丰富的交易性业务,如建筑垃圾回收等。这些包含交易金额、交易渠道、商户代码、交易地区、交易类型等要素,同时反映建筑企业间交易行为的数据,可以归为交易数据。

公共数据指具有管理职能的组织、公共企事业单位(统称公共管理和服务机构)为履行法定职责、提供公共服务收集、产生的,以电子或者其他方式对具有公共使用价值的信息的记录。公共数据是保证平台的污染监管核心功能的载体。

类型划分在无形中赋予不同类数据以特定属性,对应的价值也将初见端倪。例如,生成的项目数据背后蕴含的是一个建筑企业劳动生产率、组织效率的基本信息;交易数据可以映射企业数字化业务开展水平;公共数据隐藏妥善处理安全文明施工协调问题的潜在收益等。

(2) 环境污染监管数据特征

环境污染监管场景下的数据形式多种多样,有监测噪声污染的分贝数值、空气中扬尘浓度这样的数值型数据,渣土车进出场监控、GPS实时定位轨迹等图形数据,甚至可以是现场的一张照片、一段文字说明记录等。这些数据从形式上可以分为结构化数据、半结构化数据和非结构化数据,加以区分的目的是便于采用不同技术手段完成后续处理流程。

2) 数据采集

数据采集在整个价值链中承担接入通道的角色,它将不同来源形式的数据经过采集过程的格式化处理,形成便于录入计算机系统的结构化数据,为后续的加工等操作奠定基础。在环境污染监管的场景下,项目、交易与公共数据主要由施工现场传感器、网络交易记录、对接协调情况等方式生成,表现为文本、图像、音频、视频等不同形式的原始数据。

对于文本形式的数据采集,命名实体识别(Named Entity Recognition,NER)、关系抽取(Relation Extraction,RE)、事件和显著事实提取(Event and Salient Facts Extraction)等现代技术将有助于解决需要克服嘈杂低质量数据干扰的问题,以及攻克数据多样性、文本歧义、嵌套实体、异质性、自动格式识别、同音异义词识别等关键挑战。会议纪要、安全文明施工实施文件等现场文本将在结构化处理后更便于保存查阅、集合统一且关键的数据源信息。

从图像中采集数据包括提取语言描述、语义、视觉和标签特征、环境理解和面部识别等工作。视觉关系检测(Visual Relationship Detection)提取图像中对象的交互信息,以对象分类检测和环境识别或互动识别为主要任务。文本识别(Text Recognition)可以从图像的文本内容中提取到大量信息,图像和视频中的文本更多地描述了视觉内容的有用信息,提升了基于关键词搜索、信息检索和自动图像字幕的信息提取效率。人脸识别(Face Recognition)要求准确快速识别身份信息。图像对信息的还原度高,一直是环境污染监管重要的数据源。对参与监管平台的建筑企业来说,图像数据不仅是对外应对公共部门监管的重要证明,更是对内了解各项目现场运行情况的直接资源。

音频数据采集主要有声学事件检测(Acoustic Event Detection,AED)和自动语音识别(Automatic Speech Recognition,ASR)两项子任务。声学事件检测旨在处理连续声信号,并将其转化为符号描述。自动语音识别是一项识别语音并将其转化为任何其他媒体形式(如文本)的任务。音频数据除了与图像等数据搭配以提供更为准确的项目现场实时反馈或事件记录外,施工方可以充分利用其在多媒体索引和检索、模式识别、监控、语音拨号、语音指令控制、计算机辅助语言学习、语音搜索和机器人技术等方面的应用优势。

视频数据采集的主要目标是理解并提取视频内容中的相关信息。文本识别将针对可以从视频中提取的两类文本,即字幕文本和场景文本进行工作。字幕文本在字幕、叠加层、小标题中提供高级语义信息,例如施工现场每个视频监控窗格中的日期、天气、时间、场景地点等标注文本被添加到视频页面以提高画面的可理解性,补充定位检索的基本信息;场景文本通常嵌入在项目现场画面的标志牌、商标等图像中。自动视频概要（Automatic Video Summarization）对提升视频数据采集效率至关重要。项目现场包括监控在内的传感器、重要工序、会议场景的记录等包含大量视频，每天视频数据的爆炸式增长凸显了开发快速高效的自动视频概要算法的必要性。这项技术通过对视频快速浏览的方式对内容进行概述，将原长视频的语义内容用短视频呈现出来。

◆ 10.3.2　数据预处理与存储

数据发展到价值链第二阶段，形成"商品"的雏形。从环境污染监管平台结构基础来看，第一阶段分散在各平台参与企业中的数据将在第二阶段汇聚到监管平台完成初步的统一处理。

1）数据预处理

由于原始数据可能有噪声和冗余，必须进行数据预处理。通过 Apache Hadoop、NoSQL 和 MapReduce 等各种工具可以实现清洗、转化和集成等基本数据预处理操作。由于数据混乱的性质，清理、处理数据质量和格式是预处理的基本目标，它能帮助发现不精确、不充足或不恰当的数据。转化原始数据是为了使其适合分析，例如使用一些工具对数据进行整合和打包，在数据实时格式中也可以运用如数据拆分、合并、执行计算等各种操作。集成利用提取、转换和加载过程，让数据更适合接受挖掘等分析操作。

2）数据存储

数据存储过程需要构建一个管理系统，以满足数据复杂性、维度和动态增长的需求，保证容纳足量数据，优化处理站点的可用性并提高检索效率。

大数据管理中的数据存储过程包含数据聚类、复制和索引等重要活动。聚类是将大量数据按照相似特征实体汇总成组的过程，有助于在有限存储容量中容纳相对较大的数据量。复制得以让用户站点一致地访问和使用数据，如何创建及放置副本是复制操作中的重要流程。一致性用于衡量数据复制是否可信；数据变化的传播时间是另一个关键因素，延迟的更新可能会在生产中导致错误结果。索引针对的是当海量数据分配到分布式站点情况下，如何获取优化的查询执行结果的难题。存储管理需要确保未来对海量数据的高效检索，因此多变量多站点搜索、执行不同类型的查询和数值数据搜索优化、开发合适机制以获取高索引吞吐量和快速数据查找功能等任务是数据存储的多项挑战。

◆ 10.3.3　数据分析与可视化

数据价值链最后一个阶段将聚焦于如何充分释放并最终呈现数据流的基本价值。在环境污染监管平台构架中，平台方充当"加工厂"的服务角色，根据公共部门监管工作的需求，调用从各施工方项目现场收集并整理归类的数据，运用合适的分析技术并以可读性强的直观简约形式呈现，达到数据后台及时处理与前端实时展示的同步效果。

1) 数据分析

数据分析技术主要包括机器学习、数据挖掘、统计、人工神经网络、自然语言处理、深度学习等，利用这些不断优化改善的技术，可以发挥数据在多领域的信息承载作用。如日常社交网络上活跃的大量非结构化数据需要实时分析以获取快速响应；个人手机、电脑等电子产品中的移动数据分析将给予用户实时反馈。项目现场的监控视频、音频数据、会议记录等文本数据以及传感器监测的结构化数据等各种不同渠道、不同形式、不同类别的数据经过分析技术的加工，得以滤除影响信息准确获取的杂质，达到规模化、标准化处理数据以释放内含信息价值的效果。

2) 数据可视化

数据在从生成到分析的整个流程链中，体现了从非结构化的复杂多样转向结构化的简洁统一的由繁化简的处理原则，数据可视化在最终结果展示层面同样需要达到从错综复杂向直观易读转变的目标。可视化为说明数据之间的关系，采用图形、仪表盘等遵循人类艺术视觉特点的方式传递信息，服务于高效及时的决策制定过程。正因为有了数据可视化技术的保障，数据才能融入各类社会生产中产生价值。环境污染监管平台页面呈现的数据分析结果通过可视化技术从机器语言转变为人类语言，政府公共部门才能以最小的学习成本快速适应平台使用场景，这也是通过平台方式实现数字化监管的意义所在。

◆ 10.3.4　数据分享

从价值链的数据整体流向来看，数据从施工方的项目现场传输至监管平台，平台又可以将加工后的数据提供给公共部门作为监管依据、公示给社会公众作为参与环境污染防治的反馈。数据在以平台为中心的多主体间流动，实现平台结构基础层面各参与方之间的互动，也达成信息交流层面的数据共享。

数据的非竞争性以及与经济活动、相关主体的不可分离性意味着数据分享不能简单等同于传统生产要素的共享。很少有两个建设项目在形式、功能等方面完全相同，数据具有可变性是常态。这表示建筑业数据分享同样需要考虑时效性和特殊性。建设项目交易属于典型的高值低频交易（High Value Low Frequency Trade，HVLFT），高值增加了买方面临的财务风险，降低了卖方信任；低频导致缺乏可比资产，影响项目价格弹性。此外，随数据分享而来的信任、合作风险和投资成本问题又阻碍了数据的流动。不难发现，上述特征导致了建筑业数据分享难度更大，也从侧面反映了建筑业中数据资源的价值巨大。贯穿价值链的核心原则都是要打破一切阻止数据流通的障碍，减少流动过程中的损耗和停留，尽可能避免数据安全隐私问题，以确保数据实现在速度和质量上的高效分享。

可见，建筑业数据的价值来源于分享，而如果没有数据分享，就无法产生协同的经济活动。再从价值链的流程走向来看，数据最终经过分析过程产生的价值会因为应用场景的不同而不同，这是实现平台生态系统层面更广阔数据分享的基础。这种超越了数据本身信息承载基本价值的分享，可以增进业主与各承建单位间的信任，帮助建筑企业做出更好更快的决策，甚至能重塑建筑市场以及行业建设和交易的方式。数据在更多主体、生产者、使用场景下的分享会产生新的数据，从而形成新的数据价值链，这类链式反应下的数据增值价值将在下一节重点阐述。

10.4 平台使用场景下的建设项目环境污染监管数据增值价值创造

10.4.1 平台使用场景下的数据价值

建筑业数据的增值价值与数据具体的使用场景以及更重要的数据利用方式密切相关。资源的市场配置和组织配置方式还在运营成本和交易成本之间无法两全时,平台已经成为资源配置的第三种方式。由于双边市场或多边市场网络外部性的存在,每一位用户所得到的效用随另一边用户数量的增加而呈跳跃式增加,呈现出典型的网络效应。进而,平台突破临界容量后,由于规模经济和范围经济的两大效应,通过价格结构的倾斜激励策略,可以同时降低双边用户的交易成本和运营成本。平台在其会员群中分配成本,并将利益内部化给利益相关者群体,否则这些利益将作为外部性而丢失。因此,建筑业的数据价值只有在平台利用方式下才可以达到最大化,数据也才具备进一步开发增值价值的基础。换而言之,基于平台进行更有效的资源配置,才是建筑业数字化转型升级的最终目标。

◆ 10.4.2 建设项目环境污染监管平台数据共享框架

结合平台堆栈中三类平台资产的概念、数据管理框架中的三层次及社会经济平台中与价值创造联系紧密的重要互动关系,从工地现场数据中创造价值所需的各部分组件如图10-7所示。数据共享平台所依赖的三类核心资产组成了平台的资产层。三个管理任务组件为社区组织,利益相关者社区和系统之间的价值分配,以及将数据开发为信息。平台通过对资产的高效管理所期望得到的结果便是有价值的交互,这是第七个中心组成要素。当上述七个组件以一定方式组合就可以形成一个分层次多任务的韦恩图,可以揭示平台释放数据更高维增值价值的机理。

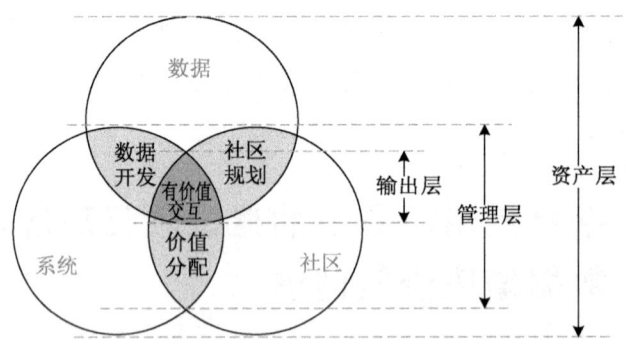

图 10-7 数据增值价值创造与平台组件关系示意图

1) 资产层:利益相关者社区

平台通过让利益诉求一致或相近的利益相关者彼此匹配,降低了他们从数据中实现价值的边际成本。平台构建了一个市场化自由交易的场所,所有的参与方均是一个数据供给源同时也是消费者,平台模式下的数据价值就在从数据开发中获得的收益与实现该输出结果的差值中产生。更加庞大的利益相关者社区关系网意味着更大体量的市场与更多创造价值的机会,平台吸纳并精心经营的利益相关者社区自然也就成为关键底层资产。

2)资产层:有力的系统

每一个平台都有自己独特设计的系统来管理数据,利益相关者社区中价值互动的效率是衡量平台系统有效性的重要指标。系统的目标不仅仅是为利益相关者匹配有价值的互动,还有最小化他们的短期搜寻成本。环境污染监管平台系统针对从工地现场监测数据上报至公共部门辅助监督的流程开发,为各利益相关方关系社区的建设奠定了网络主干基础,建立起数据在不同参与主体间流动的优化通道。系统背后蕴藏的算法也是平台企业能有效利用特定类型数据创造价值的工具性资产。

3)资产层:社区中的数据

当数据能够产生非数据结果时,例如工地现场环境污染监管的指标数据能成为反映施工企业项目现场管理水平的信息时,数据就充当了一种资源。当数据经深加工后成为便于存储交换且能符合不同利益诉求方的要求时,数据就成为一种经济商品,如政府公共部门需要真实记录施工现场扬尘、噪声等污染检测指标的动态数据;建筑垃圾回收商关注每个项目完工后可能的废料量和意向回收价格等数据。当数据作为价值存储的手段或促进部分利益相关方之间的价值交换时,数据就被视为一种货币,如环境污染数据本身对平台企业并无作用,但平台方把握住施工方与政府公共部门之间的数据供求对接关系时,可以用经过加工的数据换取补贴、服务费等收益。

当更多不同的数据共享平台交换数据时,数据也可以创造增值价值。反映项目施工现场真实情况的监管数据可以为建筑企业保险评估分析等工作提供决策依据,数据甚至可以从多主体间的流动跨越到相关行业间的联动,这是正向交换,生成的数据可以经外部平台使用以直接获取收益。当然平台也能从其他平台购入数据,当购入成本低于内部自主开发相同数据的成本时,这类反向交换也能带来收益,如监管平台接入建筑垃圾回收商数据的成本小于提供买卖双方匹配服务的收益时,数据流动就能带来潜在正向收益。

4) 管理层:社区组织

框架的第二层即管理层所包含的三项任务反映了平台主要面临的管理挑战:如何建立一个利益相关者社区,使其在数据需求上具有相似的同方向目标;如何恰当开发数据,形成一套标准化流程以应对不同参与方的可能需求;如何合理分配数据带来的价值,确保平台正常运转的同时激励入驻用户继续参与数据价值创造过程。

如果不同利益相关者所构成的社区目标过于多样,由此获取所需数据需要付出的代价也将相应高昂;相反,如果社区目标过于集中,围绕数据成功交互所产生的利益信号将无法吸引足够的潜在利益相关者。不同利益相关者对数据的需求有所差异,由此产生不同效用,如政府公共部门需要工地现场实时数据辅助环境污染监管;施工方想要通过主动分享数据获取政策补贴或是为实现自身数字化变革而先行尝试。故平台组织社区的管理任务不仅是为区分各种利益诉求以提供更好的数据开发服务,还在于营造畅通且包容的社区氛围。

5) 管理层:数据开发

数据若按照过于精细的目标合集开发,它将不再对利益相关群体有价值;同样,未充分开发的数据也无法帮助平台参与方降低其开发成本,导致企业做出决策时因看不到足量收益而不愿入驻平台。

环境污染监管平台作为典型的数据分享平台,应包含数据生成、获取、存储等价值链工序,来支持价值的创造过程。但数据增值价值的创造必须超越这些机制。平台参与方使用系统开发的数据以降低获取相同结果的个人成本,或以相同成本能获得更多成果。如接入平台的施工方,系统假设其有回收项目现场建筑垃圾的想法,当下一次存在建筑垃圾回收交易时,该施工方可以收到提示信息以帮助平台确认或修改这一假设。通信理论把施工方的这种反馈称为校正信号(correction signal),它被允许用于对所有利益相关方传递数据的过程进行改正。这种数据驱动下的关系网络优化让一个行为主体的价值创造过程渗入社区中的其他相关方。

数据开发也能发生在各个市场,这在多边平台上尤为明显。利益相关方都在为平台提供各种数据源,平台系统通过"建议价格""推荐关键词"等方式促使每个参与方安排好自己的数据,尽可能实现多数群体的利益最大化。这种直接或间接数据开发激发了需求侧的规模经济,尽管最后数据的扩展应用因人而异,但利益相关方出于潜在的交互个人利益而自愿分享并加工数据的这样一种协作式开发行为,仍是围绕数据构建生产功能所需的核心组成部分。

6) 管理层:价值分配

当社区中的利益相关者进行自由的数据交互时,系统会收集双方在所有成功和失败交易中所采取的完整路径,这让平台系统建立了对各社区参与方偏好更完整的理解。这种价值创造机制描述了两种市场:其一为社区与系统之间的内部价值创造市场;其二为以利益相关方各种选择为特征的外部市场。系统可以利用全面的理解优势在这两个市场之间进行套利,直至帕累托最优点。系统背后的平台方必须分得一些价值以保障正常运营,同时利益相关者也更愿意加入服务费更低的平台。平台方对数据价值的提取不足会导致其没有足够资源来收集、登记用户信息;然而过度的抽取又会削弱吸引用户积极参与的效益。因此,在价值的帕累托有效分配之前,保证利益相关者和平台方的共赢协作,是平台模式下创造价值的关键性管理任务。

7) 输出层:价值创造是平台数据共享的结果

有价值的交互是监管平台数据共享框架的中心,是跨越数据基本价值实现增值价值创造的核心要求,是底层资产与有效管理方式共同作用的最高结果。各利益相关方遵从数据共享平台的目标聚集在一起,要产生有价值的交互就需要管理决策充分调动平台底层资产,每个管理任务必须考虑其所跨越资产的性质。在图 10-7 中表现为颜色更深的管理层是颜色最浅的底部资产层的交集,如价值分配位于系统与社区的交集部分,而现实中平台在进行收益分配时,既要考虑保证系统维护和平台自身正常运转的收益,这是平台稳步持续发展的基础和拓展服务范畴的动力;还要满足利益相关者在广泛的价值创造过程中交互、合作、竞争、使用或交易数据的可观收益,这是平台吸引用户流量以维持活力的必然要求。

10.5 案例分析——以南京市智慧工地监管平台为例

10.5.1 案例平台简介

南京市智慧工地监管平台由市建委、环保局、城管局、安监局等部门根据实际监管工作内容提出具体的功能需求，按照实用性、先进性、开放性、安全性的原则，搭建建设项目基本信息管理、视频监控、扬尘监控、噪声监控、渣土车管控、系统预警、数据查询统计分析等功能模块。平台充分利用现代化技术，将政府部门、相关建设单位、社会组织或公众汇聚在一起，提升了政府监管效率、项目参与方管理水平、公众参与度，加强和促进了各监管主体之间的信息交流和信息共享。

本章选择南京市智慧工地监管平台为研究对象，主要出于以下三点原因：

（1）具有明显的阶段性发展特征。南京市智慧工地监管平台从提出概念到壮大成熟的整个过程反映了一个平台从个性化到普适化、由行政扶持走向市场竞争的演化规律。

（2）符合平台经济的运行逻辑。在平台经济已构建的成熟理论框架上，引入数据价值链流程，能有条理地深入剖析平台利用方式下的数据价值。

（3）成效显著，具有代表性。截至2021年5月23日，全市接入平台的在建工程有1 632个，具有差别化管理资格的工地有538个。高覆盖率将赋予案例更强的可推广性。

10.5.2 平台试点阶段的数据价值挖掘

南京市智慧工地监管平台起源于南京城建集团内部为了优化建设工程流程而自建自用的管理模式。管理部门希望在项目现场运用终端技术，实现日常巡检等简单监管工作的网络化；试点项目可能出于"不失去行业地位和社会资源"的目的而在城建集团权威号召下加入测试。此时仅表现出一方有明显需求，试点阶段几乎不存在需求互补性。这个阶段管理部门与项目单位"一对一"的封闭形式决定了固定的市场规模，网络外部性无法体现。城建集团构建投资平台并向试点项目免费开放,即管理部门为付费方,相关建设项目为被补贴方。

传统工程项目管理模式过度依赖人员现场勘察,信息数据传递效率低下。城建集团针对传统项目管理的弊端,运用物联网技术在集团内部安置监控系统以部署智慧工地建设,弱化时间、空间、资源对工地现场监管的限制。2016年南京城建集团子公司的高淳项目正式成为试点工程,项目配备了视频监控、污染监测传感器等数字化设备采集现场治理数据并实时上传至后台,自动化记录的扬尘、噪声等各项污染检查指标、隐蔽工程等重要工序视频资料也能保证及时生成管理信息。城建集团内部对项目科学化、智能化、精细化管理的需要,逐步激发了政府公共部门对智慧监管的探索。

南京市智慧工地监管平台试点阶段已经开始从传统的治理模式向数据价值链描绘的加工流程转变。数据采集方式的转变为后续接入完整价值链工序打造了良好开端,网络化传播的渠道为数据流程式服务的深化提供了雏形。但该阶段尚未形成管理关系网络平台,仅通过施工现场的物联感知设备汇集各监管数据源。此时的形象化平台中,参与主体单一,结构形式简单,数据封闭性较强。

10.5.3 平台推广阶段的数据价值整合

现实情况中需要从项目现场抽取的数据量巨大,想要充分挖掘数据价值,亟需建成用于数据集成、存储、分析的专业信息系统。2017年10月南京城建管理集团有限公司牵头,联合格瑞利(北京)智能系统科技有限公司等共同研发建设工程公共服务治理专用平台。2018年6月,南京城建集团的自用物联设备层升级为南京市智慧监管平台。2018年9月20日,南京市城乡建设委员会组织发改、环保、城管等部门召开专题会议,明确市级智慧监管平台工作各项要求,治理平台模式进入推广阶段。该阶段接入市青少年宫迁建工程、江北废弃物综合处置中心一期建设工程、青奥体育公园田径馆和游泳馆、红山路—和燕路快速化改造工程、高淳区小花码头输运体系PPP项目这五个项目,将实践与平台功能设计相结合,保障平台提供的服务高质高量、实用性强。

相较于试点阶段仅实现数据自动提取即图像线索存储等基础功能,推广阶段已经注意到补齐数据存储、二次加工等流程以打造完整数据价值链的重要性。此外,从试点阶段的物联感知设备层过渡到推广阶段成立南京市智慧监管平台,意味着由封闭性较强的设备技术平台终端升级为具备数据共享基础的开放平台。在监管平台基础上形成的南京市渣土车监管平台,通过安装在车上的设备,实现对渣土车进出场冲洗的自动抓拍,行驶轨迹的实时跟踪,驾驶员行驶过程中接打电话、吸烟等不安全行为的实时监控,初步形成人车信用体系。

表 10-1 传统及智慧工地监管平台监管模式下渣土车出场冲洗监管数据活动的流程对比

数据活动	传统监管模式	平台监管模式
生成	渣土车出场未冲洗干净的行为	渣土车出场冲洗时间不满足前后轮各 30 s 的行为
采集	监管人员巡检抽查,由人眼或执法记录仪采集信息	枪型摄像机 24 小时远程视频监控
预处理	监管人员判断是否存在违规现象,违规则留存视频记录,填写监察表	数据加工服务器自动辨别,若违规则自动截取视频,生成监控记录
存储	纸质、电子档案或执法记录仪保存监察记录	数据库服务器通过云存储、区块链等技术将历史监控记录留存
分析	监管人员整理、分析监察记录	监管人员利用平台权限随时调用并解释渣土车辆未冲洗监管的实时和历史监控记录
可视化	监管人员撰写结果报告	应用服务器将监控记录可视化,由 Web 服务器展现在 APP、显示大屏等终端设备上
传输	由报告等纸质文件传输	通过光纤、双绞线、移动网络卡等实时传递
反馈	监管部门对建设项目下发整改通知单,施工方整改后向有关部门报备	有关部门通过监管平台实时警告并后台通知项目现场负责人及时整改,施工方将整改结果上传至平台

◆ **10.5.4 平台共创阶段的数据价值增值**

若要平台自然融入现有市场机制并长期保持运转活力,需寻求更复杂利益相关网络中的数据共享。2018 年 12 月 18 日南京城建管理集团有限公司、格瑞利(北京)智能系统科技有限公司、南京智慧交通信息股份有限公司三家企业作为出资股东合资成立管控智慧平台的专业公司——南京精筑智慧科技有限公司,平台的所有权完成向市场中社会力量的过渡。智慧监管平台经过试点、推广阶段不断优化完善的系统已经得到市场的积极反馈。

为扩大监管平台用户规模,2018 年 12 月至次年 4 月,南京市政府、城乡建设委员会等公共部门发布相关文件,要求全市建设工地须安装环保在线监测和视频监控信息系统,明确了接入的数据标准、设备参数、布局要求和功能模块,并且须将相关数据传输至南京市智慧监管平台,这些举措有效推动相关建设单位接入智慧监管平台,有助于集中全市范围内建设工程公共服务治理信息。政府从行政号召力层面保障了平台数据的来源与汇集。公共部门看重平台协同、高效信息处理的价值,在市政府组织带领下接入智慧工地监管平台;相关建设单位、施工企业、渣土运输公司等参与方在政府文件指导下入驻平台。平台市场接入已经形成"多对多"的蓬勃局面。至此,监管平台以系统、数据和利益相关者社区为代表的资产层已经确立。

南京智慧工地监管平台在选择信息技术、设计功能、构建技术架构时都紧密围绕日常管理运营工作展开,呼应平台管理层的建设要求。平台在功能设计原则上注重开放性和标准化,从垂直方向看,平台由三层技术相互连接而成,由硬件设备、信息系统、大数据库、门户网站等多个平台组件竖向连接起来共同提供价值;从水平方向看,平台涉及的治理服务模块众多,而且需要向公共部门、市场力量等各方主体开放。平台为确保入驻的参与方更加丰富,在功能、用户规模、业务应用等层面具有良好的可扩充性和可演化性;按照国家安全保密标准,从平台结构、技术措施、设备性能、数据安全等方面着手保证平台用户的数据安全;保障平台程序升级改造的常态化,满足参与方服务需求。平台从用户主体出发,功能设计原则均适配于利益相关者社区的组织交流。

南京智慧工地监管平台采取多层架构模式,用户界面、业务逻辑、数据存储分离。数据存取通过数据引擎完成对数据库的操作,提高系统对数据操作的安全性;设计采用中间件技术,用户能把握信息系统建设、运维、升级改造的主动权;支持多种操作系统(例如 Windows、Unix、Linux 等),硬件系统支持不同体系结构硬件平台(例如 Intel 结构 PC 服务器、RISC 结构小型机等),数据存储符合 XML 技术标准;数据库兼容不同操作系统,具有 TB 级的数据吞吐量、高并发访问量以及强大的访问权限控制。平台在数据开发技术上多点发力,为数据的多种价值活动保驾护航。

南京市智慧工地监管平台的多层技术架构层层组装并传递数据的共享价值。数据采集层通过专网、无线网、移动通信网等传输通道,将设备收集而来的数据传送至平台,并对大数据进行初步融合,将监测结果数字化。信息处理层收集、存储、处理来自数据采集层的治理结果,做到留档留痕;承接应用治理层的需求,借调、反馈治理信息,为上层服务提供相关支持,实现治理数据的可追溯。应用治理层包括服务层和门户网站,服务层集中展示业务应用模块,连接客户需求和数据采集层、信息处理层等物理硬件设施;门户网站提供了平台各参与主体合作交互的空间。平台内部完善的结构层次为构筑数据价值分配的机制提供了基本框架形式。

由于建设项目(工地)和建筑企业在平台上聚集,以平台为媒介的行业生态系统愈发壮大,南京市建筑垃圾交易平台应运而生。监管平台场景下数据已从最初主要为公共部门监管服务扩展至满足以施工方为突出代表的其他平台参与方的利益诉求,越来越多数据的市场交易价值被考虑进平台的规划发展当中,正向着平台输出层要求的有价值交互目标不断迈进。

10.6 本章小结

10.6.1 研究结论

数字经济正在蓬勃兴起,成为创新经济增长方式的强大动能。毋庸置疑,数据作为一种新的生产要素,其重要性已经达到了前所未有的高度。平台作为数据利用最典型有效的方式,将重塑数据价值活动的基本流程。有关平台的研究逐渐从电子商务领域转向各个传统产业,平台所搭建的多主体汇聚的关系网络将协助建筑业信息化、智能化的转型升级。当前各地建筑业平台开展水平不一,推广过程阻力重重,梳理平台背后共同的数据价值形成机理并建立不同利益主体可行的决策范式对建筑业平台平稳高效的良性发展具有重要意义。本章意在探讨建筑业背景下以数据价值为动力、以平台应用为手段的行业改革路径,完成了以下研究:

(1)从平台模式的基本架构入手,分析了建设项目环境污染监管平台显著的需求互补性、网络外部性和价格结构非中性三个特征与运行机制,并总结了平台"单项目、多项目、多公司"三步走的典型发展历程。

(2)借助完整的价值链流程梳理了数据从生成到分析运用、发挥基本价值的全过程。将数据生成与采集、预处理与存储、分析与可视化分别归类为第一至三阶段,分析了每一阶段的主要任务目标及对数据产生的影响,并在此基础上总结了贯穿数据基本价值实现过程中的核心——数据分享的深层内涵。

（3）将平台应用场景与数据活动相结合，构建了建设项目环境污染监管平台数据共享框架。在监管平台结构基础上，融入平台特征与运行机制，以平台堆栈与数据管理框架为指导，揭示了数据通过平台方式分享以实现增值价值的机理。

（4）选取南京市智慧工地监管平台为案例进行研究。从试点、推广和共创三阶段分析监管平台模式下数据价值形成机理的有效性及实践发展与理论研究的对应性。

10.6.2 研究展望

本章的研究存在一定局限性，以下问题有待深入探究：

（1）不局限单一角色，多主体对比衡量数据价值。平台架构的丰富多元与不同参与主体（如施工方、政府部门、第三方服务提供方等）间的需求互补等关系决定了数据不可能单向流通，其产生的价值也将突破角色限制。后续可以研究不同主体间的利益诉求差异在数据价值测算、平台共同价值创造等方面的影响。

（2）结合更多可变情景进行动态化分析。数据价值的形成机理与平台发展阶段、相关企业体量和经营实力等可变因素密不可分。动态考虑数据在平台、参与方不同发展周期的价值规律将达到全流程模拟监管平台在应用推广过程中的数据活动过程的效果，有助于更贴合实际状况并针对不同情境下总结发展策略。

11 空置房共享平台运作机制研究

11.1 引言

11.1.1 研究背景

"居者有其屋"自古以来就是人们对生活最重要的需求,也是各国政府最为关心的民生大计。随着改革开放的持续推进和国民经济的腾飞,我国房地产业迅猛发展,人均住房面积稳步提高。房地产业的繁荣带动了经济的发展,然而繁荣的背后也存在着诸多棘手的问题,其中空置房的问题就尤为突出。

中国家庭金融研究中心 2018 年底公布的《2017 年中国城镇住房空置率分析》显示,2011、2013、2015 和 2017 年我国城镇地区住房空置率分别为 18.4%、19.5%、20.6%、21.4%,高于绝大多数国家,在国际上处于较高水平。2017 年全国城镇地区有 6 500 万套空置房,而经济学家陈海滨推算出 2021 年我国空置房数量为 1.2 亿套。目前,我国住房实际空置率远超自然空置率的水平标准,二、三线城市的情况更加严重。从住房贷款余额来看,2017 年我国空置住房占用的贷款余额大幅上升,有空置住房家庭的未偿还抵押贷款占抵押贷款总额的47.1%,预计规模为 10.3 万亿元。空置住房占用了大量的土地和住房贷款,不仅是对资源的一种浪费,更蕴含着巨大的金融风险,严重影响国民经济的健康发展,更不利于社会公平。与此同时,我国的保障性居住资源供给面临巨大缺口,而且保障性住房一般都建在远离城市的郊区,被保障对象通常没有权利自主选择居住,难以满足其自身的某些重要福利诉求。此外,还存在数量众多的"夹心层"群体游离在住房保障制度之外。所谓"夹心层"是指既购买不起商品房又没有资格申买经济适用房以及不符合廉租房申请条件又买不起经济适用房的群体。进城务工的农民和刚步入职场的大学毕业生构成了这类"夹心层"的主体,他们在城市没有住房,也暂无能力为自己购置住房,但由于保障性居住资源的有限性和排他性未被纳入保障体系之内。一方面,是大量的住房被闲置,而另一方面,却存在着大量人员负担不起高额的房价,无房可住。

互联网技术的进步使得共享经济迅速发展,并成为一种高效对接供需双方进而实现闲置资源共享的新经济形态。国家信息中心发布的《中国共享经济发展报告(2022)》显示,2021年我国共享经济市场交易规模约为36 881亿元,同比增长约9.2%,共享经济领域直接融资规模约为2 137亿元,同比增长80.3%,其中,共享住宿领域的直接融资同比增速更是高达500%。2021年中央经济工作会议指出:"探索新的发展模式,坚持租购并举,加快发展长租房市场,推进保障性住房建设,支持商品房市场更好满足购房者的合理住房需求。"作为一种促进平台与供需双方高效对接,进而实现闲置资源共享的经济形态,共享经济在互联网技术的加持下能够在住房资源再分配过程中充分发挥优化与集成的作用,对激发空置房重新进入住房市场、减少闲置资源的浪费有着积极的意义,运用共享经济理念解决空置房问题也正是对新发展模式的一种探索。

◆ 11.1.2 研究意义

1) 理论意义

"共享经济"概念在国外诞生至今已有较长时间,但在国内出现的时间相对较晚,国内对共享经济的实证研究也相对较少,大多为理论研究,缺乏相关的实质性分析。本章以共享经济理论为基础分析了空置房问题的共享经济解决方案,并且不局限于理论,进一步结合实证分析研究了空置房短租共享平台定价的影响因素,对共享经济现有的研究领域进行拓宽,具有一定的理论意义。

2) 实际意义

房地产业的过热发展,在提高人均住房面积的同时,也带来了房价的飙升和大量空置房的产生。空置房占用了大量的土地和住房贷款,对资源造成极大浪费的同时也蕴藏着金融风险,严重影响国民经济的健康发展,加剧社会不公。而另一边,困难家庭无力负担日益高涨的商品房价格,我国的保障性居住资源供给又还存在着巨大的缺口,为数众多的"夹心层"群体游离在住房保障制度之外，住房问题亟待解决。研究空置房共享平台的运作机制，为合理利用既有空置房来改善住房市场当前存在的问题提供共享经济的解决思路，有助于缓解资源浪费，促进社会公平。对空置房短租共享平台展开实证研究，分析不同因素对空置房短租共享平台定价的差异化影响，可以为其发展提供意见参考，也使得研究更具实际意义和商业价值。研究结果有助于空置房房东对空置房共享设定更加合理、更易被房客接受的价格，进而扩大空置房的共享规模，增加房东的收入，降低房客的住宿成本，提升双方的效用。

11.1.3 研究内容

本章将共享经济的思路引入空置房问题的解决过程中，从多个角度分析了空置房共享的可行性，并提出了空置房共享平台的运作机制，最后以典型的在线短租平台为例，对其定价展开研究，通过对空置房短租共享平台"小猪民宿"的数据进行爬取，实证分析各个因素对空置房短租共享平台的影响。本章研究主要按照以下六个部分展开：

第一部分，引言。主要对本研究的选题背景、研究目的、研究意义和总体研究思路进行介绍。

第二部分，概念与研究评述。梳理了前人对空置房和共享经济的研究，阐述了空置房和共享经济的概念和内涵，对空置房的研究现状、共享经济的运行机制以及平台定价策略进行了介绍。

第三部分，空置房现状分析。详细分析了目前我国的空置房现状和特点，探讨了空置房的成因和弊端。

第四部分，空置房共享的可行性及运作机制。从市场、政策、城市发展三个角度论述了空置房共享的外部环境，并结合经济以及与共享经济的契合度分析了空置房共享的可行性，然后提出了空置房在共享经济下再利用的机制，并将其划分为资源整合、供需匹配、第三方担保交易、信誉互评四个过程。

第五部分，空置房短租共享平台的定价研究。以小猪民宿为例，对影响空置房共享平台房源价格的影响因素进行了描述性分析，运用最小二乘法(OLS)回归和分位数回归(Quantile Regression, QR)模型展开实证研究。通过考察房东属性、房源属性、设施服务、房客评价、租赁规则、季节属性6个类别的12个变量，对影响空置房共享平台房源定价的各个因素进行了分析，结合分位数回归模型,探讨了不同分位数水平下各个因素的影响程度。

第六部分,本章小结。总结归纳本章的研究成果,分析研究的局限和不足,对可以继续深入研究的内容提出展望。

11.2 概念与研究评述

11.2.1 空置房的相关研究

1) 空置房的概念和内涵

住宅市场的健康状况直接影响着当地居民的生活质量。从不同的学科背景和研究领域出发,学者们对"空置"各执一词。国内关于住房空置概念内涵研究的分歧很大,多数是从增量市场的角度来考虑住房空置问题。国外对空置房概念的界定较为相近,但均基于境外房地产市场为存量市场这一前提。格林沃尔德主编的《现代经济词典》把空置分为出售房空置和出租房空置。Dennis 等人也有类似的看法,认为空置房是同时满足房屋未得到使用并且计划出租或出售的房屋。美国联邦统计局将空置定义为在统计调查的时间节点无人居住且非暂时无人居住的房屋,而将在统计时间节点有人居住或者临时外出的房屋定义为正在使用的房屋。

国内对空置房的定义多集中于对目前或者一定时间内房屋状态的描述,如西南财经大学发布的《2017 中国城镇住房空置分析》报告根据有房家庭拥有住房数量将空置房分为两种,一是仅有一套房家庭因外出务工等原因导致的空置房,二是有多套房家庭持有的既无人居住也未出租的房屋。其他学者认为,房地产市场既包含了存量市场,也包含了增量市场,空置房又可分为存量空置房和增量空置房。

2) 空置房的研究现状

在空置房研究方面,国外大部分学者的研究主要集中在房地产泡沫领域,如 Wong 对泰国地产泡沫的成因进行了分析,然后建模分析了各种不同的预期下,泡沫产生和扩大的作用机制。国外政府主要是通过土地供应政策来影响住房价格,进而对房价进行限制,而政府政策的制定会对住房价格产生直接影响。大量研究显示,对某一区域的土地供给进行管控,将导致该区域内土地价格和住宅价格的上涨,严格的土地管控政策是影响该地区房价的主导因素。Fletcher 的研究显示,大量的基础设施建设推动了房价的上涨,但是开发商获得的利润远超城市建设负担的税收,这说明最终承担相关费用的是购房的消费者,而非开发商,政府在这个时候应该对发展策略进行适当的调整。国外政府对空置房的调控主要依靠税收等手段。

近年来,国内外学者对降低空置房库存的问题进行了大量的研究,并取得了丰富的成果。陈细云在《我国商品房空置率现状分析及对策》中指出消化空置房库存,降低商品房空置率需要采取综合性的长远对策,采用出售为主、租售结合的方式降低商品住宅空置率,建立适合我国国情的土地供给制度,采取加强商品住宅销售、规范房地产开发企业以及完善住宅金融体系、扩大对个人购房支持等措施。徐文的研究认为,中国房地产市场目前已经处于较为均衡的发展阶段,开发商的收益与价格是直接联系在一起的,在进行价格设定时,应当充分考虑开发成本、土地价值、宏观环境等因素。目前国内对空置房的研究主要集中在空置率的测算、房地产泡沫与空置率合理区间,以及缓解空置的对策等问题上。针对如何降低我国的房屋空置率,学者们认为,对于存量空置房,需要尽快"消化"处于空置状态的房屋;对于增量空置房,则需要从根源减少住宅的建成,控制好房屋建成数量,减少房地产投资建设,增加开发成本,采用控制房价等措施提高销售量,此外还有开征住房空置税、完善住房租赁市场等提议,而通过共享经济的思路来降低房屋空置率的研究则少之又少。

◆ 11.2.2 共享经济的相关研究

1) 共享经济的概念和内涵

共享经济起源于西方,其雏形是 1978 年 Felson 和 Spaeth 在其发表的论文中提出的"协同消费"概念。1986 年,Weitzman 首次提出"分享经济"概念,并将其定义为"与一人或多人共同消费某种产品或服务"。随后分享经济商业模式的优势逐渐显现,搭乘互联网技术发展的快车,分享经济规模逐步扩张,直至 2015 年,Botsman 首次提出"共享经济"概念。目前国内外对共享经济没有统一的定义,"共享经济""分享经济""协同消费"等概念经常掺杂混用。2016 年,我国首次发布的《中国分享经济发展报告 2016》将分享经济定义为"利用互联网等现代信息技术整合、分享海量的分散化闲置资源,满足多样化需求的经济活动总和"。

2）共享经济的运行机制及应用研究

随着共享平台的发展，越来越多的学者开始对其运行机制展开研究。Martin 等人将共享经济的特征与具体案例结合，对共享平台的运作模式展开研究，并对其商业化的因果和过程进行了分析。此外，共享平台作为连接供需双方的纽带，供需双方是否能轻易找到彼此，信任对方并愿意交易相关的服务或商品，决定了平台运作的能力，因而在连接供需双方的过程中也会涉及匹配、搜索、核实等相关问题，信任和声誉是共享市场有效运作的关键，大量的文献研究了共享信息平台的匹配与声誉机制问题。Fradkin 等人认为，尽管评价无法提供完善的信息，但是往往是可靠的，同时也反映了消费者的使用感受。通过消费者评价建立信誉机制，可以为用户购买平台产品或服务提供参照依据，但也存在消费者出于对差评报复的担忧而不愿进行如实评价的可能，平台需要在获取使用去中心化的信息和降低交易成本之间进行权衡。不同共享平台的匹配机制也大不相同。

共享经济运行机制的应用已经渗透到各个领域，Greenwood 和 Wattal 对共享经济典型应用 Uber X 进行了随机试验分析，发现共享交通方式可降低醉酒事故率并实现低成本高可及性运行。Fraiberge 通过 P2P 动态模型，论证了共享经济对不同消费者的福利性。Lee H 通过对共享经济驱动机制的分析，发现在共享经济下若将企业者、政府和地方贫困户联系一起，可建立包容性市场，从而达到减少贫困、增加地区收益的目的。徐峰运用共享经济中的 P2P 运行模式建立了认知、情感和制度信任机制，并分析了信任机制中相关因素对民宿预订量的影响。刘根荣对比分析传统经济与共享经济对经济转型的影响，说明共享经济对个性化服务市场有巨大影响，促进了服务平台的升级。

3）平台定价策略研究

作为产业组织理论中的重要理论之一，平台经济理论，最初被称为双边市场理论。该理论最早由 Rochet 和 Tirole 提出，当平台向供需双方索取的价格总水平 $P=P_B+P_S$ 不变时（P_B、P_S 分别为用户 B、S 的价格），用户侧价格的任何变化都会直接影响到平台的总需求和交易量，称为双边市场。他们进一步界定了双边市场的概念，从用户外部性的角度构建模型，得到并解释了平台对双方用户的最优定价公式。Calliaud 和 Jullien 指出中介服务提供商的特征：交叉网络外部性、服务的非排他性以及普遍存在的价格歧视，分析了中介服务提供商之间的不完全价格竞争模型，结果发现有效的市场结构是在均衡中产生的，同时也存在着某种特定的形式、低效的结构。Weyl 进一步将模型从双边平台拓展到多边平台，分析了多边平台市场的定价策略，指出一个多边市场在垄断平台情况下，如何对双边用户设定价格。

国内研究平台经济的学者也有很多。纪汉霖等人基于用户部分多归属的竞争模型，对两个差异化平台同时定价以及次序定价的情况进行比对分析，研究表明，在部分用户多归属的情况下，各平台都倾向于让对手先定价，采用"后发制人"的策略，如此可以占据更多的市场份额，赚取更大的收益。谢运博指出，从社会福利来看，在用户多归属情况下，互联网平台型企业的横向合并会提高社会总福利，多归属的用户越多，合并后社会总福利的提升越大。张千帆等人研究表明双边用户多归属的情况下，平台不论合作与否，平台对双边用户的定价都是对称的，平台的规模大小以及收费结构取决于平台的服务水平。张翼飞等人分析了长尾市场中平台的最优规模和竞争策略问题，结果发现在两个相互竞争的平台中，当卖方销量遵循长尾分布时，它们之间将存在唯一的市场均衡。推荐系统可以通过交易量的重新分配来增大利润和规模。平台型企业必须对用户的差异性进行详细分析，应该首先理解用户的交易行为，然后再制定相应的价格策略。

11.3 空置房现状分析

11.3.1 我国空置房的现状

国内学术界对空置房尚没有统一明确的定义，参考联合国对住房入住状况的分类，以及各国对空置住房的界定，西南财经大学中国家庭金融调查与研究中心将空置房定义为在调查时无人居住的住房。根据这一定义，以商品房的交易为依据，可以将空置房分为两类：由开发商投资建设并取得不动产证书，竣工后尚未出售的商品房；开发商售出后又被闲置的无人居住的住房。

想要对两类空置房的数量进行全口径调查统计无疑是很困难的，根据西南财经大学的测算，中国住房的自然空置率为 9.8%；而 2017 年，我国城镇住宅市场空置的住房总数为6 500万套,空置率为21.4%,远高于自然空置率标准。

相比之下,第一类空置房的统计要容易得多。自2003年起,政府对第一类空置房按照空置时间进行了明确的划分:空置时间小于1年,称为待销商品房;空置时间大于1年、小于3年,称为滞销商品房;空置时间大于3年,称为积压商品房。如图11-1所示,自2016年"去库存"政策实施以来,我国空置房面积逐步减少,但截至2020年12月,全国待售/空置商品房面积仍有近50 000万平方米,其中待售/空置住宅商品房面积为22 379万平方米,需要注意的是,这还仅是第一类空置房的数据,第二类空置房并未被统计在内。图11-2、图11-3分别展示了我国2016—2020年滞销商品房和积压商品房面积的变化,其中空置3年以上的积压商品房面积呈上升趋势,越来越多的积压商品房是对资源的极大浪费。

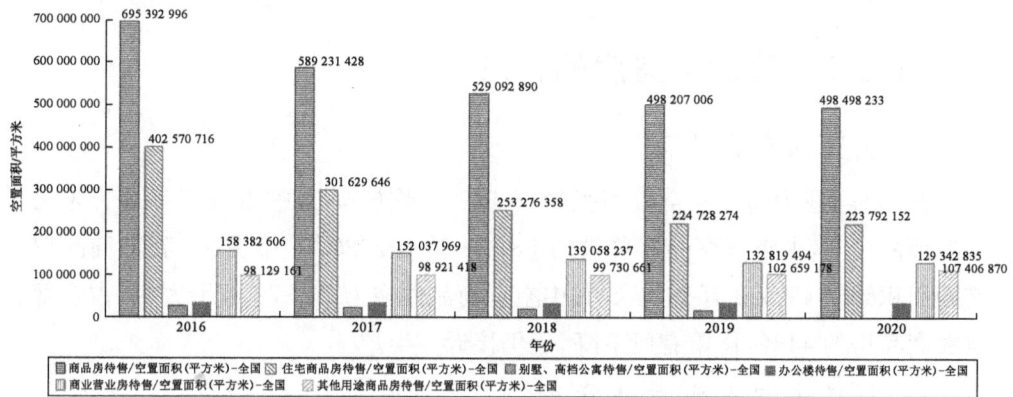

图11-1 2016—2020年我国空置房面积
数据来源:中国国家统计局,中国指数研究院

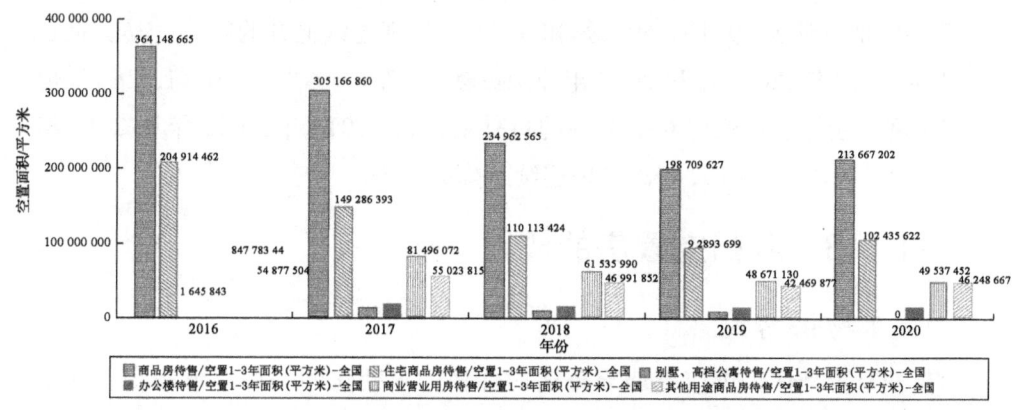

图11-2 2016—2020年我国滞销商品房面积
数据来源:中国国家统计局,中国指数研究院

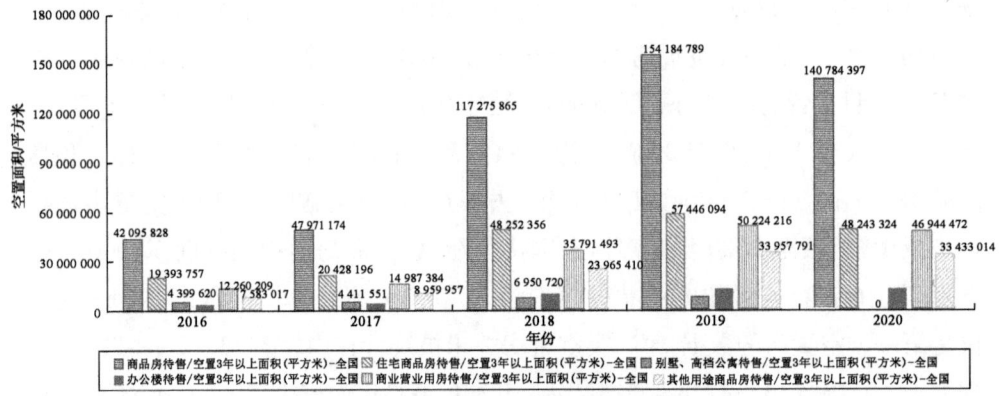

图 11-3　2016—2020 年我国积压商品房面积
数据来源：中国国家统计局，中国指数研究院

11.3.2　我国空置房的特点

1）空置住宅占比高

2016 年，我国商品房空置面积为 69 539 万平方米，其中 40 257 万平方米为空置商品住宅，占空置商品房总量的 58%。截至 2020 年 12 月末，我国商品房空置面积约为 49 850 万平方米，其中空置商品住宅为 22 379 万平方米，占全部空置商品房的 44%，比重有所下降，但仍接近一半。

2）商品房空置率贡献度高

西南财经大学的调查报告显示，从不同类型住房对空置率的贡献率来看，商品房空置对空置率的贡献远远超过其他类型的住房，在 2013 年、2015 年和 2017 年分别贡献了 50.4%、59.2% 和 63.9%，呈现连续上升的趋势。其次是自建房，在 2013 年、2015 年和 2017 年分别贡献了 17.3%、13.2% 和 11.8%，呈现连续下降的趋势。集资房对空置率的贡献最低，在 2013 年、2015 年和 2017 年分别为 2.8%、2.5% 和 1.4%，呈现连续下降的趋势。

11.3.3　我国空置房的成因

1）市场供需因素

长期空置是住房供应不能充分适应住房需求变化的一种有形表现。这是因为住房是一类占用资金大且流动性低的特殊产品，由于房屋具有地域性差异、供给方的滞后性、供给与需求的不匹配、交易市场的信息不完整等因素导致房地产市场供需不平衡。市场对房屋的需求不足、收入不平等使得居民对住房的负担能力存在差异，造成房屋空置率上升。为了获得更高的利润，开发商通常建造大规模、昂贵的高档住房，导致住房的供需结构不匹配，普通住房供不应求，高档住房供大于求，呈现空置状态。

2) 功能住房因素

房屋的功能缺陷可能导致住户无法正常入住，进而造成空置。当房屋作为中等收入家庭的不可移动的重要财富时，人们在购房时会万般谨慎，极为注重房屋品质，重视人居环境。房屋本身的质量、周围的绿化环境、基础配套设施、交通便利情况等都在购房人的考虑之中。品质不高的房屋很难被售卖，这种房屋越多，面积越大，房屋空置率也就越高。

3) 投机炒作因素

部分买家在房价上升初期投资住房，为了利润最大化，同时规避出租过程中的税费以及寻找、管理承租人的烦琐而将住房空置，等待最佳时机出售。尤其是在住房供应相对短缺时期，拆迁成本高，开发商不会轻易售卖，这在很大程度上提高了住房空置率。

11.3.4 大量空置房的弊端

在一个健康的住房市场中，一定存量的空置住房是必须的。合理的住房空置率有助于平稳租房市场，促进人口流动。然而过多的空置房将产生弊端，严重阻碍社会经济的健康发展。

1) 占用土地资源，造成资源浪费

土地作为一种有限资源，是国家最宝贵的财富。大量的房屋空置占用了面积庞大的土地资源，从而让土地资源无法充分发挥其应有的效用，导致极大的资源浪费。大量的空置房不仅是对资源的浪费，同时还带来了极大的经济损失。

2) 占用信贷资源，诱发金融风险

大量住房贷款被空置房占用，既浪费了贷款资源，又蕴含着金融风险。此外，由于房地产行业的投资成本高，且普遍存在自有资金紧缺、杠杆率高的情况,而大量资金由于房屋空置无法回笼,不仅使开发商的资金成本增加,加剧其资金链断裂的风险,还对社会经济的健康发展带来隐患。

3) 阻碍房地产业的健康发展

房地产作为国民经济的支柱性产业,其健康发展对国家整体经济的运行关系重大。大量的空置房会阻碍市场的正常运行,进而对消费者的购房积极性造成影响,导致价格走向趋势发生错误,进而阻碍房地产业的健康发展。

11.3.5 小结

本节详细分析了目前我国空置房的现状和特点,探讨了空置房的成因和弊端。市场供需、功能住房、投机炒作是导致房屋空置的三大因素,大量的房屋空置占用土地和信贷资源,不仅是对资源的极大浪费,也带来了极大的金融风险,严重阻碍房地产业和社会经济的健康发展。因此盘活空置房,使其摆脱闲置状态再利用就显得十分必要。

11.4 空置房共享的可行性及运作机制

空置房占用了大量的土地和住房贷款,对资源造成极大浪费的同时也蕴藏着金融风险,严重影响国民经济的健康发展,加剧社会不公。而另一边,困难家庭无力负担日益高涨的商品房价格,我国的保障性居住资源供给又还存在着巨大的缺口,为数众多的"夹心层"群体游离在住房保障制度之外,住房问题亟待解决。此外,住房租赁市场也存在着房源成本高、质量不足、供应紧张的问题。一边是有房无人住,一边却是有人无房住,因此合理利用既有空置房来改善住房市场当前存在的问题就显得十分必要。

11.4.1 空置房共享的可行性

1) 外部环境可行性

从市场层面来看,我国存在着数量庞大的空置房。这既包括开发商手中的待销商品房、滞销商品房、积压商品房,也包括居民手中的空置住房。作为潜在的居住资源,这些空置房为我国住房保障功能的完善提供了充足的物质基础,合理利用空置房将有助于缓解保障性居住资源紧缺的问题。此外,空置房作为一种闲置资源,对回报率的要求相对较低,通过共享的新思路激发空置房重新进入市场,增加住房供给,对于改善住房租赁市场房源供应紧张、成本高的现状具有积极的作用。

从政策层面来看,国家多个部门曾强调,商品房空置量较大、空置比例过高、增长过快的城市,要加大空置商品房的处置力度,加快消化空置商品房。2018年政府工作报告指出,要培育住房租赁市场,发展共有产权住房。加快建立多主体供给、多渠道保障、租购并举的住房制度。2016年国务院出台《关于促进绿色消费的指导意见》,鼓励共享经济促进闲置资源的有效利用。2018年发改委提出鼓励发展"共享住宿",并将其首次写入我国政府文件。2021年中央经济会议指出:"探索新的发展模式,坚持租购并举,加快发展长租房市场。"在解决空置房的问题中引入共享经济的新思路,盘活住房存量,规范和完善租房市场,既顺应了国家鼓励发展共享经济的大背景,也是对新发展模式的一种探索。

从城市发展的角度来看,不论是因为工作地点的改变,还是因为子女的教育问题,城市和城市之间以及城市内的人口流动长期存在。在人口流出的区域将会有住房被空置出来,而人口流入的区域又会对住房产生新的需求,这部分需求就需要该地区的空置房来满足。盘活和合理利用既有的空置房,对于稳定租房市场,促进城市和城市之间以及城市内部的人口流动具有积极的作用。

2) 经济可行性

相比新建保障性住房来填补保障性居住资源存在的巨大缺口,盘活既有的空置房并投入住房市场,无疑是一种更加绿色、经济的手段。对于拥有空置房所有权的供给方来说,出租空置房将可以获得租金收益,而闲置则是一种沉没成本,在不丧失所有权的情形下,无论闲置资产处置收益的高低,人们总会倾向于减少沉没成本的支出。对于空置房的需求方来说,通过共享的手段,只需要向共享平台支付较少的租金就能得到空置房的使用权而不用出于满足使用的需求去购买空置房的所有权,消费成本大大降低。通过共享经济的新思路,供需双方交易空置房的使用权,在满足自身需求的同时,也避免了闲置资源的浪费,使其发挥出最大的价值,这也减轻了中低收入人群的经济负担,促进了社会公平。

3）与共享经济的契合度

既有的大量空置房提供了充足的房源数量，是空置房共享平台的物质基础。互联网技术的发展则为共享平台提供了技术支撑，使得空置房共享平台在住房资源再分配过程中充分发挥优化与集成的作用。通过技术赋能对闲散的空置房进行整合，集中化、组织化和规模化的空置房源则为共享平台下一步的稳定匹配构建了基础，智能化的匹配机制使得供需双方的交易变得更加简单可行，大大降低了交易成本。互联网平台作为沟通渠道提供担保机制，使得空置房的供给者能够在平台上对接消费者，让渡空置房的使用权并获得相应的租金收益。所有权和使用权分离的产权制度创新让供需双方的利益分配变得更加合理，同时可以促进空置房共享平台用户规模的扩大。

在互联网技术的加持下，平台汇集闲散的空置房资源，然后根据需求的不同将空置房再分配给各个消费者，进而实现资源的配置优化。在这一过程中，空置房的剩余使用价值被充分利用，空置房资源的共享，为供给者带来了租金收益，也增加了住房租赁市场供给，提高了闲置资源的利用率。

◆ 11.4.2　空置房共享平台的运作机制

在共享经济中，房东是空置房的提供方，租客是空置房的获取方，共享平台则是空置房资源的整合方。空置房共享平台作为枢纽，连接着房东和租客的双边市场，租客通过共享平台获得空置房的使用权，并产生消费者效用，伴随着交易的进行和闲置空置房资源的再利用，房东也可以获得相应的租金收益。空置房共享平台的运作机制，就是空置房在共享经济思路下的再利用机制，本节将这一机制划分为资源整合、供需匹配、第三方担保交易、信誉互评四个过程。

1）资源整合

空置房共享平台运作的先决条件是要有足够多的空置房源，因而利用互联网的技术支撑，对分散在各个居民、开发商手中的空置房进行资源整合是空置房共享平台运作的第一步。拥有空置房的房东接入平台并提交房源信息。空置房共享平台对房东身份、房源信息的真实性进行核实，并通过技术赋能，整合分散的空置房信息，然后将各个空置房的位置、设施服务、房源特色等信息概况在平台上进行标签化展示。

2) 供需匹配

在对闲散的空置房进行资源整合后,平台建立起空置房的信息数据库。需求者接入平台进行房源信息搜寻,平台根据需求者的期望租赁位置、租赁房屋类型、预算金额、起租日期和结租日期以及对房子的其他要求,为需求者筛选推荐合适的房源。空置房的供给方也可以根据平台提供的需求者信息,对租客身份进行筛选。借助空置房共享平台提供的沟通渠道,供需双方还可以进行在线交流和线下接触。通过共享平台的信息撮合机制,完成空置房供需双方的高效匹配。

3) 第三方担保交易

供需双方成功匹配后,租客不是直接向房东付款,而是向空置房共享平台支付租金,通过平台代为担保,入住完成后,平台扣除一定的费用后才支付给房东款项。当出现房源信息不实、预订后入住失败、违规收费等问题时,平台采取措施维护租客的合法权益;当租客想要取消预订或提前退房时,在第三方担保机制下,租客可在扣除约定的违约金后顺利取回剩余押金。

4) 信誉互评

空置房共享平台还具有信誉互评机制。空置房供需双方在交易后进行互相评价,为后续的交易者提供参考意见,增进房客和房东的相互了解,为供需双方营造真实、有序的交易环境。

空置房共享平台的运作机制如图 11-4 所示。共享平台为闲散的空置房进入租赁市场提供了便捷的通道,提高了租客搜寻住房的效率,降低了供需双方的交易成本,促成分散的空置房出租人和承租人之间的交易,进而促进空置房资源的充分利用,有助于满足住房租赁市场房源选择多样化的需求,实现空置房利用的社会、经济效益的同步优化。

11.4.3 小结

本节从市场、政策、城市发展三个角度论述了空置房共享的外部环境,并结合经济以及与共享经济的契合度分析了空置房共享的可行性,然后提出了空置房在共享经济下再利用的机制,并将其划分为资源整合、供需匹配、第三方担保交易、信誉互评四个过程。

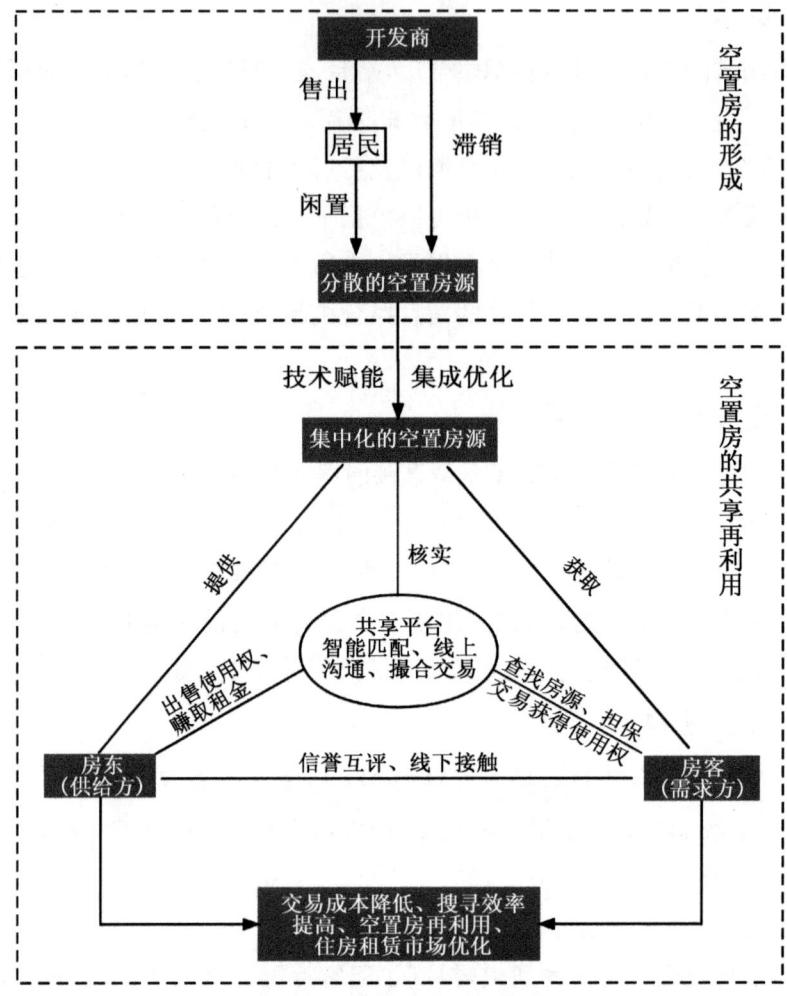

图 11-4 空置房共享平台的运作机制

11.5 空置房短租共享平台的定价研究

与酒店等传统的专业平台不同,空置房共享平台配置的对象是既有的闲置资源,不需要对资源要素进行大规模的投入,并且空置房共享平台整合了闲散在各处的空置房,相比传统专业平台,能够提供的房源类型更加多样化、个性化。到目前为止,市场上已经出现了众多类似的平台,比如 Airbnb、蚂蚁短租、美团民宿、小猪民宿等。凭借多样化的房源选择和价格优势,共享住宿逐渐被越来越多的消费者青睐,发展如火如荼。共享平台上有着各式各样的房源,但并不是所有的空置房在接入共享平台后都炙手可热,它们的价格也不尽相同,究竟是哪些因素影响着空置房共享平台对房源住宿的定价呢?房东将空置房共享后该从哪些方面提升竞争力呢?本节将从实证的角度对这一问题展开研究。

◆ 11.5.1 数据搜集

本次研究选取的对象是小猪民宿,该平台成立于2012年,采取C2C的商业运作模式,是国内房屋共享领域的代表性企业,其官网宣称"小猪以实践共享经济为使命,致力于挖掘潜力巨大的房屋闲置资源"。小猪民宿为有空置房的房东提供免费的推广平台,房东不用支付任何费用就能在平台上发布房源信息。截至2019年5月,小猪民宿全球房源已覆盖国内的400多座城市,以及海外的252个目的地,拥有超过5 000万活跃用户,在全国超过20座城市设有运营中心。本研究利用Python程序对小猪民宿平台的开源数据进行爬取,进而归纳空置房共享平台定价的影响因素,并对其展开研究。

◆ 11.5.2 变量描述

1) 因变量

本次研究的主题是空置房共享平台定价的影响因素,研究的结果导向是空置房源的定价,即共享平台上房源的价格,因而在这里我们选取共享住宿平台小猪民宿上房源的日租金作为空置房共享价格的代理变量,取其对数作为因变量,该因变量为数值型数据。

2) 自变量

基于对所爬得数据的整理及通过相关性检验,我们将空置房定价的影响因素归为以下6个类别:房东属性、房源属性、设施服务、租赁规则、房客评价和季节属性,这些影响因素为自变量,自变量中既有数值型数据还包括一些分类数据,这些分类数据被设置为虚拟变量。各类别包含的具体变量见表11-1。

由于小猪民宿上所有房东都必须通过手机号码注册并进行身份认证,因而没有将房东身份列入影响因素之中。此外,基本上所有的共享住宿平台都不提供早餐，Wi-Fi、空调、浴缸、毛巾、牙具、香皂等设施服务则几乎是所有房源必备的，因而没有过多关注的必要。

表 11-1 相关变量的描述性信息

类别	变量名称	变量描述
房东属性	房东答复率 Reply_Ratio	房东对顾客咨询回复的比率/%
	订单确认时间 Confirmation_Time	从顾客预订到房东确认订单所需的时间/分钟
房源属性	位置 Location	到城市旅游中心的距离/千米
	房源类型 Room_Type	民宅/公寓(虚拟变量)
设施服务	卫生间数 Toilet_Num	该房源配置的卫生间数/个
	床铺数量 Bed_Num	该房源配置的床铺数量/张
	停车位 Parking_Space	是否有免费停车位(虚拟变量)
租赁规则	出租类型 Rent_Type	是否为整套出租(虚拟变量)
	可加客数 Extra_Tenant	该房源允许加客的数量/个
房客评价	评价数 Review_Num	房客对该房源的评价数/条
	总评分 Order_Ratio	该房源的总评分
季节属性	旺/淡季 Season	旺季/淡季(虚拟变量)

◆ 11.5.3 模型的选取与建立

本节采用的计量分析模型为 OLS 回归和分位数回归(QR)。OLS 回归是对样本均值进行回归，它只能给出对条件分布的不完整描述；分位数回归最小化的目标函数则是残差绝对值的加权平均，因而受极端值的影响更小，对被预测变量的信息刻画得更加完整。共享平台上房源的价格有高有低，分布不均，所以使用分位数回归能够对不同价位房源受相关因素影响的程度做出更好的分析。基本分位数回归可以写为：

假设 y 是一个连续型随机变量，其概率分布函数为 $F(y)=\mathrm{Prob}(Y\leqslant y)$，$y$ 的总体 q 分位数($0<q<1$)记作 y_q，满足 $q=F(y_q)=\mathrm{Prob}(Y\leqslant y_q)$。对分位数回归模型而言，记条件分布 $y|x$ 的累积分布函数为 $F_{y|x}(\cdot)$。条件分布 $y|x$ 的总体 q 分位数记作 y_q，满足 $q=F_{y|x}(y_q)$。假设条件分布 $y|x$ 的总体 q 分位数

记作 $y_q(x)$，为 x 的线性函数，即 $y_q(x_i)=x_i\beta_q$，β_q 定义为 q 分位数回归系数，其估计量可以由下列最小化问题来定义：

$$\hat{\beta}=\mathop{\mathrm{argmin}}\beta_q \sum_{i:y_i\geqslant x_i\beta_q}^{n} q\mid y_i-x_i\beta_q\mid +\sum_{i:y_i<x_i\beta_q}^{n}(1-q)\mid y_i-x_i\beta_q\mid \quad (11.1)$$

本研究采用的基本模型如下：

$$\ln P=\beta_0+\beta_1 X_1+\beta_2 X_2+\beta_3 X_3+\beta_4 X_4+\beta_5 X_5+\beta_6 X+\varepsilon \quad (11.2)$$

式中，X_1、X_2、X_3、X_4、X_5、X 代表价格的影响因素，分别为房东属性、房源属性、设施服务、租赁规则、房客评价以及季节属性；$\ln P$ 为价格的对数形式；ε 为误差项。

11.5.4 实证分析

1) 数据选取与样本描述

基于过往文献对酒店和共享住宿平台价格决定因素的研究，本节选取了房东属性、房源属性、设施服务、租赁规则、房客评价和季节属性 6 个类别的 12 个变量进行考察，对来自小猪民宿平台上 6 个不同城市（北京、上海、南京、青岛、大连、厦门）的共享住房样本数据展开研究。为了确保实际交易发生使得房源价格能够反映市场均衡，仅使用有房源评价的房源。因为一个月内共享住宿平台上房源的价格变动不大，于是选取 2022 年 2 月 15 日和 2021 年 6 月 15 日两天的价格来代表当月的共享住房价格，其中 2 月和 6 月分别为旅游的淡季和旺季。最终筛选出的数据共有 6 942 个。在这 6 942 个样本中，房源共计 8 种类型，其中民居和公寓的样本加起来一共 6 660 个，为最主要的房源类型，因而本节选取的房源类型主要为民居和公寓，最终样本容量为 6 660 个。

图 11-5、图 11-6 依次展示了各城市爬取的房源数量及其平均日租金。由图可知，北京、上海作为一线城市，房源平均日租金最高；青岛、厦门作为热门旅游城市，房源平均日租金也比较高。

在 6 660 个样本中，民居房源数量为 4 287 个，公寓房源数量为 2 373 个，图 11-7 展示了样本中房源类型的分布情况，其中公寓占比 35.63%，民居占比 64.37%。

图 11-8 展示了不同等级城市的不同类型房源的平均日租金对比，可以看出，在一线、新一线以及二线城市中，民居的日租金均价都高于公寓，这既体现

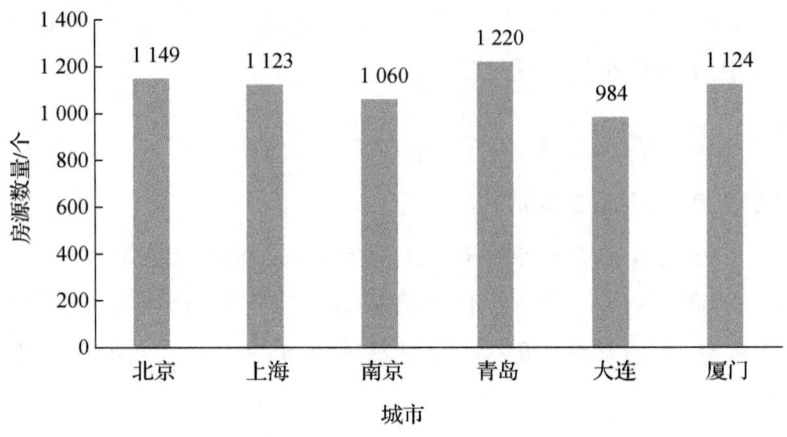

图 11-5 房源数量分布图

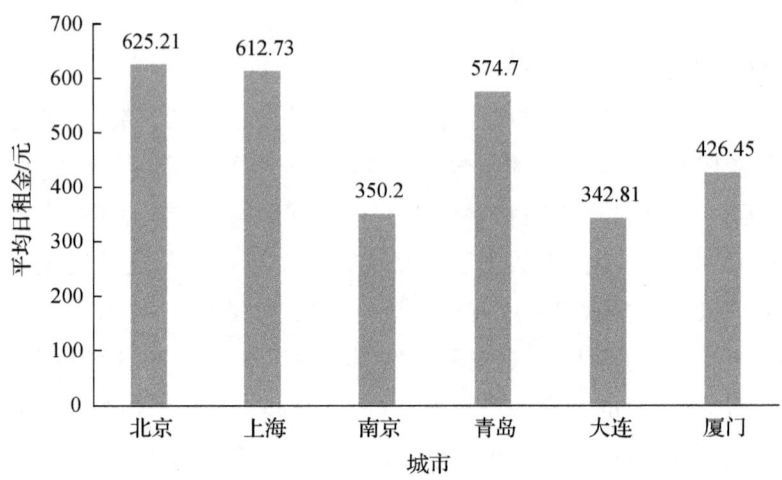

图 11-6 各城市平均日租金对比图

了共享平台的房源主要是民居,也反映了房客对高质量居住环境的需求;同时,还可以看出不同等级城市的房源价格也存在差异,其中一线城市的房源价格最高,其次是新一线城市,二线城市最低。

从设施服务的角度来看,6 660 个样本中,有 5 376 个房源具有免费停车位,不具有免费停车位的房源数量为 1 284 个。由图 11-9 可知,不论是一线、新一线还是二线城市,具有免费停车位的房源均比不具有免费停车位的房源价格要高,这与预期相符。如前所述,共享住宿平台提供的房源中公

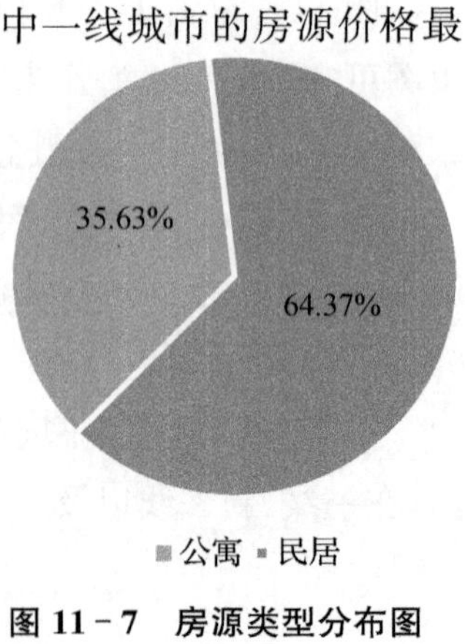

图 11-7 房源类型分布图

11 空置房共享平台运作机制研究

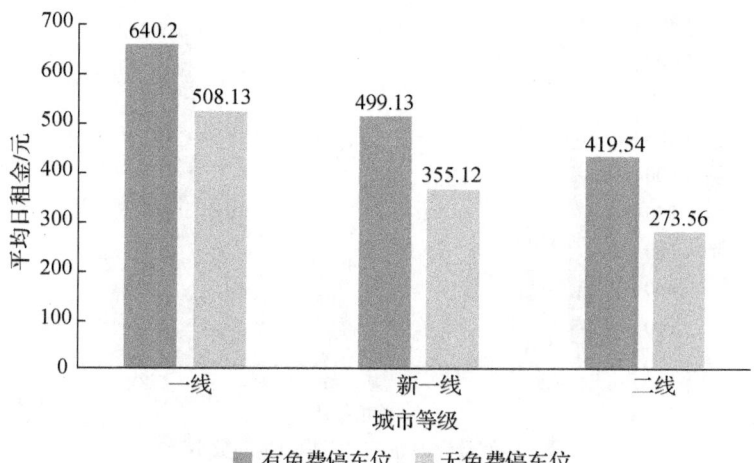

图 11-8 日租金均价对比图——房源类型

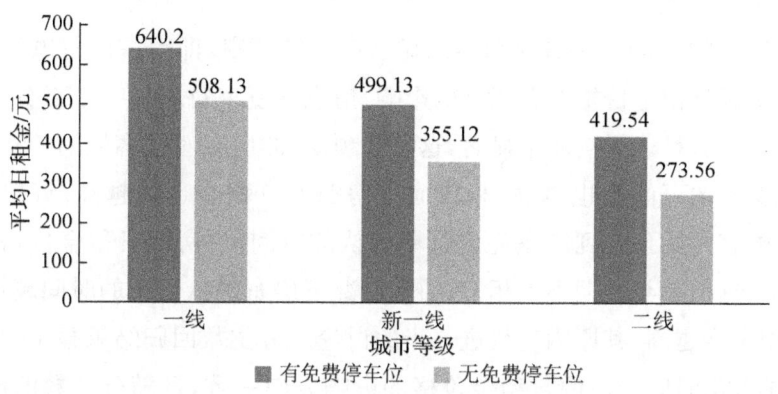

图 11-9 日租金均价对比图——停车位

寓的数量相对较少,以民居为主,而通常情况下民居都会提供免费的停车位,这也与之前得出的民居价格相对较高的结论相符。图 11-10 则表明,不论是一线、新一线还是二线城市,房源内的卫生间数量均对房源价格有影响,卫生间数量大于等于 3 个的房源价格明显高于卫生间数量小于 3 个的房源。

2) 影响因素研究

接下来运用 OLS 和分位数回归模型对影响空置房源定价的相关变量开展实证研究,具体的回归结果如表 11-2 所示。

据回归结果对各类影响因素进行分析如下:

255

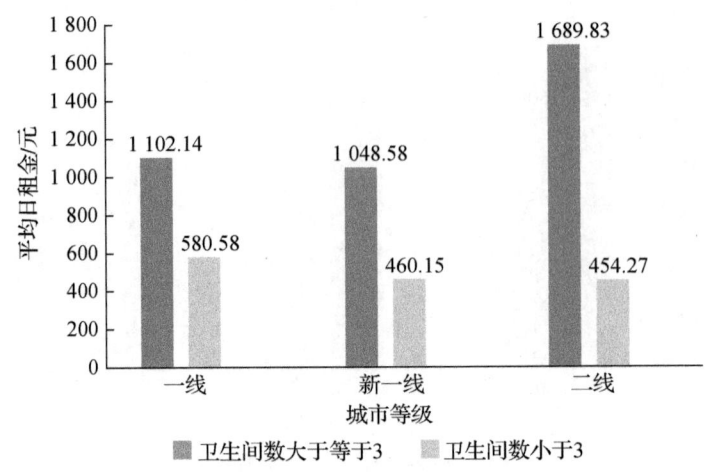

图 11-10 日租金均价对比图——卫生间数

(1) 房东属性

从房东属性来看，OLS 回归结果显示房东答复率，即房东回复顾客咨询的比率，对房源日租金价格有着积极的影响，房东答复率每增加一个百分点，价格将上涨 0.14%，且该影响非常显著，这符合预期，即房东对顾客询问的答复越积极，达成交易的可能性也越高，相较而言房源的日租金也就越高；订单确认时间，即从顾客开始预定到房东完成订单确认的时间，对房源日租金价格的影响是积极的，这似乎与预期不大相符，通常情况下房东确认订单的时间越短，相对而言日租金会越高，其原因有待进一步的讨论。分位数回归结果显示房东答复率和订单确认时间对房源日租金价格的影响方向一致，且随分位数的增加，两者对房源日租金价格的影响均呈下降的趋势，可见，中低价位房源的日租金价格受房东答复率和订单确认时间的影响更大。

(2) 房源属性

从房源属性来看，OLS 回归结果显示房源位置对日租金价格有着显著且积极的影响，房源与城市中心的距离越大，价格反而越贵。分位数回归的结果在 10%、75% 与 90% 分位上并不显著，造成这一结果的原因可能以下三点：其一，共享住宿平台顾客的出行目的主要是度假和旅游，部分景点位于远离城市中心的地方，因而房客对较为偏远的房源具有相应的需求，其价格和房源位置与城市中心距离就不存在较大的关联。其二，越靠近城市中心，房源数量越多，竞争也更加激烈，因而价格可能相对较低；相反，由于离城市中心较远，房源供给有限，

表 11-2 回归结果

	(1) OLS	(2) QR_10	(3) QR_25	(4) QR_50	(5) QR_75	(6) QR_90
常数	4.951 0***	4.430 1***	4.959 8***	4.904 9***	5.240 1***	5.565 3***
Cons	(0.045 9)	(0.067 9)	(0.064 8)	(0.047 9)	(0.075 0)	(0.087 2)
房东属性						
Reply_Ratio	0.136 6***	0.151 9**	0.067 0	0.154 1***	0.066 1***	0.055 3
	(0.013 65)	(0.066 8)	(0.065 9)	(0.043 1)	(0.072 9)	(0.067 3)
Confirmation_Time	0.005 6***	0.006 2***	0.007 8**	0.005 8**	0.004 9***	0.005 2***
	(0.001 8)	(0.004 3)	(0.003 0)	(0.002 4)	(0.001 3)	(0.001 9)
房源属性						
Location	0.000 8**	0.000 3	0.001 2***	0.001 1***	0.000 1	0.000 6
	(0.000 4)	(0.000 6)	(0.000 5)	(0.000 5)	(0.000 4)	(0.000 7)
Room_Type	0.166 7***	0.222 9***	0.215 9***	0.212 1***	0.136 9***	0.068 0***
	(0.009 4)	(0.018 5)	(0.014 1)	(0.012 0)	(0.012 7)	(0.018 0)
设施服务						
Toilet_Num	0.245 4***	0.252 9***	0.221 3***	0.234 2***	0.295 9***	0.306 4***
	(0.010 8)	(0.017 3)	(0.014 8)	(0.048 0)	(0.018 5)	(0.086 7)
Bed_Num	0.129 7***	0.130 5***	0.143 9***	0.123 1***	0.129 0***	0.130 7***
	(0.006 2)	(0.013 0)	(0.007 3)	(0.008 0)	(0.007 8)	(0.011 9)

续表 11-2

		(1) OLS	(2) QR_10	(3) QR_25	(4) QR_50	(5) QR_75	(6) QR_90
	Parking_Space	0.322 9***	0.230 4***	0.292 9***	0.368 0***	0.402 4***	0.368 5***
		(0.322 9)	(0.019 0)	(0.014 3)	(0.013 0)	(0.012 3)	(0.027 0)
房客评价	Order_Ratio	0.131***	0.011 5***	0.013 5***	0.120***	0.131***	0.073 3***
		(0.012 7)	(0.025 9)	(0.018 9)	(0.013 8)	(0.014 5)	(0.015 9)
	Review_Num	−0.000 8***	−0.001 5***	−0.000 9***	−0.000 5***	−0.000 5***	−0.000 4
		(0.000 2)	(0.000 4)	(0.000 6)	(0.000 2)	(0.000 2)	(0.000 6)
租赁规则	Rent_Type	0.121***	0.296***	0.235***	0.104***	0.021 2	−0.015 1
		(0.022 7)	(0.025 8)	(0.014 7)	(0.012 7)	(0.013 3)	(0.027 3)
	Extra_Tenant	0.142 0***	0.127 1***	0.157 5***	0.136 2***	0.158 8***	0.130 6***
		(0.008 8)	(0.014 7)	(0.012 0)	(0.012 0)	(0.014 7)	(0.018 2)
季节属性	Season	0.146 9***	0.143 1***	0.154 9***	0.120 9***	0.119 7***	0.161 4***
		(0.008 9)	(0.014 9)	(0.011 9)	(0.010 3)	(0.011 4)	(0.016 6)

注：(1) 括号内是标准误差；
(2) * 表示 $p<0.1$，** 表示 $p<0.05$，*** 表示 $p<0.01$。

价格反而相对较高。其三,酒店对资源的配置要求较高,一个城市所拥有的酒店数量相对固定,因而其供给有限;共享平台则不一样,只要顾客有住房需求,同时房主存在空置的房源,交易即可产生,因而共享平台房源价格与房源位置之间的关系并不是很显著,并且与前人对酒店住宿价格影响因素研究所得出的结论有所出入。

关于房源类型对日租金价格的影响,OLS和分位数回归模型都计算出显著且正向的系数,如图11-11(a)所示。在分位数回归模型中,随着分位数的升高,该影响系数呈逐渐减小的趋势,表明相对价格较高的房源而言,低价位房源价格受房源类型的影响更加明显。

(3) 设施服务

设施服务包含的影响因素主要有卫生间数、床铺数量和停车位。房源所具有的卫生间数量对其价格的影响是正向和显著的,OLS回归结果显示,每增设一个卫生间,房源的价格将提高24.54%;分位数回归模型中,随着分位数的升高,回归系数也逐渐升高,相较而言,卫生间数量对价格影响的正向效应在价格较高的房源中更加明显。床铺数量对房源价格的影响也是正向、显著的,OLS回归结果表明,床铺数量每增加一个,房源价格提高12.97%;分位数回归模型则显示,床铺数量对房源价格的影响在低价位房源中更加明显,随分位数的升高,床铺数量影响系数呈逐渐减小的趋势。相比没有免费停车位的房源,提供免费停车位的房源的价格要高出38.11%(根据OLS半弹性估计,$e^{0.3229}-1 \approx 0.3811$);分位数回归的结果则进一步揭示,相比定价较低的房源,具有免费停车位这一因素对于高价位房源的影响更加显著,随着分位数的升高,其影响系数也逐渐增大。

(4) 房客评价

房客评价包括的影响因素主要有房源评价数和总评分。根据回归结果,房客对房源评价的数量对房源价格有着消极的影响,房源评价数每增加一条,OLS估计显示房源价格将下降0.08%,这似乎与直觉相违背,原因可能是对于住宿体验不差的房源,房客在住宿完成后通常并不会对房源主动给出好评,反而是那些住宿体验不好的房源,房客更会因为不满意而主动给出差评,这就导致评价数量较多的房源反而是差评率更高、口碑更差的房源,因此评价数量对房源价格的影响是消极的。在分位数回归模型中,房客评价影响系数随分位数的增加逐渐减小(绝对值),表明该因素对高价位区间的房源影响要弱于低价位区间的房源,这符合预期,共享住宿平台上有大量顾客有着追求经济、降低住宿成本的偏好,因而低价位区间的房源通常有着更多的订单,收到的评价数量也就更多;10%分位上的影响系数最大(绝对值),表明在低价位区间的房源中,评价数量较少的房源好评率更高,定价也反而较高。

房源总评分对价格有着显著且积极的影响,OLS回归结果显示房源总评分每提高一分,房源日租金价格将上涨14.0%($e^{0.131}-1\approx0.140$),可见房客对房源的总评分对房源价格有着较大的影响。分位数回归的结果则进一步显示,房源总评分对中等价位区间的房源影响最大,对高价位区间的房源影响则相对较小。鉴于房源总评分对房源日租金价格的影响较大,房东应该重视房客的评价,并对此积极管理。

(5) 租赁规则

租赁规则包括的影响因素主要有出租类型和可加客数。OLS回归结果显示相比与他人分享入住空间的合住独立房间,整套出租房源的价格要高出12.86%(根据OLS半弹性估计,$e^{0.121}-1\approx0.1286$)。分位数回归模型中,整套出租对房源价格的影响与OLS估计一致,该模型还进一步显示,随着分位数的增加,影响系数逐渐减小,10%分位上的房源,整套出租房源的价格比独立房间高出最多(34.58%)。对处在高价格区间的房源,是否为整套出租对日租金价格的影响并不明显。回归结果很好地展现了空置房屋作为一种闲置资源在共享经济中回报率要求不高和绿色经济的特点:与他人分享入住空间的合住独立房间更具有共享和闲置的属性,因而价格相对于整套出租的房源更低,这体现了房东对空置房屋低回报的要求;对于处在低价位区间的房源,合住独立房间的日租金显著低于整套出租的房源,这体现了选择租住合住独立房间的顾客对房源的低价、经济诉求,同时也是共享住宿平台和传统住宿行业的重要不同点之一。

对于一起旅行的好友或者家庭来说,出行人数较多但又想要住在一起时,可加客数就显得十分重要。根据回归结果显示,该因素对房源价格的影响是正向且显著的,每增加一个可加客数,房源价格提高14.2%。其分位数回归系数变化表现为正"U"型,在尾部最大,在50%分位点最小。

(6) 季节属性

最后考虑季节属性对房源日租金价格的影响,从回归结果可以看出,不论是在 OLS 回归模型还是在分位数回归模型中,季节属性都对房源日租金价格有着积极的影响,相比淡季而言,旺季的价格要高出 15.82%(根据 OLS 半弹性估计,$e^{0.1469}-1≈0.1582$)。分位数回归结果显示,10%、20% 与 90% 分位上的影响系数要明显大于 50% 和 70% 分位上的影响系数,从图 11-11(f)可以看出,季节属性对分位数尾部的房源价格影响最高,处在中等价位区间的房源价格受淡、旺季变化的影响相对较小。

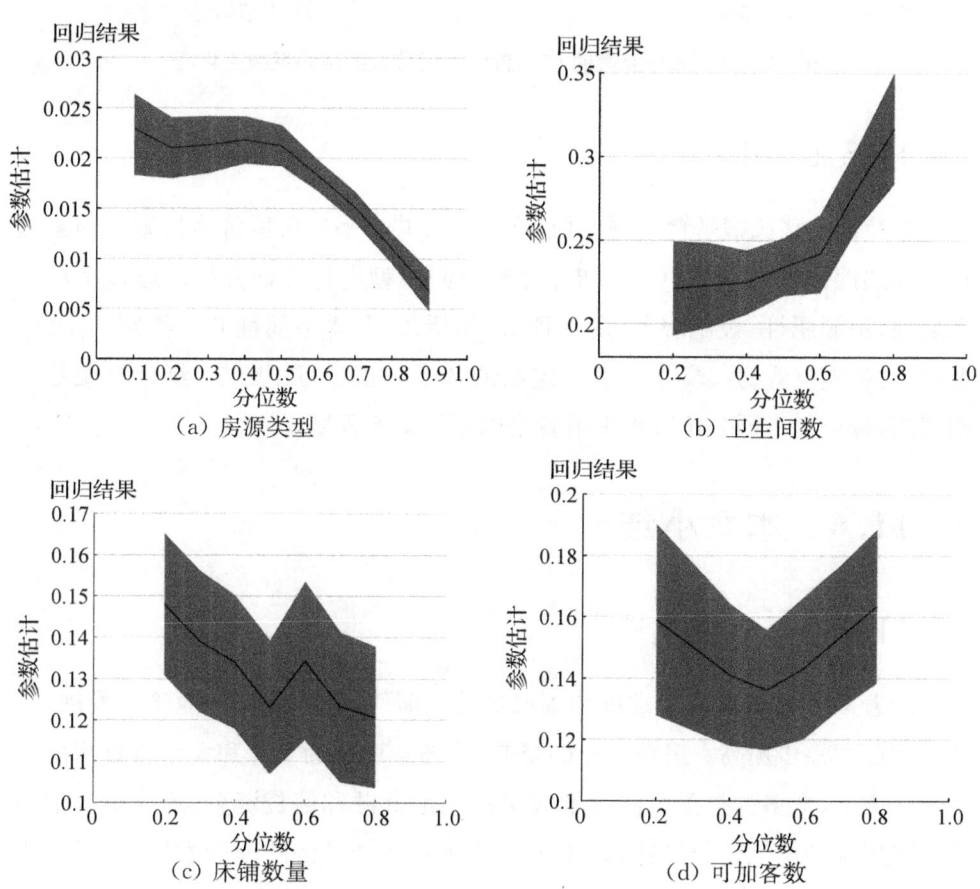

(a) 房源类型　　(b) 卫生间数

(c) 床铺数量　　(d) 可加客数

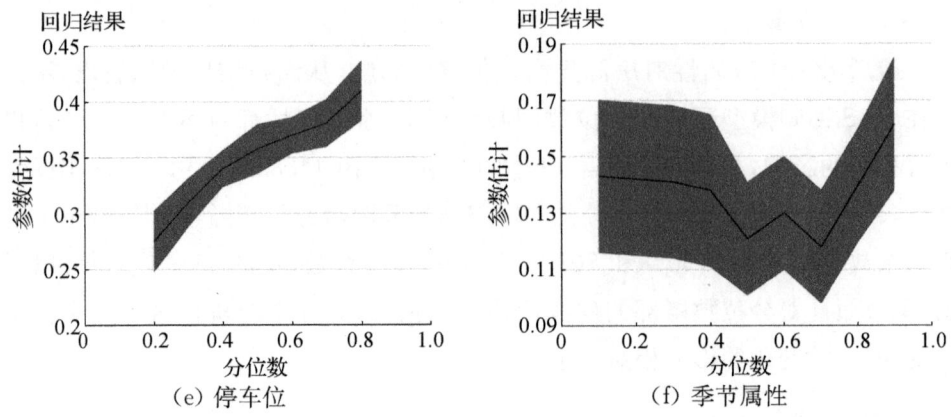

图 11-11 部分变量的 95% 置信区间分位数回归系数变化图

◆ 11.5.5 小结

本节以小猪民宿平台为例，对影响空置房共享平台房源价格的影响因素进行了描述性分析，并运用 OLS 和分位数回归模型进行实证分析。通过考察房东属性、房源属性、设施服务、房客评价、租赁规则、季节属性 6 个类别的 12 个变量，对影响空置房共享平台房源定价的各个因素进行了分析，结合分位数回归模型，探讨了不同分位数水平下各个因素的影响程度。

11.6 本章小结

◆ 11.6.1 研究结论

随着改革开放的持续推进和国民经济的腾飞，我国房地产业迅猛发展，人均住房面积稳步提高。房地产业的繁荣，伴随着房价的飞涨和大量空置房的产生。一方面，众多的空置房占用了大量的土地资源和信贷资金，造成资源浪费和金融风险的产生，同时也阻碍了房地产业和社会经济的健康发展；而另一方面，却存在着大量人员负担不起高额的房价，无房可住的情况，合理利用既有空置房来改善住房市场当前存在的问题显得十分必要。作为一种通过利用闲置资源实现共享，使平台与供需双方高效对接的经济形态，共享经济在互联网技术的加持下能够在住房资源再分配过程中充分发挥优化与集成的作用。通过技术赋能对闲散的空置房进行整合，智能匹配减轻空置房供需双方的交易成本，所有权和使用权分离的产权制度创新可以让空置房供需双方的利益分配更加合理，效用得到提升，进而激发空置房重新进入住房市场，减少闲置资源的浪费。

基于上述背景，本章将共享经济的思路引入空置房问题的解决过程中，从多个角度分析了空置房共享的可行性，并提出了空置房共享平台的运作机制，最后以典型的在线短租平台为例，对其定价展开研究，通过对空置房短租共享平台小猪民宿的数据进行爬取，实证分析各个因素对空置房短租共享平台的影响。

空置房短租共享平台上的房源在一个月内的价格波动不大，因此选取2022年2月15日和2021年6月15日两天的价格来代表当月的共享住房价格，其中2月和6月分别为旅游的淡季和旺季，最终样本数量为6 660个，数据来源于小猪民宿平台上3个不同级别的6个城市的房源信息。研究首先对样本数据进行了描述性分析，然后基于OLS和分位数回归模型进行了实证研究，分析了6个类别(房东属性、房源属性、设施服务、房客评价、租赁规则、季节属性)下的12个因素对空置房短租平台上房源价格的影响，实证研究的结果如下：

(1) OLS和分位数回归结果显示，这6个类别下的12个影响因素均为价格预测的良好因子，都对空置房共享短租平台的房源价格有着显著的影响，但对不同价位区间的房源影响程度不同。

(2) 相比与他人分享入住空间的合住独立房间，整套出租房源的价格要高出12.86%，很好地展现了空置房屋作为一种闲置资源在共享经济中回报率要求不高的特点。

(3) 分位数回归结果显示，各个因素的影响系数在不同分位点上的大小和显著性程度不同，房东在对不同价位的房源设定价格时，可以参照这些信息，合理优化自己的定价策略，例如，对于低价位区间的房源，房东答复率以及出租类型对价格的影响最大；对于高价位的房源，卫生间数量、是否提供免费停车位以及房客总评分对价格的影响最大，房东可根据房源价位对相关因素进行把控，从而使房源的定价更加合理。

本章通过爬取小猪民宿平台上6个城市的房源信息分析了空置房短租共享平台房源价格的影响因素，研究结果为有别于传统酒店业的空置房共享短租平台的价格影响因素提供了更加深入的见解。通过分位数回归模型的分析,进一步揭示了各个因素对不同价位区间房源价格的差异性影响。目前国内对共享经济的研究以理论研究为主,实证研究相对较少,本章在共享经济的理论基础上,对空置房共享的可行性和运作机制展开论述,并通过实证分析研究了不同因素对空置房短租共享平台定价的差异化影响,进而对房源定价提供一定的理论指导,使得对空置房共享平台的研究具有一定的商业价值,为共享经济的进一步发展做出了贡献。

11.6.2 研究展望

本章论述了我国空置房的现状,对空置房共享的可行性和平台的运作机制进行了分析,最后还基于小猪民宿平台的数据对空置房短租共享平台的定价开展了实证研究,并得出一些有用的结论。然而由于时间和精力有限,本章的研究还有进一步拓展的空间:可以进一步考察各因素在不同城市上对空置房短租共享平台定价影响的差异性并对此做出分析;可以进一步扩大样本规模和数据选取来源,从而对各因素对空置房短租平台上房源定价的影响做出更加全面、可靠的分析。后续研究可以从以上角度继续完善,从而使得对空置房共享平台的研究更加深入、严谨,进一步拓展研究的意义和商业价值。

12 制药企业共享研发平台的绩效研究

12.1 引言

12.1.1 研究背景

自改革开放以来,伴随着经济的发展和城乡居民生活水平的不断提高,人们对美好生活的需求日益增长。与此同时,在全球新型冠状病毒(COVID-19)大流行和人口老龄化问题日趋严峻的背景下,人们对医疗的需求不断扩大,医药制造行业由此迎来快速发展期,预计未来规模将进一步增长。根据全国医药工业统计数据显示,在我国医药产业各子行业主营业务收入规模中,中成药生产、中药饮片加工在2021年的主营业务收入达4 862亿、2 057亿元,同比增长11.80%和8.60%。根据Frost & Sullivan数据,预期2025年全球医药市场收入将达到1.7万亿美元,2021年到2025年预期年均复合增长率为5.3%。

医药制造行业是技术和知识密集型行业,具有投入成本高、研发周期长、研发风险大、技术难度大、回报高等特点。在药品研发过程中会经历临床前研究、临床研究、中试与生产、科研成果产业化等一系列开发阶段,需要大量的人力物力投入和资金、技术的支撑,对制药企业的技术水平和生产工艺的要求极高,因此医药行业存在较高的资金、技术壁垒。随着企业间的竞争日益激烈和开发新药的压力越来越大,药品研发的投入也与日俱增。根据EvaluatePharma数据显示,2021年全球医药行业的研发支出达1 953亿美元,预计至2026年,全球医药行业的研发支出将达到2 325亿美元。

在研发投入成本增加和专利悬崖的双重压力之下,以及受到制药企业自身研发人才的限制影响,传统的封闭式创新已经与发展的需求不相适应,制药企业逐步寻求研发模式的转型。共享经济作为近年来一种新型经济模式,为医药制造行业提供了新的解决思路。共享经济的核心是以平台为基础连接供给方和需求方以进行高效匹配,从而降低双方交易的成本,实现资源的高效利用,这一理念与制药企业研发模式的转型方向不谋而合。如今共享经济的相关研究主要集中在出行、住宿、电商等行业,而对于医药制造行业这类生产端还少有涉及;但是在实践方面,已经有部分制药企业在经营模式中结合了共享经济的思想并获得发展。所以,如何将共享经济理论更普适地融入医药制造行业的实践中以降低企业成本、提高绩效成为亟待解决的问题。

12.1.2 研究意义

1) 理论意义

共享经济作为一种新时代的经济发展模式,依托互联网等信息技术的发展,在实现社会资源优化配置、创造社会闲置资源的额外利用价值等方面发挥了巨大作用。如今共享经济的研究与实践主要集中在共享空间、共享交通等方面,而对于面向企业、生产端的研究还很少涉及。本章通过实证研究结合案例分析上述理论对制药企业绩效的影响,以期对现有的研究成果进行补充。

2) 实践意义

近年来得益于医药制造行业规模的扩大,对医疗药品需求的上升,医药制造行业迎来快速发展时期。创新是一家制药企业的本质以及核心竞争力,研发则是实现创新的根本途径。在新药研发的难度上升、研发支出越来越高的行业背景下,研发新药所获得的收益与高昂的研发成本不相匹配,制药企业不得不寻求降低研发支出、提高研发效率的方法。本章从共享经济的角度为医药制造行业提供了一个具有可行性的研发模式。共享研发是一种可以降低企业成本、获取外部资源的有效方式。

12.1.3 研究内容与方法

首先,本章以共享经济理论为基础,梳理了有关研究。其次,以医药制造行业为研究对象,分析了行业发展现状,在药品需求刺激与新药开发难度增加的背景下,制药企业需要对研发模式进行创新,提高药品研发效率、降低研发成本。再次,在对相关理论的文献进行整理后,提出将共享经济融入制药企业的研发模式以提升企业绩效,通过构建实证回归模型,探究了共享研发对医药制造行业绩效的影响。最后,结合案例对文章进行补充说明,为制药企业以共享经济思维创新研发模式、提升企业绩效提出了建议。本章的研究方法包括文献研究法、实证研究法和案例研究法。

(1) 文献研究法

本章主要收集整理了有关共享经济、平台理论和绩效研究的文献资料,对相关理论做了概念界定以及对相关研究进行梳理,由此形成了本章的理论基础,为本章将要说明的问题提供了强有力的理论依据。

(2) 实证研究法

首先根据整理文献资料形成的理论基础,选取适合的研究样本。然后选取合理的指标建立数学模型,采用 Stata 16.0 软件对收集的数据进行回归分析。最后对回归的结果进行分析而得出结论,并对我国医药制造行业提出建议。

(3) 案例研究法

理论需要结合实践才能体现其价值,案例研究法作为理论联系实践的一种有效途径,能够进一步使理论得到充实。本章选取医药研发服务企业药明康德作为案例,分析其搭建共享研发平台的实践。

12.1.4　研究内容与思路

引言部分首先结合全球医疗需求激增的时代背景、医药制造行业面临的难题以及相关理论阐述了本章的研究背景和研究意义,其次概述本章的研究内容和使用的研究方法,最后列举了本章的内容与框架。

文献综述部分对共享经济、平台理论和绩效研究进行了概念界定,整理了相关理论研究的文献,总结了各个理论的相关研究,为本章的分析打下理论基础。

医药制造行业与研发模式概述部分介绍了医药制造行业的发展现状,分析制药企业如今面临的困难以及应对方案。

实证研究部分以申请专利的被引用数量作为衡量制药企业共享研发的指标,对企业绩效进行了实证研究,包括各指标的取值方法、数据的来源和描述性统计、回归分析以及稳健性检验,并对作用机制进行了进一步讨论。

案例研究部分选取案例,从实践的角度研究共享研发平台的运作模式,并以此充实本章内容,补充本章结论。

本章小结部分总结实证分析和案例分析,得出本章的研究结论,同时基于此结论提出助力制药企业提高绩效的一些建议。

12.2 文献综述

12.2.1 共享经济

1)概念界定

共享经济的出现是经济、社会、技术等多方面共同作用的结果。作为一种新型经济形式,共享经济可以通过带动技术产业的发展而作为经济转型的新驱动力。目前,关于共享经济的定义学者们众说纷纭。在国外的研究中,Acquier等人为共享经济整理了包括广义和狭义的共 11 条定义,并指出学者们之间跨学科使用不同的理论来定义共享经济的方式存在着巨大差异,相互之间难以达成一致。Herbert 和 Collin-Lachaud 认为定义共享经济是复杂的,因为共享经济的实践是多样化且不断在变化的,并且参与者也不会为交易定制特定标准。Muñoz 和 Cohen 给共享经济做出了一个相对平衡的定义:共享经济是一种社会经济系统,能提供在个人和组织之间进行一系列商品和服务交换的中介,旨在提高效率和优化社会中的未利用资源。Eckhardt 等人综合了共享经济这一新兴领域细微差别的特征,并将共享经济定义为"一种可扩展的社会经济系统,它利用技术平台为用户提供对可能被众包的有形和无形资源的临时访问"。在国内的研究中,国家信息中心将共享经济定义为:"信息革命发展到一定阶段后出现的新型经济形态,是整合各类资源、准确发现多样化需求、实现供需双方快速匹配的最优化资源配置方式,是信息社会发展趋势下强调以人为本和可持续发展、崇尚最佳体验与物尽其用的新的消费观和发展观。"总的来说,共享经济是建立在互联网等信息技术以及具有闲置资源和产能的基础上,通过网络平台进行资源的优化配置的一种经济模式。

2)相关研究

共享经济从发展的历史进程来看可以划分为三个阶段:第一阶段从 1978

年,Felson和Spaeth提出协同消费概念开始。早期学者们对共享经济的研究仅局限于个体与个体之间的共同消费行为,在此后的几十年间,很少有学者对此进行进一步的研究。第二阶段始于2000年,伴随着互联网技术的发展,第一家真正意义上的共享经济企业Zipcar诞生,共享经济的商业模式逐渐成为研究的重点。Zipcar的创始人Robin Chase认为共享经济的商业模式具有一个共同的基础——人人共享,其中包含产能过剩、共享平台和人人参与。2010年Rachel Botsman和Roo Rodgers在联合出版的《我的就是你的:协同消费的崛起》一书中详细地对共享经济理论进行论述,奠定了共享经济理论研究的基础。第三阶段从2014年开始,关于共享经济的研究文献开始爆炸式增长,共享经济迎来快速发展阶段。Jeremy Rifkin在其出版的《零边际社会成本》一书中阐述了共享经济的发展未来,指出随着科技的发展,资源在互联的平台中任意交换,使得边际成本大幅降低或趋近于零,人们将从对资源所有权的偏好转向使用权。同时,生态环境将从这种高效利用资源的经济模式中受益。

  Eckhardt等人在研究中指出共享经济具有五个关键特征,分别是临时访问、经济价值转移、平台中介、扩大消费者角色和众包供应:在共享经济中,人们获得的是产品的使用权而不是所有权;共享经济中应当包含经济价值转移,这与其他缺乏价值转移的非正式共享活动区分开来;互联网平台是共享经济的基础,并且该平台识别资源提供者和用户之间的适当匹配并促进他们的价值交换;共享经济扩大了消费者的角色,使得他们偶尔扮演供给方的角色,如租车平台要求用户在使用完毕后为下一位用户清理汽车;在典型的共享经济实体中,供给是从许多个人消费者那里众包而来的,例如,Uber司机集中他们的时间和资源在平台上构成一个总供给。

◆ 12.2.2 平台理论

1) 概念界定

  经济学中的"平台"一词最早是从计算机术语延伸而来的,现在已经广泛运用于商业、互联网等领域,其定义是为双边或多边交易对象提供互动的现实或者虚拟的空间。双边平台的正式定义最初由Rochet和Tirole给出:"如果交易平台可以通过向市场一边收取更高价格而向另一边降低价格的方式影响成交额,这样的市场便称之为双边市场。"由此可以得出双边平台所包含的两个特征,即两种不同消费群体的决策倾向行为会造成相互影响的结果,以及平台会对不同的消费群体进行不对称定价。随着第三方支付机构以及其他利益相关方的加入,双边平台逐渐演化成多边平台。多边平台是在双边平台的基础上进行补充和延伸,即集合了两种以上有明显区别但又相互依赖的消费群体的平台。

2) 相关研究

对于平台,学者们研究得比较多的方向是其网络外部性。Armstrong在研究中认为平台中存在着网络外部性,具体表现为平台一方规模的增加会使得另一方产生收益,而双方的交易会使得平台获得边际收益。这一研究是具有开创性的,并延伸到多边平台。徐晋和张祥建在研究中指出平台是一种可以导致或撮合双边或多边客户交易的空间,并以直接或间接网络外部性为特征。苏华总结了多边平台的特征,包括交叉网络外部性、需求的互补依赖性、间接网络效应和价格非中性等。由于多边消费群体存在互补依赖性,平台方会被间接网络效应限制涨价能力,进而使平台的均衡价格异于边际成本,产生交叉网络外部性。平台方为具有间接网络效应的消费群体通过各种形式给出低于边际成本的交易价格,形成了价格非中性。

在共享经济中,共享平台的表现形式为交易双方提供的平台,形成了最初的双边市场,一方面通过价格决策服务于需求端,另一方面通过工资决策服务于供给端。Hamari等人指出共享经济是一种通过互联网平台将商品、服务、数据或技能等在不同主体间进行共享的经济模式。共享平台可以说是共享经济的核心,连接着供给方和需求方以及其他相关参与方,形成多边平台结构。

◆ 12.2.3 绩效研究

绩效一词源于英文"performance",将这一词语拆开来看,其含义是业绩和效益。企业绩效是指企业在一定经营区间内的经营成果。一般而言,企业绩效反映了企业的经营效益与经营者的业绩,所以对绩效进行研究就显得很有必要。根据现如今的研究,可以将绩效分为财务绩效与非财务绩效。财务绩效是指企业在经营过程中整体财务状况的指标,反映了企业的盈利能力、运营能力、偿债能力和抗风险能力。而非财务指标中,常常研究的是创新绩效,即利用专利、研发投入或新产品数量来对一个企业进行创新能力度量的指标。

目前,对于制药企业的绩效研究已经有了诸多成果,主要集中在研发投入、并购行为、技术创新等与绩效的关系。李林俊等人以2013年至2017年国内A股上市的医药制造企业为样本,研究了企业研发和销售支出对企业绩效的影响,发现研发和销售支出对制药企业的绩效具有显著的正向影响,高研发高销售支出的制药企业绩效持续处于行业较高水平。丁梧桐等人分析了复星医药连续并购行为对其绩效的影响,发现并购会使企业短期偿债和运营能力有所降低,同时会使流动性紧张,但是对盈利与发展能力有显著的促进作用。在创新绩效方面,舒燕等人选取我国医药制造企业为样本,研究了不同形式的外包研发模式对企业创新绩效的影响,结果发现企业设立外部研发中心和并购对创新绩效具有正向促进作用。

关于共享经济企业绩效影响的研究主要分为两类,一类是研究共享经济主体企业的绩效,如滴滴打车平台等;另一类是研究共享经济对企业甚至产业的影响。陈万明等人从共享经济的角度研究了旅游产业创新绩效的影响因素,指出传统旅游业与信息技术的融合形成了以共享经济为基础的新型商业模式,并提出旅游产业要依托共享经济的新业态,构建创新平台以推动传统旅游业的转型与升级的建议。魏亚运等人在对创新资源共享平台的绩效研究中,以科学仪器制造行业为样本,构建了平台应用效果绩效评价指标体系,并认为共享平台对企业的创新能力具有正向作用,可以推动企业创新绩效的提升。孙永波等人在研究中以我国高新技术企业为样本,发现在共享经济的背景下,企业拓展了获取核心资源的途径,由只从内部获取转变为从内部与外部获取相结合的形式,形成了资源在企业间流动,使得企业在创新绩效上获得提高。

12.3 医药制造行业与研发模式概述

12.3.1 行业发展现状

医药制造行业一直被认为是最赚钱的行业之一,行业获得的巨额利润主要来自所谓的"重磅炸弹"药物。如果一个企业成功研发出一颗"重磅炸弹",那么意味着这个药物每年能在全球给研发公司创造至少10亿美元的销售额。但是高额回报的背后是高额的投入与风险。医药制造行业是典型的技术和知识密集型行业,具有投入成本高、研发周期长、研发风险大、技术难度大、回报高等特点。开发一种新药从最初的研究到最终产品的获批上市是一个复杂的过程,平均需要10年左右的时间,投入成本超过20亿美元。

新药的研发流程主要分为四个阶段:药物发现、临床前研究、临床研究和生产上市,如图12-1所示。药物发现主要过程为通过高通量方法筛选化合物,再优化化合物的分子结构、合成路线等,经过初步的有效性及成药性研究后,获得先导化合物,再经过深入研究及优化,获得候选化合物。筛选完毕就进入临床前药学研究阶段,主要包括安全性、药代动力学、药效学和药剂学等相关研究。在确认了化合物对目标疾病有效且安全性满足临床要求后,便可向药品监督管理部门申请进行临床试验。临床试验共分为Ⅰ、Ⅱ、Ⅲ、Ⅳ期,均需要招募合适的志愿者进行人体试验以评估药物对人体的安全影响和对疾病的疗效,其中Ⅳ期临床为上市后研究。在完成前三个阶段的临床试验并分析所有资料及数据,如证明该药物的安全性和有效性后,就可以提交上市申请,同时进行批量生产研究。

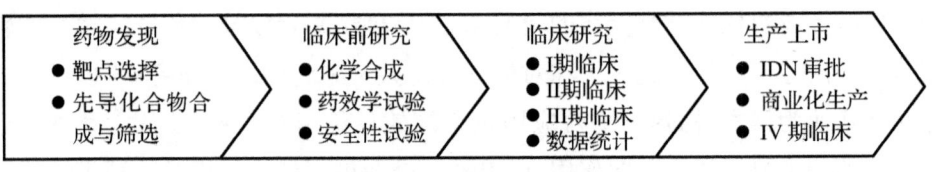

图12-1 新药研发流程

近年来,随着药品审评不断规范、疾病复杂程度不断提升以及行业中竞争日益激烈,新药开发愈发困难重重。研发生产力下降、独占期缩短和商业化成本增加的趋势有所上升。当今世界上主要国家对新药的专利保护期一般为20年,新药研发周期的延长意味着专利保护期内获得的收益减少。此外,大型制药企业在全球不断扩张,新药研发投入也呈现急剧增长态势。德勤研究表明,由于疾病复杂度提升、监管趋严、患者招募困难等原因,新药研发周期被进一步拉长,新药研发临床阶段平均耗时在不断上升,由2014年的6.15年增加至2020年的7.14年;新药研发的平均成本不断上升,由2013年的13.27亿美元逐年增长至2020年的24.42亿美元;新药研发投资回报率不断走低,2019年下降至1.6%的历史低位。在此背景下,越来越多的制药企业意识到要改变传统的研发模式,并纷纷探索提高研发效率、降低研发成本的方法。

12.3.2 制药企业研发模式的转变

尽管大多数以研究为基础的行业都在努力改进其研发流程,但医药制造行业仍然广泛采用传统且低效的新药开发流程。医药制造行业的本质是创新,这也是其增长的主要驱动力。制药公司被迫以更少的资源实现更大的价值以确保持续创新,这导致了"封闭式创新"模式的转变。封闭式创新主要指在企业内部进行,最终通过企业内部的纵向整合资源完成商业化的创新模式。这一研发模式很大程度上依赖于专利保护,产品开发在企业内部秘密进行,并且不需要借助太多的外部资源。但如今的制药企业开始在整个研发产业链上寻求外部资源与创新,从封闭式创新慢慢向开放式创新转变。

(1) 研究合作。传统上的合作是制药企业向其他方寻求专业技术。随着新药研发复杂性的增加,如今的合作越来越多地表现为获取更多所需的技能和技术,如药物靶点、靶标认证和生物医学知识等。于是制药企业的合作对象向学术界拓展。通过在外部与学术机构合作设立研发基地,制药企业得以利用其学术基础研究并转化成新药。例如,辉瑞于2014年在麻省理工学院和哈佛大学所在的剑桥市设立研发基地;国内新华制药与中国药科大学合作设立新药研发中心等。

(2) 并购重组。自2008年国际金融危机以来,制药企业的并购行为越来越活跃,例如辉瑞并购惠氏、默沙东收购先灵葆雅以及国内的华润医药收购江中药业等。并购可以使制药企业整合行业内资源、获取具有战略意义的知识产权,实现外部资源的获取,从而加快新药研发效率。同时,为了降低研发成本,部分制药企业还会削减研发人员数量和缩小研发机构规模,将研发活动部分或全部外包给国内外的其他服务提供商。

(3) 外包研发。医药研发外包企业因其能够以较低成本并高效完成研发工作而越来越受到制药企业的青睐,已经成为全球医药研发的主要形式。现在的研发外包企业可以提供从研究到研发、生产制造和销售全产业链的专业化技术服务,从而实现制药企业在技术平台的共享研发资源。国内外知名医药研发外包企业有Labcorp、Covance和药明康德,它们的业务可以覆盖医药研发的全部流程。从制药企业的角度看,将新药研发所有流程全部外包给具有一站式服务能力的研发平台不仅可以保证药品试验的质量,同时也减少了各个环节的沟通成本。

（4）众包。众包是外包概念的进一步延伸，是一种开放式创新模式，是公开请求外部群众解决预定问题的方式。制药企业可以利用互联网平台整合大众网络的外部专家帮助进行产品研发，以此作为内部创新的源泉。在这方面，外国知名药企礼来公司创建了首家众包平台InnoCentive，成为这一领域的创建者和领导者；拜耳也建立了自己的众包平台Grants4Targets，为公司拓展外部创新资源。

12.3.3 共享研发模式分析

通过上文的分析可知，随着新药研发难度持续加大、成功率不断降低，制药企业的研发成本持续提升，风险也越来越大。这说明旧的封闭式研发模式已经显示出其在这个时代中的局限性，制药企业越来越难以以一己之力完成创新。所以从只创造内部资源转向获取外部资源的研发模式转变显得很有必要。在医药制造行业中，除了像诺华、辉瑞等制药巨头外，同样存在着数以千计的小型制药研发公司，并且根据相关数据分析显示，中小型制药研发公司平均研发效率高于大型药企，正日益成为全球新药研发的中坚力量。一方面，大型制药企业需要拓展研发创新途径，获取外部资源；另一方面，小型制药研发公司也需要获得研发资源的支持，这就为共享研发的实现提供了基础。

通过前文中的文献综述可知，在共享经济的背景下，企业可以拓展外部资源的获取途径。从资源基础理论的角度看，企业独特的资源可以获得竞争优势，带来绩效的提升。制药企业间的共享研发首先可以减少企业固定资产的投资，通过企业间研发设备资源的共享，共享研发的需求方可以节约实验设备、场地和人员的支出，实现资源的重复、高效利用。其次，共享研发的过程会带来知识共享，使企业得以整合创新资源，促进企业创新。

基于上述分析，本章提出假设：制药企业共享研发平台可以使得企业绩效获得提升。

12.4 实证研究

12.4.1 样本选取与数据来源

本节对制药企业共享研发平台进行绩效研究。研究的样本为国内所有上市的医药制造企业从2015年到2020年的财务和专利数据。数据主要来源于万得数据库(Wind)、中国研究数据服务平台(Chinese Research Data Services，CNRDS)以及中国经济金融研究数据库(China Stock Market & Accounting Research Database，CSMAR)。为了使研究分析结果更加可靠，剔除了数据缺失和其他不适宜研究的企业，并对主要连续变量进行上下1%的缩尾处理(Winsorize)。

12.4.2 变量设计

1) 被解释变量

很多学者在对企业的绩效研究中，衡量绩效时主要采用两种标准：会计和市场标准。在参考了杨维平和李林俊等人关于制药企业绩效研究的文献后，考虑数据可获得的便利性，本章采用净资产收益率(Returen on Equity，ROE)作为被解释变量以衡量企业绩效，采用销售回报率(Returen on Sales，ROS)和总资产回报率(Returen on Assets，ROA)作为替代被解释变量。ROE反映了企业股东权益性资金的使用效率，即公司自有资本的收益水平，这一指标值越高，说明投资收益越高。ROS是衡量企业销售收入的收益水平的指标，可以用来评估公司运营效率。ROA主要用来分析企业获取收益的稳定性和持久性，集中体现了公司的资产运用效率和资金利用效果，直观地体现出公司的竞争力和成长潜力，也能体现企业综合经营管理的能力。

2) 解释变量

制药企业与其他对象的共享研发主要表现为研发资源和知识的共享与风险的共摊等。基于此，本章考虑将企业申请专利的被引用数量(称为共享研发指数，用pate表示)作为回归模型的解释变量。专利被引用一方面体现了企业的创新成果和创新质量受到其他企业的认可，另一方面也体现了企业对其他企业开放合作的态度。在数据处理方面,本章将企业申请专利的被引用数量剔除企业自引用数量,统计出企业当年申请专利被其他企业引用的数量总和。

3) 控制变量

参考了其他学者对于制药企业绩效研究的相关文献后,结合分析条件下对数据可获得的便利性,本章采用企业规模(scale)、资产负债率(Debt Asset Ratio,DAR)、政府补助(gov)、研发强度(trd)共四种指标作为模型的控制变量。

企业的规模大小是反映企业在本行业市场中的支配力以及规模经济的重要指标。在目前的研究中,企业规模常常用三种指标衡量:总资产、企业员工数量和产品销售额。目前学界对企业规模影响绩效的结果说法不一,董千里等人研究发现我国上市制造业企业的规模越大,企业的财务绩效越好。综合考虑模型以及数据来源,本章采用企业财务报表中的期末总资产余额作为衡量企业规模的指标。由于总资产的数值相对于模型其他变量的数值差距较大,考虑到数字的易读性,本章对总资产的数额在回归软件中进行取自然对数处理。

资产负债率,即举债经营比例,表示一家企业的总资产中总负债所占的比重,是常用于评价一家企业债务水平的综合性指标。企业常常需要扩大融资以维持企业的运转,特别是在医药制造行业中,研发过程要求巨量资金投入。资产负债率与企业经营绩效的关系较为复杂,学者们基于不同视角的研究结论也不尽相同。总而言之,将资产负债率维持在合理的水平有利于企业的经营发展。

政府补助可以在一定程度上反映该企业在行业中的地位以及我国对这个产业的政策导向。由于能够上市的企业大多处于其所在产业中的核心地位,属于产业中的核心企业,所以其获得的政府补助数额会较其他企业更大,就更有动力去进行研发创新。同时,共享研发资源具有一定的政策导向,企业可以从中获取额外的外部资金,从而对绩效产生影响。但也有学者认为,企业通过寻租获得的政府补助会影响补助的使用效果,从而对企业的经营绩效产生负面影响。

研发强度一般指一段时期内,研发投入的金额占总产值的比重。研发是制药企业创新的根本途径以及核心竞争力的来源,但是目前学界关于制药企业研发强度对绩效的影响结果还没有统一的结论。总的来说包括正相关、负相关以及滞后相关。在参考有关文献后,选取企业财务报表中的研发支出总额来衡量。

综上所述,本章选取的变量如表 12-1 所示。

表 12-1 变量及其定义

变量类型	名称	符号	含义
被解释变量	总资产回报率	ROA	净利润/平均资产总额
	净资产收益率	ROE	净利润/所有者权益
	销售回报率	ROS	利润总额/营业收入
解释变量	共享研发指数	pate	申请专利的被引用数量
控制变量	企业规模	scale	企业总资产的自然对数
	资产负债率	DAR	负债总额与资产总额的比例关系
	政府补助	gov	政府补助金额的自然对数
	研发强度	trd	研发支出总额的自然对数

◆ **12.4.3 回归模型构建**

本章构建的回归模型如下：

$$Y_{it} = \beta_0 + \beta_1 * pate_{it} + \beta_2 * scale_{it} + \beta_3 * trd_{it} + \beta_4 * gov_{it} + \beta_5 * DAR_{it} + d_i + \varepsilon_{it} \quad (12.1)$$

模型中，Y 表示企业绩效指标，使用净资产收益率（ROE）代入进行回归；i 为个体标识；t 为时间标识；β_0 为常数项；β_1、β_2、β_3、β_4、β_5 为待估计的变量系数；d_i 为个体固定效应；ε_{it} 为随机误差项。该模型考察的是共享研发对制药企业绩效的影响，其中控制了企业规模、研发强度、政府补助和资产负债率。

◆ **12.4.4 实证分析**

1）描述性统计

表12-2展示了样本变量的描述性统计情况。从表中得知，净资产回报率的平均值为8.421%，最小值为−43.36%，最大值为22.24%；总资产回报率的平均值为7.845%，最小值为−17.68%，最大值为18.52%；销售回报率的平均值为10.37%，最小值为−84.42%，最大值为29.32%。从标准差上看，样本间的绩效差异较大。共享研发指数平均值为27.56，最大值为607，最小值为0，标准差为52.23，说明样本间的共享研发程度差距较大。企业规模的平均值为22.08，最小值为19.93，最大值为24.29，企业规模是通过对企业总资产取自然

对数衡量的,由此看来医药研发服务企业之间的规模差距很大。研发强度的平均值为18.18,最小值为14.54,最大值为20.71,研发强度是通过对研发支出总额取自然对数衡量的,表明各企业对研发的投入差距悬殊。政府补助的平均值为16.60,最小值为12.47,最大值为19.19,与企业规模的处理一样,政府补助通过对政府补助金额的自然对数来衡量,可以看出各个企业之间的政府补助水平差距较大。资产负债率的平均值为31.80%,最小值为3.704%,最大值为86.96%,说明医药研发服务企业间的资产负债率水平差异较大。

表12-2 样本变量描述性统计

变量	观测值	平均值	标准差	最小值	最大值
ROE	1 152	8.421%	10.70	−43.36%	22.24%
ROA	1 155	7.845%	6.925	−17.68%	18.52%
ROS	1 155	10.37%	17.70	−84.42%	29.32%
pate	1 155	27.56	52.23	0	607
scale	1 155	22.08	0.940	19.93	24.29
DAR	1 155	31.80%	17.41	3.704%	86.96%
gov	1 155	16.60	1.251	12.47	19.19
trd	1 149	18.18	1.132	14.54	20.71

2) 回归分析

根据前文的分析,将企业共享研发指数和其他控制变量对净资产收益率采用固定效应模型进行回归。回归的结果如表12-3所示。

表12-3 回归结果

变量	ROE
共享研发指数	0.024**
	(2.42)
企业规模	6.626***
	(5.10)
研发强度	−3.257***
	(−4.13)

续表 12-3

变量	ROE
政府补助	−0.957**
	(−2.19)
资产负债率	−0.309***
	(−9.51)
常量	−53.681**
	(−2.48)
样本量	1 149
R-squared	0.116
公司固定效应	YES
F 检验	0
F 值	24.13

注：*** 表示 $p<0.01$，** 表示 $p<0.05$，* 表示 $p<0.1$。

表 12-3 的实证结果显示，在固定效应模型中，企业申请专利的被引用数量对净资产收益率的系数都是正值，且在 5% 的显著性水平下显著，说明企业共享研发对绩效具有正向影响，验证了假设。

控制变量中，在固定效应模型中，企业规模与净资产收益率的回归系数为正值，且在 1% 的显著性水平下显著，说明企业规模与净资产收益率显著正相关。研发强度与净资产收益率的回归系数为负值，且在 1% 的显著性水平下显著，说明研发投入会使企业净资产回报率降低。政府补助与净资产收益率的回归系数为负值，且在 5% 的显著性水平下显著，说明政府的补助会对净资产收益率产生负面影响，这一结果的出现可能是因为政府补助会使得企业怠于发展。资产负债率与净资产收益率的回归系数为负值，且在 1% 的显著性水平下显著，说明资产负债率与净资产收益率显著负相关。

3）稳健性检验

本小节分别采用销售回报率（ROS）和总资产回报率（ROA）代替原被解释变量进行稳健性检验。检验结果如表 12-4 所示。

表12-4 稳健性检验结果

变量	ROA	ROS
共享研发指数	0.015***	0.047***
	(2.67)	(2.84)
企业规模	3.626***	15.250***
	(4.74)	(6.96)
研发强度	−1.872***	−7.921***
	(−4.03)	(−5.96)
政府补助	−0.743***	−1.014
	(−2.88)	(−1.37)
资产负债率	−0.185***	−0.699***
	(−9.63)	(−12.75)
常量	−20.415	−144.739***
	(−1.60)	(−3.96)
样本量	1,149	1,149
R-squared	0.123	0.184
公司固定效应	YES	YES
F检验	0	0
F值	25.82	41.50

注：***表示$p<0.01$，**表示$p<0.05$，*表示$p<0.1$。

检验结果显示，在替换被解释变量后，企业申请专利的被引用数量对总资产回报率的混合回归模型和销售回报率的系数都是正值且显著的，并且都在1%的显著性水平下显著。

4) 拓展性讨论

为了研究制药企业间共享研发会通过什么样的途径影响企业绩效，本小节在上一小节回归结果的基础上，进一步讨论共享研发对绩效影响的可能途径。

在第三小节的分析中发现，制药企业共享研发可以降低企业的研发成本，直接的表现形式就是企业可以节省建立研发场所、管理人力资源的支出，即可以从外部获取研发资源。张军波等人在研究生物制药公司的资产结构与财务绩效中发现,企业的资产结构会对财务绩效产生影响,其中固定资产的占比与企业的财务绩效显著负相关。段曼舒在研究中总结出,人力资源的外包与企业绩效相互影响,能在一定程度上降低企业的人力资源成本和资金成本。

基于以上研究,本小节从外部资源获取的角度来验证制药企业间共享研发对企业绩效影响的机制,并在模型(12.1)的基础上通过替换因变量设立以下模型:

$$fa_{it} = \beta_0 + \beta_1 * pate_{it} + \beta_2 * scale_{it} + \beta_3 * trd_{it} + \beta_4 * gov_{it} + \beta_5 * DAR_{it} + d_i + \varepsilon_{it} \quad (12.2)$$

以及

$$rdpeople_{it} = \beta_0 + \beta_1 * pate_{it} + \beta_2 * scale_{it} + \beta_3 * trd_{it} + \beta_4 * gov_{it} + \beta_5 * DAR_{it} + d_i + \varepsilon_{it} \quad (12.3)$$

模型中,fa_{it}为企业的固定资产总额,$rdpeople_{it}$为企业研发人员总数,数据均来源于万得数据库(Wind)。回归结果如表12-5所示:

表12-5 模型(12.2)与模型(12.3)的回归结果

变量	模型(12.2)	模型(12.3)
共享研发指数	−3 028 557.912***	−1.142***
	(−5.59)	(−5.50)
企业规模	7.709e+08***	188.139***
	(10.83)	(6.69)
研发强度	34 535 813.131	57.930***
	(0.79)	(3.38)
政府补助	28 840 291.149	12.238
	(1.21)	(1.30)
资产负债率	3 446 309.341*	−0.118
	(1.93)	(−0.17)
常量	−1.693e+10***	−5 027.318***
	(−14.34)	(−10.88)
样本量	1,147	1,129
R-squared	0.263	0.199
公司固定效应	YES	YES

续表 12-5

变量	模型(12.2)	模型(12.3)
F检验	0	0
F值	65.43	44.77

注：*** 表示 $p<0.01$，** 表示 $p<0.05$，* 表示 $p<0.1$。

从回归结果来看，自变量申请专利的被引用数量分别与固定资产总额和研发人员总数的回归系数为负值，且回归结果在1%的显著性水平下显著。这个结果说明，制药企业间共享研发会使得固定资产以及研发人力资源减少，进而表明研发资源得到了重复利用。结合之前的研究，可证明降低固定成本、人力资源成本是制药企业共享研发影响企业绩效的途径。

12.5 案例研究——以药明康德为例

12.5.1 案例公司简介

药明康德于2000年12月在江苏省无锡市注册成立，运营中心设置在上海市，是目前我国体量最大、综合业务覆盖范围最广的平台型医药研发服务企业。经过20多年的发展，药明康德的业务覆盖已经实现从药品研发到生产的所有环节，能够提供从药物发现、临床前研发、临床试验及申报、原料药及制剂生产等全流程的研发、生产服务，覆盖领域既包括小分子药物也包括细胞治疗、基因治疗以及医疗器械研发测试等领域。药明康德一直致力于推动新药研发进程，为患者带来突破性的诊疗方案，凭借国际领先的开放式能力与技术平台，为全球生物医药行业提供一体化、端到端的新药研发和生产服务，主营业务覆盖临床前医药合同研发机构（Clinical Research Organization, CRO）、临床CRO、原料药及制剂医药合同研发生产机构（Contract Development and Manufacturing Organization, CDMO）的全流程，通过全球31个营运基地和分支机构，为来自全球30多个国家的超过5 700家活跃客户提供服务。药明康德主营业务覆盖范围及构成如图12-2和表12-6所示。

根据公开的报告显示，药明康德2021年度实现营业收入229亿元人民币，同比增长38.50%；2018—2021年复合增长率约为33.4%，2021年归母净利润

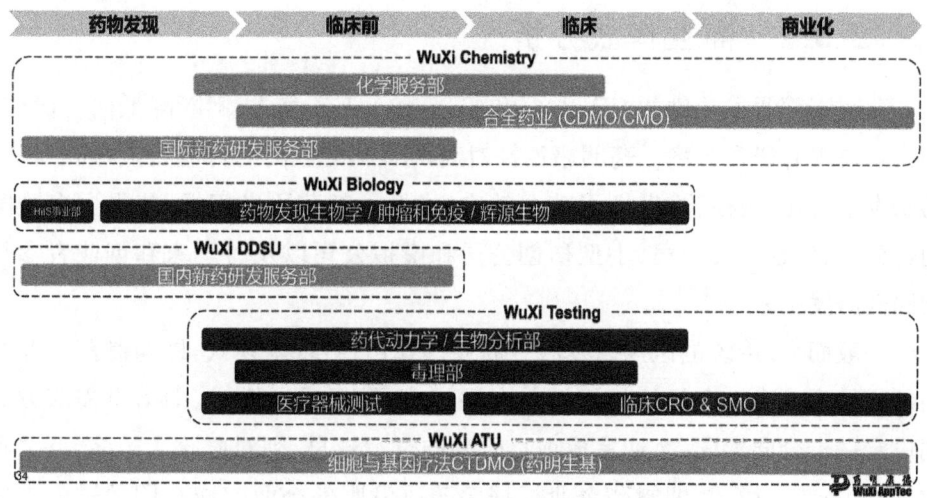

图 12-2 药明康德主营业务覆盖范围
图片来源：药明康德 2021 年中期业绩演示材料

为 51 亿元，同比增长 72.2%。得益于公司实行的"长尾客户"战略持续不断地发力以及其他客户渗透率的持续提高，来自全球前 20 大制药企业的收入达 67.33 亿元人民币，同比增长 24.1%；而来自全球其他客户的收入显著高于全球前 20 大制药企业，达到 161.70 亿元，同比增长 45.6%。

表 12-6 药明康德主营业务构成

主要业务单元	业务内容
化学业务（WuXi Chemistry）	整合合全药业、化学服务部、国际新药研发服务部和核心分析部等化学业务相关的资源和能力，为客户提供新药研究、开发及生产服务（CRDMO）
生物学业务（WuXi Biology）	整合本集团的尖端 DNA 编码化合物库（DEL）技术以及生物学、肿瘤学和免疫学能力，为全球客户提供一体化药物发现及研究服务
测试业务（WuXi Testing）	集合测试事业部、康德弘翼（CDS 业务）、药明津石（SMO 业务）等本集团临床前和临床的资源和能力，更好地服务全球药品、生物制药、医疗器械、体外诊断试剂客户
细胞与基因疗法 CTDMO 业务（WuXi ATU）	利用中美英三地的资源和能力，为客户提供细胞及基因治疗产品工艺开发、生产和测试一体化服务（CTDMO）
国内新药研发服务部（WuXi DDSU）	基于客户需求，为客户提供以专利创造为核心的一体化新药研发服务，开发具有国际高水平的小分子新药，赋能国内药企研究
其他业务	主要包括行政服务、销售原材料和销售废料

◆ 12.5.2　商业模式分析

药明康德通过独创的 CRDMO 和 CTDMO 业务模式,不断降低研发门槛,助力客户提升研发效率。药明康德针对新药研制门槛高的行业特点,通过将医药研发平台化、规模化,发挥了整合效应,降低了新药研发门槛,使得更多跨国制药公司、生物科技公司、小型初创公司和虚拟公司以及科学家和创业者参与到医药研发中来。

一般而言,传统的医药研发服务商业模式包括:现款模式,即与制药企业之间的交易为一次性交易的初级订单合同模式;结果导向模式,即为供需双方共同设定一个合同期限,企业完成项目研发的时间越早,则对应收入越多,反之则收入越少;节点模式,即制药企业根据医药研发服务企业完成合同的进度支付相应比例金额的模式,当项目进度每达到一个药企与研发服务企业共同设定的节点时,药企就会向医药研发服务企业支付相应的服务费用。以上模式都不需要为药物的试验效果负责,所以无论试验效果如何,只要数据准确,化合物达到要求,企业都能收取既定的服务费。

药明康德在传统商业模式上进行了创新,除去研发外包和代工,其商业模式创新的思路更趋向于融入共享经济。药明康德以开放式共享研发平台为中小型制药公司、生物公司实现研发技术的赋能,使之在无需投资实验室的基础上就可以拥有完整的研发部门,从而实现新药物的开发与试验,所以药明康德共享的是实验室和研发团队。具体而言,药明康德的模式为"VC＋IP＋CRO"模式,即"风险投资＋知识产权＋研发外包服务"相结合的共享研发模式,它不需要重资产的投入,完全是轻资产的运作模式,通过国际专利技术引入和研发外包合作,快速实现新药上市。制药企业可以很快地利用医药研发服务平台的经验开展项目,而不需要去建自己的实验室,重资产布局研发。从资本的角度来说,该模式是把投资重心放在价值更高的项目与产品上,而不是固定资产上,大大地提高了资本的利用率。

此外,药明康德始终贯彻着"长尾客户"战略,这就与创新商业模式产生了协同效应。所谓"长尾客户"是指包括中小型生物技术公司、个人创业者和虚拟公司在内的各类新药研发参与者。这些小微制药企业没有足够的资源自行建设其研发项目所需的实验室和生产设施,却需要在短时间内获得满足研发项目所需的多项不同服务,因而会寻求外部研发和生产资源。药明康德的一体化研发平台能够满足其从药物发现到生产上市的全流程需求,降低了新药研发的门槛,提高了研发效率。如今,长尾客户已经成为医药创新的新驱动力。根据药明康德披露的数据显示,来自长尾客户的无论是收入还是收入增速都远超头部制药企业客户。

12.5.3 共享研发案例

药明康德最早运用"VC+IP+CRO"模式是在2011年,美国一家微小型初创生物技术公司 Callidus Biopharma 受到了药明康德的关注。该公司从事的领域是罕见病药物的研发,其最初的员工仅有两位全职科学家和一位兼职财务人员。在达成合作协议后,药明康德先后向该公司投资300万美元,支持其现有研究。该公司依靠药明康德投资的资金以及共享的研发平台,为某些罕见疾病开发了潜在的重组酶替代疗法,并将新药研发从药物发现阶段推进到了动物模型试验。仅18个月后,该公司就被同属罕见病药物治疗领域的公司 Amicus Therapeutics 以1.3亿美元的价格收购,而药明康德也从收购中获益。

科越医药成立于2017年,从事免疫补体通路抗体药物的研发,新药研发周期长,涉及多项测试试验,成本投入很大。2019年9月,科越医药(苏州)有限公司通过长三角科技资源共享服务平台的查找与预约,找到了上海药明康德新药开发有限公司,双方就研发资源共享达成交易。药明康德向科越医药提供了抗体、化合物测试试验等服务,有效缩短了新药的研发周期,降低了研发和投入的成本。科越医药还因此获苏州市研发资源开放共享服务用户费用补贴近30万元,依靠政策支持形成了研发投入的良性循环。

12.6 本章小结

12.6.1 研究结论

在当前全球疫病流行与老龄化时代背景下,由于健康需求的刺激和有关政策的利好,医药制造行业正迎来发展的黄金期。长久以来,医药制造行业践行着封闭式创新的研发模式,这一模式在往日依靠"重磅炸弹"药物的时代具有可行性,但如今时过境迁,这种只依靠整合内部资源进行创新的模式显现出它的时代局限性。而现在如何抓住时代发展机遇,提高研发效率、降低研发成本,成为制药企业急需解决的问题。作为近年来的新型经济模式,共享经济以其高效利用资源、节省交易费用和供需双方高效匹配,为制药企业研发模式的创新提供了参考。

首先,本章在对共享经济理论相关文献进行整理的基础上,对医药制造行业的发展现状进行分析。虽然医药制造行业所处的时代外部环境是利好行业发展的,但是行业内部的制药企业自身却面临着新药研发成功率下降、研发生产成本上升、新药上市回报率大不如前的困境。通过对国内外制药企业研发模式创新的总结发现,由封闭式创新转变为开放式创新是如今的主要趋势,并且这与共享经济开放、合作的理念相契合。通过对共享研发模式的分析,本章搭建了共享研发对制药企业的绩效产生影响的路径,并指出共享研发平台可以使制药企业从整合内部资源转变为获取内外部资源相结合的研发模式,从而通过资源、资金和知识的获取对绩效产生影响。

其次,本章开展了共享研发模式对制药企业绩效影响的实证研究。通过设计相关变量,本章采用申请专利的被引用数量来作为衡量制药企业共享研发的指标,构建了基础回归模型。数据源自2010年至2020年国内上市的医药制造企业的公开数据。回归结果表明,制药企业共享研发平台对企业的绩效有着正向影响,并通过了稳健性检验。在进一步的拓展性讨论中,本章研究了制药企业间共享研发对绩效的作用机制,回归结果表明降低固定资产成本和人力资源成本是制药企业共享研发影响企业绩效的途径。

最后,本章选取了药明康德作为案例,从实践的视角探究了共享研发平台是如何对绩效产生影响的。结果表明,无论是研发资源的供给方还是需求方,都能从共享研发的模式中获益。作为供给方的药明康德,通过为长尾客户共享研发资源,获得了远超头部客户的营业收益。作为需求方的其他制药企业,通过获得研发资源的共享,节省了新药研发的投入成本,提高了研发生产的效率。

◆ 12.6.2 政策建议

在《中华人民共和国国民经济和社会发展第十四个五年规划和2035年远景目标纲要》中,我国提出要强化国家战略科技力量,整合优化科技资源配置,建设重大科技创新平台,其中就要求促进共享经济、平台经济健康发展,科研企业要优化配置和资源共享。医药产业是我国经济的重要组成部分,关系着国民生计与安全健康。我国医药制造行业在整体水平上同其他发达国家还有较大差距,特别是研发投入不足、缺乏核心竞争力,未来仍需努力追赶。本章结合研究结果,就提高制药企业绩效提出以下两点建议:

(1) 制药企业应当根据行业环境的变化,探索多样化的研发模式。随着医药制造行业的竞争越来越激烈,制药企业投入的研发成本越来越高,而新药的研发风险也越来越大,传统的封闭式创新需要向开放式创新转型。在这一方面,欧美发达国家的制药企业走在了前列,可以向先进模式学习,积极参与国际合作与竞争,不断提升企业的创新能力和水平。

(2) 以共享经济的思想搭建共享研发平台,降低医药制造行业的入门门槛,推动医药研发创新,实现多方共赢。共享经济作为一种创新的商业模式,在消费侧获得了蓬勃发展;而将共享经济融入工业生产端,能够重塑生产要素的配置方式,极大改善生产要素的配置效率。共享研发平台的建立,为入行医药制造打通"最后一公里",对推动我国医药产业高质量发展有着重要意义。

13 数字经济与制造业共享融合的路径与策略研究

13.1 引言

13.1.1 研究背景

世界范围金融危机爆发以来,制造业重新成为经济竞争的焦点,实体经济是经济发展的根基。而一般而言,随着经济的发展,制造业占GDP的比重会逐渐下降,如果在此过程中制造业未能实现转型升级,则可能降低社会的生产率,进而滑入中等收入陷阱。

改革开放40余年来,我国工业实力持续增长,其中,制造业占全球比重连续11年居全球第一。我国劳动力成本上升,资本出现脱实向虚的状况,因而加快完成制造业转型升级的任务迫在眉睫。只有将经济结构转型升级,才能促进经济的健康稳定发展。现今,在新一轮科技革命与产业变革下,大数据、区块链、云计算等技术日益发展,数字化发展已成为大势所趋。制造业转型升级可以提高实体经济体系质量和产业竞争力。十九大以来,习近平同志多次指出与强调发展数字经济的重要性,推动产业数字化的进行;党的十九届五中全会也提出,要"坚定不移建设制造强国、质量强国、网络强国、数字中国",因此,抓住数字时代的红利至关重要,要通过数字经济促进制造业的转型升级。

数字经济是以新一代信息技术为手段,以信息产业为主干,以信息产品和信息服务为主要内容,基于信息和知识的新型经济形态。数字经济以数字化的知识和信息作为关键生产要素,通过数字产业化和产业数字化两种方式推动数字技术和实体经济深度融合。制造业转型离不开数字经济的助推,数字经济是推动制造业转型升级的新源泉、新动能,大数据、人工智能、物联网等信息技术发展了制造业的新技术、新模式,助推制造业完成供给侧结构性改革。

13.1.2 研究意义

当前,如何促进数字经济的发展与数字经济如何推动制造业转型升级是非常重要的课题。在我国,长三角地区的数字经济发展水平与制造业发展水平名列前茅,并对其他地区的发展起到推动作用。故而本章将以长三角地区为例,采用熵值法初步处理原始数据,测度各地的数字经济与制造业的发展水平,再采用广义矩估计(Generalized Method of Moments,GMM)进行面板数据回归,回归后进行中介效应检验,验证本章所提出的假设,探索影响数字经济发展的因素与数字经济推动制造业发展的路径,并根据结果提出相应的建议与对策。

13.1.3 文献评述

围绕本章的研究主题,与本章研究紧密相关的文献主要有三类:一是关于数字经济的背景研究;二是关于数字经济与制造业转型升级测算方法的研究;三是数字经济对制造业转型升级影响的具体研究。

加拿大学者 Don Tapscott 1995 年在《数据时代的经济学》中提出了数字经济(Digital Economy)的概念,以及企业数字化转型的路线。2016 年 9 月,G20 杭州峰会公布的《二十国集团数字经济发展与合作倡议》中,把数字经济定义为"以使用数字化的知识和信息作为关键生产要素、以现代信息网络作为重要载体、以信息通信技术的有效使用作为效率提升和经济结构优化的重要推动力的一系列经济活动"。田丽通过收集并整理中国、美国、俄罗斯、日本、欧盟、经济合作与发展组织(Organization for Economic Co-operation and Development,OECD)等经济强国政府和经济组织对于数字经济理解的文献,试图对各国对于数字经济理解的变化作出一定的归纳;并在此基础上,结合各国具体的数字经济战略,比较各国的数字经济政策范围,以进一步窥探各国关于数字经济的分歧。根据现阶段经济发展状况及产业结构,得出数字产业并非中国经济的核心产业或龙头产业,但具有较大潜力和发展空间的结论;从数字产业的主要辐射范围看,各产业数字化程度存在差异,实际政策中需要区别对待。数字经济与经济高质量发展的关系及其促进经济高质量发展的内在机理是数字经济驱动经济高质量发展的战略选择,包括加强数字基础设施建设,促进数字经济和实体经济融合发展,完善数据治理规则,确保数据的安全有序利用等。

在数字经济研究方法的相关文献中,陈亮在对国内外数字经济核算范围和测度方法比较的基础上,充分考虑我国数字经济的活动情况,并结合我国国民经济产业分类的实际情况,制定出符合我国实际的数字经济分类体系。在总结了OECD、美国经济分析局(Bureau of Economic Analysis,BEA)、欧盟等国际组织以及国内的信通院、赛迪研究院、上海社科院、腾讯研究院等多个研究机构对数字经济的定义、测算方法、指标评价体系等各个方面,通过对比国内外不同研究方法之间的共性与差异,总结出两种基于数字经济测算角度的测度方法,即基于窄统计口径的直接测算法和基于宽统计口径的投入产出表法。同时也有研究采用基于熵值法测度样本城市的制造业升级水平和数字经济发展水平,并运用动态面板GMM模型测算了数字经济对制造业升级水平的具体效应,利用中介效应模型识别其实现路径;还有研究利用Super-SBM-O-C方法估算制造业高质量发展水平,采用熵值法估算数字经济发展水平,进而实证检验数字经济对制造业高质量发展的影响。

在制造业转型升级的相关研究方面,多数文献从数字经济的影响机理、效应、路径、制造业与数字经济深度融合、数字经济促进制造业转型升级等多个角度全方面进行研究。目前的研究结果表明:总体上数字经济赋能制造业转型升级效应和路径显著,数字经济通过资源配置优化效应、生产成本降低效应和创新发展驱动效应三条路径推动制造业转型升级;数字经济发展存在明显的地域差异,整体呈现东部地区发展程度高、西部地区发展程度低的状况;数字经济发展对制造业转型升级存在以创新能力和人力资本为中介变量的内在机制,但人力资本的中介效应在中、西部地区并不显著。在总体层面,数字经济对实体经济的影响显著为负,已产生"挤出效应"。在条件性方面,不同实体经济水平条件下,数字经济的"挤出效应"存在恒定性,但挤出程度会边际递减。在阶段特征方面,数字经济的影响呈现倒"U"型特征;数字经济与实体经济的深度融合成为促进实体经济振兴与产业转型升级的新动能,其动力主要源于数字新技术作用下的产业链组织分工边界拓展、交易成本降低、价值分配转移、需求变化倒逼四个方面。

综上所述,数字经济的背景、方法以及数字经济推动制造业转型升级的研究都已具备基础的形态,但大都是从不同的研究维度对数字经济和制造业转型升级的内涵、影响因素、测算方法、作用机制等方面展开的,还没有以具体城市群为基础,研究数字经济与制造业深度融合的路径与策略的文献。故本章以此为切入点展开研究。

13.2 数字经济与制造业深度融合的路径分析

数字经济对推动制造业的发展起到巨大作用。数字经济离不开基础设施的建设,完善基础设施才能更好地保障数字经济的发展;创新能力的提高可以为数字经济领域提供更多的人才与创新项目,为数字经济的发展注入活力。与此同时,数字经济的发展又可以进一步提升创新能力,为制造业的转型发展提供人才与新技术;并且数字经济发展催生数字应用,数字应用通过优化生产、高效运输、精确服务等方式推动制造业升级发展。图13-1为本章所提出的发展数字经济的路径与数字经济促进制造业升级的路径。

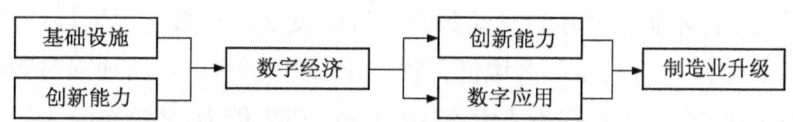

图13-1 发展数字经济的路径与数字经济促进制造业升级的路径

13.2.1 基础设施助力数字经济建设

数字经济最核心的要素是数据,数据资源高效率的生成、记录、收集、存储与使用都离不开完善并且高效率的数据基础设施。数字化基础设施的建设在对数字经济的发展以及制造业产业链的数字化转型升级中起着重要的支撑作用。在数字化基础设施建设的过程中,建设工业物联网有重要作用。工业物联网是数字经济与制造业深度融合的重要的全新模式。

数字基础设施主要为信息通信网络等信息与通信技术(Information and Communications Technology,ICT)基础设施,它们能够全方位帮助制造业企业完成采集数据、传输信息等重要任务。数据是数字化制造业企业生产的核心要素。数字经济的应用促进了信息基础的发展,进而推动了产能及效率的提升。随着数字基础设施的不断完成和完善,制造业企业在数据获取、存储、分析等多方面的能力均得到增强。数字化转型提升了制造业企业的资源配置能力,进一步驱动经营绩效的提高。数字基础设施对制造业转型升级起到重要的支撑作用。加强数字基础设施建设,有助于制造业产业数字化转型更加稳健,更好地推动数字经济的发展。

◆ 13.2.2 创新能力推动数字经济发展

作为一种源于计算机、互联网等生产工具的革命,尤其是随着大数据、人工智能、云计算、物联网等数字信息技术的不断突破与创新,数字经济的发展引发了世界生产方式的变革。通过发挥数字要素可复制、可共享和无限增长等天然优势,数字技术在生产制造中的渗透融合对传统制造业的生产制造、业务运营、销售管理等活动带来了巨大变革。

数字经济是一个新的概念,本身便蕴涵着创新的意义,可以说数字经济的提出就是一种创新,这个概念也与创新有着不可分割的关系,只有通过不断创新,改善制造业传统的研发和创新模式,提出新的想法、概念、模式、产业链等产物并加以实践,才能够更好地推动数字经济的发展。在数字领域,还有嵌入式系统、芯片技术、软件技术等领域仍有较大开发空间,只有不断加强对数字领域相关人才的培养,加大经费投入力度,提升自主研发能力,才能更深入地推动数字化进程,进一步扩大数字经济的规模,增大数字经济的产出。

◆ 13.2.3 数字经济通过增强创新能力促进制造业升级

数字经济的发展又可以进一步推动创新能力的提升,从而促进制造业的发展。传统企业在创新时由于无法与用户需求及时互通,推出的创新产品未必完全契合用户需求,在市场上可能反响平平,造成人力物力的投入没有得到最优的产出,使产品创新效率不高。随着大数据平台等数字技术的普及,企业可以精准及时地掌握用户的需求,基于对用户的分析为用户精确定制创新产品。海量数据变为企业的创新灵感,增大了产品的可扩展性,使企业的创新效率得到提升,进而促进制造业的创新发展。此外,数字技术促进制造业的生产过程优化创新。产业链的数字化可以帮助企业更精确地控制产品研发过程,实时监控生产的过程与产品的质量,生产过程的数据信息能够及时地反映生产的情况与可能存在的问题,产品的数据信息也能反映产品性能的优势与不足。据此企业可以有针对性地对生产过程进行技术优化,对新产品升级迭代,推动创新产品的改进研发,以此推动制造业高质量发展。

13.2.4 数字经济通过数字应用促进制造业升级

数字经济的应用主要在供应链、生产链、服务链方面促进制造业升级。

在供应链的网络中,供应、制造、分销、用户四方的协调统筹十分重要。供应链的各方相互依存,单独环节的效率过高会使其不适应整条供应链的效率,单独环节的效率过低则会影响供应链整体,因而对供应链各环节的宏观管理至关重要。随着数字经济的发展,数字化应用为传统供应链带来巨大效率提升,促进统筹与管理过程更加高效。数字技术的应用使业务往来更好地突破时间和空间的局限,使供应链各方高效沟通,提升信息交流能力,加强信息整合,从而令各环节有的放矢地进行业务安排。现今供应链已非单一的线性链条,而逐渐形成基于整体的网链,数字技术的发展为其提供了强大的支撑,企业可以站在全局更合理地配置资源,用动态的视角增强管理,优化业务流程,减少供应成本,实现高效高质量的生产,有力促进制造业的升级与发展。

生产链需要各个相互作用的生产环节协调配合,设计企业内分工、企业间分工甚至跨国分工。生产链每一环节需要不同的投入,且生产链各环节又密切相关。数字技术可以为生产链各个环节提供新技术,与传统车间结合形成数字化车间或智能工厂,使生产过程更加智能高效;并且数字技术可以利用生产数据监控生产状况与产品质量,及时发现问题与解决问题,保证生产过程的平稳进行;此外,数字技术还可以通过信息互通等方式协调生产链的各个环节,使每个生产环节合理分配投入与产出,减少资源的错配;同时,当其他生产环节发生错误或者相关企业发生经营不佳等突发状况时,数字技术可以及时交流信息,帮助及时对生产链环节进行调整、解散或重组,降低突发事件的负面影响。数字技术通过促进生产链的高效运行,推动制造业的发展与转型升级。

服务链包含前期、中期、后期的全过程服务,它不是由单一的企业完成服务,而是在多个企业间形成服务网络。注重制造业对顾客的服务能力可以提升企业的竞争力,并且服务型制造是制造业的发展趋势。而大数据、云计算等数字应用可以帮助企业为顾客提供个性服务,以用户需求为主导,推动产业链的细化与延展,提升产品价值,从而为企业与顾客同时带来更多效益。另一方面,数字经济可以通过线上技术、大数据平台等,推动生产性服务业的发展,面向生产提供信息服务,及时准确地为企业的生产与制造提供高质量、高效率的配套服务,优化生产经营活动,依托服务链升级产业链,促进服务链与产业链的融合,进而促进制造业的发展。

13.3 数字经济与制造业发展水平测度

13.3.1 数据来源

1) 数据来源及说明

本章借鉴廖信林等相关学者的研究成果,并考虑数据的可得性,从数字经济基础设施指数、数字经济产业发展指数和数字经济创新发展指数三个维度构建指标来测度数字经济发展水平。关于制造业产业升级水平,本章从科研创造、生产制造、节能环保三个维度进行指标选取,采用熵值法测算出反映制造业质量的综合指数。

鉴于数据的可得性和指标的一致性,本研究的样本区间为2013—2020年。文中所有原始数据均来源于《中国统计年鉴》《浙江统计年鉴》《江苏统计年鉴》《上海统计年鉴》《安徽统计年鉴》以及中国宏观经济数据库、中国区域数据库、中国第三产业数据库、中国高技术产业数据库。

2) 变量选取

本章的第一核心解释变量为数字经济发展水平,参考丛屹、沈运红等人的研究方法,从数字基础设施、创新能力和数字应用三个维度来测度长三角地区数字经济发展水平。数字基础设施分为硬件和软件两个类型,数字基础设施的硬件以通信设备、计算机及其他电子设备制造业营业收入,互联网普及率,固定宽带接入用户数,互联网宽带接入端口数,长途光缆线路长度表示;数字基础设施的软件以域名数,网页数,移动互联网接入流量,规模以上信息传输、软件和信息技术服务业营业收入表示。创新能力也分为投入和产出两个方面,创新能力的投入以信息传输、软件和信息技术服务业专业技术人员数和规模以上工业企业研究与试验发展(Research and Development,R&D)经费表示;创新能力的产出以规模以上工业企业有效发明专利数和技术市场成交额表示。数字应用以网络零售额、快递业务量、快递业务收入、电子商务销售额、电子商务采购额表示。各指标如表13-1所示。

本章的第二核心解释变量为制造业产业升级水平,从科研创新、生产制造、节能环保三个维度测度长三角地区制造业产业升级水平。其中,科研创新采用规模以上工业企业R&D经费、专利授权数(合计)、各类技术合同项目数作为二级指标;生产制造采用工业总产值、工业企业单位数、工业增加值作为二级指标;节能环保采用工业废气排放量(二氧化硫)、废水排放总量、电力消费量作为二级指标。各指标如表13-2所示。

表13-1 数字经济发展水平变量选取

一级指标		分类	二级指标	单位
数字经济发展水平	基础设施	硬件	通信设备、计算机及其他电子设备制造业营业收入	亿元
			互联网普及率	%
			固定宽带接入用户数	万户
			互联网宽带接入端口数	万个
			长途光缆线路长度	千米
		软件	域名数	万个
			网页数	亿个
			移动互联网接入流量	万GB
			规模以上信息传输、软件和信息技术服务业营业收入	亿元
	创新能力	投入	信息传输、软件和信息技术服务业专业技术人员数	万人
			规模以上工业企业R&D经费	亿元
		产出	规模以上工业企业有效发明专利数	万件
			技术市场成交额	亿元
	数字应用		网络零售额	亿元
			快递业务量	亿件
			快递业务收入	亿元
			电子商务销售额	亿元
			电子商务采购额	亿元

表 13-2　制造业产业升级水平变量选取

一级指标		二级指标	单位
制造业产业升级水平	科研创新	规模以上工业企业 R&D 经费	万元
		专利授权数（合计）	件
		各类技术合同项目数	项
	生产制造	工业总产值	亿元
		工业企业单位数	个
		工业增加值	亿元
	节能环保	工业废气排放量（二氧化硫）	万吨
		废水排放总量	亿吨
		电力消费量	亿千瓦时

3) 指标选取

产业升级的第一要素便是完善的基础设施,基础设施的建设可以提升产业内生产要素相互协调的水平。数字基础设施主要为信息通信网络等 ICT 基础设施,它们能帮助制造业企业完成采集数据、传输信息以及生产执行等任务。

产业升级的重点在于企业是否有衡量成本和效益的机制,对于制造业企业来说,降低生产成本、提高利润是制造业企业永远的追求。数字经济凭借它本身在信息传递方面天生的优势有效地降低了产业链上下游企业之间的信息交流成本,有效地简化了销售环节和交易环节,降低了交易成本,让企业得以以更低的成本买到生产环节所需要的原材料,加工成半成品卖给下游企业。

制造业发展不能离开技术的创新和升级。数字经济本身就是一种创新,它的发展促进制造业通过制度创新以及管理创新等途径实现企业的创新。数字经济发展带来的新技术被广泛地应用在制造企业信息处理以及信息传播领域,进一步来实现制造业转型升级。在企业外部的环境层面上,数字技术降低了企业管理优化和信息检索的成本。

节能环保的指标反映了制造业产业升级的质量。绿色低碳是制造业高质量发展的显著标志,智能化供应是推进制造业绿色低碳发展必须经历的道路。随着云计算、大数据、物联网、人工智能等新一代信息技术与供应链创新融合应用,形成基于大数据的智能化供应,即在原材料采购环节实行低碳绿色采购;在产品制造环节,借助数字技术实现生产方式的改造升级,形成绿色环保的生产过程,制造环保的产品;在交付环节,借助数字科技使物流运输的方式、路线、库存得到优化,形成供应、仓储、供应链的环保低碳交付。

◆ 13.3.2 模型建构

1) 价格指数影响的消除

由于每年的价格指数会发生变化,直接使用数据将无法消除价格变动带来的影响,导致对真实数字经济规模与制造业规模的错估。因此本部分将以 2013 年为基年,对指标中的价格进行调整,从而降低通货膨胀(通货紧缩)对结果造成的影响,获得更准确的结果。

调整价格的方式如下:

$$P'_i = \frac{P_i}{I_i} \tag{13.1}$$

式中,P_i 为第 i 个价格指标的名义价格,P'_i 为该指标对应的调整后的价格,I_i 为该价格指标对应的价格指数(以 2013 年为基年),各行业价格指数与消费者价格指数数据来自《中国统计年鉴》。后文均将使用调整后的价格代替统计年鉴中的原数据,以期获得更真实的测度。

2) 熵值法对数字经济与制造业发展水平的测度

熵值法是一种确定权重的方法,根据指标能提供的信息量的大小确定权重。熵可以度量信息的不确定性,信息的不确定性越大,熵越小;信息的不确定性越小,熵越大。熵值可以反映某指标数据的离散程度,离散程度越大,熵值越小,则该指标的区分度越大,那么该指标对综合结果评分的影响越大,应该得到更多的权重分配。如果某指标的所有值均相同,那么该指标对于总体的评价没有作用,其应该被分配到的权重为 0。

设有 m 个指标,n 个样本,用 $x_{ij}(1 \leqslant i \leqslant n, 1 \leqslant j \leqslant m)$ 表示第 i 个样本的第 j 个指标值。由于各个指标的数据有不同的量纲,无可比性,因而需要对各指标的数据做归一化处理,使各指标数据处于一定的数量范围内。其中正向指标的归一化方式如下:

$$x'_{ij} = \frac{x_{ij} - \min(x_{1j}, x_{2j}, \cdots, x_{nj})}{\max(x_{1j}, x_{2j}, \cdots, x_{nj}) - \min(x_{1j}, x_{2j}, \cdots, x_{nj})} \tag{13.2}$$

负向指标的归一化方式如下:

$$x'_{ij} = \frac{\max(x_{1j}, x_{2j}, \cdots, x_{nj}) - x_{ij}}{\max(x_{1j}, x_{2j}, \cdots, x_{nj}) - \min(x_{1j}, x_{2j}, \cdots, x_{nj})} \tag{13.3}$$

在评价指标中,工业废气排放量(二氧化硫)、废水排放总量、电力消费量为负向指标,其余各指标均为正向指标。为了防止对数运算中自变量为0,规定各指标最小(大)值归一化结果为0.002。

第j个指标的第i个样本的值占第j个指标的比重如下:

$$p_{ij} = \frac{x'_{ij}}{\sum_{i=1}^{n} x'_{ij}}; \quad i=1,2,\cdots,n; \quad j=1,2,\cdots,m \qquad (13.4)$$

第j个指标的熵值为:

$$e_j = \frac{1}{\ln(n)} \sum_{i=1}^{n} p_{ij} \ln(p_{ij}); \quad j=1,2,\cdots,n \qquad (13.5)$$

第j个指标的差异性系数为:

$$d_j = 1 - e_j \qquad (13.6)$$

差异性系数d_j越大,指标数据的离散程度越大,指标的区分性越大,指标越重要。指标的权重即为差异性系数的权重:

$$w_j = \frac{d_j}{\sum_{j=1}^{m} d_j} \qquad (13.7)$$

计算各个样本的得分:

$$s_i = \sum_{j=1}^{m} w_j \times x'_{ij} \qquad (13.8)$$

熵值法得到的数字经济发展水平测度指标权重如表13-3所示。

表13-3 数字经济发展水平测度指标权重

一级指标	权重	二级指标	权重
基础设施	0.503 3	通信设备、计算机及其他电子设备制造业营业收入	0.068 4
		互联网普及率	0.024 4
		固定宽带接入用户数	0.059 0
		互联网宽带接入端口数	0.053 0
		长途光缆线路长度	0.041 3
		域名数	0.029 8
		网页数	0.050 5
		移动互联网接入流量	0.123 9
		规模以上信息传输、软件和信息技术服务业营业收入	0.053 1

续表 13-3

一级指标	权重	二级指标	权重
创新能力	0.215 0	信息传输、软件和信息技术服务业专业技术人员数	0.041 1
		规模以上工业企业 R&D 经费	0.056 9
		规模以上工业企业有效发明专利数	0.060 5
		技术市场成交额	0.056 5
数字应用	0.281 6	网络零售额	0.048 1
		快递业务量	0.074 6
		快递业务收入	0.056 5
		电子商务销售额	0.042 5
		电子商务采购额	0.060 0

制造业产业升级水平测度指标权重如表 13-4 所示。

表 13-4 制造业产业升级水平测度指标权重

一级指标	权重	二级指标	权重
科研创新	0.446 2	规模以上工业企业 R&D 经费	0.115 3
		专利授权数（合计）	0.145 8
		各类技术合同项目数	0.185 1
生产制造	0.369 2	工业总产值	0.118 3
		工业企业单位数	0.119 7
		工业增加值	0.131 3
节能环保	0.184 5	工业废气排放量（二氧化硫）	0.033 9
		废水排放总量	0.087 0
		电力消费量	0.063 6

利用熵值法得到的数字经济规模评价以及制造业规模评价如表 13-5 和表 13-6 所示。

表 13－5　数字经济规模评价

	江苏	浙江	上海	安徽
2013	0.284 8	0.161 0	0.140 2	0.031 7
2014	0.316 7	0.197 7	0.203 4	0.049 0
2015	0.375 6	0.262 7	0.226 4	0.079 4
2016	0.433 0	0.340 1	0.286 9	0.107 0
2017	0.501 9	0.407 4	0.318 4	0.153 6
2018	0.583 8	0.496 4	0.359 5	0.191 9
2019	0.679 3	0.602 0	0.414 0	0.236 0
2020	0.781 6	0.699 8	0.476 8	0.282 1

表 13－6　制造业规模评价

	江苏	浙江	上海	安徽
2013	0.537 0	0.381 5	0.230 5	0.195 2
2014	0.550 3	0.393 6	0.232 7	0.198 1
2015	0.580 3	0.415 1	0.231 7	0.209 7
2016	0.610 4	0.429 1	0.234 7	0.223 6
2017	0.648 8	0.428 5	0.249 3	0.239 4
2018	0.701 8	0.466 2	0.256 8	0.255 3
2019	0.747 5	0.498 2	0.273 8	0.264 5
2020	0.839 2	0.559 1	0.285 3	0.283 6

从表 13－6 中的结果可以看出，长三角地区的数字经济发展程度与制造业发展程度均呈逐年上升趋势，并且数字经济规模与制造业规模从大到小的排序为江苏、浙江、上海、安徽。另外，可以看出数字经济规模与制造业规模存在正相关关系，对数字经济影响制造业发展的具体路径的研究有助于深入了解数字经济影响制造业的机理和提出恰当的对策。

13.4 实证分析

13.4.1 面板回归模型构建

1) 变量选择与数据来源

参考已有研究,选择控制变量:经济发展水平(RGDP)、外商投资力度(WSTZ)、政府参与程度(ZFCY)、行业规模(HYGM)。其中,经济发展水平以人均 GDP 表示,外商投资力度以实际利用外商直接投资金额表示,政府参与程度以地方财政一般预算内收入占 GDP 的比重表示,行业规模以工业增加值占 GDP 的比重表示。

鉴于数据的可得性和指标的一致性,本研究的样本区间为 2013—2020 年,研究对象为长三角四省市上海、江苏、浙江、安徽共计 32 个样本数据。文中所有原始数据均来源于《中国统计年鉴》《浙江统计年鉴》《江苏统计年鉴》《上海统计年鉴》《安徽统计年鉴》以及中国宏观经济数据库、中国区域数据库、中国第三产业数据库、中国高技术产业数据库。初始控制变量数据如表 13-7 所示。

表 13-7 初始控制变量数据

地区	RGDP/万元	WSTZ/万元	ZFCY/%	HYGM/%
江苏	72 768	3 325 922	11.067 4	43.074 4
江苏	78 711	2 817 416	11.157 0	41.885 4
江苏	89 426	2 427 469	11.267 3	40.421 4
江苏	96 840	2 454 296	10.499 2	39.161 0
江苏	107 150	2 513 541	9.516 2	39.341 7
江苏	110 508	2 559 248	9.259 1	38.744 9
江苏	122 398	2 612 425	8.922 2	37.732 5
江苏	121 231	2 838 387	8.819 2	36.745 8
浙江	65 105	14 158 98	10.170 0	42.415 9
浙江	68 569	1 579 725	10.299 0	42.363 4
浙江	73 276	1 696 024	11.055 4	40.919 9

续表 13-7

地区	RGDP/万元	WSTZ/万元	ZFCY/%	HYGM/%
浙江	78 384	1 757 748	11.220 2	39.491 9
浙江	85 612	1 790 210	11.076 4	38.239 5
浙江	93 230	1 863 874	11.375 7	37.276 1
浙江	98 770	1 355 920	11.284 6	36.055 4
浙江	100 738	1 578 475	11.217 9	35.061 5
上海	90 993	1 112 100	18.835 3	35.591 0
上海	97 370	1 816 600	19.456 9	34.368 6
上海	111 081	1 845 900	20.528 5	29.339 8
上海	123 628	1 851 400	21.434 5	26.919 7
上海	136 109	1 700 800	20.173 9	27.266 2
上海	145 767	1 730 000	19.738 4	27.111 9
上海	156 587	1 904 800	18.861 7	25.179 5
上海	155 768	2 023 300	18.207 2	24.951 8
安徽	34 404	1 068 772	10.081 0	39.085 5
安徽	37 580	1 068 772	9.851 1	38.167 5
安徽	39 692	1 361 945	10.298 7	35.082 2
安徽	43 686	1 476 712	10.159 7	33.866 1
安徽	49 092	1 589 652	9.477 1	32.820 6
安徽	56 063	1 700 160	8.963 8	31.283 5
安徽	60 561	1 793 674	8.638 0	30.347 5
安徽	62 411	1 830 542	8.449 5	29.519 3

2) 面板回归模型

参考历史研究，同时考虑因解释变量自身存在动态演进关系以及制造业升级水平的持续性特征而可能具有的路径依赖效应，模型中增加了因变量的一阶滞后项，最后构建动态面板模型如下：

$$MA_{it} = \alpha + \beta_0 MA_{it-1} + \beta_1 DE_{it} + \lambda_i + \eta_t + \varepsilon_{it}$$
$$= \alpha + \beta_0 MA_{it-1} + \beta_1 DE_{it} + \beta_2 RGDP + \beta_3 WSTZ +$$

$$\beta_4 ZFCY + \beta_5 HYGM + \lambda_i + \eta_t + \varepsilon_{it} \tag{13.9}$$

式中，i 和 t 分别表示样本个体和时期；MA_{it} 为依据指标体系测度的制造业产业升级水平；DE_{it} 为测度的数字经济发展水平；λ_i 和 η_t 表示地区和时间非观察效应；ε_{it} 为残差；其余为控制变量。由于模型中解释变量 MA_{it-1} 的个体效应和变量间双向因果关系致使动态面板模型具有固有的内生性，因此本节采用 SYS-GMM(System GMM，系统广义矩估计)估计动态面板模型，其结合了差分 GMM 和水平 GMM 方法，可以大大减小样本偏误。

13.4.2 中介效应模型构建

1) 变量选择与数据来源

中介效应模型变量选用资源配置能力(ZYPZ)和企业生产成本(SCCB)。其中，资源配置能力以政府支出占 GDP 的比重表示，企业生产成本以规模以上工业企业主营业务成本表示。初始中介检验变量数据如表 13-8 所示。

表 13-8 初始中介检验变量数据表

地区	ZYPZ/%	SCCB/万元
江苏	13.139	115 111.59
江苏	13.06	122 437.72
江苏	13.59	126 043.56
江苏	12.90	134 083.08
江苏	12.36	108 782.44
江苏	12.50	111 560.12
江苏	12.74	100 084.13
江苏	13.31	105 135.42
浙江	12.67	52 430.01
浙江	12.89	54 934.41
浙江	15.27	53 346.93
浙江	14.75	54 833.47
浙江	14.37	54 851.25

续表 13-8

地区	ZYPZ/%	SCCB/万元
浙江	14.87	60 548.84
浙江	16.09	63 351.79
浙江	15.60	64 917.35
上海	20.75	28 684.46
上海	20.89	29 125.03
上海	23.02	31 273.92
上海	23.15	31 107.72
上海	22.92	34 385.61
上海	23.19	35 552.67
上海	21.53	36 650.78
上海	20.93	36 339.19
安徽	21.13	28 867.56
安徽	20.71	31 708.03
安徽	21.98	33 753.80
安徽	20.99	36 471.84
安徽	20.90	37 052.05
安徽	19.32	33 685.70
安徽	20.06	31 687.53
安徽	19.63	32 583.07

2) 中介效应模型

本节借鉴中介效应模型，选取资源配置能力和企业生产成本作为中介变量分析数字经济对制造业转型升级的实现路径。参照温忠麟等人关于中介效应的研究，设计如下模型并进行检验：

$$\begin{aligned} MA_{it} &= a_0 + a_1 MA_{it-1} + a_2 DE_{it} + a_3 SCCB_{it} + \lambda_i + \eta_t + \varepsilon_{it} \\ &= a_0 + a_1 MA_{it-1} + a_2 DE_{it} + a_3 ZYPZ_{it} + \lambda_i + \eta_t + \varepsilon_{it} \end{aligned} \quad (13.10)$$

13.4.3 基本回归结果分析

本节采用SYS-GMM模型研究数字经济与制造业转型升级之间的影响机制,回归结果如表13-9所示。具体来看,表13-9中第(2)列展示了基于各省市数据对方程的回归结果。分析结果显示:在控制经济发展水平、外商投资力度、政府参与程度、行业规模经济发展水平变量后,数字经济的回归系数为0.139,通过了1%的显著性水平检验。即数字经济发展水平每提高1%,长三角地区制造业转型升级程度提升13.9%,说明数字经济发展水平与制造业产业结构优化升级呈正相关关系。

为了保证结果的有效性,将数据进行差分GMM模型回归,回归结果见表13-9中第(3)列。差分GMM回归结果显示,控制经济发展水平、外商投资力度、政府参与程度、行业规模经济发展水平变量后,数字经济的回归系数为0.111,通过了1%的显著性水平检验。这进一步说明了数字经济发展水平与制造业产业结构优化升级呈正相关关系。

13.4.4 中介效应检验结果分析

表13-9中的第(4)~(7)列是中介效应检验的结果。第(4)和第(5)列验证了生产成本作为中介变量,第(4)列将因变量换成生产成本,根据结果可以得出,生产成本和数字经济发展水平的关系是显著正相关的;第(5)列在第(3)列的基础上加入了中介变量生产成本,结果显示在加入了中介变量生产成本之后,数字经济发展水平和制造业产业升级水平依然是显著正相关的关系。因此通过第(4)和第(5)两列的结果可以得出,数字经济通过影响生产成本这个路径来影响制造业转型升级的假设是成立的。数字经济会通过提升制造业企业的生产成本推动制造业转型升级,这一结果与直觉不符,或许是因为数字经济的发展推动了企业规模与投入成本的扩大,使生产成本提升,并带来更高的产出促进制造业升级。同理可以得出,资源配置效率作为数字经济影响制造业转型升级的路径之一的假设也是成立的,即数字经济会通过提高企业资源配置的效率来影响企业转型升级。

通过对实证分析结果的对比观察可知,数字经济对制造业转型升级的综合效果是正向的,其中生产成本降低效应大于资源配置能力效应,这可能是由于数据样本数量比较少,难以得出有说服力的结论,又或者是由于江浙沪制造业普

表13-9 SYS-GMM模型回归结果

变量	(1) 制造业升级水平	(2) 制造业升级水平	(3) 制造业升级水平	(4) 企业生产成本对数	(5) 制造业升级水平	(6) 资源配置能力	(7) 制造业升级水平
制造业升级水平滞后	1.025*** (0.02)	1.011*** (0.06)	1.103*** (0.06)		1.318*** (0.02)		1.077*** (0.06)
企业生产成本对数滞后				0.838*** (0.10)			
资源配置能力滞后						−0.264*** (0.09)	
数字经济发展水平	0.091*** (0.02)	0.139*** (0.03)	0.111*** (0.01)	0.213*** (0.08)	0.027 (0.03)	4.866** (2.30)	0.107*** (0.01)
政府参与程度		0.006* (0.00)	0.004** (0.00)	0.010** (0.01)	—	1.226*** (0.23)	0.001 (0.00)
资源配置能力					—		0.003*** (0.00)

续表 13-9

变量	(1) 制造业升级水平	(2) 制造业升级水平	(3) 制造业升级水平	(4) 企业生产成本对数	(5) 制造业升级水平	(6) 资源配置能力	(7) 制造业升级水平
企业生产成本对数					0.070***		
					(0.02)		
行业规模		0.002***	0.002**	0.014*	0.002	−0.020	0.002***
		(0.00)	(0.00)	(0.01)	(0.00)	(0.11)	(0.00)
外资投资力度对数		0.030	0.014	0.034	0.008	−1.288	0.024**
		(0.02)	(0.01)	(0.14)	(0.02)	(1.30)	(0.01)
常量	−0.020**	−0.621*	−0.386*	0.592	−1.063	24.421	−0.535***
	(0.01)	(0.33)	(0.20)	(1.34)	(0.69)	(23.89)	(0.17)
AR(1)	0.124	0.077	0.092	0.179	0.091	0.174	0.075
AR(2)	0.122	0.113	0.128	0.244	0.275	0.858	0.092
Sargan检验值	0.360	0.635	0.613	0.835	0.692	0.589	0.658
样本量	28	28	24	28	24	24	24
Wald检验	4 340	952.1	692.1	2 498	6 180	113.3	1 449

注：(1) 括号内是稳健标准误差；
(2) *** 表示 $p<0.01$，** 表示 $p<0.05$，* 表示 $p<0.1$。

遍存在因技术问题、资源问题等产生的生产成本居高不下的问题,因此生产成本成为制约江浙沪地区制造业转型升级的一大阻碍。

13.4.5 自回归检验与过度识别检验结果分析

为了验证实证结果的可靠性,加入了 AR(自回归)检验和 Sargan(过度识别)检验,检验的结果如表 13-9 所示。通过观察结果发现,在中介效应检验的过程中,AR(2)的结果全部大于 0.05,因此变量是不存在二阶及以上的高阶自相关的。同理,Sargan 检验的结果全部大于 0.05,因此工具变量是有效的,不存在内生性。因此实证检验的结果是相对有效的。

13.5 本章小结

本章讨论了长三角地区数字经济发展水平与制造业转型升级的关系及影响路径,并运用熵值法对数字经济发展与制造业升级规模进行了测度,用动态面板 GMM 模型检验其影响效应、分析其中介路径。经过分析本章得出以下结论:

从区域来看,四省市的数字经济发展水平与制造业产业升级水平逐年增加,并且两项规模水平从大到小的排序均依次为江苏、浙江、上海、安徽,长三角地区各省市的数字经济与制造业的发展程度存在差异。上海由于人口、面积等小于江苏与浙江,因而其发展规模小于二者;而安徽的总体发展仍相对较弱,数字经济与制造业规模较小。

实证结果表明,数字经济可显著促进制造业转型升级,两者具有正向影响的关系。由于样本选取的是中国经济最强的省市地区——长三角地区,所以数字经济影响制造业转型升级的效果更加突出和显著;并且数字经济对制造业转型升级的驱动效应大于政府参与、外商投资、行业规模等控制变量,说明数字经济的发展可以更有效地助推制造业转型升级。

根据中介效应检验数字经济促进制造业转型升级的路径发现,数字经济会提高生产成本,生产成本的提升又会促进制造业转型升级,这可能是因为数字经济发展会促进企业业务规模与投入扩大,从而导致生产成本的提升,这些提升了的生产成本又带来更高的产出,促进制造业转型升级;数字经济可以增强资源配置能力,而资源配置能力的提升又可以促进制造业转型升级发展。这两条数字经济影响制造业转型升级的传导路径均是显著的。

根据研究的结果与结论,本文提出以下建议:

(1)各地政府应因地制宜。江浙沪因为得天独厚的地理优势和较高水准的经济、科技力量,使得数字经济在企业的转型升级中发挥了非常大的作用。对于经济、资源基础比较薄弱的地区而言,政府参与和财政拨款,提高优质人才教育培养等环节显得尤为重要。

(2)政府应加强基础设施建设。数字基础设施为数字经济的发展起到支撑作用,促进了数字经济对制造业发展的驱动。政府应重视信息通信网络等ICT基础设施建设,重视和鼓励数字经济在制造业中的普及程度,帮助更多企业实现现代化、智能化生产。注重数字经济进入制造业的深度和广度,实现高效率生产。

(3)产业要加强人才投入与创新能力。要明确人才的需求与储备情况、人才的结构是否合理,有针对性地引进人才;并要加强对创新领域的投入,整合利用现有的科研资源,强化与科研机构的合作,推动数字化进程,从而扩大数字经济规模,更好地促进制造业升级发展。

(4)企业应意识到数字经济的优势,增强自身的转型升级意愿,在发展的过程中将更多的精力和资金放在生产线自动化、数字化改造与系统升级等环节,打造更加协同高效的生产数字化体系,形成良好的数字化生态。

主要参考文献

[1] Acemoglu D, Johnson S, Robinson J A. The colonial origins of comparative development: An empirical investigation[J]. American Economic Review, 2001, 91(5): 1369-1401.

[2] Acemoglu D. Politics and economics in weak and strong states[J]. Journal of Monetary Economics, 2005, 52(7): 1199-1226.

[3] Acquier A, Daudigeos T, Pinkse J. Promises and paradoxes of the sharing economy: An organizing framework[J]. Technological Forecasting and Social Change, 2017, 125: 1-10.

[4] Adnan K, Akbar R. An analytical study of information extraction from unstructured and multidimensional big data[J]. Journal of Big Data, 2019, 6(1): 1-38.

[5] Aghimien D, Aigbavboa C, Oke A, et al. Digitalization of construction organisations—a case for digital partnering[J]. International Journal of Construction Management, 2022, 22(10): 1950-1959.

[6] Alexander L P, González M C. Assessing the impact of real-time ridesharing on urban traffic using mobile phone data[J]. Proc. UrbComp, 2015, 15: 1-9.

[7] Andruss P. What's mine is yours[J]. Entrepreneur, 2015, 43(1): 78-85.

[8] Armstrong M. Competition in two-sided markets[J]. The RAND Journal of Economics, 2006, 37(3): 668-691.

[9] Axelrod R. The emergence of cooperation among egoists[J]. American Political Science Review, 1981, 75(2): 306-318.

[10] Balck B, Cracau D. Empirical analysis of customer motives in the shareconomy: A cross-sectoral comparison[J]. Working Paper Series, 2015, 2: 15.

[11] Balkundi P, Harrison D A. Ties, leaders, and time in teams: Strong

inference about network structure's effects on team viability and performance[J]. Academy of Management Journal,2006,49(1):49-68.

[12] Bardhi F, Eckhardt G M. Access-based consumption: The case of car sharing[J]. Journal of Consumer Research,2012,39(4):881-898.

[13] Belk R. Sharing: Table 1[J]. Journal of Consumer Research,2010,36(5): 715-734.

[14] Bell D. Guanxi: A nesting of groups[J]. Current Anthropology,2000,41 (1):132-138.

[15] Bian Y, Ang S. Guanxi networks and job mobility in China and Singapore [J]. Social Forces,1997,75(3):981-1005.

[16] Bian Y. Bringing strong ties back in: Indirect ties, network bridges, and job searches in China[J]. American Sociological Review, 1997, 62(3): 366-385.

[17] Bimpikis K, Candogan O, Saban D. Spatial pricing in ride-sharing networks[J]. Operations Research,2019,67(3):744-769.

[18] Blau P M, Duncan O D. The American occupational structure[M]. New York:Wiley,1967.

[19] Blau P M. Exchange and power in social life[M]. New York:Wiley, 1964.

[20] Bond M H. Hwang K. The social psychology of Chinese people[M]. Oxford:Oxford University Press,1986.

[21] Botsman R, Rogers R. Beyond zipcar: Collaborative consumption [J]. Harvard Business Review,2010,88(10):30.

[22] Botsman R, Rogers R. What's mine is yours: The rise of collaborative consumption[M]. New York:Harper Business,2010.

[23] Bu N, Roy J P. Chinese managers' career success networks: The impact of key tie characteristics on structure and interaction practices[J]. The International Journal of Human Resource Management, 2008, 19(6): 1088-1107.

[24] Burt R S. Structural holes: The social structure of competition[M].

Cambridge, MA: Harvard University Press, 1995.

[25] Bustos C, Watts D, Olivares D. The evolution over time of Distributed Energy Resource's penetration: A robust framework to assess the future impact of prosumage under different tariff designs[J]. Applied Energy, 2019, 256: 113903.

[26] Caillaud B, Jullien B. Competing cybermediaries[J]. European Economic Review, 2001, 45(4—6): 797 – 808.

[27] Chen C C, Chen X P. Negative externalities of close guanxi within organizations[J]. Asia Pacific Journal of Management, 2009, 26(1): 37 – 53.

[28] Chen D, Yi S. Research on the generation and development of sharing manufacturing based on the long tail theory [C]//International conference on management science and engineering management. Cham: Springer, 2019: 149 – 161.

[29] Chen M K. Dynamic pricing in a labor market: Surge pricing and flexible work on the uber platform [C]//Proceedings of the 2016 ACM Conference on Economics and Computation, 2016, 16: 455.

[30] Chen X P, Chen C C. On the intricacies of the Chinese guanxi: A process model of guanxi development[J]. Asia Pacific Journal of Management, 2004, 21(3): 305 – 324.

[31] Chen X P, Chen C C. Chinese guanxi: The good, the bad and the controversial[M]. Northhampton, MA: Edward Elgar Publishing, 2012.

[32] Chen X P, Li X, Liang X. Why do business leaders pursue political connections in China? Economic benefits or psychological placebo[C]. Annual Meeting of the Academy of Management, 2011.

[33] Chen X P, Peng S. Guanxi dynamics: Shifts in the closeness of ties between Chinese coworkers[J]. Management and Organization Review, 2008, 4(1): 63 – 80.

[34] Chow I H S, Ng I. The characteristics of Chinese personal ties (guanxi): Evidence from Hong Kong[J]. Organization Studies, 2004, 25(7): 1075 – 1093.

[35] Chua R Y J, Morris M W, Ingram P. Guanxi vs networking: Distinctive configurations of affect- and cognition-based trust in the networks of Chinese vs American managers[J]. Journal of International Business studies, 2009, 40(3): 490 - 508.

[36] Coase R. The nature of the firm[M]//The Economic Nature of the Firm. Cambridge: Cambridge University Press, 2009.

[37] Constantiou I D, Marton A, Tuunainen V K. Four models of sharing economy platforms[J]. MIS Quarterly Executive, 2017, 16(4): 231 - 251.

[38] Cui S C, Wang Y W, Shi Y, et al. An efficient peer-to-peer energy-sharing framework for numerous community prosumers[J]. IEEE Transactions on Industrial Informatics, 2020, 16(12): 7402 - 7412.

[39] Davies H, Leung T K P, Luk S T K, et al. The benefits of "Guanxi": The value of relationships in developing the Chinese market[J]. Industrial Marketing Management, 1995, 24(3): 207 - 214.

[40] de Oliveira D T, Cortimiglia M N. Value co-creation in web-based multisided platforms: A conceptual framework and implications for business model design[J]. Business Horizons, 2017, 60(6): 747 - 758.

[41] Dennis R E, Williams W, Giangreco M F, et al. Quality of life as context for planning and evaluation of services for people with disabilities[J]. Exceptional Children, 1993, 59(6): 499 - 512.

[42] Diener E. Subjective well-being[J]. Psychological Bulletin, 1984, 95(3): 542 - 575.

[43] DiPasquale D, Wheaton W C. Urban economics and real estate markets[M]. Englewood Cliffs, NJ: Prentice Hall, 1996.

[44] Eckhardt G M, Houston M B, Jiang B J, et al. Marketing in the sharing economy[J]. Journal of Marketing, 2019, 83(5): 5 - 27.

[45] Edelman B G, Luca M. Digital discrimination: The case of airbnb. com[J]. Harvard Business School NOM Unit Working Paper, 2014(14-054).

[46] Evans D S. Some empirical aspects of multi-sided platform industries[J]. Review of Network Economics, 2003, 2(3): 191 - 209.

[47] Fairhurst G T, Chandler T A. Social structure in leader-member interaction[J]. Communications Monographs,1989,56(3):215-239.

[48] Fang Z X, Huang L B, Wierman A. Prices and subsidies in the sharing economy[J]. Performance Evaluation,2019,136:1-26.

[49] Farh J L,Tsui A S,Xin K,et al. The influence of relational demography and Guanxi:The Chinese case[J]. Organization Science,1998,9(4):471-488.

[50] Felson M,Spaeth J L. Community structure and collaborative consumption:A routine activity approach[J]. American Behavioral Scientist,1978,21(4):614-624.

[51] Fiske A P. The four elementary forms of sociality:Framework for a unified theory of social relations[J]. Psychological Review,1992,99(4):689-723.

[52] Fletcher M, Gallimore P, Mangan J. The modelling of housing submarkets[J]. Journal of Property Investment & Finance,2000,18(4):473-487.

[53] Fradkin A, Grewal E, Holtz D, et al. Bias and Reciprocity in Online Reviews:Evidence From Field Experiments on Airbnb[J]. EC,2015,15:15-19.

[54] Fraiberger S P, Sundararajan A. Peer-to-peer rental markets in the sharing economy[J]. NYU Stern School of Business Research Paper,2015.

[55] Fraiberger S P. Three essays in economics[D]. New York :New York University,2015.

[56] Fu P P,Tsui A S,Dess G G. The dynamics of guanxi in Chinese hightech firms:Implications for knowledge management and decision making[J]. Management International Review,2006,46(3):277-305.

[57] Gani A, Siddiqa A, Shamshirband S, et al. A survey on indexing techniques for big data:Taxonomy and performance evaluation[J]. Knowledge and Information Systems,2016,46(2):241-284.

[58] Giles J, Park A, Cai F. Reemployment of dislocated workers in urban China: The roles of information and incentives[J]. Journal of Comparative Economics, 2006, 34(3): 582 – 607.

[59] Goldstein G S, Gronberg T J. Economies of scope and economies of agglomeration[J]. Journal of Urban Economics, 1984, 16(1): 91 – 104.

[60] Gong J, Song Y P. Uber might buy me a mercedes benz: An empirical investigation of the sharing economy and durable goods purchase[J]. SSRN Electronic Journal, 2017.

[61] Granovetter M S. The strength of weak ties[J]. American Journal of Sociology, 1973, 78(6): 1360 – 1380.

[62] Granovetter M. Economic action and social structure: The problem of embeddedness [M]//The sociology of economic life. New York: Routledge, 2018: 22 – 45.

[63] Greenwood B N, Wattal S. Show me the way to go home: An empirical investigation of ride-sharing and alcohol related motor vehicle fatalities [J]. MIS Quarterly, 2017, 41(1): 163 – 187.

[64] Guenther W A, Mehrizi M, Huysman M, et al. Debating big data: A literature review on realizing value from big data[J]. The Journal of Strategic Information Systems, 2017, 26(3): 191 – 209.

[65] Guthrie D. The declinig significance of Guanxi in China's economic transition[J]. China Quarterly, 1998, 154: 254 – 282.

[66] Guttentag D. Airbnb: Disruptive innovation and the rise of an informal tourism accommodation sector[J]. Current Issues in Tourism, 2015, 18(12): 1192 – 1217.

[67] H A Simon. Models of man: Social and rational [M]. New York: Wiley, 1957.

[68] H A Simon. Rational decision making in business organizations[J]. The American Economic Review, 1979, 69(4): 493 – 513.

[69] Hagiu A, Wright J. Multi-sided platforms[J]. International Journal of Industrial Organization, 2015, 43: 162 – 174.

[70] Hall J, Kendrick C, Nosko C. The effects of Uber's surge pricing: A case study[J]. The University of Chicago Booth School of Business, 2015.

[71] Hamari J, Sjöklint M, Ukkonen A. The sharing economy: Why people participate in collaborative consumption[J]. Journal of the Association for Information Science and Technology, 2016, 67(9): 2047-2059.

[72] Hammond M. Spatial agency: Creating new opportunities for sharing and collaboration in older people's cohousing[J]. Urban Science, 2018, 2(3): 64-76.

[73] Harsanyi J C. Games with incomplete information played by "Beyesian" players[J]. Management Science, 1967(14): 159-182.

[74] Hart O D. Incomplete contracts and the theory of the firm[J]. The Journal of Law, Economics, and Organization, 1988, 4(1): 119-139.

[75] He J B, Zhang J, Gu X J. Research on sharing manufacturing in Chinese manufacturing industry[J]. The International Journal of Advanced Manufacturing Technology, 2019, 104(1): 463-476.

[76] Herbert M, Collin-Lachaud I. Collaborative practices and consumerist habitus: An analysis of the transformative mechanisms of collaborative consumption[J]. Recherche et Applications en Marketing (English Edition), 2017, 32(1): 40-60.

[77] Ho D Y F. Interpersonal relationships and relationship dominance: An analysis based on methodological relationism[J]. Asian Journal of Psychology, 1998, 1(1): 1-16.

[78] Ho D Y F. Relational counseling: An Asian perspective on therapeutic intervention[J]. Psychological Test and Assessment Modeling, 1999, 41(1): 98.

[79] Hom P W, Xiao Z. Embedding social networks: How guanxi ties reinforce Chinese employees' retention[J]. Organizational Behavior and Human Decision Processes, 2011, 116(2): 188-202.

[80] Horton J J, Zeckhauser R J. Owning, using and renting: Some simple economics of the sharing economy[J]. Social Science Electronic Publishing, 2016.

[81] Hu M, Zhou Y. Dynamic type matching[J]. Manufacturing & Service Operations Management, 2022, 24(1): 125-142.

[82] Huang L H, Dou Y F, Liu Y Z, et al. Toward a research framework to conceptualize data as a factor of production: The data marketplace perspective[J]. Fundamental Research, 2021, 1(5): 586-594.

[83] Huang Y, Shi Q, Zuo J, et al. Research status and challenges of data-driven construction project management in the big data context[J]. Advances in Civil Engineering, 2021(11): 1-19.

[84] Hwang K K. Face and favor: The Chinese power game[J]. American Journal of Sociology, 1987, 92(4): 944-974.

[85] Jacobs J B. The concept of guanxi and local politics in a rural Chinese cultural setting[M]. New York: Praeger Publisher, 1982.

[86] Kaplan A M, Haenlein M. Users of the world, unite! The challenges and opportunities of Social Media[J]. Business Horizons, 2010, 53(1): 59-68.

[87] Kapoor K, Bigdeli A Z, Dwivedi Y K, et al. A socio-technical view of platform ecosystems: Systematic review and research agenda[J]. Journal of Business Research, 2021, 128: 94-108.

[88] Kasrin N, Benabbas A, Elmamooz G, et al. Data-sharing markets for integrating IoT data processing functionalities[J]. CCF Transactions on Pervasive Computing and Interaction, 2021, 3(1): 76-93.

[89] Katz M L, Shapiro C. Network externalities, competition, and compatibility[J]. The American Economic Review, 1985, 75(3): 424-440.

[90] Katz M L, Shapiro C. Product introduction with network externalities[J]. The Journal of Industrial Economics, 1992, 40(1): 55.

[91] Kim S, Kim D. Does government make people happy? Exploring new research directions for government's roles in happiness[J]. Journal of Happiness Studies, 2012, 13(5): 875-899.

[92] King A Y. Kuan-hsi and networking building: A sociological interpretation[J]. Daedalus, 1991, 120(2): 63-84.

[93] Koehn N F. The story of american business: From the pages of the New York Times[M]. Boston, Mass.: Harvard Business School Press, 2009.

[94] Kogut B. Designing global strategies: Comparative and competitive value-added chains[J]. Sloan Management Review, 1985, 26(4): 15 – 28.

[95] Kwac J, Flora J, Rajagopal R. Household energy consumption segmentation using hourly data[J]. IEEE Transactions on Smart Grid, 2014, 5(1): 420 – 430.

[96] Lam C, Liu M. Demand and consumer surplus in the on-demand economy: The case of ride sharing[J]. Social Science Electronic Publishing, 2017, 17(8): 376 – 388.

[97] Lamberton C P, Rose R L. When is ours better than mine? A framework for understanding and altering participation in commercial sharing systems[J]. Journal of Marketing, 2012, 76(4): 109 – 125.

[98] Langley P, Leyshon A. Platform capitalism: The intermediation and capitalization of digital economic circulation[J]. Finance and Society, 2017, 3(1), 11 – 31.

[99] Law K S, Wong C S, Wang D, et al. Effect of supervisor-subordinate guanxi on supervisory decisions in China: An empirical investigation[J]. International Journal of Human Resource Management, 2000, 11(4): 751 – 765.

[100] Lee H L, So K C, Tang C S. The value of information sharing in a two-level supply chain[J]. Management Science, 2000, 46(5): 626 – 643.

[101] Leung T K P, Lai K H, Chan R Y K, et al. The roles of xinyong and guanxi in Chinese relationship marketing[J]. European Journal of Marketing, 2005, 39(5): 528 – 559.

[102] Li H, Srinivasan K. Competitive dynamics in the sharing economy: An analysis in the context of airbnb and hotels[J]. Marketing Science, 2019, 38(3): 365 – 391.

[103] Li J F, Xing Y, Zhang D H. Planning method and principles of the cloud energy storage applied in the power grid based on charging and

discharging load model for distributed energy storage devices[J]. Processes,2022,10(2):194.

[104] Li J, Poppo L, Zhou K Z. Do managerial ties in China always produce value? Competition, uncertainty, and domestic vs foreign firms[J]. Strategic Management Journal,2008,29(4):383-400.

[105] Li S L, Zhu J Z, Chen Z Y, et al. Double-layer energy management system based on energy sharing cloud for virtual residential microgrid [J]. Applied Energy,2021,282:116089.

[106] Li S L,Zhu J Z,Dong H J. A novel energy sharing mechanism for smart microgrid[J]. IEEE Transactions on Smart Grid,2021,12(6):5475-5478.

[107] Li X J,Wang S X. Energy management and operational control methods for grid battery energy storage systems[J]. CSEE Journal of Power and Energy Systems,2019,7(5):1026-1040.

[108] Li X J, Yao L Z, Hui D. Optimal control and management of a large-scale battery energy storage system to mitigate fluctuation and intermittence of renewable generations[J]. Journal of Modern Power Systems and Clean Energy,2016,4(4):593-603.

[109] Liang F, Yu W, An D, et al. A survey on big data market: Pricing, trading and protection[J]. IEEE Access,2018,6:15132-15154.

[110] Liang X D. Emerging power quality challenges due to integration of renewable energy sources[J]. IEEE Transactions on Industry Applications, 2017,53(2):855-866.

[111] Liden R C, Maslyn J M. Multidimensionality of leader-member exchange: An empirical assessment through scale development[J]. Journal of Management,1998,24(1):43-72.

[112] Liu J K,Zhang N,Kang C Q,et al. Cloud energy storage for residential and small commercial consumers: A business case study[J]. Applied Energy,2017,188:226-236.

[113] Liu J K, Zhang N, Kang C Q, et al. Decision-making models for the

participants in cloud energy storage[J]. IEEE Transactions on Smart Grid,2018,9(6):5512-5521.

[114] Liu J T, Yang H J, Jiang M, et al. Research on optimized energy scheduling of rural microgrid[J]. Applied Sciences,2019,9(21):4641.

[115] Liu J, Zou D P. Study on the P2P sharing mode operating scheme of consumer-side distributed energy storage[C]//2019 IEEE 3rd conference on energy internet and energy system integration(EI2). IEEE,2020:2097-2102.

[116] Liu N, Yu X H, Wang C, et al. Energy-sharing model with price-based demand response for microgrids of peer-to-peer prosumers[J]. IEEE Transactions on Power Systems,2017,32(5):3569-3583.

[117] Liu Z Q, Yang J J, Song W Z, et al. Research on cloud energy storage service in residential microgrids[J]. IET Renewable Power Generation,2019,13(16):3097-3105.

[118] Long C, Zhou Y, Wu J Z. A game theoretic approach for peer to peer energy trading[J]. Energy Procedia,2019,159:454-459.

[119] Long S, Marjanovic O, Parisio A. Generalised control-oriented modelling framework for multi-energy systems[J]. Applied Energy, 2019, 235: 320-331.

[120] Lovett S, Simmons L C, Kali R. Guanxi versus the market:Ethics and efficiency[J]. Journal of International Business Studies, 1999, 30 (2): 231-247.

[121] Lu J. Industrial pollution governance efficiency and big data environmental controlling measures:A case study on Jiangsu Province, China[J]. Nature Environment and Pollution Technology,2020,19(4):1743-1748.

[122] Luo X, Wang J H, Dooner M, et al. Overview of current development in electrical energy storage technologies and the application potential in power system operation[J]. Applied Energy,2015,137:511-536.

[123] Martin C J, Upham P, Budd L. Commercial orientation in grassroots

social innovation: Insights from the sharing economy[J]. Ecological Economics, 2015, 118: 240 – 251.

[124] Martin E, Shaheen S A, Lidicker J. Impact of carsharing on household vehicle holdings: Journal of the Transportation Research Board[J]. Transportation Research Record, 2010, 2143(1): 150 – 158.

[125] Matthews R C O. The economics of institutions and the sources of growth[J]. The Economic Journal, 1986, 96(384): 903 – 918.

[126] Moore J F. Predators and prey: A new ecology of competition[J]. Harvard Business Review, 1993, 71(3): 75 – 86.

[127] Moufid E M, Roy D, Hennequin S, et al. Game theory model of a production resource sharing problem: Study of possible cheatings[J]. IFAC-PapersOnLine, 2017, 50(1): 10532 – 10537.

[128] Munkøe M M. Regulating the European sharing economy: State of play and challenges[J]. Intereconomics, 2017, 52(1): 38 – 44.

[129] Muñoz P, Cohen B. Mapping out the sharing economy: A configurational approach to sharing business modeling[J]. Technological Forecasting and Social Change, 2017, 125: 21 – 37.

[130] Nagill N, Reddy K S, Kumar R, et al. Feasibility analysis of heterogeneous energy storage technology for cloud energy storage with distributed generation[J]. The Journal of Engineering, 2019(18): 4970 – 4974.

[131] Nash J F. Equilibrium points in N-person games[J]. Proceedings of the National Academy of Sciences of the United States of America, 1950, 36(1): 48 – 49.

[132] Nash J F. Non-cooperative games[J]. The Annals of Mathematics, 1951, 54(2): 286 – 295.

[133] Nash J F. The bargaining problem[J]. Econometrica, 1950, 18(2): 155.

[134] Niakan F, Rahimi M. A multi-objective healthcare inventory routing problem; a fuzzy possibilistic approach[J]. Transportation Research Part E: Logistics and Transportation Review, 2015, 80: 74 – 94.

[135] Ozanne L K, Ballantine P W. Sharing as a form of anti-consumption? An examination of toy library users[J]. Journal of Consumer Behaviour, 2010,9(6):485-498.

[136] Pankiraj J S, Yassine A, Choudhury S. An auction mechanism for profit maximization of peer-to-peer energy trading in smart grids[J]. Procedia Computer Science,2019,151(C):361-368.

[137] Park S H, Luo Y D. Guanxi and organizational dynamics:Organizational networking in Chinese firms[J]. Strategic Management Journal,2001,22(5):455-477.

[138] Parker G, Van Alstyne M, Choudary S P. Platform revolution:How networked markets are transforming the economy and how to make them work for you[M]. New York:W. W. Norton & Company,2016.

[139] Parsons T. The social system[M]. New York:Free Press,1951.

[140] Peng M W, Luo Y. Managerial ties and firm performance in a transition economy:The nature of a micro-macro link[J]. Academy of Management Journal,2000,43(3):486-501.

[141] Peng S Q, Yang C F. Impact factors and development process of interpersonal relationship[J]. Indigenous Psychological Research,1999,12:291-312.

[142] Poullikkas A. A comparative overview of large-scale battery systems for electricity storage[J]. Renewable and Sustainable Energy Reviews,2013,27:778-788.

[143] Quattrone G, Proserpio D, Quercia D, et al. Who benefits from the "sharing" economy of airbnb?[C]//Proceedings of the 25th International Conference on World Wide Web. 2016:1385-1394.

[144] Rochet J C, Tirole J. Platform competition in two-sided markets[J]. Journal of the European Economic Association,2003,1(4):990-1029.

[145] Rochet J C, Tirole J. Two-sided markets:A progress report[J]. The RAND Journal of Economics,2006,37(3):645-667.

[146] Roman N, Diaci J, Corn M. Scalable framework for blockchain-based

shared manufacturing[J]. Robotics and Computer-Integrated Manufacturing, 2021,71:102139.

[147] Rukanova B, Tan Y H, Slegt M, et al. Identifying the value of data analytics in the context of government supervision: Insights from the customs domain [J]. Government Information Quarterly, 2021, 38(1):101496.

[148] Sakhartov A V. Economies of scope, resource relatedness, and the dynamics of corporate diversification[J]. Strategic Management Journal, 2017,38(11):2168-2188.

[149] Scandura T A, Graen G B. Moderating effects of initial leader-member exchange status on the effects of a leadership intervention[J]. Journal of applied psychology,1984,69(3):428-436.

[150] Scaraboto D. Selling, sharing, and everything in between: The hybrid economies of collaborative networks[J]. Journal of Consumer Research, 2015,42(1):152-176.

[151] Schuhmacher A, Kuss M. The impact of crowdsourcing in modern drug discovery[J]. Expert Opinion on Drug Discovery,2020,15(8):865-867.

[152] Selten R. Reexamination of the perfectness concept for equilibrium points in extensive games[J]. International Journal of Game Theory, 1975,4(1):25-55.

[153] Shapley L S. On balanced sets and cores[J]. Naval Research Logistics Quarterly,1967,14(4):453-460.

[154] Shapley L S. Stochastic games[J]. Proceedings of the National Academy of Sciences of the United States of America,1953,39(10):1095-1100.

[155] Sim J, Kim M, Kim D, et al. Cloud energy storage system operation with capacity P2P transaction[J]. Energies,2021,14(2):339.

[156] Solomon A A, Kammen D M, Callaway D. The role of large-scale energy storage design and dispatch in the power grid: A study of very high grid penetration of variable renewable resources[J]. Applied Energy, 2014, 134:75-89.

[157] Su C, Yang Z, Zhuang G, et al. Interpersonal influence as an alternative channel communication behavior in emerging markets: The case of China [J]. Journal of International Business Studies, 2009, 40(4): 668–689.

[158] Tan D, Snell R S. The third eye: Exploring guanxi and relational morality in the workplace[J]. Journal of Business Ethics, 2002, 41(4): 361–384.

[159] Taylor T A. On-demand service platforms[J]. Manufacturing & Service Operations Management, 2018, 20(4): 704–720.

[160] Teece D J. Economies of scope and the scope of the enterprise[J]. Journal of Economic Behavior & Organization, 1980, 1(3): 223–247.

[161] Tsang E W K. Can guanxi be a source of sustained competitive advantage for doing business in China? [J]. Academy of Management Perspectives, 1998, 12(2): 64–73.

[162] Tsui A S, Farh J L. Where guanxi matters[J]. Work & Occupations, 1997, 24(1): 56–79.

[163] Tsui A S, Egan T D, O'Reilly. Being different: Relational demography and organizational attachment[J]. Administrative Science Quarterly, 1992, 37(4): 549–579.

[164] Tucker A W. A two-person dilemma (unpublished notes)[J]. Readings in Games and Information, 1950(1): 7–8.

[165] Vaughan R, Daverio R. Assessing the size and presence of the collaborative economy in Europe[M]. Luxembourg: Publications Office of the European Union, 2016.

[166] Von Neumann J, Morgenstern O. Theory of games and economic behavior[M]. Princeton: Princeton University Press, 2007.

[167] Von Neumann J. The theory of parlour games [J]. Mathematics Annalen, 1928, 100: 295–230.

[168] Wang J J, Yang Y, Sui J, et al. Multi-objective energy planning for regional natural gas distributed energy: A case study[J]. Journal of Natural Gas Science and Engineering, 2016, 28: 418–433.

[169] Warren D E, Dunfee T W, Li N. Social exchange in China: The double-edged sword of guanxi[J]. Journal of Business Ethics, 2004, 55(4): 353-370.

[170] Wartick S L, Cochran P L. The evolution of the corporate social performance model[J]. Academy of Management Review, 1985, 10(4): 758-769.

[171] Wei X Y, Lo C K Y, Jung S, et al. From co-consumption to co-production: A systematic review and research synthesis of collaborative consumption practices[J]. Journal of Business Research, 2021, 129: 282-294.

[172] Weyl E G. A price theory of multi-sided platforms[J]. American Economic Review, 2010, 100(4): 1642-1672.

[173] Willig P. Economics of Scale and Economies of Scope in Multi-Output Production[R]. Bell Laboratories discussion paper 33, 1975.

[174] Wolfert S, Ge L, Verdouw C, et al. Big data in smart farming: A review[J]. Agricultural Systems, 2017, 153: 69-80.

[175] Wong K. Housing market bubbles and the currency crisis: The case of Thailand[J]. Japanese Economic Review, 2001, 52: 382-404.

[176] Wong Y T, Ngo H Y, Wong C S. Antecedents and outcomes of employees' trust in Chinese joint ventures[J]. Asia Pacific Journal of Management, 2003, 20(4): 481-499.

[177] Wosskow D. Unlocking the sharing economy: An independent review[M]. London: Department for Business, Innovation and Skills, 2014.

[178] Wu C, Hu S, Lee C H, et al. Multi-platform data collection for public service with Pay-by-Data[J]. Multimedia Tools and Applications, 2020, 79(45): 33503-33518.

[179] Wysel M, Baker D, Billingsley W. Data sharing platforms: How value is created from agricultural data[J]. Agricultural Systems, 2021, 193: 103241.

[180] Xiao Z, Tsui A S. When brokers may not work: The cultural contingency

of social capital in Chinese high-tech firms[J]. Administrative Science Quarterly,2007,52(1):1-31.

[181] Xin K K, Pearce J L. Guanxi: Connections as substitutes for formal institutional support[J]. Academy of Management Journal,1996,39(6): 1641-1658.

[182] Yang Y Q, Bremner S, Menictas C, et al. Battery energy storage system size determination in renewable energy systems: A review [J]. Renewable and Sustainable Energy Reviews,2018,91:109-125.

[183] Yu C Y, Jiang X, Yu S, et al. Blockchain-based shared manufacturing in support of cyber physical systems: Concept, framework, and operation [J]. Robotics and Computer-Integrated Manufacturing,2020,64:101931.

[184] Yu C Y, Xu X, Yu S Q, et al. Shared manufacturing in the sharing economy: concept, definition and service operations[J]. Computers & Industrial Engineering,2020,146:106602.

[185] Yu J J, Tang C S, Shen Z J M, et al. A balancing act of regulating on-demand ride services[J]. Management Science,2020,66(7):2975-2992.

[186] Zaheer S, Zaheer A. Trust across borders[J]. Journal of International Business Studies,2006,37(1):21-29.

[187] Zhang S Y, Lee D, Singh P, et al. Demand interactions in sharing economies: Evidence from a natural experiment involving airbnb and uber/lyft[J]. Journal of Marketing Research,2022,59(2):374-391.

[188] Zhang X B, Li G. Does Guanxi matter to nonfarm employment? [J]. Journal of Comparative Economics,2003,31(2):315-331.

[189] Zhang X, Li D H, Cheng M, et al. Electricity consumption pattern recognition based on the big data technology to support the peak shifting potential analysis[C]//2014 IEEE PES Asia-Pacific Power and Energy Engineering Conference(APPEEC). IEEE,2015:1-5.

[190] Zhang Y, Zhang Z. Guanxi and organizational dynamics in China: A link between individual and organizational levels[J]. Journal of Business Ethics,2006,67(4):375-392.

[191] Zhang Z X. Chinese guanxi perception: A multi-dimensional study[J]. Indigenous Psychological Research,1999,12:261-288.

[191] Zhao D Z,Xue Y,Cao C J,et al. Channel selection and pricing decisions considering three charging modes of production capacity sharing platform: A sustainable operations perspective[J]. Sustainability,2019,11(21):5913.

[192] Zhou X, Li Q, Zhao W, et al. Embeddedness and contractual relationships in China's transitional economy[J]. American Sociological Review,2003,68(1):75-102.

[193] Zhou Y L, Ci S, Lin N, et al. Distributed energy management of P2P energy sharing in energy internet based on cloud energy storage[C]// Proceedings of the ninth international conference on future energy systems,2018:173-177.

[194] 艾伦·布坎南. 马克思与正义[M]. 林进平,译. 北京:人民出版社,2013.

[195] 敖芬芬. 企业社会责任对企业成长性的作用机理研究[J]. 现代商贸工业,2014,26(5):21-22.

[196] 蔡斯. 共享经济:重构未来商业新模式[M]. 杭州:浙江人民出版社,2015.

[197] 曹森孙. 共享经济内涵、商业模式及价值实现路径[J]. 技术经济与管理研究,2018(6):60-64.

[198] 曹萱. 基于区块链技术的分布式能源交易平台架构设计与实现[D]. 北京:北京邮电大学,2018.

[199] 产慧君. 基于产业共生的企业边界成长机理研究:以云南白药集团为例[D]. 昆明:云南财经大学,2017.

[200] 晁罡,林冬萍,王磊,等. 平台企业的社会责任行为模式:基于双边市场的案例研究[J]. 管理案例研究与评论,2017,10(1):70-86.

[201] 陈宝林. 最优化理论与算法[M]. 2版. 北京:清华大学出版社,2005.

[202] 陈刚,李树. 政府如何能够让人幸福?:政府质量影响居民幸福感的实证研究[J]. 管理世界,2012(8):55-67.

[203] 陈建斌,高书丽,郭彦丽. 知识型中小企业创新生态系统治理策略研究[J]. 技术经济与管理研究,2016(10):26-30.

[204] 陈介玄,高承恕.台湾企业运作的社会秩序:人情关系与法律[J].东海学报,1991(32):219-232.

[205] 陈俊龙,宋心悦.中国共享制造的功能、内容与模式研究[J].改革与战略,2021,37(8):57-68.

[206] 陈亮.数字经济规模核算的范围与方法[J].重庆工商大学学报(社会科学版),2022,39(3):58-69.

[207] 陈青鹤,王志鹏,涂景一,等.平台组织的权力生成与权力结构分析[J].中国社会科学院研究生院学报,2016(2):124-129.

[208] 陈万明,戴克清,王磊.旅游产业创新绩效影响因素研究:基于共享经济视角[J].软科学,2018,32(5):24-27.

[209] 陈细云.我国商品房空置率现状分析及对策[J].金融经济(下半月),2006(7):20-21.

[210] 陈欣,叶浩生.两难中合作行为研究的回顾和展望[J].心理科学进展,2007,15(5):743-748.

[211] 陈屹立.家庭债务是否降低了幸福感?:来自中国综合社会调查的经验证据[J].世界经济文汇,2017(4):102-119.

[212] 陈煜,周继恩,杜金泉.基于交易数据的信用评估方法[J].计算机应用与软件,2018,35(5):168-171.

[213] 丛屹,俞伯阳.数字经济对中国劳动力资源配置效率的影响[J].财经理论与实践,2020,41(2):108-114.

[214] 邓俊淼.中小企业产业集群的范围经济[J].南都学坛,2013,33(5):112-116.

[215] 丁浩.转型经济中的企业社会责任履践机制研究[D].北京:首都经济贸易大学,2008.

[216] 丁烈云.数字建造的内涵及框架体系[J].施工企业管理,2022(2):86-89.

[217] 丁梧桐,邱强.企业连续并购的绩效分析:以复星医药为例[J].经济研究导刊,2019(13):11-12.

[218] 丁逸行,徐育山,吕亚娟,等.考虑需量管理的用户侧储能优能配置[J].电网技术,2019,43(4):1179-1186.

[219] 丁永健. 基于纵向关联的产业价值创造机理研究[D]. 大连：大连理工大学, 2007.

[220] 董成惠. 共享经济：理论与现实[J]. 广东财经大学学报, 2016, 31(5)：4-15.

[221] 董千里, 王东方, 于立新. 企业规模、企业社会责任与企业财务绩效关系研究[J]. 技术经济与管理研究, 2017(2)：23-28.

[222] 段曼舒. 人力资源外包与绩效提升研究[J]. 合作经济与科技, 2019(19)：136-138.

[223] 段鹏, 朱瑞庭, 朱敏倩. 试论5G技术的发展为我国主流媒体舆论引导带来的机遇与挑战[J]. 当代电视, 2020(9)：80-84.

[224] 樊自甫, 郎璐米, 万晓榆. 共享经济评价指标体系的构建[J]. 统计与决策, 2020, 36(5)：47-50.

[225] 费孝通. 乡土中国：生育制度[M]. 北京：北京大学出版社, 1998.

[226] 冯巧根, 冯圆. 企业文化与环境经营价值体系的构建[J]. 会计研究, 2013(8)：24-31.

[227] 冯斌, 郭亦宗, 陈页, 等. 基于GRU多步预测技术的云储能充放电策略[J]. 电力系统自动化, 2021, 45(9)：46-54.

[228] 傅联英. 信用卡支付如何影响主观幸福感？：基于萨缪尔森幸福公式的研究[J]. 财经研究, 2018, 44(3)：32-44.

[229] 格林沃尔德. 现代经济词典[M]. 北京：商务印书馆, 1981.

[230] 耿柳娜, 李艳. 合作行为的NetLogo计算机仿真研究[J]. 现代远距离教育, 2011(1)：66-69.

[231] 顾志明, 叶科. 怎样界定房屋空置？[J]. 中国房地产金融, 2005, 4(9)：3-7.

[232] 桂竹妍. 粮食产业平台生态系统的优势及构建策略[J]. 粮食科技与经济, 2020, 45(5)：137-138.

[233] 郭伟, 马有才. 基于产业集群中合作关系的信任机制演化博弈研究[J]. 生产力研究, 2020(10)：72-75.

[234] 郭亦宗, 王楚通, 施云辉, 等. 区域综合能源系统电/热储能综合优化配置[J]. 电网技术, 2020, 44(5)：1611-1623.

[235] 国家信息中心. 中国共享经济发展年度报告(2022)[R]. 北京:国家信息中心,2022.

[236] 韩艳艳. 共享经济背景下K公司平台商业模式创新研究[D]. 济南:山东大学,2020.

[237] 何宏光,李远行. 中国社会语境下关系网的发生、运作和变迁[J]. 安徽大学学报(哲学社会科学版),2008,32(1):153-156.

[238] 何诗妍. 基于产业生态系统理论的成都独角兽企业成长研究[D]. 成都:西华大学,2019.

[239] 何玉长,王伟. 数据要素市场化的理论阐释[J]. 当代经济研究,2021(4):33-44.

[240] 胡国栋,王琪. 平台型企业:互联网思维与组织流程再造[J]. 河北大学学报(哲学社会科学版),2017,42(2):110-117.

[241] 胡浩志,黄雪. 寻租、政府补贴与民营企业绩效[J]. 财经问题研究,2016(9):107-112.

[242] 胡洪曙,鲁元平. 公共支出与农民主观幸福感:基于CGSS数据的实证分析[J]. 财贸经济,2012(10):23-33.

[243] 胡慧源,李书琴. 产业链整合、商业生态系统构建与腾讯音乐竞争优势[J]. 中国出版,2019(13):31-35.

[244] 胡荣华,孙计领. 消费能使我们幸福吗[J]. 统计研究,2015,32(12):69-75.

[245] 胡英杰,郝云宏,陈伟. 互联网平台企业与传统制造企业社会责任差异研究:基于构建双循环新发展格局背景分析[J/OL]. 重庆大学学报(社会科学版),2020:1-12[2022-10-01]. https://kns.cnki.net/kcms/detail/50.1023.C.20201212.0810.002.html.

[246] 胡忠杳. 共享经济中闲置资源服务定价及其潜在收益测度研究:以闲置固定资产为例[D]. 杭州:浙江工商大学,2021.

[247] 黄光国,胡先缙. 人情与面子:中国人的权力游戏[J]. 党政干部参考,2005(4):38-39.

[248] 黄仁宇. 关系千万重[J]. 书城,2000(2):38.

[249] 纪汉霖,管锡展. 双边市场及其定价策略研究[J]. 外国经济与管理,2006,28(3):15-23.

[250] 江积海,李琴. 平台型商业模式创新中连接属性影响价值共创的内在机理:Airbnb 的案例研究[J]. 管理评论,2016,28(7):252-260.

[251] 江苏省人民政府. 江苏省公共数据管理办法[EB/OL]. (2021-12-18)[2022-02-27]. http://www.jiangsu.gov.cn/art/2021/12/24/art_84418_10235882.html.

[252] 姜松,孙玉鑫. 数字经济对实体经济影响效应的实证研究[J]. 科研管理,2020,41(5):32-39.

[253] 姜扬,范欣,赵新宇. 政府治理与公众幸福[J]. 管理世界,2017(3):172-173.

[254] 蒋大兴,王首杰. 共享经济的法律规制[J]. 中国社会科学,2017(9):141-162.

[255] 居盈. 基于福利经济学的共享经济分析[J]. 时代金融,2019(6):118-120.

[256] 康重庆,刘静琨,张宁. 未来电力系统储能的新形态:云储能[J]. 电力系统自动化,2017,41(21):2-8.

[257] 黎海燕. 城乡居民主观幸福感对家庭金融资产配置差异的影响分析:基于CHFS 的实证研究[D]. 兰州:兰州大学,2020.

[258] 李博嵩. 高渗透分布式能源聚合运行优化及竞价策略研究[D]. 上海:上海交通大学,2019.

[259] 李春发,李冬冬,周驰. 数字经济驱动制造业转型升级的作用机理:基于产业链视角的分析[J]. 商业研究,2020(2):73-82.

[260] 李国杰. 经济内循环为主条件下技术创新的路径选择[J]. 中国科学院院刊,2020,35(9):29-31.

[261] 李建忠. 电子商务核心价值链研究:模型构建与实现[J]. 电子商务,2007(3):58-61.

[262] 李林俊,干胜道. 上市制药企业研发、销售支出与企业绩效的关系研究[J]. 商业会计,2020(24):27-30.

[263] 李淋,徐青山,王晓晴,等. 基于共享储能电站的工业用户日前优化经济调度[J]. 电力建设,2020,41(5):100-107.

[264] 李涛,史宇鹏,陈斌开. 住房与幸福:幸福经济学视角下的中国城镇居民住

房问题[J].经济研究,2011,46(9):69-82.

[265] 李勇坚,叶青,代志新,等.完善治理体系 加快数字化发展[J].财政监督,2021(4):33-45.

[266] 李智超,罗家德.透过社会网观点看本土管理理论[J].管理学报,2011,8(12):1737-1747.

[267] 里夫金.零边际成本社会:一个物联网、合作共赢的新经济时代[M].2版.北京:中信出版社,2014.

[268] 廖信林,杨正源.数字经济赋能长三角地区制造业转型升级的效应测度与实现路径[J].华东经济管理,2021,35(6):22-30.

[269] 林丽萍,罗莹.论社会责任对企业成长性的作用机理[J].财会通讯(下),2014(5):86-89.

[270] 刘大洪.公司社会责任语境下的可持续发展[J].中南大学学报(社会科学版),2006,12(4):413-415.

[271] 刘根荣.共享经济:传统经济模式的颠覆者[J].经济学家,2017(5):97-104.

[272] 刘和东,陈雷.高新技术产业集聚区生态系统演化机理研究[J].科技管理研究,2019,39(16):199-204.

[273] 刘和东,刘权.高新技术产业生态系统的演化效应与协同机制[J].技术经济,2021,40(1):99-106.

[274] 刘继春,陈雪,向月.考虑共享模式的市场机制下售电公司储能优化配置及投资效益分析[J].电网技术,2020,44(5):1740-1749.

[275] 刘静琨,张宁,康重庆.电力系统云储能研究框架与基础模型[J].中国电机工程学报,2017,37(12):3361-3371.

[276] 刘明远,刘伟.论资源配置中计划与市场实现有机结合的必然趋势与技术条件[J].当代经济研究,2020(7):27-35.

[277] 刘素芝.浅析强化公司社会责任的机理[J].湖南省政法管理干部学院学报,2002(6):37-38.

[278] 刘炜,李郁,欧俏珊.产业集群的非正式联系及其对技术创新的影响:以顺德家电产业集群为例[J].地理研究,2013,32(3):518-530.

[279] 刘莹莹,王宇航.共享经济背景下的企业商业模式分析:以 ofo 共享单车

为例[J].现代商贸工业,2018,39(3):70-71.

[280] 刘宗林.基于区块链的共享分布式储能交易模式研究[D].上海:上海交通大学,2019.

[281] 娄美珍,俞国方.产业生态系统理论及其应用研究[J].当代财经,2009(1):116-122.

[282] 鲁恒聪.基于区块链的分布式能源多主体交易决策及平台研究[D].北京:华北电力大学,2021.

[283] 吕宗迎,王震,杨庆贺,等.建筑能耗监管平台建设与思考:以山东农业大学为例[J].电工材料,2021(6):55-57.

[284] 罗楚亮.城乡分割、就业状况与主观幸福感差异[J].经济学(季刊),2006,5(3):817-840.

[285] 罗楚亮.绝对收入、相对收入与主观幸福感:来自中国城乡住户调查数据的经验分析[J].财经研究,2009,35(11):79-91.

[286] 马军,丁国栋,杨晓娟.智慧工地管理平台在建筑施工中的应用研究[J].智能城市,2021,7(23):87-88.

[287] 马中东,宁朝山.数字经济、要素配置与制造业质量升级[J].经济体制改革,2020(3):24-30.

[288] 闵志慧,何艳敏.制造业服务化创新模式研究[J].现代商贸工业,2021,33(7):3-4.

[289] 穆峥,谢宇.生育对父母主观幸福感的影响[J].社会学研究,2014,29(6):124-147.

[290] 宁连举,孙中原,袁雅琴,等.基于交易成本理论的商业生态系统形成与演化机制研究[J].经济问题,2020(6):8-18.

[291] 派恩.大规模定制:企业竞争的新前沿[M].北京:中国人民大学出版社,2000.

[292] 彭甜.供应链企业合作的激励机制研究[J].商业经济,2021(2):59-60.

[293] 平卫英,罗良清.分享经济统计核算:一个初步的研究框架[J].统计研究,2018,35(9):3-15.

[294] 钱德勒.企业规模经济与范围经济:工业资本主义的原动力[M].北京:中国社会科学出版社,1999.

[295] 钱平凡. 在新发展理念引领下推动中国制造业高质量发展[N]. 中国经济时报,2021-01-29(4).

[296] 钱颖一. 企业的治理结构改革和融资结构改革[J]. 经济研究,1995,30(1):20-29.

[297] 秦海涛. 共享经济商业模式探讨及在我国进一步发展的建议[J]. 商业经济研究,2016(24):124-126.

[298] 青平. 让企业家精神焕发新的时代光彩[N]. 中国青年报,2021-12-06(001).

[299] 饶育蕾,冀希,许琳. 享受型消费是否提高了居民幸福感?:基于中国家庭追踪调查CFPS的实证分析[J]. 消费经济,2019,35(2):13-24.

[300] 任朝旺. 共享经济对城市经济韧性的影响机制及指标构建[J]. 贵州社会科学,2021,380(8):110-116.

[301] 沈运红,黄桁. 数字经济水平对制造业产业结构优化升级的影响研究:基于浙江省2008—2017年面板数据[J]. 科技管理研究,2020,40(3):147-154.

[302] 舒燕,张开翼. 研发外包对我国制药企业创新绩效的影响:激励还是抑制[J]. 中国新药杂志,2020,29(11):1205-1210.

[303] 宋逸群,王玉海. 共享经济的缘起、界定与影响[J]. 教学与研究,2016(9):29-36.

[304] 苏华. 多边平台的相关市场界定与反垄断执法发展[J]. 价格理论与实践,2013(8):29-31.

[305] 孙海蓉. 面向智慧云制造的服务资源适配方法研究[D]. 南京:南京邮电大学,2020.

[306] 孙佳丽. 科技战略联盟企业合作行为传染仿真研究[J]. 山西科技,2019,34(1):9-13.

[307] 孙峤,郑思齐,刘洪玉. 住宅空置统计的国际比较及借鉴意义[J]. 统计研究,2005,22(8):8-12.

[308] 孙岩,邹卫民,施思. "独立工人"视角下共享经济就业特征及其影响机制[J]. 中国劳动关系学院学报,2020,34(3):21-31.

[309] 孙永波,孙弘,胡晓鹃. 共享经济下企业的组织资源贡献行为及创新绩效:

基于中国三大高新区高技术企业的定性比较分析[J].北京行政学院学报,2021(2):94-103.

[310] 孙源.共生视角下产业创新生态系统研究[J].河南师范大学学报(哲学社会科学版),2017,44(1):127-134.

[311] 谭忠富,宋艺航,张会娟,等.大规模风电与火电联合外送体系及其利润分配模型[J].电力系统自动化,2013,37(23):63-70.

[312] 唐梓期.普惠金融影响居民主观幸福感:基于CFPS数据的实证研究[D].长沙:湖南师范大学,2021.

[313] 陶涛,李丁.夫妻职业相对地位与家庭幸福感关系研究[J].人口研究,2015,39(3):74-86.

[314] 滕长龙,孟高军,华张依,等.基于云储能形态的分布式储能应用模式[J].电工技术,2021(6):23-25.

[315] 滕学军.基于云储能的电力系统服务模式[J].电子技术与软件工程,2019(14):220-222.

[316] 田成博文.基于产业生态系统的高端制造业演化路径研究[D].哈尔滨:哈尔滨工业大学,2019.

[317] 田丽.各国数字经济概念比较研究[J].经济研究参考,2017(40):101-106.

[318] 田林,余航.共享经济外部影响定量研究综述[J].管理科学学报,2020,23(9):1-18.

[319] 万东华,余芳东,原鹏飞,等.分享经济若干统计问题研究[J].调研世界,2017(6):3-5.

[320] 汪静,陈晓红,杨立.P2P网贷平台信息披露水平、投资人信任与投资风险[J].中国经济问题,2018(3):106-121.

[321] 汪旭晖,王东明.互补还是替代:事前控制与事后救济对平台型电商企业声誉的影响研究[J].南开管理评论,2018,21(6):67-82.

[322] 汪旭晖,乌云,卢星彤.融媒体环境下互联网平台型企业现代治理模式研究[J].财贸研究,2020,31(12):72-84.

[323] 汪旭晖,张其林.平台型电商声誉的构建:平台企业和平台卖家价值共创视角[J].中国工业经济,2017(11):174-192.

[324] 王大树.关于范围经济的几个问题[J].管理世界,2004(3):135-136.

[325] 王贵铎,崔露莎,郑剑飞,等.数字经济赋能制造业转型升级:异质性影响机理与效应[J].统计学报,2021(5):9-23.

[326] 王海杰,宋姗姗.互联网背景下制造业平台型企业商业模式创新研究:基于企业价值生态系统构建的视角[J].管理学刊,2019,32(1):43-54.

[327] 王娟.数字经济驱动经济高质量发展:要素配置和战略选择[J].宁夏社会科学,2019(5):88-94.

[328] 王钦,赵剑波.价值观引领与资源再组合:以海尔网络化战略变革为例[J].中国工业经济,2014(11):141-153.

[329] 王瑞荣,陈晓华.数字经济助推制造业高质量发展的动力机制与实证检验:来自浙江的考察[J].系统工程,2022,40(1):1-13.

[330] 王仕俊,平常,薛国斌.考虑共享储能的社区综合能源系统协同优化研究[J].中国电力,2018,51(8):77-84.

[331] 王水莲,李志刚,杜莹莹.共享经济平台价值创造过程模型研究:以滴滴、爱彼迎和抖音为例[J].管理评论,2019,31(7):45-55.

[332] 王维才,崔航.我国分享经济的发展现状、问题与对策[J].宏观经济管理,2017(4):51-54.

[333] 王晛,张华君,张少华.风电和电动汽车组成虚拟电厂参与电力市场的博弈模型[J].电力系统自动化,2019,43(3):155-162.

[334] 王欣欣.创新生态系统构建要素及策略[J].中国经贸导刊,2021(5):160-162.

[335] 王宇航.普惠金融对居民主观幸福感的影响研究[D].湘潭:湘潭大学,2020.

[336] 王玉瑶.互联网时代平台企业价值生态系统构建与治理机制研究:基于海尔集团的案例分析[D].郑州:郑州大学,2017.

[337] 王卓.基于创新生态系统的产业联盟协同创新机制研究[D].哈尔滨:哈尔滨理工大学,2020.

[338] 王祖山,王竞.共享住房:保障性居住资源生成与配置的新路[J].中南民族大学学报(人文社会科学版),2019,39(2):101-106.

[339] 魏亚运,武思宏,任孝平,等.创新资源共享平台应用效果绩效评价研究:

以科学仪器制造行业为例[J].科技管理研究,2021,41(3):40-45.

[340] 温湖炜,钟启明.智能化发展对企业全要素生产率的影响:来自制造业上市公司的证据[J].中国科技论坛,2021(1):84-94.

[341] 温忠麟,张雷,侯杰泰,等.中介效应检验程序及其应用[J].心理学报,2004,36(5):614-620.

[342] 吴峰,黄绮彦,史林军,等.考虑优化充放电策略的分布式储能容量配置方法[J].供用电,2019,36(5):85-92.

[343] 吴健安,钟育赣.市场营销学[M].6版.北京:清华大学出版社,2018.

[344] 伍育红.聚类算法综述[J].计算机科学,2015,42(S1):491-499,524.

[345] 向坤,杨庆育.共享制造的驱动要素、制约因素和推动策略研究[J].宏观经济研究,2020(11):65-75.

[346] 肖红军,李平.平台型企业社会责任的生态化治理[J].管理世界,2019,35(4):120-144.

[347] 肖红军,阳镇,姜倍宁.平台型企业发展:"十三五"回顾与"十四五"展望[J].中共中央党校(国家行政学院)学报,2020(6):112-123.

[348] 肖红军,阳镇.平台型企业社会责任治理:理论分野与研究展望[J].西安交通大学学报(社会科学版),2020,40(1):57-68.

[349] 肖红军.共享价值、商业生态圈与企业竞争范式转变[J].改革,2015(7):129-141.

[350] 谢蕾.云制造平台下企业制造任务双边匹配模型研究[D].沈阳:沈阳工业大学,2020.

[351] 谢运博,陈宏民.互联网平台型企业的竞争与最优市场结构:基于双边市场理论视角[J].社会科学研究,2017(2):24-30.

[352] 修晓青,李建林,李文启,等.储能系统商业模式及其优化规划方法[J].电力建设,2019,40(6):41-48.

[353] 徐峰,宋如顺,赵洁,等.基于P2P多Agent数据融合入侵检测模型研究[J].计算机工程与应用,2004,40(17):159-161.

[354] 徐晋,张祥建.平台经济学初探[J].中国工业经济,2006(5):40-47.

[355] 徐晋.平台竞争战略[M].上海:上海交通大学出版社,2013.

[356] 徐文.法经济学视野下的小产权房[J].中国不动产法研究,2010,5:215-228.

[357] 徐小凡.数字经济测度方法比较研究[D].北京:北京邮电大学,2021.

[358] 徐映梅,张雯婷.中国数字经济产业关联网络结构分析[J].统计与信息论坛,2021,36(8):30-42.

[359] 许冠南,方梦媛,周源.新兴产业政策与创新生态系统演化研究:以增材制造产业为例[J].中国工程科学,2020,22(2):108-119.

[360] 许皓升.平台经济税收监管的问题及对策研究[D].蚌埠:安徽财经大学,2021.

[361] 许清海.基于智能制造环境下的装备制造业产业升级研究[J].内燃机与配件,2021(2):158-160.

[362] 许晓敏,张立辉.共享经济模式下我国光伏扶贫产业的商业模式及发展路径研究[J].管理世界,2018,34(8):182-183.

[363] 阳镇,陈劲.数智化时代下企业社会责任的创新与治理[J].上海财经大学学报(哲学社会科学版),2020,22(6):33-51.

[364] 杨奎奇,颜谦.江苏省共享经济发展情况调查[J].市场周刊,2020(6):64-65.

[365] 杨蓉,杨宇.企业社会责任与核心竞争力:基于中国上市公司的实证研究[J].华东师范大学学报(哲学社会科学版),2008,40(5):90-96.

[366] 杨维平.基于网络的制药企业绩效研究[J].科研管理,2007,28(S1):106-113.

[367] 杨学成,涂科.出行共享中的用户价值共创机理:基于优步的案例研究[J].管理世界,2017(8):154-169.

[368] 杨宜音."自己人":一项有关中国人关系分类的个案研究[J].本土心理学研究,2000(13):277-322.

[369] 杨中芳,彭泗清.中国人人际信任的概念化:一个人际关系的观点[J].社会学研究,1999,2(2):1-21.

[370] 叶芊.哈曼科技服务生态系统的垂直化平台建设研究[D].兰州:兰州大学,2020.

[371] 易开刚,黄慧丹.平台经济视阈下企业社会责任多中心协同治理模式研究:基于平台型企业视角双案例的研究[J].河南社会科学,2021,29(2):1-10.

[372] 尹洁,施琴芬,李锋.高新技术产业创新生态系统内部种群竞争演化机制研究[J].统计与决策,2020,36(24):161-165.

[373] 尹振涛,陈媛先,徐建军.平台经济的典型特征、垄断分析与反垄断监管[J].南开管理评论,2022,25(3):213-224.

[374] 余航,田林,蒋国银,等.共享经济:理论建构与研究进展[J].南开管理评论,2018,21(6):37-52.

[375] 俞春阳.共享制造模式下的计划体系研究[D].杭州:浙江大学,2016.

[376] 曾冰,徐玉东.基于主成分分析的长江经济带共享发展研究[J].区域金融研究,2019(7):80-84.

[377] 曾雪婷.考虑云储能服务机制的分布式新能源消纳研究[J].电气应用,2022,41(1):62-69.

[378] 翟学伟.关系研究的多重立场与理论重构[J].江苏社会科学,2007(3):118-130.

[379] 翟学伟.人情、面子与权力的再生产:情理社会中的社会交换方式[J].社会学研究,2004,19(5):48-57.

[380] 翟学伟.社会流动与关系信任:也论关系强度与农民工的求职策略[J].社会学研究,2003,18(1):1-11.

[381] 詹姆斯·M.布坎南,戈登·图洛克.同意的计算:立宪民主的逻辑基础[M].上海:上海人民出版社,2014.

[382] 张辉,石琳.数字经济:新时代的新动力[J].北京交通大学学报(社会科学版),2019,18(2):10-22.

[383] 张军波,江文丽.生物制药上市公司资产结构与财务绩效关系研究:基于战略视角[J].财会通讯(中),2016(2):33-36.

[384] 张梅荷,张学高,扶涛.我国经济适用房市场存在的问题及对策研究[J].云南行政学院学报,2010,12(3):148-151.

[385] 张千帆,于晓娟,张亚军.网络平台企业合作的定价机制研究:基于多归属情形[J].运筹与管理,2016,25(1):231-237.

[386] 张所续,马伯永.世界能源发展趋势与中国能源未来发展方向[J].中国国土资源经济,2019,32(10):20-27.

[387] 张为,刘云伟,高建一.区域产业经济生态系统种群协同演化的生态机制

研究[J]. 产业与科技论坛,2020,19(7):13-14.

[388] 张笑楠. 战略性新兴产业创新生态系统共生演化仿真研究[J]. 系统科学学报,2021,29(2):64-69.

[389] 张欣,潘竟虎. 房屋空置的研究现状、热点与趋势:基于文献计量法和知识图谱分析[J]. 西华师范大学学报(自然科学版),2023,44(1):56-63.

[390] 张鑫龙. 经济新常态背景下共享经济对我国经济发展的影响[J]. 中国战略新兴产业,2017(34):16.

[391] 张翼飞,陈宏民. 长尾市场中平台的最优规模和竞争策略[J]. 系统管理学报,2020,29(3):425-433.

[392] 张玉明,管航. 共享创新模式:内涵、特征与模型构建[J]. 科技进步与对策,2017,34(13):10-16.

[393] 赵菊,王艳,刘龙. 在线短租平台的盈利模式及定价策略研究[J]. 运筹与管理,2021,30(9):139-144.

[394] 赵新宇,范欣,姜扬. 收入、预期与公众主观幸福感:基于中国问卷调查数据的实证研究[J]. 经济学家,2013(9):15-23.

[395] 赵志田. 制造企业跨境电子商务价值创造机理分析与实证检验[J]. 中国流通经济,2017,31(8):57-64.

[396] 郑伯埙. 差序格局与华人组织行为[J]. 中国社会心理学评论,2006(2):1-52.

[397] 郑志来. 共享经济的成因、内涵与商业模式研究[J]. 现代经济探讨,2016(3):32-36.

[398] 周邦平. 共享经济的成因、内涵与商业模式的思考[J]. 经济研究导刊,2019(30):3-4.

[399] 周建国. 关系强度、关系信任还是关系认同:关于中国人人际交往的一种解释[J]. 社会科学研究,2010(1):97-102.

[400] 周泯非,魏江. 产业集群治理模式及其演化过程研究[J]. 科学学研究,2010,28(1):95-103.

[401] 周蓉,陈璐怡,孔德婧. 区域制造业绿色高质量发展中的"共享制造"模式研究[C]//2020中国环境科学学会科学技术年会论文集,2020:699-704.

[402] 周天沛,孙伟.风光互补发电系统混合储能单元的容量优化设计[J].太阳能学报,2015,36(3):756-762.

[403] 周天勇.重新定义范围经济[J].财经问题研究,2005(1):3-5.

[404] 周文辉,邱韵瑾,金可可,等.电商平台与双边市场价值共创对网络效应的作用机制:基于淘宝网案例分析[J].软科学,2015,29(4):83-89.

[405] 周一凡,胡伟,闵勇,等.热电联产参与电网调峰补偿定价与利益分配方法[J].中国电机工程学报,2019,39(18):5325-5335.

[406] 朱佳敏.杭州市住宅空置特征与空置率实证研究[D].杭州:浙江大学,2009.

[407] 朱健齐,黄淋榜,孙宾.金融发展水平与居民主观幸福感:基于CFPS数据的实证分析[J].西安财经大学学报,2020,33(6):5-12.

[408] 朱久茜.空置商品房转换为保障房的政府定价机制研究[D].南昌:华东交通大学,2016.